华信经管创优系列·管理科学与工程

生产运作管理
（第3版）

杨建华　张　群　杨新泉　编著

电子工业出版社

Publishing House of Electronics Industry

北京·BEIJING

内 容 简 介

全球化、互联网与大数据、可持续发展、智能制造、信息化与自动化"两化融合"的发展使企业生产运作的理念与模式都发生了深刻变化，基于互联网信息通信技术的复杂产品定制化生产崭露头角，技术研发、生产与制造部署、供应与分销、使用与保障一体化趋势愈发明显，生产运作管理已经成为企业获得竞争力的基石。

本书以生产运作战略、系统设计与计划、运行控制与改进为主线，基于制造业与服务业管理实践，简明清晰地阐述了企业运营战略、竞争优势、产品/服务及流程的设计、设施布置与能力规划、网络选址与协同运营、运营人力、资源计划、库存管理、全面生产维护、质量管理与控制、精益生产、供应链管理、项目运营的基本理论与方法。运用大量实例，诠释生产运作管理理念与方法，还介绍了生产运作咨询的开展。本书结构完整，附有案例分析、课后习题及电子课件，可登录华信教育资源网www.hxedu.com.cn免费下载电子课件。

本书适合于经济管理学院高年级本科生、硕士、博士研究生及 MBA、EMBA 学员学习使用，也适合于企业管理人员阅读。

未经许可，不得以任何方式复制或抄袭本书之部分或全部内容。

版权所有，侵权必究。

图书在版编目（CIP）数据

生产运作管理 / 杨建华，张群，杨新泉编著．—3 版．—北京：电子工业出版社，2016.8
（华信经管创优系列）

ISBN 978-7-121-28929-3

I．①生⋯　II．①杨⋯　②张⋯　③杨⋯　III．①生产管理－高等学校－教材　IV．①F273

中国版本图书馆 CIP 数据核字（2016）第 117195 号

策划编辑：秦淑灵

责任编辑：秦淑灵

印　　刷：涿州市京南印刷厂

装　　订：涿州市京南印刷厂

出版发行：电子工业出版社
　　　　　北京市海淀区万寿路 173 信箱　　邮编：100036

开　　本：787×1092　1/16　印张：20　字数：512 千字

版　　次：2006 年 1 月第 1 版
　　　　　2016 年 8 月第 3 版

印　　次：2016 年 8 月第 1 次印刷

印　　数：3000 册　　定价：39.80 元

凡所购买电子工业出版社图书有缺损问题，请向购买书店调换。若书店售缺，请与本社发行部联系，联系及邮购电话：(010) 88254888，88258888。

质量投诉请发邮件至 zlts@phei.com.cn，盗版侵权举报请发邮件至 dbqq@phei.com.cn。

本书咨询联系方式：(010) 88254531。

再 版 前 言

生产运作管理成为众多高等学校财经类与管理类专业的必修课程与许多企业或机构培训的重要课程，学科范围不断扩大，已经由生产领域扩展到包括消费领域的各个方面。随着信息技术、现代制造、经济全球化、区域经济、数字化经济、知识经济的发展，企业生产运作管理越来越注重面向最终消费者开发运营战略，注重输出结果与过程监控、注重支持智能制造、注重服务保障、注重环保安全与健康、注重持续的运营、注重企业间协同运营。在业界实践方面，创新企业层出不穷，在中国及世界企业中出现了许多卓越的生产运作模式，可以说"唯一不变的是变化"。这些都对管理课程及教材体系建设提出了新要求。

《生产运作管理》教材强调现代制造环境下"生产"的新内涵，又不失原来《运营管理》所强调的服务转型。本教材的更新重点在于以下三点：

（1）简明教程，学习目标明确。书本不能太厚，文字不能冗长，不拼篇幅，但运营管理的基本理论、技术与方法不能缺，学习目标明确，提供大量信息，便于学生在较短时间内理解运营管理的基本理论要点。

（2）增加新案例与企业实践。不同的企业有不同的实践，缤纷多彩的现实世界会使学生迷失方向。针对企业实践及具体做法，引导学生去讨论、去研究，提炼并丰富运营管理理论，达到夯实理论基础，提高创新应变能力的目的。

（3）增加习题与思考题。每章结束后有丰富的习题，包括问答题、练习题、计算题；案例与实践后提供了思考题。教师、学生可以根据需要自行选做。

全书以"运作战略—设计与计划—运行控制—改进"为主线，分12章展开陈述。第1章生产运作管理及其战略；第2章产品/服务设计与过程；第3章运营设施布置与能力规划；第4章网络化选址；第5章工作设计；第6章资源计划与排程；第7章库存管理；第8章全面生产维护；第9章质量管理；第10章精益思维与准时化；第11章供应链管理；第12章项目运营。

时代在发展，科学在进步，管理应该有更多、更大的作为。一本教材不可能提供完成课程教学任务所必需的所有材料，我们希望本教材成为教师、学生有利的参考书。一方面，为教师创新课程教学方法带来便利；另一方面，更重要的是，帮助广大学生准确掌握现代生产运作管理的基本理论与方法。期盼他们在未来的世界企业管理浪潮中畅游，改善企业管理，增强企业持续运营能力，提升管理者价值，并且能够不断创造出令人振奋的、为消费者创造价值的新型运营模式。

时间仓促，编著者水平有限，还望广大读者及同行不吝赐教，也欢迎广大企业管理者提供更多的管理实践供我们学习与研讨。创新没有止境，我们将继续完善教材，吸纳运营管理理论最新发展成果。

编 著 者
2016 年 4 月 22 日

目　录

第1章 生产运作管理及其战略

学习目标

1. 理解生产运作管理的发展历程；
2. 了解生产运作系统模式的差异；
3. 认识生产运作系统的不同类型；
4. 理解运营管理的职能与决策问题；
5. 描述运营系统绩效目标；
6. 描述竞争要素及其变化，理解竞争优势；
7. 理解运营战略框架及各部分的含义；
8. 理解可持续的运营管理的意义与相关概念；
9. 认识生产运作管理中的商务伦理与社会责任问题。

1.1 生产运作管理的历史发展与挑战

1.1.1 生产运作管理的历史发展

20 世纪以来，生产运作管理发生了深刻的变化，这比其他任何企业管理职能都要显著，生产运作管理已经成为企业竞争力的主要来源。表 1-1 列出了生产运作管理历史发展进程中出现的重要的管理理论与方法。下面简要回顾重要主题的发展历程。

表 1-1 生产运作管理历史发展中重要的管理理论与方法

年 代	管理理论 / 概念	管理方法、工具	创 始 人
20 世纪 10 年代	科学管理原理	时间研究与工作研究概念的形成	Frederick W.Taylor 泰勒（美国）
	工业心理学	动作研究	Frank Gilbreth（美国） Lillian Gilbreth（心理学博士）
	标准化大批量生产	汽车流水线 甘特图	Henry Ford 福特 Henry Gantt 甘特（美国）
	经济批量	EOQ 应用于存货控制	F.W.Harris 哈里斯（美国）
20 世纪 30 年代	质量控制 统计抽样	抽样与质量控制、控制图 统计抽样	H.F. Dodge、H.G.Romig、 W.Shewhart 休哈特（美国） L.H.C.Tippett 梯培特
	行为科学的开端：工作条件与生产率关系—霍桑工厂试验及得出的士气理论（满意感）、非正式组织、人际关系（社会人）理论	工作活动的抽样分析 照明试验、福利试验、小组试验、访谈	George Elton Mayo 梅奥（美国）
20 世纪 40 年代	运筹学 OR 在二战中的运用 线性规划 激励理论	数量方法 线性规划的单纯形法 人的需求层次理论	运筹学研究小组 George Dantzig 丹茨格 Abraham Maslow 马斯洛
20 世纪 50～60 年代	管理科学（战后运筹学运用于企业管理领域） 人性假设 X（消极）、Y（积极）理论 双因素理论（保健、激励因素） 优选法、统筹法（Overall Method）	仿真、排队论、决策论、博弈论、数学规划、PERT/CPM	美国和西欧许多研究人员 Douglas McGregor 麦格雷戈 Frederick Herzberg 赫茨伯格 华罗庚（中国）

续表

年　　代	管理理论／概念	管理方法、工具	创　始　人
20 世纪 70 年代	计算机辅助生产计划	物料需求计划 MRP 制造资源计划（MRPⅡ）	Joseph A.Orlicky 奥里奇 Oliver W.Wight 怀特
20 世纪 80 年代	服务质量和生产率、制造战略 （JIT、TQC）和工厂自动化 全面质量管理、ISO9000 系列标准	服务部门的大量生产；看板管 理、CIMS（CAD/CAM/CAPP）和 机器人等、虚拟制造	麦当劳快餐、日本丰田的实践、 戴明和朱兰以及美国工程师协会、 国际标准化组织
	同步制造 并行工程	瓶颈分析和约束理论 集成化产品团队	Eliyahu M.Goldratt（以色列） 美国防卫分析研究所 IDA
	基于时间的竞争		George J.Stalk 斯托克
20 世纪 90 年代	业务流程再造（BPR）	基本变化图	Michael Hammer 哈默 James Champy
	互联网企业	互联网、万维网	网景通信公司和微软公司
	供应链管理、ERP	协同计划与补货、SAP/R3	SAP（德国）和Oracle（美国）
21 世纪	电子商务	互联网、万维网	亚马逊网、阿里巴巴
	德国工业 4.0	网络化生产、数字制造、智能工厂	德国工程院、弗劳恩霍夫协会、 西门子公司等

1．关注成本与效率

尽管历史上有过许多精湛的生产技艺，但是消费品的生产及其管理的概念直到 18 世纪末、19 世纪初的英国工业革命才开始出现。在此之前，娴熟的工匠和他们的徒弟们在小型工艺作坊内自制或为消费者制作产品。每一件产品都是独一无二、手工制作的，不借助于任何机械化条件。之后，瓦特发明蒸汽机以及煤炭和铁矿的开采掀起了一系列的工业革新，工作的方式发生了革命性的变化。强大的机械推动的机器取代了人力，成为生产的第一要素，并引导工人进入一个被称作"工厂"的地方，在"监督者"的指示下集中地进行工作。这一革命首先在纺织厂、粮仓、钢铁厂和机器制造厂展开。

1776 年英国人亚当·斯密在《国富论》中提出了劳动分工的概念，生产流程被分解为一系列的任务，每个任务由不同的工人负责。工人专职于有限的、重复的工序，这使得他们能够对这些工序特别精通，进一步推动了专业化机器的发展。

1801 年艾里·惠特尼提出了互换性零部件，这使得制造步枪、钟表、缝纫机等的过程变为标准零部件的批量生产。这意味着工厂需要标准化的生产方法，需要监管人员来检查工人的生产质量。

技术在整个 19 世纪不断进步。成本会计与控制获得长足发展，但管理理论和实践仍无从谈起。

20 世纪早期，费城米德维尔钢铁厂一个名叫弗雷德里克·泰勒的工长（后来成为总工程师）将管理工作视作一门科学。在观察、测量、分析的基础上，他对每项工作确定了最佳方案。方法一经确定下来，就对所有工人的工作方式标准化，并设立物质奖励来鼓励工人遵循这些标准。泰勒管理哲学的基本观点是：

● 对一个人工作的各个组成部分进行科学研究，可以准确确定一天的工作量；

● 对工人进行科学的挑选和培养，可以正确地执行管理者的意图；

● 合理区分工人与管理部门的工作，各自承担最合适的工作，可以充分利用人力资源；

● 科学的方法可以应用于一切管理问题。

泰勒生活在一个保守的年代，当时的工厂是允许工人自己选择自己的制作方法的，他们凭自己的技能和经验加工产品，对劳动时间和生产成本的管理很不科学，存在着大量的浪费活动。泰勒的管理哲学从根本上动摇了旧的管理机构与方法。泰勒的理论被称为科学管理，他的想法得到众多效率专家的支持和推广，其中最大的支持者是亨利·福特。虽然生产管理自从有了人类的生产活动以来就已经存在，但是泰勒的科学管理学说无疑是本学科发展史上的里程碑。

1913 年亨利·福特将科学管理应用于 T 型车的生产，使组装一部汽车的时间从 728 小时缩短到 1.5 小时。T 型车的底盘缓慢地从传送带上移下，两侧跟着 5 个工人，从地板上仔细放置的零件堆中取出零件安装到汽车底盘上。每辆车较短的装配时间使 T 型车可以较大规模地生产，流水生产线拉开了现代大工业生产的序幕。在此之前，每一辆汽车底盘由一名工人装配，大约需要 12.5 小时。福特流水线生产需要两个基本条件：（1）零件要能互换；（2）生产线按节拍生产。在当时，机器加工精度已达到零件互换的水平，加之泰勒的科学管理在理论和实践上为其做好了准备，在制造技术和管理技术的推动下，福特流水线生产方式应运而生。

自泰勒时代接下来的 50 年里，美国制造商致力于大规模工业化生产，轻而易举地占领了全球制造领域。泰勒时代以后，数学和统计方法在生产与管理发展过程中开始处于支配地位。霍桑试验又证明了另外一种情况，该试验始于 1924 年，完成于 1932 年。梅奥等人在西方电气设备公司的霍桑工厂研究工厂环境对工作效率的影响，研究结果出乎意料，他们发现人的因素要比以前理论工作者想象的重要得多。例如，尊重工人比只靠增加劳动报酬要重要得多。工人的态度和行为取决于个人和社会作用的发挥，组织和社会对工人的尊重与关心是提高劳动生产率的重要条件。霍桑试验大大地推动了行为科学理论的发展，1930 年由梅奥等发起了人际关系运动，提出除工作技术之外，工人也是社会人，社会和心理因素对工人效率有很大的影响，工人内在动机能影响生产率。这使管理的重点由"物"转向了人。

赫茨伯格、马斯洛等人创建了激励理论。由第二次世界大战中运筹学研究小组提出的量化模型和技术不断发展，并成功应用于企业管理领域，出现了管理科学。在研究战争物资的合理调配中，以定量的优化方法为主要内容的运筹学得到迅速发展。战后，20 世纪 50 年代至 60 年代，这些成果被广泛地应用于工厂等领域，生产管理、生产与运作管理发展到一个新的阶段。由于有些方法在某些方面取得了极大的成功，人们对优化方法寄予了极大希望。在这期间人们也发现，生产与运作管理的对象是社会经济运动，是一种最复杂的运动形式，其行为主体是人，数学模型很难准确地描述生产系统，具有明显的局限性。

优选法是指研究如何用较少的试验次数，根据问题的性质在一定条件下选取最优方案的一种科学方法。例如寻找最好的操作和工艺条件；找出产品的最合理的设计参数，提高产品产量，或在一定条件下使成本最低，消耗原料最少，生产周期最短等。优选法的应用范围相当广泛，中国数学家华罗庚在生产企业中推广应用取得了成效。企业在新产品、新工艺研究，仪表、设备调试等方面采用优选法，能以较少的实验次数迅速找到较优方案，在不增加设备、物资、人力和原材料的条件下，缩短工期、提高产量和质量，降低成本等。

计算机、自动化引领了又一个在生产运作领域的技术进步高潮。20 世纪 70 年代的主要进展是计算机技术在生产与运作管理中得到了广泛应用。经济订货批量理论无法处理构成复杂产品的各部件的库存及订单问题，手工操作难以做出复杂烦琐的依赖型需求计划。计算机技术使物料需求计划（MRP）方法具有了实际可操作性，MRP 管理方法被应用于生产计划与控制，MRP 可以把一个结构复杂的产品的全部零部件统一管理起来。它也能使计划人员迅速地调整生产作业计划和库存订货计划以适应最终产品需求的变化。在 MRP 的基础上，进一步发展成制造资源计划，MRP 技术不仅局限于生产管理，范围扩展到销售部门和财务管理，可以利用计算机技术、软件应用把生产与运作管理的信息集中管理。工厂自动化以各种方式促进生产与运作管理的发展，出现了多种生产方式，如 CMIS（计算机集成制造系统）、FMS（柔性制造系统）。

2. 关注质量改善

从工业革命到 20 世纪 60、70 年代，美国都是世界最大的商品和服务提供者，也是管理和技术方面专业技术的主要来源。反观历史，20 世纪 60 年代大概是美国制造业的颠峰。从那以后，美国制造业的优势逐个行业地受到外国制造商（主要是日本）低成本、高质量的挑战。

在 20 世纪 70 年代，美国生产率以每年平均 1.3%的幅度增长，到 80 年代仅有 0.2%的增长（许多年是负增长），而外国竞争者每年的增幅达到 4%～5%。这段时间发布的多项研究证实了消费者早已知道的一个事实，那就是那段时间美国制造的产品质量差，无法在全球市场上竞争。早期，关于日本在制造业的成功是一个文化现象的说法被在美国境内日资企业的成功范例证明是错误的。

这一现象是怎么产生的呢？一个 20 世纪长期统领制造业的国家为什么突然变得没有竞争力了？很简单，美国公司太掉以轻心了，它们以为大规模生产已经解决了生产问题，所以把制造职能推给了技术专家（通常是工程师），把技术作为降低成本的方法，这就把管理者的视角从改进产品质量、改进生产及流程方面移开了。技术专家往往忽视消费环境的变化和生产与运作的战略影响。

日本丰田汽车公司从 20 世纪 50 年代开始了准时化生产 JIT（美国称为精益生产）。JIT 包含有丰富的管理思想和方法，并且将它们有机地组成一个体系，它用最少的库存生产最多的产品，并且把质量管理也融合在里面，实现了零缺陷生产。它经受住了 1973 年世界性石油危机的考验，被认为是一种具有新的管理哲学的生产方式。日本制造商的精益生产，不生产顾客不需要的产量，通过减少浪费来降低成本，注重质量及其改善。在 20 世纪 80 年代得到以美国为代表的发达国家的承认，并受到普遍的重视。TQM（全面质量管理）和质量保证体系获得实施。TQM 广泛地运用于企业管理过程，ISO9000 是国际标准化组织提出的关于企业质量管理和质量保证体系的标准，是每个企业在国际市场上共同遵守的关于质量方面的准则。质量为管理者指点迷津，直到今天，质量仍然产生着持续的影响。

3. 关注定制与智能制造

大规模生产可以快速生产出大量产品，但不能很好地适应需求变化。现代消费市场的特点是产品线扩散、生产周期缩短、产品开发时间缩短、技术革新、产品更具个性化和市场细分。大规模工业化生产不适应这种环境。刚性的大规模工业化生产方法通过使不熟练或半熟练的工人以及用途专一的高价值设备来制造或提供大量的标准化产品，并不能提供多样性、个性化产品，也不能很好地实现产品持续改进、不断创新的目标。生产运作系统必须做出变革。促进产品创新和定制化的新型生产运作系统已经出现，公司可以在全球范围内快速提供产品和服务，这离不开信息技术及互联网的支持。

大规模定制（Mass Customization）是斯坦·戴维斯（Stan Davis）在他的《未来理想》一书中首先提出的。约瑟夫·派恩二世（Joseph Pine n）对大规模定制进行了系统的阐述，他认为大规模定制是以满足顾客个性化需求为目标，以顾客愿意支付的价格，并以能够获得一定利润的成本，高效率地进行定制，从而提高企业适应市场需求变化的灵活性和快速响应能力的先进生产方式。大规模定制不同于大规模生产，它兼有二者的优点，能够在不牺牲企业经济规模效益的前提下满足顾客对产品或服务的个性化需求，使企业获得新的竞争优势和发展机会。

在大规模定制生产方式中，对顾客而言每一种产品都是定制的、个性化的。但对生产企业而言，该产品主要采用大批量生产方式制造出来。组织大规模定制生产的基本思想是通过产品生产过程的优化，采用先进的模块化制造技术和管理方法，把产品的定制生产全部或部分地转化为批量生产，以大批量的生产成本和效率生产出个性化的产品。传统上，大规模生产似乎都是标准化的，就不可能实现定制化；要想定制化，就不可能实现大规模生产。其实则不然，应用信息通信技术、模块化制造、智能制造技术，以及供应链的产品差异化延迟技术，完全可以实现大规模定制生产方式。在产品设计中，通过采用标准化的模块封装，减少定制的模块和零件数量。在产品供应链过程中，采取差异化延迟策略，尽可能地把产品差异化的定制点推迟到供应链过程的下游环节。在此点之后，系统开始实施面向个性化顾客的部分定制过程，在此之前，系统采用大规模模块化智能制造方式。这样不仅提高了生产效率、降低了成本，同时也缩短了生产周期，提高了快速响应能力。

在德国工程院、弗劳恩霍夫协会、西门子公司等德国学术界和产业界的推动下，"工业4.0"项目于2013年4月在德国汉诺威工业博览会上被正式推出。这不仅仅意味着技术的转变、生产过程的转变，同时也意味着整个管理和组织结构的调整。而且它们认识到，任何一个公司或者国家单打独斗都不可能改变全球的制造企业，迫切需要多部门进行合作。工业4.0有三个要素：首先是跨企业的生产网络融合。MES（制造执行系统）将会起到更加重要的作用，自动化层和MES之间的对接会变得更加重要，且更加无缝化，还能跨企业来实现柔性的生产。所有的信息都要实时可用，供生产网络化环节使用；虚拟与现实的结合，也就是产品设计以及工程当中的数字化世界和现实世界的融合，使我们能够实现越来越高的生产效率、越来越短的产品上市周期以及产品种类的日趋多样性；信息物理融合系统（CPS）是工业4.0的核心技术。未来的智能工厂中，产品信息都被输入到产品零部件本身，它们会根据自身生产需求，直接与生产系统和设备沟通，发出接下来所需生产过程的指令，指挥设备把自己生产出来。这种自主生产模式能够满足每位用户的"定制"需求。

对于离散工业和过程工业而言，网络化生产和数字化制造是关键。数字化企业平台是实现数字制造的载体，在物联网、云计算、大数据、工业以太网等技术的强力支持下，集成目前最先进的生产管理系统及生产过程软件和硬件，如MES软件以及产品生命周期管理软件，以及全集成自动化和全集成驱动系统等；把现实的制造和虚拟的呈现完美地结合在一起，当然，现实与虚拟生产相融合得益于创新的软件和强大的硬件。产品生命周期软件可以优化整个产品的生命周期，从最初的产品设计、生产规划，一直到生产实施，并最终服务于用户使用与保障。未来的智能工厂中，人将会担当更有挑战性的角色，创新、规划、监督和协调机器的运作。只有这样，机器才会按照人的想法进行运转，制造才会更快、更加高效，才能使用到更好的资源，这是制造系统应该遵循的原则。

4．关注时间

1981年，日本摩托车行业的本田和雅马哈之间爆发了一场战争——雅马哈宣称要取代本田成为全球最大的摩托车生产厂商，而本田则毫不示弱，立即应战："要彻底打败雅马哈。"大战伊始，双方各投入了60多种型号的摩托车。在随后的18个月中，本田推出了113种型号，且每种型号都新奇别致、功能先进；而雅马哈只推出了37种型号，且技术与本田相比相形见绌。到 1983 年，雅马哈的滞销产品堆积如山，存货期超过 12 个月。最后，雅马哈宣布认输。本田赢得竞争胜利靠的不是削价大倾销和铺天盖地的广告，尽管它也做了这一切，其成功的奥秘是频率极高的产品更新速度和对消费者需求的快速响应，从而把雅马哈沉没在本田新型产品的汪洋之中。在当今市场竞争已进入全新领域的时代，企业过去赢得竞争的成本、质量、技术等，已难以让企业遂愿，代之而起的是一种不断变化的赢得和维持竞争优势的全新方式——充分利用时间这一战略武器，在竞争中对市场做出快速反应，即基于时间竞争的战略。基于时间的竞争是指产品被生产出来，运到市场，并提供给顾客的速度上的竞争。虽然新的制造方法 JIT、柔性制造系统、计算机辅助制造等大大提高了企业生产效率，但是进一步提高企业时间竞争力必须加强组织信息流，提高如仓储、运送等物流活动的速度，减少交货、发送时间和响应时间，特别是物流成为获得时间竞争优势的关键。

面对 20 世纪 90 年代的全球性经济衰退，企业需要精简以提高竞争力，推动企业去寻找新的管理理论和方法，它应该是新的变革而不是方法的改良，哈默提出了业务流程再造的思想，强调以业务流程为改造对象和中心、以关心客户的需求和满意度为目标、对现有的业务流程进行根本的再思考和彻底的再设计，利用先进的制造技术、信息技术以及现代的管理手段，最大限度地实现技术上的功能集成和管理上的职能集成，以打破传统的职能型组织结构，建立全新的过程型组织结构，从而实现企业经营在成本、质量、服务和速度等方面的根本性改善。通过持续改进和流程再造实现了快速反应。流程再造的具体内容包括比竞争对手更快地开发出产品，提高订单处理速度，加快配送流程，对顾客需求的变化做出快速反应，改进整个供应链的流程。

5．关注服务

经济进入后工业化阶段，工业特别是制造业在国民经济中的地位由快速上升逐步转为下降，服务业经历上升、徘徊、再上升的发展过程，逐渐成为国民经济的主导产业。服务业将提供更多的工作机会，并将成为带动经济发展的新动力。

服务业结构演变具有规律性。一般来讲，在初级产品生产阶段，以发展住宿、餐饮等个人和家庭服务等传统生活性服务业为主；在工业化社会，与商品生产有关的生产性服务迅速发展，其中在工业化初期，以发展商业、交通运输、通信业为主；在工业化中期，金融、保险和流通服务业得到发展；在工业化后期，随着信息产业的迅速发展，服务业内部结构调整加快，与互联网融合的新型业态开始出现，广告、咨询等中介服务业，以及旅游、娱乐等服务业发展较快，生产和生活服务业互动发展。在后工业化社会，金融、保险、商务服务业等进一步发展，科研、信息、教育等现代知识型服务业崛起为主流业态，而且发展前景广阔，潜力巨大。

1975 年美国经济学家布朗宁和辛格曼在对服务业进行分类时，最早提出了生产性服务业（Producer Services）概念。生产性服务业是与制造业直接相关的配套服务业，是从制造业内部生产服务部门中发展起来的新兴产业，它的主要功能是为生产过程的不同阶段提供服务，它贯穿于企业生产的上游、中游和下游诸环节中，包括物流、研发、信息、中介、金融保险以及贸易相关服务等。

伴随着互联网信息技术和知识经济的发展产生，用现代化的新技术、新业态和新服务方式改造传统服务业，创造需求，引导消费，向社会提供高附加值、高层次、知识型的生产服务和生活服务的服务业。

现代服务业既包括新兴服务业，也包括对传统服务业的技术改造和升级，其本质是实现服务业的现代化。现代服务业具有智力要素密集度高、产出附加值高、资源消耗少、环境污染少等特点。

生产活动是人类最基本的活动，随着服务业的兴起，生产的概念也已经扩展，生产不再只是工厂、车间里从事的活动了。为了适应这种变化，将强调制造业的"生产管理"，变成面向制造业与服务业的"生产与运作管理"，或者"运作管理""运营管理"。

1.1.2　生产运作管理面临的挑战

不管是制造业，还是服务业，当今企业都面临着新的全球化竞争环境。信息通信技术（ICT）在世界范围内的迅猛发展，大大加速了世界经济全球化的进程，改变了人类生活的方式，带来了新兴开放市场、国际分工的机会，带来了全新的金融体系，人类的心理需求也发生了深刻变化，企业所处的政治、经济、社会、技术（PEST）等环境影响因素复杂多变，企业运营正经历着一场深刻的革命。基于传统采用泰勒科学管理方法应对新的挑战，已变得不再有效；而热衷于照搬流行的新潮管理学说的企业，在实践中效果并未立竿见影，相当多的企业陷入了泥潭而不能自拔，在浮躁的气氛中，并没有全面透彻地理解变革与新潮的管理理论。

目前，相当数量的全球制造企业依靠紧密协同，提供特定的产品；企业在其产品整个生命周期内集成顾客需求；采用信息通信技术集成全球企业，在广泛分散的组织和个人间建立真正紧密的关系，横跨所有的组织结构，集成全球企业和过程。"制造业跨时空的全球集成"已经出现。制造业中的如下趋势越来越明显：

（1）知识管理　"制造世界正从数据驱动的环境向相互合作的信息／知识驱动的环境变化，考虑更多的是企业技能，共识和应用语义"（Vernadat, 1996）。

（2）知识、技术更新速度加快。

（3）大规模定制　为不同的顾客提供不同的产品与服务，以满足顾客对产品功能、质量、价格、可靠性、交货期等的特定要求；客户参与产品的设计和建造，生产客户化产品。

（4）产品的生命周期缩短　制造企业必须时常导入新产品，而且必须缩短产品进入市场的时间。

（5）市场多变，难以预测　市场快速出现并快速消失。

（6）集中于较小的和明确的细分市场　消费者行为呈现个性化、多样化趋势，必须不断变化产品配置，以满足特定的客户需求。产品包括实际产品本身，也包括维护服务、产品的更新或升级以及详细的产品信息等。企业向客户传递的更像是解决方案，并包括客户和方案提供者之间的长期关系。

（7）专注于核心能力　企业可将其大量的活动外包，并同伙伴公司的信息系统连接。同时公司可获得专业化／差异性与集成。

（8）建立动态联盟　协同工作、协作开发和引入新产品／项目，以获得较大的市场份额与敏捷性。联盟的生命周期往往取决于在联盟中生产的产品／项目的生命周期。

（9）市场全球化　市场、资源、技术、人员的竞争趋于全球化，越来越多的公司必须在世界市场中运营。处于不同国家的公司可共同参与新产品的开发和问世。为了降低成本，产品可在一个国家开发，而在世界上任意多个地方制造。这也是对核心能力的集成。

（10）更加扁平的组织结构　平坦的管理结构的运营成为现实，在组织的各个层次上进行数据访问。

（11）供应链管理的一体化　简化总体后勤流程，供应链上的企业分工合作，协同预测、协同供应显得特别重要。

（12）重视绿色设计与制造　考虑产品的全生命周期，从环境、社会、经济、可持续性等因素来评估产品和项目，环境保护迫使企业把重心集中于全球制造。

（13）市场从产品主导转向顾客主导　如何提高顾客的满意度和忠诚度是企业获得持续发展的关键所在。

（14）移动互联网业务模式　互联网为全球企业供应链提高运营效率、扩大商业机会和加强企业间协作提供了更加强大的手段，利用互联网获取和应用有效信息的能力成为企业基本的竞争优势，利用互联网驱动全球业务网络成为企业重要的竞争优势。

制造业面临全球化、全球竞争、互联网与制造网络、虚拟制造、核心能力、更加关注产品生命周期、保护环境、客户化产品与服务、柔性与敏捷性、较短的提前期等诸多挑战，要想获得持续的利润增长就必须改变现有策略，关注如下几个方面：

（1）网络；

（2）安全、健康与可持续性；

（3）敏捷性或柔性；

（4）移动互联网、信息通信技术、虚拟现实技术；

（5）加强产品／项目全生命周期（PLC）的信息管理；

（6）专注于核心能力，并适时调整；

（7）与合作伙伴建立更加灵活的动态协同关系；

（8）社区、社群与战略联盟；

（9）知识的创新与智能；

（10）人工智能与机器人。

敏捷性与柔性已成为企业在全球动态环境中竞争成功的决定因素。移动互联网信息技术正改变着企业现在及未来的业务方式，制造企业必须转向网络化制造。建立业务伙伴关系或加入业务共同体，如一个行业或行业分支、产业群或产业群的一部分、供应链或供应链中的一部分，利用互联网技术、应用软件体系结构实现与业务共同体中业务伙伴、顾客及供应商间的协同业务模式，集中于核心能力，依市场需求与企业能力，快速构建多个虚拟企业，实现网络化协同制造模式，已经成为制造企业适应全球动态环境的新的业务模式。虚拟企业被认为是企业间建立健壮、柔性连接的战略方法。

越来越多的制造企业向服务延伸，借助于服务实现产品的增值，获得市场竞争优势地位，靠产品与服务的整合，更好地满足越来越苛刻的顾客需求。扩大产品服务的范围，提高产品服务的质量，服务业面临的趋势与挑战与制造业所面临的趋势与挑战是紧密联系在一起的，因为服务业与制造业密切相关、相互交叉、相互渗透。制造业生产的产品支持服务业的运营，如制造业生产的交换机支持电信服务运营，高效的电子银行服务依赖于先进的机器设备等，反过来，服务业如银行、咨询、电信、运输等对制造业的支持同样是至关重要的，如制造业的日常运营离不开银行，制造业的通信与信息化离不开电信，制造业运营的改善离不开咨询等。

制造业与服务业的企业运营都需要面向顾客，企业运营系统需要持续改进与再造，企业运营需要协同，全球化运营可为企业带来竞争优势。企业资源计划（ERP）系统已经成为当今企业运营的主干，是企业运用移动互联网信息技术实现敏捷性与柔性运营，更好地满足顾客需求的有力工具。ERP系统通过对关键业务流程的优化，可以对运营战略产生重要的影响，例如公司如何生产产品或提供服务，如何与供应商、合作伙伴及顾客进行协作。如果没有集成化的供应链信息系统，面对分散的全球资源，就不能迅速地实现多功能的协同运营。

1.2 生产运作模式及类型

运营使企业能够创造财富，并支撑全球经济运转。运营管理关注企业生产率的提高，强调通过运营系统内部或运营系统间有效的运营获得竞争优势。

运营管理研究企业生产产品和提供服务的方式。企业采取的运营行动是由运营经理决策并负责的。运营经理是指企业内部专门负责管理构成运营系统的全部或部分资源的人员，运营部门负责产品和服务的生产及配送工作。

在运营系统中，运营经理需要在战略、设计、运行、改善等方面做出许多重要的决策。本节从系统的观点入手，来区分运营系统的不同模式。

1.2.1 企业生产运作的系统模型

什么是系统？系统是一组相互依赖、相互关联的组成部分，通过协同运营实现系统的目标。系统成功的秘诀在于系统的各个组成部分相互合作，密切配合，共同向系统的目标努力。如果各个部分以自我为中心，变成竞争的独立单元，就会破坏整个系统。系统可以是最广大的宏观系统（如银河系统），也可以是最小的微观系统（如遗传 DNA 系统）。我们平常处理的系统一般介于上述两者之间，系统可以是一个组织，可以是一个产业，也可以是整个国家，系统范围越大，可能产生的效益就越大，然而管理的难度也越大。

对于运营系统，应当进行系统思考。系统思考就是以系统的观点、整体的观点，以各种相依、互动、关联与顺序，来认识现实世界、解决问题的一般反应能力与习惯。

以系统的观点看待运营系统，所有的运营系统在生产产品或提供服务的过程中，本质上都是将输入资源，按照一定的方法与转换程序，加以变换，从而产生一定的输出，满足下游系统或顾客的需求。输出物与输入物相比，其状态或性质发生了变化。

运营管理系统模型可表示为图 1-1，输入资源可分为以下两种。

① 待转化资源：将要被加工、转换或改变的资源，如制造系统中的物料、服务运营系统中的信息（管理咨询公司、新闻机构等）与顾客（医院、旅店、美发店等）；

② 转化资源：支持运营系统转化过程的资源，如运营系统的基础设施、机器设备、员工、自动化系统以及信息管理应用软件系统。

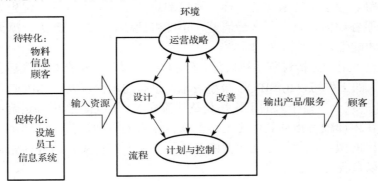

图 1-1 运营管理系统的 IPO（输入、流程、输出）模型

不同的运营系统有不同的流程，流程指具体的转化过程、转化条件、方法与步骤。需要根据输入的待转化资源的性质，设计不同的转化过程：以物料加工为主的运营系统、以信息加工为主的运营系统与以顾客接待为主的运营系统。大多数制造系统需要对物料进行加工转化，有些是形状或物理组成的变化（如汽车、冰箱、电话机的制造等），有些是化学成分的变化（如炼钢、酿酒等）；有些运营系统是改变物料地理位置（如邮政快递、行李快运、运输等），有些则是以存储物料为目的（如仓库存储）；管理咨询公司、会计师事务所需要对信息进行加工；医院、美发美容店、饭店、旅馆等需要对顾客进行直接的接待服务。虽然运营系统的转化过程不同，但所有的运营系统都有四个关键的主过程：

- 适应环境制定运营战略；
- 在运营战略下进行运营系统的设计；
- 以企业资源计划（ERP）为骨架的运营系统运行；
- 运营系统的改善或改进。

运营系统的输出是提供的产品与服务，不同运营系统的输出存在多种差异，如有形的产品、无形的服务。从顾客的角度看，产品与服务会给他们带来介于喜悦与愤怒之间的感受；从组织的观点看，产品与服务会给他们带来利润与市场份额。同样的输入资源，要想得到更好的输出，必须改善系统的流程，改善系统的转化过程与方法。如表 1-2 所示。

表 1-2　运营系统的输入输出与转化过程举例

运营系统	输入资源	转化过程	输 出
航空公司	飞机、机组人员 地勤人员、乘客、货物	转运乘客、货物	运抵新地点的乘客 与货物
百货公司	售货员 待售商品 顾客	商品摆放 提供选购建议 销售商品	满载而归的顾客
银行	职员、设施、能源 计算机设备等	金融服务	获得服务的企业 或个人
冷冻食品生产商	新鲜食品 操作人员 食品加工设备 冷冻设备	食品加工 冷冻	冷冻食品

为了关注系统的供应者与顾客，也采用 SIPOC（Suppliers、Input、Process、Output、Customers）模型。组织的运营系统供应者可能有物料供应商、设施供应商、人才市场（人力资源供应者）、信息系统服务商等。为了实现系统的目标，系统的思考方式应当以顾客优先为原则，运营系统提供的产品与服务如何，只有顾客最清楚，不能得到顾客的反馈意见，就无法界定工作的好坏。顾客满意才能带来组织持久的运营。

SIPOC 模型也可用于分析运营系统内部。运营系统可以看作由众多微观运营构成的层级结构。组织内每个人的工作可以用 SIPOC 模型表示，组织的运营可以用 SIPOC 模型表示，也可看作多个 SIPOC 的集合，每个人的工作都是整体流程的一部分。在内部运营中，存在内部顾客与内部供应者，内部顾客指从其他微观运营获得输入的微观运营，内部供应者就是向其他微观运营提供输出的微观运营。微观运营中也需要强调顾客优先，顾客优先是善解人意的思考方式，而不是以自我为中心。

1.2.2　运营系统的不同类型

运营系统具有相似的输入、处理或转化、输出的基本模型，但是产品与服务千差万别，产量大小相差悬殊，转化的工艺过程各不相同。受需求端差异的影响，如市场需求波动幅度、顾客可见度/接触度等，运营系统也会为适应需求做出一些调整，在运营模式方面存在差异。总体来看，运营系统在以下五个维度存在着重要的区别，如图 1-2 所示。

- 顾客可见度/接触度
- 市场需求波动幅度
- 产品数量
- 产品品种
- 工艺过程

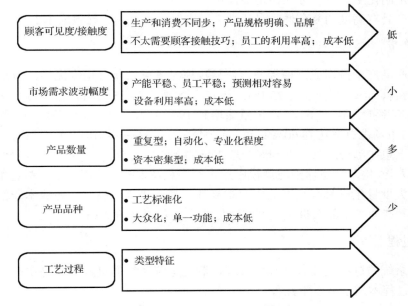

图 1-2　运营系统模式变化的五个维度

1．需求端

市场需求波动的幅度越大，运营系统对需求的预测难度就越大；生产能力的余量变化也越大，生产设备有时很忙，有时又有很多空闲；这就要求运营系统具有一定的柔性，随需求变化，有能力满足需求的峰值；这样，运营系统的费用势必会增加，单位产品成本就会大。为了降低成本，运营系统的生产需要保持平稳。

顾客可见度/接触度对运营系统也有影响。顾客可见度高，意味着运营的部分过程对顾客是透明的、可见的。这样，顾客会比较放心，比如在为顾客做生日蛋糕时，顾客在一旁看着全部的过程，好处是：顾客可容忍短暂的等待，感觉时间过得很快。尽管需要等待，顾客应该会感到很满意，因为客户感觉决定满意度；顾客在现场，也有利于沟通，运营系统的员工对顾客的需求理解变得容易，产品的花样可多些，现场就可确定顾客需要的图案。当然，这需要一定的顾客接触技巧，单位产品的成本会提高。互联网电子商务的发展，网购、送餐等，使得顾客可见度在降低，即使能见到快递员但也不代表售货方。

2．产品品种

出租车公司提供的服务具有多个不同的品种，而公交车提供的服务的品种比较单一。出租车可以按照顾客要求的线路行驶，可以将顾客及其携带的行李送到其指定的地点。出租车的运营具有较大的柔性，顾客可以使用电话在规定的时间与地点预约车辆接送，多样化的服务使顾客需求得到最大程度的满足。这需要出租车公司具备通畅的信息联络网络，要求出租车司机具备热情礼貌的言行并熟悉交通路线，对当地地理环境了如指掌。相比之下，公交车必须按照固定的线路日复一日地行驶，在指定的站点运送顾客。灵活的个性化服务需要顾客付出较高的价钱，坐出租车的花费就要比坐公交车高得多。

公交车公司可以通过增加运营线路、合理布置站点、增加车辆数量来提高顾客满意度，但公共交通服务作为大众化的服务，在时间、方便程度上无论如何也比不上出租车所提供的定制化服务。定制化生产或服务往往是多样化、多品种的。

多品种生产具有高度的复杂性，灵活性大，定制化程度高，导致成本上升。

3．产品产量

通过扩大产品产销量形成规模经济，依靠规模经济可以获得竞争优势。1995 年格兰仕微波炉产销 20 万台，市场占有率达 25.1%；1996 年实现产销 65 万台，市场占有率超过 35%；1997 年市场占有率扩大到 47.6%，产销量猛增到 198 万台。1998 年格兰仕微波炉年产量达到 450 万台，国内市场占有率达到 60% 以上，成为世界上最大的微波炉生产厂家之一。格兰仕微波炉的高层人士想在单一产品上做到对全球市场的垄断。"在单一产品上形成绝对优势，这叫做一个拳头打人"。格兰仕迅速形成规模以后，价格和技术的优势阻止了一些竞争力不强的企业进入市场。大批量生产具有高度的生产重复性，专业化程度高，因而成本较低。许多汽车制造商、家电制造商等依靠大批量生产来降低成本，获得竞争优势。

4．工艺过程

服务运营系统的过程是业务处理的过程，制造运营系统的过程主要是生产工艺过程。制造业中的工艺过程本质上有以下几种。

- 制造加工（Fabrication）：将原材料加工成特定形状的产品。家具、机械制造。
- 装配（Assembly）：将零、部件组装成特定的产品。
- 转化（Conversion）：炼钢、牙膏、啤酒。
- 测试（Testing）：包含在制造加工、装配过程及转化过程中的一个重要环节。

根据工艺过程的以上特征，相应地可将生产工艺流程分为如下几种类型（Hayes & Wheelwright，1984）：

工件车间（Job Shop）：相似的设备依照功能配置在一起，工件按特定的顺序通过制造现场的工作中心，工件之间有准备作业。物流可中断，又称间歇式生产。

成批生产车间（Batch Shop）：标准的工艺专业化生产，用于有相对稳定的产品系列的企业，按订单或库存生产；多数产品流程相同，具有重复性。

装配线／装配车间（Assembly Line）：按装配顺序，以一定的受控速率从一个工作点到另一个工作点进行装配生产。

连续流型／流程车间（Continuous Flow Shop）：物流稳定、连续、不中断地通过设备，通常是高度自动化的，应避免高额的停工和启动费用。又称连续生产，如流程车间（Flow Shop）。

1.2.3　产品与生产工艺过程矩阵

每一种工艺过程类型与产品的数量及品种的关系可用如下矩阵表示（如图 1-3 所示），矩阵中列出了工艺过程类型对应的典型的行业。

按照工艺过程的类型可以将制造运营系统的生产类型分为项目型、单件小批量型、成批生产型、大量生产型、流水型与大规模定制型，如图 1-4 所示。

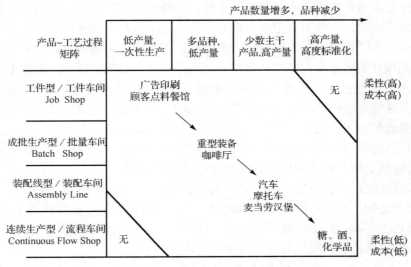

图 1-3　产品与生产工艺过程矩阵

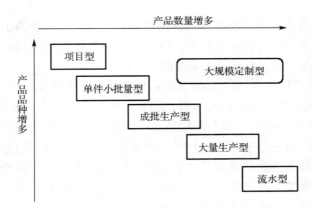

图 1-4　制造运营系统生产类型与产品数量、品种关系

● 项目型主要靠项目拉动，例如向城市地铁、核电站、隧道、三峡工程等重型设施提供定制化的设备或机组，这些设备或机组的设计、制造与安装极其复杂，不同的设施项目对其要求不同，即使同一设施项目，因使用环境不同，对其规格、质量的要求也呈多样化。项目订单往往靠投标获得，项目的工期要求特别严格，且多数是在现场装配完成，变化因素多。项目的复杂性往往要求多个企业或组织协同完成整个项目。

● 单件小批量型生产品种繁多，每一品种的产量极小，生产重复程度低，生产管理复杂，成本高。

● 成批生产型介于单件小批量型与大量生产型之间。

- 大量生产型品种少，产量大，生产重复程度高，便于采用流水线、自动线等高效的生产组织形式，便于采用标准的工艺，生产管理便于规范化，且有利于与供应商建立长期的合作关系。成本低，产品质量稳定。
- 流水型生产主要指转化过程的连续生产，采用高度自动化的设备，物流连续，在生产过程中物资通常发生化学变化，产生中间品、副产品等。可以清楚地看出这些行业的产品特征、生产工艺过程特点及其柔性、成本的高低。
- 大规模定制型是现代企业经营的新趋势，它既追求规模效益，又极力满足顾客的个性化需求。过去，企业要么追求低成本，要么追求品种多样化。在当今多变的市场环境下，企业为了取得成功而将注意力集中在顾客身上，采用大规模定制方式，理解并满足不同顾客不断增长的多样化需求，同时又保证产品的低成本，有效地为每一个客户提供个性化服务。大规模定制模式是指对定制的产品和服务进行个性化的大规模生产。大规模定制模式的实现需要准时化（JIT）等先进制造管理模式、现代生产技术以及信息通信技术的支持。常见的大规模定制方式如下。
  - ➢ 自我定制：购买标准化的产品，由客户自己或第三方定制；
  - ➢ 运输地定制：在运输地点对标准化产品进行定制；
  - ➢ 服务定制：对标准化产品提供定制的服务；
  - ➢ 混合定制：对工厂价值链中的最后一项活动进行定制，保持其他活动的标准化；
  - ➢ 模块化定制：对部件进行模块化，使其与定制产品结合；
  - ➢ 柔性定制：利用柔性制造系统生产完全定制的产品。

1.2.4　服务类型

美国营销学者菲利普·科特勒在其《营销管理》中给出了服务的定义：一方能够向另一方提供的基本上是无形的任何活动或利益，并且不会导致任何所有权的产生。它的生产可能与某种有形产品联系在一起，也可能毫无关联。

在 ISO9000 系列标准中，对服务的定义是：服务是为满足顾客需要，在同顾客接触中，供方的活动和供方活动的结果。从管理角度看，服务既然是一种活动，服务组织就必须对活动过程进行有效的计划、组织与控制；服务既然是一种结果，就必须达到满足顾客要求的目的。

从产出角度定义，服务是顾客通过相关设施和服务载体所得到的显性和隐性收益的完整组合。其实任何企业所提供的产出都是"有形产品＋无形服务"的混合体，但各自所占的比例不同。从顾客角度来说，顾客无论购买有形产品还是无形服务，其目的都不只是为了得到产品本身，而是为了获得某种效用或收益。

服务业是指农业、工业和建筑业以外的其他各行业，即国际通行的产业划分标准的第三产业，其发展水平是衡量生产社会化和经济市场化程度的重要标志。服务业按服务对象一般可分类为：

- 生产性服务业，指交通运输、批发、信息传输、金融、租赁和商务服务、科研等，具有较高的人力资本和技术知识含量；
- 生活（消费）性服务业，指零售、住餐、房地产、文体娱乐、居民服务等，属劳动密集型，与居民生活相关；
- 公益性服务业，主要是卫生、教育、水利和公共管理组织等。

世贸组织将现代服务业分为九大类，即商业服务，电讯服务，建筑及有关工程服务，教育服务，环境服务，金融服务，健康与社会服务，与旅游有关的服务，娱乐、文化与体育服务。

与制造业的产品相比，服务具有以下特征：

（1）无形性

服务与产品不同，往往是不可触摸的。这是服务作为产出与有形产品最本质、最重要的区别。虽然有时服务和一些物质形态相关联，例如飞机、餐具、病床等，但人们真正要买的是一些不可触摸的东西。在航空公司要买的是旅行服务而不是飞机；在医院要买的是健康和医疗服务而不是病床。因此判断一项服务的好坏，主要取决于它的一些不可触摸性。

（2）服务生产和消费的同时性

这是服务管理的显著特征。服务是开放系统，要受传递过程中需求变化的全面影响。服务的生产和消费同时进行使得产品的预先检测成为不可能，使得服务能力（设施能力、人员能力）计划必须能够对应顾客到达的波动性，使得服务的"生产"与"销售"无法区分，所以必须依靠它的指标来保证质量。

（3）随时间消失的能力，服务是易逝性商品

服务的易逝性即不可存储性，使得服务不能像制造业那样依靠存货来缓冲供货适应需求变化，不使用将会永远失去。例如，飞机上的空座位和旅馆里的空房间都产生了机会损失。因此，服务能力的充分利用成为一个管理挑战。

（4）服务的多变性

主要表现在四个方面：第一，服务是相关服务要素的集合。一部分不好，顾客就会认为整个服务不好；同一种核心服务的周边服务不同，也会形成不同的服务特色。第二，服务者具有多样性。服务往往是人对人的，服务者不可能像机器人那样只有标准动作。而顾客如果接受到两次不同的服务，或看到别人接受到更好的服务，都会留下坏印象。第三，顾客的多样性。即使是同一种服务规范，不同个性的顾客也会导致不同的服务结果。第四，服务的同一组成部分，在不同情况下对不同顾客的重要性可能不同。

（5）顾客参与服务过程

在制造业，工厂与产品的使用者、消费者完全隔离。而在服务业，顾客作为参与者出现在服务过程中，这种参与分为主动和被动。因此也有可能促进或妨碍服务的进行。这就要求服务经理必须重视设施的设计。顾客的知识、经验、动机乃至诚实都会直接影响服务系统的效率。顾客处在运营系统之中。在服务业中与顾客的接触程度是重要的。

服务运营虽有许多共性，但也存在不同的服务类型，可从不同的分类维度和视角来分析服务类型，将有助于深入了解服务业的内涵和精髓，从而有针性对地对服务企业运营管理进行研究。

（1）单一维度分类

单一分类中一种著名的方法是 Chase 提出的客户联系模型，按照服务过程中与顾客接触程度的高低，把服务分为"纯服务"（如医疗、教育）、"混合服务"（如银行、零售）和"准生产服务"（如仓储、批发）。Killeya 也提出过类似观点，即服务分为"软服务"和"硬服务"。"硬服务"提供过程，强调机器与机器之间，以及人际之间的相互作用；而"软服务"则强调人与人之间的相互作用。

（2）多维分类

多维分类包括二维以上的分类方法，通过不同视角组合进行分析，是对不同服务类型的

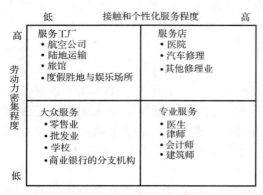

图 1-5　服务流程矩阵

进一步细分。施米诺在 1986 年提出服务流程矩阵（见图 1-5）。他根据两个不同的维度来区分服务行业：接触程度、个性化服务程度的高低，以及劳动力密集程度的高低。这一矩阵将服务分为四个类别。首先，服务工厂（Service Factory）的两个维度都很低。例如经典例子——商业航班，若一个航线计划分别是 10 点和 18 点出发的两个航班，他们绝对不会为了一个想赶两个来回的客户调整计划。当顾客接触程度或个性化服务程度增加时，服务工厂就会变成服务店（Service Shops）。医院和各种修理业就是典型例子；而大众服务（Mass Service）有较高的劳动力密集程度，但顾客的接触程度和个性化服务程度较低；当顾客的接触程度或个性化服务程度成为主要目标时，大众服务就会变成专业服务（Professional Service）。

当然这种划分方式并不是一成不变的，随着时间的推移，很多服务运营的本质发生了变化，最明显的是大规模的分解和多样化。曾经是典型的服务作坊或大众服务类型的企业特征不再清晰，企业正在服务流程矩阵的不同象限中跨越。

Silvestro 利用了施米诺模型中的三个（即专业服务、服务店和大众服务）来描绘服务类型的频谱。专业化服务型个性化程度高，与顾客接触程度高，需要具有专业化知识的人员，例如会计师、咨询顾问、律师、医生等。大众化服务型定制化程度低，与顾客接触程度相对较低，满足大众化的需求，如超市、学校、银行储蓄服务等。商店式服务型介于以上两者之间，如体育用品商店、汽车维修部等。

1.2.5　服务接触管理

顾客与服务组织的任何一方进行接触会得到关于服务质量的印象，接触的那段时间，被称为"真实的一刻"，它来源于斗牛术用语，最早由理查（Richard Normann）引入服务管理中，以强调服务接触的重要性。其含义是顾客对一个服务企业的印象和评价往往取决于某一个瞬间或服务过程中某一非常具体的时间。必须强调的是，服务接触可以发生在任何时间、地点。同时服务管理人员要牢记的是不管顾客与组织中的什么人接触，都会视其为整个服务组织。多数顾客不会在服务接触以外的时间去思考一项服务或服务组织。因此，把握服务接触的短暂时刻，给顾客留下好印象就变得非常重要。

服务接触主要由以下四个要素构成，它们构成了服务接触管理的主要对象。

● 顾客　这是服务接触中的最主要要素。顾客对服务质量的评价、整体满意度、是否下次再来的决定，都极大地取决于他在这次服务接触期间的感受。因此，服务提供系统的设计必须考虑以一种最有效和最高效的方式来满足顾客要求。但最重要的一点是，顾客希望受尊重、得到礼貌待遇以及和其他顾客相同的服务。无论什么性质的服务，这都是服务接触最起码、最基本的要求。

● 服务员工　这里指直接与顾客打交道的一线人员，他们是服务接触中另一个重要的人的因素。他们同样希望得到顾客和其他服务员工的礼貌对待，希望得到顾客和管理者的好评。因此，他们必须拥有必要的知识并经过适当的培训。服务员工代表其服务组织，是保持服务提供系统正常运转的力量。他的言行和行动被顾客认为是服务组织的言行和行动。顾客期望服务员工是他的最好代理，最大限度地考虑他的利益。这种双重角色有时对于服务员工很矛盾，尤其是顾客的最好利益与服务组织的政策发生冲突或服务员工受严格的规则约束时。

此外，服务接触对于服务员工仅是正常工作中的一次。任务的重复使得他们只重视效率和有效性，而没有考虑有些顾客缺乏经验、心情焦虑、有特殊要求等情况。但很多情况下，顾客对员工表现出来的诸如友善、温暖、关怀和富有感情等人际交往技能也非常在意，甚至往往能决定一次服务接触的成败。因此，服务管理者有责任帮助服务员工培养这些技能，并对员工加以培训，使他们具有一定的行为规范，更好地服务顾客。同时，员工满意也非常重要。只有员工满意、具有献身精神，他们才能为顾客提供最好的服务；若顾客满意了，他们还会再来。

- 服务提供系统　包括设施设备、各种用品、服务程序和步骤，以及规则、规定和组织文化。但它影响服务接触的只有顾客看到、接触到的部分，这部分的设计和运用必须从顾客角度出发。
- 有形展示　它包括一项服务和服务组织可能形成顾客体验的可触的所有方面。包括服务企业所在的建筑物的外形设计、停车场、周边风景，以及建筑物内的家具摆设、灯光、温度、噪声水平和清洁程度等，还有服务过程中使用的消费品、使用手册、服务人员的着装等。有形展示对于服务接触的成功非常重要，尤其是在顾客到场的服务类型中，顾客满意与否通常都在在场时间内形成。尤其在顾客与服务员工接触，提出自己服务要求之前。通常顾客在服务设施内停留时间越长，有形展示越重要。

另外，有形展示还有可能影响服务员工的行为。由于服务员工要在服务设施内度过绝大部分工作时间，因此其工作满意度以及工作动力和绩效也受有形展示的影响。故其设计还应该考虑到如何使员工无障碍地执行任务。

1.3　生产 / 运营管理职能与决策

企业具有三大核心职能：产品 / 服务开发、生产 / 运营与营销，此外，财务会计、工程 / 技术、人力资源、信息技术等也是一个企业的重要职能，提供对三大职能的支撑，如图 1-6 所示。运营职能负责生产或提供产品与服务，在制造企业中主要依靠生产车间（工厂），在服务业中则主要依靠业务部（战略业务单元）。各种职能是相互交叉的。

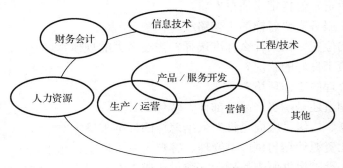

图 1-6　企业三大核心职能

1.3.1　运营经理的职责

在一些公司中运营经理被称为运营总监，制造公司中有生产总监、生产副总等，服务型公司中有业务总监、业务副总、国际运营总监等。这些职位是相通的，执行的都是运营职能，具体职责体现在三个方面：

（1）对产品／服务的制造、发送活动负有直接责任。

- 理解运营系统战略目标；
- 制定公司的运营战略；
- 设计运营系统的产品／服务与工艺过程；
- 运营计划与控制；
- 改善运营系统的绩效；

（2）对公司其他部门的活动负有间接责任，与其他部门密切协作。

（3）对迎接未来竞争的挑战负有广义责任，关注全球化、网络化制造、绿色制造、知识管理、信息技术、制造与自动化技术等前沿，评估其对企业的影响，采取相应的对策。

- 全球制造战略规划；
- 加强与顾客的关系，做一个负责的、考虑周到的服务商；
- 加强与供应商的战略关系，协同制造战略；
- 关心员工生活与发展；
- 充分考虑企业的社会责任。

1.3.2　运营中的决策问题

运营系统中的运营活动贯穿从投入到产出转换全过程、与产品和服务的输出相关的所有活动。如：产品和服务设计、供应链管理、生产能力、选址规划、设施布置、工作系统设计、全面质量管理、精益生产、现场可视化、库存管理、资源计划与排序、全面生产维护、健康管理等。运营经理需要在这些重要活动中做出决策，如：产品与服务设计、流程选择、供应链网络及计划、供应商选择、供应链库存决策、生产能力、选址决策、设施布置决策、工作设计决策、质量、生产的现场组织、库存、生产数量与时间、排程、维护、维修等。

下面列举了一些常见的决策问题，如：

- 提供什么样的产品和（或）服务？
- 怎样来设计这些产品和服务？
- 谁对质量负责？怎样定义质量？
- 这些产品／服务需要怎样的工艺路线？
- 运营场所的位置？依据什么标准选择？需要多大的规模？
- 如何保持员工良好的状况？
- 怎样提供合理的工作环境？
- 应该自己制造还是购买产品、部件？转包？
- 主要供应商、二级供应商是谁？依据怎样的标准来确定？
- 如何使企业资源计划与供应链管理、客户关系管理整合起来？
- 供应商能够准时提供所需的质量、数量、成本？
- 产品／部件应该持有多少库存？何时再订货？

● 谁为维修 / 维护负责？何时、何地对哪些设备进行维护？

1.3.3　运营职能的战略作用

运营职能对任何一个公司来讲，都是十分重要的，不仅提供着顾客需要的产品与服务，而且对企业战略的实施、支持、发展发挥着关键的作用：

● 贯彻实施公司的战略；
● 为公司战略提供支持；
● 为公司提供长期竞争优势，以推动公司战略发展。

卓越的运营职能对企业的贡献表现在四个方面：改进企业薄弱环节、学习行业内先进企业的经验、形成企业的运营战略、成为企业的竞争优势。依靠卓越的运营，企业可通过以下四个阶段的发展进而成为领先企业，图 1-7 表示了运营职能作用与贡献的四阶段模型（R. Chase，1991）。

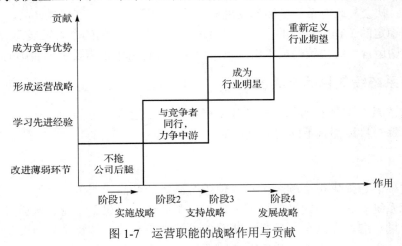

图 1-7　运营职能的战略作用与贡献

（1）改进运营中的薄弱环节，在企业各个运营系统中领先，不拖公司后腿，不成为累赘与负担；

（2）以行业内优秀企业为基准，学习其先进的运营管理经验，力争保持行业中游，不掉队；

（3）在竞争中积累经验，深刻理解企业竞争环境，以精益的思维，建立运营战略，成为行业明星，脱颖而出；

（4）着眼于未来的发展，进一步改善企业运营，关注协同运营，使运营系统成为企业的竞争优势，重新定义行业的期望，超越自我，将竞争者远远甩在后面，使之无法跟进。

1.3.4　小公司的运营管理

理论上讲，运营管理的活动领域与公司的大小没有关系。然而实践过程中，小型公司运营与大公司相比存在许多不同的特征，必须予以关注。小公司管理职能交叉重叠，管理人员往往身兼数职，例如公司总经理往往就是骨干业务员，人员配备精干，能起到以一顶十的作用；小公司采取非正式的组织结构，能够灵活、迅速地适应变化的情况；小公司的运营、营销、财务职能通盘考虑；小公司往往依靠供应链上的大公司发展，处于某供应链的环节上，销售大公司的产品或向大公司提供某些服务。

引人瞩目的是互联网为中外小型公司的发展提供了难得的平等竞争的机会，互联网上公司无大小。小公司发展成为大公司后，运营模式必须改变，否则容易产生混乱，妨碍企业的进一步发展。另外，大公司的运营也要借鉴小公司灵活的模式，避免产生臃肿。

1.4　运营管理绩效目标

1.4.1　运营系统总体目标

运营系统要满足其利益相关者的需求，利益相关者指与运营系统有直接利益关系以及可能影响运营系统或受运营系统影响的个人或群体，例如股东、顾客、供应商、社会与政府以及员工。股东希望投资的经济效益或价值大；顾客希望得到恰当的产品／服务、质量稳定、交货及时可靠、可接受的价格、柔性；供应商希望持续经营、在提高自身能力等方面得到帮助、需求信息透明；社会与政府希望增加就业机会、提高社区福利、生产优质产品、保证环境清洁；员工希望长期稳定的工作、合理的报酬、良好的工作环境与广阔的个人发展前景。运营系统的总体目标是一切运营系统决策的根本出发点，但在具体运营中，需要更加明确的可操作目标。

1.4.2　运营系统绩效目标及其度量

所有的运营系统都具有如下运营绩效目标：质量、速度、可靠性、柔性、成本，但在不同运营系统中每一目标都有不同的度量标准。

1. 质量

正确地做事情，提供符合顾客需求、使顾客满意的产品或服务，从而获得质量优势。质量在不同运营系统中有不同的度量标准，如在汽车制造、出租车运营、医院及超市运营中质量就有不同度量标准。在汽车厂质量意味着按设计规范制造、按预定规范装配、产品性能可靠、产品美观；在出租车公司质量意味着车厢内整洁卫生、安静，车厢内温度适宜、空气好、计程表准确，按顾客要求提供音乐、路线图，对顾客热情友善、乐于助人等；在医院质量意味着患者得到最恰当的治疗，治疗以正确的方式进行，医务人员主动征求患者意见，对患者热情友善，并加以精神鼓励等；在超市，质量意味着商品状态好，店内整洁卫生、布局好、店内通风、温度适宜、装饰得体，员工热情友善、乐于助人，顾客排队交款等待时间短等。

质量可以增强顾客满意度；提高运营系统效率；提高运营系统稳定性与可靠性；减少产品或服务的缺陷，降低成本。

2. 速度

迅速地做事情，尽量快地使顾客获得产品或服务，从而获得速度优势或时间优势。速度在不同运营系统中有不同的度量标准，如在汽车制造厂，速度意味着在最短时间内向经销商提供符合要求的汽车规格，在最短时间内将备件发送到维修中心等；在出租车公司，意味着在最短时间内将顾客送到目的地；在医院，速度意味着在最短时间内为患者提供治疗，在最短时间内提供检验结果；在超市，速度意味着顾客在最短时间内完成购物，顾客所购商品在最短时间内交货，顾客在最短时间内得到服务。

速度意味着提高对顾客的反应速度；缩短交货提前期；可以减少库存；减少风险；提高产品或服务的可获得性。

3．可靠性

准时地做事，保证公司及时发货，在向顾客承诺的交货期前提交产品或服务，从而获得可靠性优势。在不同运营系统中有不同的度量标准，如在汽车制造厂，可靠性意味着按时交货，按时向维修中心交付零配件；在出租车公司，可靠性意味着在最短时间内将顾客安全送到目的地；在医院，可靠性意味着预约取消率降到最低，医务人员严格遵守预约时间，如实准确反馈检查结果；在超市，可靠性意味着营业按照公示的营业时间，缺货率降到最低，随时提供车位，保证合理的排队时间等。

可靠性的作用：可以获得顾客信赖；可以节省时间；可以节省成本；增加稳定性。

4．柔性

有能力改变所做的事情，当情况发生变化或顾客需要特别的服务时，能够相应地改变或调整运营系统的活动或运营机制，也可采取一定的方式改变工作内容、工作方式或工作时间，这种变化的能力可以满足顾客变化的个性化需求，从而获得柔性优势。常见的柔性有下列几种。

- 产品服务柔性：获得不同的产品与服务的能力；
- 组合柔性：获得丰富的产品服务系列组合的能力；
- 数量柔性：运营系统调整自身输出水平的能力，可提供不同数量的产品与服务；
- 交货柔性：提供可变的交货时间的能力。

柔性的作用：提高反应速度；满足顾客个性化需求；满足顾客变化的需求；适应环境条件的变化；节省时间；提高应变能力；提供创新能力。

有时也用"适应性"作为绩效目标。将适应性定义为：满足新的需求与变革的需求的能力。"柔性"和"适应性"都表明了企业的变革与创新能力。但是，"柔性"表明企业处理当前变革的一个短期概念，而"适应性"是企业对未来变革的准备程度。创新能力表明企业持续改进的发展潜力，为顾客提供更新、更好、满足更多功能的产品和服务的过程。企业创新包括提供产品／服务的生产和管理过程的创新。

在汽车制造厂，产品／服务柔性意味着不断推出新车型，组合柔性意味着可以提供不同型号、不同款式的汽车，数量柔性意味着可以调整汽车生产能力，交货柔性意味着可以重新安排生产顺序；在出租车公司，产品／服务柔性意味着灵活服务，组合柔性意味着服务组合多，数量柔性意味着可满足多顾客接待，交货柔性意味着可以重新调整目的地；在医院，产品／服务柔性意味着可推出新的治疗手段，组合柔性意味着治疗方案多样化，数量柔性意味着调整可接待患者数量，交货柔性意味着可以重新安排预约时间；在超市，产品／服务柔性意味着推出新商品或新颖促销活动，组合柔性意味着商品种类齐全，数量柔性意味着可接待顾客数量可大可小，交货柔性意味着按顾客要求交货。

5．成本

廉价地做事，获得成本优势。改善成本绩效的一个重要途径是首先改善其他目标的绩效。在不同运营系统中成本的类型不同，比重也不同。在汽车厂，外购物料与服务、人力成本、技术与设施成本占较大的比重；在出租车公司，则主要是技术与设施成本、人力成本；在医院，技术与设施成本、人力成本、外购物料与服务都有一定的比重；在超市，外购物料与服务占有较大的比重，也有技术与设施成本、人力成本。

低成本可以使公司降低售价，从而增加销售量；低成本可以使公司在现有销售量基础上提高获利水平。

1.4.3　竞争要素及绩效目标的选择

绩效目标的选择与企业竞争要素相关。竞争要素是为企业提供竞争优势的要素。竞争要素与企业绩效目标相对应，如图 1-8 所示。

成本低	● 成本
质量优	● 质量
交货迅速	● 速度
交付可靠	● 可靠性
产品 / 服务创新	● 产品 / 服务柔性
产品 / 服务品种丰富	● 组合柔性
产品批量调整 / 时间调整	● 数量柔性 / 交货柔性
与特定产品相应的标准	● 支持产品

图 1-8　与绩效目标相对应的竞争要素

因为企业竞争着重点的不同，五大绩效目标在不同的运营系统中有不同的度量指标，同一运营系统在不同时期、不同情况下所选择的度量指标也不同。为运营系统的绩效目标选择合适的指标，应遵从如下原则（Ghalayini et al.，1996）：

- 要与企业战略相关；
- 首先考虑非财务指标，以便为操作者、管理者和监督者提供日常决策所需的信息；
- 尽量简单，易于运营部门的理解与运用；
- 激发、鼓励业务的不断改进，而不仅仅监控；
- 随动态市场的需求而变化；
- 能够有效地评价绩效目标并预测结果；
- 指标数据易于收集或具有成本效益；
- 指标应该有效、完整并且能够及时反映绩效情况。

好的指标应是可执行的，能够为指标应用的层次（如价值链、组织、流程、部门等）提供决策基础。

平衡计分卡是一种评价组织绩效目标的模型。这种模型将企业的战略转化为绩效评价指标，反映出组织的愿景。平衡计分卡包含四个角度：财务、顾客、创新与学习，以及组织内部。财务用来评价企业为股东提供的最终价值，包括利润率、股价、现金流等。顾客角度关注顾客的需求、满意度以及市场份额，包括服务水平、满意度比例、忠诚顾客的价值等。创新与学习将重点放在企业未来成功的基础——人与基础结构，其关键评价指标包括知识与研究资产、开发新产品和服务的时间、员工满意度、员工培训时间等。最后，组织内部关注驱动企业运作的关键流程的绩效，包括产品与服务质量水平、生产率、柔性、资产利用率等。

企业在不同时期竞争要素的重点不同。服务正成为制造型企业的竞争优势要素，在其下游与服务业相融合，并在价值链上实现增值，这也是先行工业化国家后期工业化的一个重要特点。

1.　绩效目标与获利能力

卓越的运营系统具有高的生产率，效率与效果对于提高生产率是重要的。效率和效果可定义如下（Sink 和 Tuttle，1989），如图 1-9 所示。

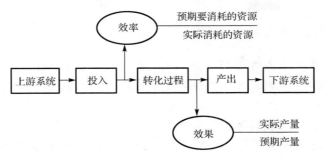

图 1-9　效果和效率的实际操作定义

- 效率：在既定的客户满意度水平上公司资源被利用的经济性；
- 效果：满足顾客（及其他利益相关者）需求的程度。

生产率是指系统的产出和投入之间的关系。生产率指数表明了系统在整个时期内生产率的增长情况。生产率的增长方式有：

- 在投入不变的基础上增加产出；
- 在产出不变的情况下降低投入；
- 同时增加投入和产出，但是产出以较高的速率增长；
- 同时降低投入和产出，但是投入以较高的速率减少；
- 减少投入并增加产出。

TOPP 绩效模型是挪威科技大学为挪威制造业提高生产率进行的研究成果之一（1992—1995），该模型认为效率与效果是企业发展的当前驱动力，在全球动态环境下，企业还需要具备适应性，能够适应变化的环境。适应性是企业发展的未来驱动力。适应性可以增加企业的收入、降低企业运营成本，并为顾客带来价值。图 1-10 表示了效率、效果与适应性对企业获利能力及顾客价值的影响。

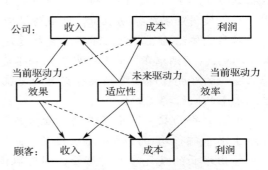

图 1-10　效率、效果与适应性对获利能力的影响

成功的运营系统具有较高的获利能力。在上一节介绍的五大绩效目标中，成本对获利能力有着直接的影响，成本降低，获利增加。另外，生产率、速度、可靠性、创新能力也影响着运营系统的获利能力。图 1-11 表示了效率、效果、适应性以及质量、速度、可靠性、柔性对获利能力的影响。

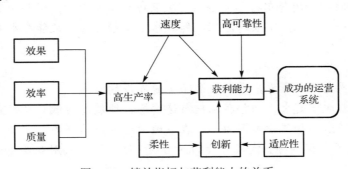

图 1-11　绩效指标与获利能力的关系

案例："苍龙"的优势与劣势[①]

潜艇的发展历史最早可追溯到 15~16 世纪。据说达·芬奇当时曾构思"可以水下航行的船"。然而，由于"水下航行的能力"被视为是邪恶的，所以直到第一次世界大战前夕，潜艇仍被当作"非绅士风度"的武器，被俘艇员可能会以海盗论处。

16 世纪，首艘有文字记载的潜艇在泰晤士河进行了试验。虽然建造潜艇的初衷是为了探索水下世界，但是其军事价值很快就被发掘了。1648 年，切斯特主教约翰·维尔金斯在其著作《数学魔法》中指出潜艇具有私密性、安全性，能够对敌军水面船只进行有效打击，并能躲过敌军的侦察为己方输送补给，因此具有军事战略上的优势。

早期发展

潜艇的早期设计与发展主要围绕动力来源、航行稳定性与随艇武器展开。

美国南北战争期间，潜艇还是以人力推动的。随着蒸汽机的广泛应用，1863 年，法国建成了以蒸汽机为动力的"潜水员"号潜艇，能在水下潜航 3 小时，下潜深度 12 米。然而由于蒸汽机运作需要空气，而在当时潜艇无法一次携带大量空气，所以"潜水员"号最终以失败告终。蒸汽机作为潜艇的动力失败后，1886 年英国建造了一艘使用蓄电池推进的潜艇，并成功进行了水下航行。1897 年，美国建造了"霍兰Ⅵ"号潜艇。该潜艇水面使用汽油机为动力，水下使用电动机推动航行。这成为潜艇双推进系统的开端。

双层壳体结构使潜艇上浮下潜更加稳定。1899 年，"纳维尔"号在法国下水。与其他潜艇不同的是，"纳维尔"号具有内外两层船壳，艇员及所有装备都位于耐压的内壳之中，而酷似鱼雷艇的外壳可以使潜艇具有更好的适航性；内外壳之间的空间被充作压载水柜，使潜艇水上水下的航行都更加稳定。

美国青年西蒙·莱克建造的"亚古尔"号潜艇也具有双层壳体结构。由于"亚古尔"号水上水下航行均由汽油发动机推动，而汽油发动机工作时需要空气，所以莱克在艇上装有可伸出水面的吸气管和排烟管，同时取消了固体压载物，而用压载水箱带动潜艇沉浮。为了改善潜艇的适航性，莱克又在吸气管和排烟管外包上一层外壳，使"亚古尔"号外形类似于现代潜艇指挥台的第二层艇壳。经过改装的"亚古尔"号潜艇上浮下潜都更加稳定，并能在适当的深度将内燃机水下工作所用的通气管伸出水面，从而延长了潜艇在水下的滞留时间。

早期潜艇使用的武器主要是艇体上挂带的定时引爆炸药包或水雷。1881 年，T.诺德费尔特和 G.加里特建造的"诺德费尔特"号潜艇首次装备鱼雷发射管；同年，美国建造的"霍兰Ⅱ"号潜艇安装有一门加农炮，使得潜艇既能在水下发射鱼雷，又能在水面进行炮战。

高速发展时期

随着第一次世界大战的爆发，潜艇迎来了全速发展的时代。

一战前期，潜艇越造越大，但仍存在航行速度慢、续航能力低、携带武器少的问题，因此这一时期的潜艇还只承担保护本国海岸、在基地附近巡逻的任务。

20 世纪初出现了一批具备一定实战能力的潜艇。这些潜艇采用双层壳体，具有良好的适

---

① 周自横. 硝烟底下的"苍龙". 南方航空报，2016-03-14. 经整理.

航性，排水量为数百吨，使用柴油机-电动机双推进系统，续航能力明显提升，水面航速约 10～15 节[①]，水下航速 6～8 节；武器主要有火炮、水雷和鱼雷。

一战结束后，由于各主要海军国家更加重视潜艇的军事战略地位，潜艇的数量和种类进一步增加。而在第二次世界大战期间，潜艇技术性能更是有了巨大飞跃：排水量增加到 2000 余吨，下潜深度 100～200 米，水下最大航速 7～10 节，水面航速 16～20 节，续航达 1 万余海里，自给力 1～2 个月，装有 6～10 个鱼雷发射管，可携带 20 余枚鱼雷，并安装 1～2 门火炮；战争后期，潜艇还装备有雷达、雷达侦察仪和自导鱼雷。潜艇战斗活动也几乎遍及各大洋，担负攻击运输舰船与水面战斗舰艇、侦察、运输、反潜、布雷、运送侦察和爆破人员登陆等任务。

第二次世界大战后，核动力和战略导弹的应用进一步推动了潜艇的发展。1955 年，美国建成的世界上第一艘核动力潜艇"鹦鹉螺"号正式服役，水下航速增大 1 倍多，并能长时间在水下航行。1960 年，美国又建成了"北极星"战略导弹潜艇"乔治·华盛顿"号，其在水下成功发射了"北极星"弹道导弹，射程达 2000 余千米。弹道导弹核潜艇的出现，使潜艇的作用发生了根本性变化，使其成为水下的战略核打击力量。20 世纪 80 年代，核动力潜艇排水量已达到 2.6 万余吨，装备有弹道导弹、巡航导弹、鱼雷等武器，水下航速 20～42 节，下潜深度 300～900 米，续航力、隐蔽性、机动性和突击威力大为提高。

当代潜艇发展

当代潜艇不仅具备了更强的续航能力与更先进的随艇武器装备，还在其他方面取得了发展，以适应多种类型的军事活动。日本"苍龙"级潜艇的发展值得警惕。

"苍龙"级潜艇是世界上最大的常规动力潜艇，其最大下潜深度为 650 米，标准排水量 2950 吨，水下排水量 4200 吨，装备有 6 具 533 毫米鱼雷发射管，可发射日本 89 型线导鱼雷、80 型反潜鱼雷及美制"水下鱼叉"反舰导弹。

"苍龙"级潜艇是日本海上自卫队乃至世界上排水量最大、最先进的 AIP[②]潜艇，这意味着"苍龙"级通常可在水下潜行 3～4 周，续航 10 000 海里，作战半径和活动范围非常大。不仅如此，由于安装有 AIP 系统，"苍龙"级潜艇不必像一般常规动力潜艇那样频繁浮出水面充电，大幅减少了浮出水面的频度，不容易被侦察和追踪，提高了战时生存能力，也使"苍龙"级作战性能倍增，达到与核潜艇相近的程度。

AIP 系统也使"苍龙"级水下噪声指标明显降低。不仅如此，"苍龙"级舰壳外部还敷设了新型消音瓦，以减少敌方主动声纳回波并阻隔舰内噪音振动向外辐射，而各舱室与轮机装备也都安装在弹性基座上以降低噪声振动。这使得"苍龙"级潜艇的静音能力非常强，多重降噪手段之下其最低噪声值仅为 108 分贝，大大低于海洋背景的噪声，极大地降低了潜艇被发现的概率，使得"苍龙"级更加满足近海作战的需求。

"苍龙"级潜艇还具有 X 型尾舵。该舵最大特点是可以保证潜艇在水下空间进行三维自由行动，提高潜艇的灵活度和运动性。而且在坐底与靠泊时不易造成损坏，比十字舵更适合在浅海环境作战。

"苍龙"级采用电子设备和 ZYQ-51C 潜艇战斗系统，使其能与日本海上自卫队现有的

---

① 1 节=1 海里 / 小时=1.852 千米 / 小时。
② AIP："不依赖空气推进装置"的英文缩写，指潜艇水下航行时利用自身携带的液态氧为自身动力装置提供燃料，产生推进动力和电能。

ZYQ-31 指挥管制支援系统结合。同时，由于自动化程度提高，该级潜艇人员编制从"亲潮"级的 70 名降至 65 名。

"苍龙"级潜艇强大的续航、静音与活动能力使其能够适应近海、远海、深海、浅海等多种类型的作战环境。同时，具备更高自动化的"苍龙"级更加适应当今信息化的军事战略环境。

然而，"苍龙"级潜艇只是日本潜艇发展的一个过渡。至 20 世纪 70 年代，日本潜艇开始成体系快速发展，研制了"涡潮"级、"汐潮"级、"春潮"级和"亲潮"级等近 10 种型号的潜艇。"苍龙"级潜艇的首艇"苍龙"号始建于 2005 年 3 月，2007 年下水，2009 年 3 月服役，其后分别是"云龙""白龙""剑龙""瑞龙""黑龙""仁龙"和"赤龙"。根据计划，"苍龙"级潜艇共建造 9 艘，预计 2018 年全部服役。

随着"苍龙"级潜艇建造接近尾声，日本新的造艇计划也在酝酿。就目前掌握的资料看，其未来发展有以下三个方向：

数量更多。自 20 世纪 70 年代以来，日本受和平宪法限制，潜艇数量始终保持在 16 艘左右。而 2013 年日本决定，将自卫队的潜艇数量由 16 艘逐步增加到 22 艘。再加上日本退役潜艇的服役期基本上都在 16 年左右，远低于通常的 30 年标准，退役后仍不过时。未来数十年里，日本在保持现有造艇速度不变的前提下，通过延长服役年限，将使潜艇数量更多。

块头更大。早在二战期间，日本就具备了建造能够携带飞机的大吨位潜艇的经验。从"苍龙"号到"赤龙"号，日本潜艇的吨位越来越大，未来的日本潜艇将保持这一趋势，为应用更多新技术，加装更多新装备和武器弹药提供更大平台。

技术更优。早在第一艘"苍龙"级潜艇下水时，日本就开始着手通过自主研发或合作等方式在下一级潜艇的规划设计和建造中采用新技术。这些新技术可能包括新一代声呐系统、新的 AIP 技术以及无轴承推进等。在武器装备方面，加装 G-RX6 新型鱼雷和反舰导弹等，依靠新技术的投入让潜艇总体性能产生质的飞跃。

虽然 4000 吨苍龙级潜艇没能在 2016 年澳大利亚皇家海军潜艇竞标中获胜，但苍龙的发展已引起多国关注。

思考题

1. 试分析潜艇在各个发展时期的竞争要素的变化。
2. 哪些因素促使"苍龙"发展出其独特的竞争要素？

1.5 运营战略

这是一个全球化竞争不断加剧、商机不断闪现的时代，这是一个新技术迅猛发展、不断更新的时代，企业运营处于混沌、复杂、矛盾的动态环境中。企业运营与执行力需要对环境的变化及时做出反应，而且不能偏离战略目标，企业运营与执行力对企业的未来影响越来越大，越来越具有战略性。

实践：索尼公司需要新的运营战略[①]

索尼公司的运营模式在 20 世纪后期曾被全球制造业奉为典范：独有的技术、独特的差异化产品与高价格定位，索尼公司靠独有的技术资源主导市场。20 世纪的最后 10 年全球电子产

---

① 根据《纽约时报》2005/3/9 文章"没有服务"等改编。

业的环境发生了重大变化，全球化及信息网络对社会的发展带来了新的巨大的业务机会，促使技术快速商业化的资本孵化体系快速发展，全球电子市场进入变动不拘的时代，重要技术不再由大公司研究机构独霸，而由许多小的新技术公司掌握。技术的日新月异使消费电子产品的需求发生了变化，消费者需要物美价廉的短暂的用品，而不是永久相伴的耐用消费品。在中国和韩国电子行业竞争者的挤压下，日本巨头面临着严峻挑战，需要制定新的运营战略，通过削减成本与技术革新，向注重速度、柔性、专业化的服务型企业转变，以保持领先地位。索尼公司成立 59 年之际，董事会任命 1997 年加盟索尼、具有娱乐业背景的美国业务负责人斯特林格接替出井伸之任总裁兼首席执行官，这表明了索尼公司革新与进行服务战略转型的意愿。网络化消费电子的快速发展已经将世界带入到一个娱乐化社会，意味着全球娱乐内容的市场容量急剧扩大，这为索尼公司将自己定位为数字时代娱乐体验提供商带来了特有的机会。但是公司总体战略上的超前并不能保证索尼赢得未来市场。索尼公司必须针对电子消费品市场的需求变化，在其电子设备领域技术领先优势遇到前所未有的冲击，高昂的产品成本难以让市场接受之际，建立新的运营模式与运营战略。

运营战略包括哪些方面？如何构建企业的运营战略？本节将对这些问题展开讨论。

运营是企业最主要的财富创造者，运营系统应以提高获利能力为目标。卓越的运营使企业走向成功。运营与运营战略紧密联系，运营战略决定着运营系统的方向。首先明确下列概念：

- 战略决策通常会对公司产生广泛的影响，确定公司在自身环境中的位置，并推动公司向其长期目标靠拢。
- 战略是指所有以公司定位和实现公司长期目标为宗旨的活动和决策的总体模式。
- 战略涉及决策的对象（即战略内容）与制定战略的过程。

集团企业具有公司总体战略（Corporate Strategy），总体战略指企业寻求持久竞争优势，做出关于企业整体业务组合的谋略及相应的获取资源、配置资源的筹划。

集团企业的战略业务单元（SBU）有自己的商务战略（Business Strategy），业务单元如何在市场中竞争，向哪些顾客提供什么产品与服务，商务战略属于竞争战略，界定每个 SBU 的业务范围、目标市场、产品与服务策略。如迈克尔·波特提出的竞争战略。作为哈佛商学院的教授和竞争战略方面公认的权威，迈克尔·波特被称作"可能是世界上最有影响力的商学院教授"。在 2002 年 5 月埃森哲公司对当代最顶尖 50 位管理学者的排名中，迈克尔·波特位居第一。迈克尔·波特对于管理理论的主要贡献，是在产业经济学与管理学之间架起了一座桥梁。在其经典著作《竞争战略》中，他提出了行业结构分析模型，即所谓的"五力模型"，认为行业现有的竞争状况、供应商的议价能力、客户的议价能力、替代产品或服务的威胁、新进入者的威胁这五大竞争驱动力，决定了企业的盈利能力，并指出公司战略的核心，应在于选择正确的行业，以及行业中最具有吸引力的竞争位置。相应地，迈克尔·波特提出了"三种通用战略"，包括成本领先、差异化和专注化，并说明由于企业资源的限制，往往难以同时追求多个战略目标。

成本领先战略的主要风险之一就来自于后来者的模仿。出于种种原因，中国企业目前大多处在全球产业价值链中附加价值比较低的制造环节，企业的模仿者过多，产品与服务过于同质化，从而形成无奈的竞争格局。中国企业更需要运营战略。

为了在企业运营、市场、人力资源等职能领域内获取竞争优势，支持和配合企业竞争战略，必须在各职能领域内开发实施相应的职能战略（Functional Strategy）。

将一般的战略定义用于运营系统，可以给出运营战略的定义：

运营战略指界定运营系统作用、目标及活动的战略决策和战略行为的总体模式。

运营战略同企业经营战略与其他功能战略相辅相成，共同创造企业的竞争优势。运营战略包括运营战略内容与运营战略过程。

● 运营战略内容：确定运营系统作用、目标和活动的具体决策。

● 运营战略过程：制定具体的运营决策的过程与方式。

运营战略属于职能战略，指在运营管理领域内如何支持和配合企业在市场中获得竞争优势，提高企业业务单元的竞争力。企业业务单元的竞争力指企业在市场中的相对市场地位。运营战略要同经营战略和其他功能战略相辅相成，同企业战略保持一致，产生竞争优势。

1.5.1　运营战略框架

特里·希尔教授提出了一种企业战略发展结构，如图 1-12 所示。这种战略结构的一个优点是能够将企业目标与营销、运营战略相结合。这种结构主要包括四个部分：企业目标、营销战略、竞争优势以及运营战略。

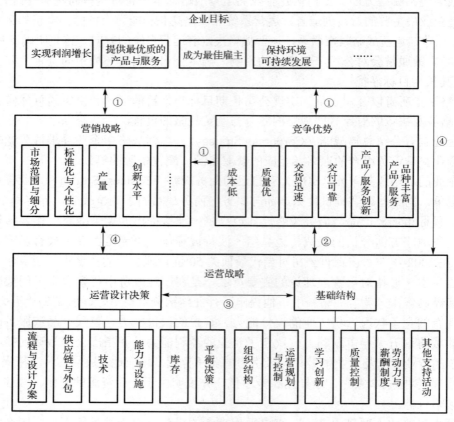

图 1-12　运营战略框架

1. 企业目标

企业可以设立多个不同类型的目标。企业通常追求利润，因而许多企业都将"利润增长"作为自身目标。另外，企业在市场生存的基础是提供产品和服务，所以企业的目标也可以设定为"向顾客提供最优质的产品与服务"。如今，企业越来越依赖于可持续发展。可持续发展保证企业在满足现阶段商业需求的同时，采取长远策略保护子孙后代的环境与资源，并追求长期的发展。由于可持续发展体现在环境、社会与经济三个方面，企业目标可以围绕这几方面进行设定。例如，麦当劳追求"成为最佳雇主"，为员工提供良好的职业发展机会与社会福利，以实现其社会的可持续发展目标。戴尔公司通过控制原材料获取与制造流程实现了环境的可持续发展。

2．营销战略

企业根据目标市场采取不同的营销战略。针对不同类型的目标顾客，企业确定具体的市场范围与细分。例如，如果企业目标客户是追求潮流的 80 后、90 后，企业的营销战略则更倾向于推出创新型产品并保持产品与服务个性化；反之，如果企业目标客户保守稳固，那么企业更可能采取标准化策略推出产品。

3．运营战略

运营战略包括两个部分：运营设计决策与基础结构。

运营设计决策关注提供产品与服务的流程结构，其通常解决六个关键问题：流程的类型选择与可选的设计方案；企业选择整合供应链还是外包进行生产；技术；能力与设施的位置、规模等；库存；最后，还包括上述问题间的平衡决策。

基础结构关注除流程以外的企业特征与能力，包括组织结构、运营规划与控制、学习创新、质量控制、劳动力与薪酬制度、支持活动等。

上文提到这种运营框架的一个特点是可以建立企业目标、营销战略、竞争优势与运营战略间的联系，如图 1-12 所示。利用该结构框架，可看出制定运营战略的步骤。对框架中各部分的关系说明如下：

（1）考察企业目标、营销战略与竞争优势的关系。在企业目标指导下，选择目标市场细分进而确定营销战略；针对不同的目标与营销战略，企业能够确定与之对应的竞争优势。

（2）考虑竞争优势与运营战略的相互影响。竞争优势将决定企业选择何种流程与布局，而企业的能力与基础结构也将决定企业能否充分发挥自身竞争优势。

（3）考察运营战略内部的一致性，即运营设计决策是否与基础结构互相匹配。

（4）综合考虑运营与企业目标、营销战略的关系，决定如何分配资源以实现企业目标。

这种运营战略框架并不完全是自上而下执行的。企业目标决定营销战略与竞争优势，但也会受到营销战略与运营战略的影响。目标与战略处于动态变化中，注重反馈与适时调整，从而实现企业资源的最优配置。

4．运营战略的特点

局部战争的胜利需要战场指挥官制定并实施实时的灵活的战术战略，以应对战场上瞬息万变的局势，同时局部战争又要支持全局战争。同样，运营战略应充分体现企业战略在运营系统中的贯彻与实施策略，具有可执行性，运营战略是企业战略的重要组成部分；运营战略不能由远离一线的"后台文职人员"想象出来，运营战略需要从运营改善的累积效应中自下而上发展起来，随着时间的流逝，在现实经验而非理论推断的基础上逐渐成型。因此运营战略应建立在客观的分析、创新技能以及丰富的经验基础之上。运营战略是倡导连续性和渐进性改善经营理念的结果，反映了企业从经验中学习的能力，具有很强的针对性，可操作性强，抓住了实践中的关键问题，运营战略影响着企业战略；一方面，一线管理者了解市场与现场，了解行业状况，能够从本质上分析问题；另一方面，战略的制定者又需要具有放眼未来的全局观念、概念能力与创新思维，因此，在企业运营实践中需要让一线管理者与战略制定者建立紧密的互动与平衡。

企业所处的环境是变化的，市场是变化的。运营战略必须以市场为导向，以顾客需求为根本出发点，运营战略需要适时做出调整，坚持过时的竞争规则就会失去顾客。索尼公司如果仍然致力于制造优质设备的日本技术，而不去感应新的全球电子市场的变化，在产品生命周期越来越短的今天仍然坚守高定价策略，必然会失去顾客。

企业还应充分关注核心能力，以核心能力为聚焦点，建立与顾客需求一致的运营战略。作为制造业的海尔聚焦于服务创新，海尔 CEO 张瑞敏认为核心能力是在市场上可以赢得用户忠诚度的能力。海尔正是靠服务这一聚焦点创造了业界一个又一个奇迹。

5．运营战略过程

华为公司将公司愿景定为"丰富人们的沟通和生活"，将公司使命定为"聚焦客户关注的挑战和压力，提供有竞争力的通信解决方案和服务，持续为客户创造最大价值"。华为公司制定了客户导向的业务运营战略，建立了客户导向的研发管理体系：建立集成产品开发流程（IPD），缩短产品开发周期，快速准确地满足客户需求。建立了面向客户的业务运营系统：集成供应链，提高供应链的灵活性和快速反应能力，提高满足客户需求的能力，从而产生了许多客户化的解决方案，向顾客提供了客户化的网络解决方案、工程及服务。

现代运营系统要求其运营战略始终要面向顾客。要在产品／服务的生命周期全过程中研究不同顾客群体的需求，研究行业竞争者与市场跟进者的活动，确定竞争要素的相对重要性，确定运营系统的关键绩效目标的优先级顺序，然后制定正确的运营策略。这是将市场需求转化为运营决策的一般过程。

1.5.2　竞争的决定性因素

确定竞争要素相对重要性的一种有效的方法是区分订单赢得要素与订单资格要素。订单赢得要素是竞争的决定性因素，对赢得业务订单具有重要而直接的影响。它表示了公司产品／服务差异化的基本标准。

订单资格要素是"起码标准"，企业的产品／服务具备这一基本标准，才会成为顾客购买的对象。否则企业产品／服务没有资格进入市场。如克服国外市场的技术壁垒，仅仅是具备了订单资格要素，家电产品要进入欧洲，必须满足欧洲市场的资格要求，符合 EMI 标准（家电产品要有抗电磁干扰的能力）等。订单赢得要素与订单资格要素是不断变化的。在欧洲家电市场，达到 EMI 标准是订单资格要素，但是在中国市场，EMI 标准可能就是订单赢得要素。

图 1-13 表示了一般产品／服务生命周期各阶段顾客、竞争者特征、订单赢得要素与订单资格要素以及运营系统采用的绩效目标。该图表明了运营战略过程考虑的六要素：
- 产品／服务寿命周期
- 顾客
- 竞争者
- 订单赢得要素

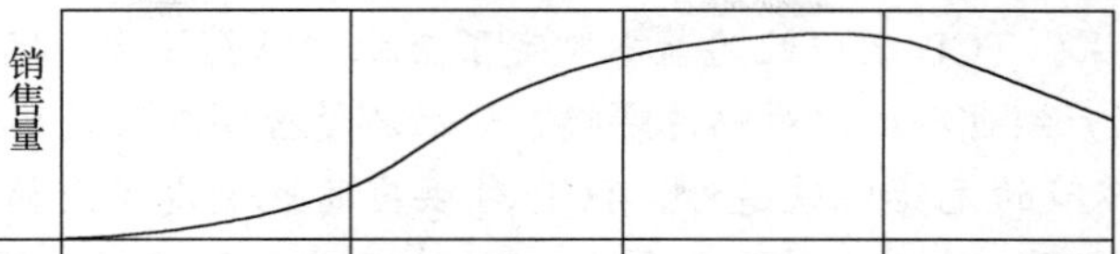

图 1-13　产品／服务生命周期各阶段竞争要素与运营目标

产品／服务寿命周期	导入期	成长期	成熟期	衰退期
顾客	喜好创新的顾客	紧追潮流的顾客	普通大众	落伍的顾客
竞争者	很少／没有	数量不断增加	数量稳定，不再增加	数量减少
订单赢得要素	产品特性，功能／新颖性	优质产品的可获得性	低价格，可靠供应	低价格
订单资格要素	质量，品种范围	价格，品种范围	品种范围，质量	可靠供应
运营系统关键绩效目标	柔性／质量	速度／可靠性／质量／成本	成本／可靠性／柔性	成本／可靠性

- 订单资格要素
- 运营系统的关键绩效目标

除了考虑顾客的需求与竞争要素外，还要考虑企业的发展战略，因为企业的发展战略决定了企业的未来定位。

企业发展战略基于顾客需求与市场机遇的判断。如有些公司将其最重要的客户视为公司制定发展战略的伙伴，为了满足重要客户的需求，公司会采取重要的战略行动，如收购、兼并等。CISCO 公司并购一些小的新技术公司就是为了满足个别大客户的需求。企业战略转型的变化背后，就是组织的变革、企业的整合与业务过程的调整。在企业整合与过程重整中，企业信息化系统的快速整合关系到整个系统整合的速度，也直接关系到系统整合后运营的绩效。

1.6　可持续的生产运作管理

实践：提升绿色竞争力应对欧盟"绿考"[①]

欧盟 RoHS 限令涵盖了大、小型家电、IT 及通信仪器、照明器具等十大类、近 20 万种产品，这给我国家电产品出口树起了一道"绿色壁垒"。这将对我国家电产品 53.53 亿元的欧盟出口产生重大影响。另外，RoHS 指令也会对企业生产成本产生直接影响，据估计这个数字在 10%左右。RoHS 指令还将给企业带来管理和技术上的一系列变革，许多企业将面临生产线改造、技术实现、检测认证等多方面的挑战，另外，无论是下游供应商还是上游企业的供应链管理能力，也将面临直接考验。

如何应对这种由"绿色壁垒"演变而来的更深层次挑战？TCL 集团以'绿色品质'塑造核心竞争力，现在 TCL 彩电全球五大生产线已提前半年全部完成了无铅化改造，能够提供完全符合

[①] 覃达. 提升绿色竞争力，应对欧盟绿考. 国际商报，2006-07-11.

RoHS 指令的产品。TCL 还以此为蓝本制定了企业"绿色品质"标准。电视制造厂要引入无铅制造技术，手机生产线也要通过对贴片焊接、炉温测量控制以及无铅焊接烙铁的更换等来改造。

除了生产环节的无铅化改造外，TCL 对供应商也制定了严格的规范，通过全球采购平台，筛选合适的供应商，并优化供应链管理。同时还成立了无铅专项小组，通过对供应商来料的无铅产品进行标识，实施统一的管理。通过 3 年时间的培训与支持，TCL 培育出 RoHS 部件供应商，使其他整机厂商得以顺利跟进。

长虹、海尔、康佳、美的等国内家电巨头都积极应对，索尼、松下等大型外资企业也操刀"绿色采购计划"，对原材料供应商提出了近似苛刻的要求，从源头上杜绝有害物质的出现。

关注绿色标准的实施不仅可以履行企业的社会责任，而且将提升企业的国际竞争力。不仅如此，公司还致力于节能、环保等领域的产品研发，突破欧盟能耗标准壁垒。在安全、健康、环保成为整个行业不可逆转的发展方向时，RoHS 指令的实施将进一步提升企业对于绿色产品的关注，形成"绿色竞争力"，赢得消费者的信赖，从而获得最根本的市场推动力。

思考题

1. 你认为政府制定的绿色标准合理吗？
2. 家电企业在提升绿色竞争优势，还是在履行社会责任？

1.6.1 环境问题的挑战[①]

20 世纪六七十年代，西方发达国家爆发了局部环境危机，他们为"经济增长等于一切""先污染后治理"付出了代价。当生态环境危机爆发并严重影响各国经济、社会、政治发展时，环境治理思路才开始向"源头和过程控制"转变，迫使人类由传统工业文明向生态工业文明转型，清洁生产应时而生。1992 年在联合国里约环境与发展大会《21 世纪议程》中，正式提出了"环境友好"概念。90 年代中后期，"环境友好技术""环境友好产品与服务""环境友好企业"等概念相继出现。

环境与人口、资源彼此作用，共存于一个复合生态循环中，环境问题是一个人口与资源问题。而人口、资源、环境又主要通过生产、消费和分配环节进行联系，因此环境问题又成为一个经济问题。如何在社会化大生产的同时实现环境与社会的协调，关系到全社会的整体发展，环境问题又成了一个社会问题。环境问题带来人们生活方式与人生价值的变化，解决不好就会使社会人文与社会道德伦理受到威胁，环境问题就又反映为一个文化问题。环境问题要求以可持续发展理念来指导整个社会实践，强调转变政府的社会管理服务职能，环境问题又成了一个政治问题。全球环境资源的有限性决定了国际冲突发生的必然性，为占有更多环境资源，各国在方方面面进行着激烈博弈，环境问题已成为一个国际问题。

环境资源问题对我国经济发展造成严重制约。新中国成立以来，中国人口从 6 亿增到 13亿，可耕种土地因水土流失又少了 1/3，加上原来天然不可居住的 1/3，现在适宜人类生存的土地仅剩下 300 多万平方公里。也就是说，中国人口增加了一倍，生存空间却减少了一半。1978 年后，中国经济增长迅猛，但走的仍是"高投入、高消耗、高排放、低效率"的传统工业化模式，龙头产业几乎全是高耗能、高污染产业，如矿产、纺织、冶金、造纸、钢铁、化工、石化、建材等。我们的单位 GDP 能耗比发达国家平均高 40%，产生的污染是他们的几十

---

① 潘岳. 和谐目标下的环境友好型社会. 21 世纪经济报道, 2006-07-17.

倍，劳动效率却只有几十分之一。50 年来，中国 GDP 增长了 10 多倍，但矿产资源的消耗却增长了 40 多倍。到 2020 年，我们国内的 45 种主要矿产资源将仅剩 6 种，70%的石油需要进口。

我国北方的水资源已近枯竭，华北平原下出现了 25 万平方公里的地下水漏斗；中国南方的水资源严重污染，七大水系 40%的水已经完全丧失使用功能。我们 17%的土地已彻底荒漠化，30%的土地被酸雨污染。我们的 GDP 以每年 8%～12%的速度增长，环境损失却占当年 GDP 的 8%～13%。五到十年内，基础资源枯竭与环境成本加大将严重制约中国经济增长。

环境问题也对社会稳定形成严峻挑战。我们有 1/4 人口饮用不合格的水，1/3 的城市人口呼吸着严重污染的空气，污染对公众健康的危害将引发社会的强烈不满。根据统计，环境污染引发的群体性事件以年均 29%的速度递增，2005 年，全国发生环境污染纠纷 5 万起，对抗程度明显高于其他群体性事件。尤其值得注意并一定要处理好的是水坝移民问题。2020 年整个西南地区的水坝移民将达 100 万。中国已提前进入了环境事故高发期，松花江事件后，全国平均每两日发生一起水污染事故。今后，环境污染极易与环境公平搅在一起，成为诱发群体性事件的导火索。

环境问题引发强大的国际压力。中国已签署和批准了 50 多项国际环境公约，但我们化学需氧量排放世界第一，二氧化硫排放量世界第一，二氧化碳排放量世界第二。在环境问题已经上升为"全球意识形态"的今天，西方国家已把环境问题作为对华外交的主题之一。周边邻国越来越关心中国跨界河流海域的污染开发，主要西方国家更加关心中国在 15 年后将成为第一大二氧化碳排放国。中国已加入《京都议定书》，虽然近期没有削减义务，但如果现在不痛下决心调整产能结构，当轮到兑现削减承诺时，中国将处于非常尴尬的境地。要减，成本太大；不减，将成为全世界众矢之的。在国际贸易方面，欧美已开始对我们设置绿色贸易壁垒。中国的最大出口行业是纺织和机电，仅最近欧盟对机电产品的两项环保指令，就使我们机电出口每年损失 317 亿元，占出口欧盟机电产品的 71%。

由于低成本的劳动力、土地和资源，中国聚集了全球主要的制造业活动，这种经济学上的"竞争要素"将中国塑造成制造业的"世界工厂"，例如，全球煤、焦炭、钢铁、水泥和玻璃等主要工业产品一半以上生产自中国。然而生产高能耗、高污染且低附加值的出口产品代价极大。处于产业链前端制造业的落后地区亦会被劳动和资源密集型的生产模式"锁定"，成为发达国家的"污染物避难所"，并掉入所谓的"可持续发展陷阱"。比如，生产 iPhone 手机的中国企业和工人几乎承担了所有的环境成本，却仅获得不到 10%的利润。在低成本劳动力和资源耗尽之后，这些不发达地区可能面临严重的本地环境问题，同时低技能工人年龄老化，医疗及社会保障问题凸显，而这也正是中国当前人口红利逐渐消失、环境问题浮出水面后以初级制造业为主的产业模式的巨大挑战。

碳排放与工业活动及资源消耗紧密关联。为应对气候变化和发展新能源，各国竞相把削减碳排放作为自身发展的重要目标。然而，发达国家利用发达技术、产业链完备及成熟的管理模式，将高污染、高能耗的前端制造业"外包"至生产成本较低、环境保护法律法规不健全的发展中国家。中国由于生产供发达国家消费商品所产生的碳排放高达 17 亿吨二氧化碳，占自身工业排放总量的 1/4。并且中国出口产品的碳排放强度（单位价值产品的碳排放）是进口产品的 8 倍之多，换言之，以碳排放作为指标，中国生产出口产品所造成本土的环境代价是其进口产品的 8 倍，可见中国的低碳发展也面临着挑战[①]。

---

① Targeted opportunities to address the climate-trade dilemma in China. 2015 年 9 月《自然-气候变化》.

中国用 20 年的时间取得了西方发达国家 100 年的发展成果，而西方发达国家 100 年分阶段出现的环境问题也在中国 20 年里集中显现。中国必须确立新的经济发展模式。为实现环境与经济的双赢，必须同时实现资源能源低消耗、污染低排放与经济高效益。

1.6.2　可持续发展

2002 年世界可持续发展首脑会议，将经济发展、社会进步和环境保护作为可持续发展的三大支柱。可持续发展是指企业在满足当前业务需求的同时，制定出能为企业所有产品、系统、供应链和流程利用机会、管理风险的长期战略，并具备为后代保护资源的能力。面对全球愈加严重的环境危机与激烈的市场竞争，越来越多的企业选择可持续发展作为自身的长期发展战略。

1．环境可持续发展

环境可持续发展是指致力于长期维护环境质量的承诺。如今，世界各国均面临不同程度的环境问题，因此越来越多的企业开始关注环境可持续发展。消耗资源环境的生产虽然为企业当下带来利润，但却以破坏子孙后代生存环境为代价，不利于人类未来发展，因此在企业运营过程中实现环境可持续发展尤为重要。企业可以利用废物管理、优化生产与运输、技术升级、降低温室气体排放及设计生产环保型产品等方式实现环境的可持续发展。

2．社会可持续发展

社会可持续发展是对维护健康的社会环境、提高生活质量的承诺。社会可持续发展督促企业公平地对待所有利益相关者（如股东、雇员、顾客等），为利益相关者提供健康、和谐的社会环境。企业通过为顾客提供健康的产品、为雇员营造安全舒适的工作环境以及遵守法律法规等方式满足社会可持续发展的要求。

3．经济可持续发展

经济可持续发展是指企业满足当前业务需求并进行敏捷、具有战略性的管理，以便对未来业务、市场和运营环境做出充分准备的承诺。在正常经营情况下，企业能够向社会提供工作岗位、定期缴纳税款，从而对国家经济产生关键影响。另外，只有稳定经营的企业才可能为环境与社会做出长期承诺。因此经济可持续发展在企业运营过程中扮演了非常重要的角色。提高企业收入、降低运营成本，并对环境、商业与社会可能发生的突发情况做好预测准备，将帮助企业实现经济可持续发展。

可持续发展是从长远角度考虑企业利益。低劳动力成本、丰富的土地与资源虽能为企业当下赢得订单，但却以破坏生存环境与消耗未来可用资源为代价。从长远看，这种方式会使企业遭受更大损失，因为一旦人类赖以生存的环境遭到严重破坏，企业也将无法存在。在当今全球环境危机的背景下，企业更应重视可持续发展，利用长期发展战略指导企业运营，以换取更加持久的利益与发展。

1.6.3　商业伦理与企业社会责任

商业伦理（Business Ethics）是指任何商业组织从事经营管理活动时除了必须遵守法律外，还应该遵守的伦理准则。它可以分为对内和对外两部分，对内是指企业内部管理和控制中要坚守的伦理标准和措施，对外是指企业对外经营决策和活动中要把握的伦理标准。企业生产运作管理行为应符合当代社会的伦理道德，以此促进社会乃至人类的进步。具体而言，商业伦理体现在三个层面。

- 微观层面。例如企业中雇主和雇员、管理者和被管理者、同事与同事之间，企业与投资者、供应商、消费者之间在关系处理和行为中的伦理准则。
- 中观层面。企业和企业之间、企业和社会其他组织之间关系处理和行为中的伦理准则。
- 宏观层面。这部分属于企业社会责任（CSR，Corporate Social Responsibility），企业对社会、对人类文明所应该承担的相应责任，例如保护社会环境、资源再生利用、支持社会可持续发展等。

在商业伦理范畴，比较容易分辨的一类问题，根据道德准则和伦理知识去判断就能得出结论：应该做还是不应该做。例如，美国安然公司会计假账事件。安然公司曾被评为最有成长性的公司，也被列为世界上最优秀的公司之一，但是由于做假账，导致其破产关门，一大批高管人员锒铛入狱。安然公司的假账事件，还导致了美国安达信公司的破产和整个公司被兼并。但在商业伦理领域，更多的是一些有一定判断难度的问题。例如，目前很多企业实行无纸化办公，都有局域网，但是企业管理者感到困惑的是，员工整天在电脑前似乎很忙，但到底是在玩游戏、做私活还是在工作呢？有企业就在局域网上装了一个软件，叫做"网络神探"，装了这一软件，企业经过授权的主管就可以清晰看到员工在电脑上的所有作业，甚至包括员工在企业邮箱中收发的电子邮件。员工认为这是在侵犯网络信息的隐私性，管理者认为这是对工作室的监控，确保安全性与工作透明。

商业伦理和社会责任概念上是不同的。商业伦理是指该企业该有的商业道德，社会责任是指该企业对社会所应负的责任。企业生产运作活动不会对当地环境、当地居民带来危害，企业时常关心周围及所在社区，企业从事废物回收活动，企业培育发展多样化的供应商、发展少数民族企业供应商，用财富回馈社会，对社会弱势、困难群体、受灾地区的捐助、对教育的捐助等，或通过各家公益慈善组织和项目，支持在中国内地为主的医疗、教育、环保等公益慈善项目以及全球前沿科技和基础学科的探索，这些都属于履行社会责任。

越来越多的企业认识到，更多地关注公众和社会的利益，虽然短时期内可能会牺牲企业的经营业绩，但从长期看，会改善企业在公众心目中的形象，可吸引大量优秀人才、提高员工的忠诚度，提高顾客的忠诚度等，并获得社会各界的大力支持。

习题

1. 简述生产运作管理的发展历程。
2. 从最近的国际商报、经济日报等报刊上，找一两个运营良好和不好的案例，并进行分析。
3. 分析一个宾馆和一家制造企业的运营管理特性，列出其重要的运营决策与职能；并用系统模型（SIPOC）对其进行分析。
4. 你如何确定一个公司是否有运营战略？你会问哪些具体问题，搜集什么信息？
5. 分析下面每个公司的运营战略与竞争优势。
- 腾讯公司
- 华为公司
- 顺风快递
- 苹果公司

6．什么是订单赢得要素、订单资格要素？就某一产品在不同时期做一说明。

7．举例说明你所熟悉的企业或某一组织的运营战略的形成过程。

8．生产运作管理的可持续性表现在哪些方面？

9．商业伦理对企业意味着什么？生产运作管理中企业应履行哪些社会责任？

10．阅读下面一段文字，你认为这是企业家的社会责任吗？

在上海虹桥机场，72 岁的华为创始人——任正非独自拉着拉杆箱，在排队等候出租车，没有助理和专车。有的只是那踏实的笑容和操劳的皱纹。无论是深夜坐经济舱的任正非，还是挤在摆渡车上的任正非，一直以来，他均以睿智、低调、朴实为网友所称道。他领导下的华为，去年销售收入 3900 亿元，净利润 369 亿元，让华为真正成为了中国在世界上最有竞争力的高科技企业之一。

实践：加拿大轮胎股份配件超市的卓越运营[①]

在 20 世纪 90 年代初期，加拿大轮胎股份有限公司为扩大其在汽车用品工业的市场份额和巩固领导地位，瞄准了凡事要自己动手的群体和专业维修市场。消费者研究表明，这是一个极具成长潜力的市场，应设法满足这些顾客的需求。所以，加拿大轮胎股份有限公司于 1996 年建立了第一家配件超市销售店，到 1999 年先后共有 8 家店面开张营业。先期开张的这些试验性商店建起了配件超市的经营商务概念，而这些都是在汽车零配件专业市场中零售和商业客户需求的驱动下所产生的。配件超市是加拿大轮胎股份有限公司发展历史上的最新篇章，已成为加拿大零售业里的一个形象标杆。这一新的拓展，毫无例外地巩固了加拿大轮胎作为加拿大汽车用品零售业最大零售商的领导地位。加拿大轮胎股份有限公司更了解汽车用户的需求，他们拥有众多可选择的高品质的品牌零配件、极具竞争力的价格、优异的服务和专业人员服务，配件超市连锁店提供给大多数汽车零配件客户的是购买时间短、选择余地广和方便，可以满足自己动手者和专业维修人员的需要。

配件超市的竞争优势

聆听顾客的声音，顾客希望有品质高、品种全的配件可供选择，希望有态度好、具备汽车配件专业知识的服务人员，顾客还希望获得在配件市场上具有竞争力的价格。顾客的期望和需求是 "The Parts. The Pros. The Price.（配件齐全、服务周到、价格优惠）" 的最佳组合。配件超市将零售和商业客户的需求融合到配件超市连锁店的设计之中。每个店都包括零售区和商业区，保持具有竞争力的价格，提供高质量的品牌配件和汽车维修专业人员热情而专业的服务。每个连锁店都备足与当地汽车数量相匹配的零配件。零配件的品牌包括博世、Fram、Monroe、Wagner、Fenco、TRW 和 K&N。除汽车配件外，店里还备有大量名牌零备件，包括 6 种全国品牌的机油，5 种全国品牌的火花塞和 3 种全国品牌的机油滤清器。

配件超市要求连锁店具备如下管理技能与运作技巧：

● 以客户为焦点；

● 团队建设和激励人的专业才能；

● 流程管理；

● 推行实施配件超市业务流程；

① 根据 PartSource 公司资料整理。

- 销售计划和管理;
- 现金流和财务预算管理;
- 决策能力;
- 出色的人际关系;
- 行动导向;
- 沉着冷静;
- 诚实守信;
- 学习技术的能力;
- 懂得做事的优先次序;
- 运作技巧;
- 分析和计划能力;
- 解决问题能力;
- 商业的精明;
- 具备普通汽车知识;
- 热爱汽车,对汽车售后市场有较深透的了解。

配件超市服务保障中心

配件超市服务保障中心负责下列事宜:

(1)完备的经营设施　连锁店加盟者无须投资建设营业场所和土地,配件超市公司按零售客户和批发客户的基数进行经营场所选址,并建设连锁店。配件超市公司修建店面、安装固定设备,并帮助连锁店加盟人建起店面。连锁店加盟者需要按期交纳房屋、土地租费。

经营体系　配件超市公司负责培训加盟者,使其可以使用配件超市公司的零配件仓库和经营管理系统。

(2)集中采购和配送中心　加拿大轮胎股份有限公司是加拿大最大的汽车用品零售商,拥有 40 亿加元的年采购能力,可以保证连锁经营有好的投资回报。分销网络降低了运输费用和及时配送,确保满足客户需求。

(3)市场营销与促销　配件超市公司将协助经销商开发市场并在全国和区域市场组织促销活动,为零售和批发网络做广告宣传。加拿大轮胎股份有限公司本身就是名列全加前茅的几个广告公司之一,有能力整合其强大的广告促销资源,提升汽配连锁品牌。希望连锁店加盟者将当地发布广告的机会带给配件超市公司的专业广告团队,配件超市的公司徽标和品牌名称将会以独特的方式展现在报纸、传单、电视广播以及各种直接营销活动中。

(4)经营到位、促进发展和支持　连锁店加盟者将在汽车零配件的零售和批发经营领域里,实践着已被验证可行的商务理念。配件超市公司将全力帮助加盟者建设起新的店面,并在经营过程中继续提供帮助,例如合格经营团队的招募和技能培训,以满足客户的需求。

配件超市公司提供一位辅导人员,跟踪指导加盟者如何发展生意。配件超市公司笃信建立长期的、有意义的关系才是经营之道。营造一种和谐的协作氛围,经常聆听和始终如一地履行职责,让客户获得最佳的经营体验。

在进入市场之前,配件超市公司事先需要做大量的工作。配件超市公司发展战略部门评估所有各主要因素后做出选址,以确保店面在最佳地段,所以,加盟者不能自选地址修建或购买一个店面用作加盟连锁店。当决定要在某处开设一家新配件超市连锁店时,配件超市公司发展战略部门分析其周边所有的市场因素，以确保最好的选址。那些熟悉他们的客户和某一特别汽车配件市场的人会有最佳的经营业绩，配件超市公司要求加盟者在加盟经营之前必须非常了解和熟悉那一社区，鼓励加盟者生活在那一社区并且在社区里很活跃。

配件超市要求连锁店的经营者为其经营目标做出贡献，同时配件超市为每个店的良好经营业绩提供保障。连锁店的员工经过培训后应该学会：

- 如何把"顾客至上"的企业信念发扬光大，从每一件事做起，提供优异的客户服务；
- 彻底了解配件超市零售和商业销售各方面的经营管理；
- 如何培育高绩效的管理，对经营团队逐步灌输配件超市的企业愿景和使命；
- 遵循配件超市的所有工作流程和规则；
- 销售和库存管理；
- 如何高效经营；
- 如何成为社区有益的一员；
- 怎样为连锁店支持中心反馈情况，实现持续改进。

思考题

1. 分析加拿大轮胎股份配件超市的运营模式，说明它是如何实现卓越运营的。
2. 加拿大轮胎股份配件运营总监、配件超市店长的主要职责应该有哪些？

案例：当电影遇上经济低迷，点石成金？[①]

据国家新闻出版广电总局电影资金办数据，2016 年 2 月 8 日至 13 日国内电影总票房达 30 亿元，全国放映场次 145 万，观影人次 8400 万，初一到初七单日票房全部保持在 4 亿以上。加上初七情人节，7 天票房入账 36 亿元，相比 2015 年春节档 20 亿元的成绩暴涨 80%，是 2014 年春节档 14.5 亿元的 2.5 倍。36 亿元相当于 2015 年全国电影单月票房的平均值。尤其是 2016 年贺岁档电影《美人鱼》，截至 2016 年 2 月 23 日，其总票房已超过 28.5 亿元，创造中国电影市场票房新高。

在电影市场强大的数据和新闻热度背后，却是国内经济的持续不景气。2015 年中国经济增速继续放缓为 6.9%，整体告别 7% 时代。传统行业增速持续放缓，经济不景气，连资本市场青睐的互联网圈也迎来了"资本寒冬"。

那么"口红效应"中表现出来的中国电影市场的火热，是否能够在国内经济萎靡的状态下点石成金？电影产业繁荣的背后又隐藏着什么危机？

"口红效应"时代，经济萧条=影视繁荣？

"口红效应"是指因经济萧条而导致口红热卖的一种有趣的经济现象，也叫"低价产品偏爱趋势"。口红作为一种"廉价的非必要之物"，可以对消费者起到一种"安慰"的作用，尤其是当柔软润泽的口红接触嘴唇的那一刻。再有，经济的衰退会让一些人的消费降低，这样手中反而会出现一些"小闲钱"，正好去买一些"廉价的非必要之物"。

历史经验表明，每个时代的经济危机都与那个时代的电影有着互动关系；而且有意思的是，经济危机时期往往是电影发展的繁荣时期。电影作为廉价的消费品，正是人们为心灵擦

---

① 麦良. 当电影遇上经济低迷 点石成金？南方航空报，2016-03-14. 经改编.

上的口红。简单来讲，消费者本可以拿来买车、买房、出国旅游或进军股市的钱，现在拿来做美容、按摩、看电影。减少了对大宗商品的购买需求，手里的"闲钱"竟然变多了，电影的廉价属性可以带着观众暂时从残酷冰冷的现实中走出来，甚至可以帮助他们重拾信心、填补空虚。

然而，经济萧条并非是影视行业繁荣的主因。20 世纪 30 年代，美国电影在大萧条之时迎来了快速发展。究其原因，首先，在经济萧条的这个时段电影行业经历了颠覆性的技术革新，从原来的无声电影，变成了有声电影，这种技术革新，无疑增加了消费者的需求，加之萧条时期的精神诉求，娱乐性的消费需求成倍增长。其次，在萧条之前，电影行业经历了一番资本的"圈地行为"，导致院线大量增加，这个看似恶性竞争的行为恰恰为之后的繁荣提供了充足的供应，使供应能跟上需求的疯狂增长。再次，由于 20 年代几大电影公司的并购行为和资本大量涌入影视行业，电影开始工业化生产。经济萧条后电影需求猛涨，加快了资本流动，形成良性循环，使得电影公司可以选择高成本大制作。最后，由于政治需求，美国政府对电影行业提供大量支持，使得电影摆脱"昂贵的娱乐"外壳，成为了社会的必需品。所以，美国的电影行业之所以在经济萧条时期繁荣成长，主要是技术革新、院线增加、工业生产和政府支持的结果。

借鉴：经济危机中的电影"安慰剂"

纵观电影史，无论是被当年的罗斯福总统赞为"微笑天使"的秀兰·邓波儿的影片，还是卓别林的小人物喜剧影片，甚至大多数迪斯尼的动画电影，都是"疗伤影片"。"越是困难时期，人们越需要启发，娱乐，学习。"毫无疑问，电影有着重振文化精神的功能。电影作为"造梦机器"，不仅给在现实中遭遇困境的人们提供"避难所"，同时还起到鼓舞人心的作用。

正如学者王家新所言："在经济高速增长之后的调整萧条时期，人们的物质消费会抑制，而精神消费会膨胀。人们需要通过娱乐来缓解精神压力，需要通过对现实的反思与生活方式的反思来调整心态，通过文化艺术对未来的描述来增加希望、增强信心。"

另外，文化又具有巨大的精神慰藉作用，人们需要告诉自己生活还是美好的，越是经济萧条的年代，人们越有闲暇时间来丰富自己的精神世界。人们都期待能够突如其来地使自己的经济状况改观，期待着可以无休止地消费，所有的这些期待和幻想构成了人们熟知的美国梦。同样，美国梦在现实和电视上一样都不曾消失过，这使得人们的期待成为一种可能完成的现实。

中国电影的"工业化"进程

2015 年，可以说是中国电影"工业化元年"，这一年，国产片整体制作水准上升，口碑终于和票房产生了正关联，《小时代》之流、综艺电影再没有出现在国产片票房 TOP10 的榜单里，专业化的创作团队成为市场弄潮儿；这一年，类型多元，黑马迭出，水涨船高的市场红利令人万万没想到；这一年，《泰囧》12 亿的记录终于被打破，《捉妖记》将国产单片票房纪录翻了一番，并成为内地电影市场开放 21 年来首部获得影视冠军的国产影片；这一年，IP成为圈内新宠，"屌丝购票心理学"引发业内热议。

2015 年 10 月，电影局局长张宏森炮制了"重工业""轻工业"的概念，还提出一个"大剧情片"的概念，"有丰富的戏剧性、复杂的人物关系、跌宕的情感逻辑，以及由此沉淀出一套价值体系，这类影片我们可以统称为'大剧情电影'，或经典叙事模式电影"，他举的例子是《阿甘正传》《教父》《美国往事》。张宏森对于中国电影产业体系的构想是这样的："中国电影要形成重工业产品推进，轻工业产品跟进，大剧情影片镶嵌在中间的格局，这样作为产品体系才是相对科学的，才能保持可持续发展"。他同时指出中国电影发展还很不均衡，重工业推进力度不足，"大剧情片"欠缺。就目前国产院线片整体来看，也可以划分为清晰的三大板块，分别是大众娱乐、中间地带、小众文艺，这基本是按照娱乐指数或者票房吨位来划分的："大众娱乐"是10亿俱乐部，"小众文艺"在5000万以下，"中间地带"则在3亿到5亿之间。每个板块也可以分为两种类型，"大众娱乐"明显是注重感官刺激的"重工业"和强调情感激荡的"轻工业"分列，"小众文艺"分为成名导演的作者表达以及年轻导演的独立电影；"中间地带"一方面是类型创新，如《战狼》的军事片，《重返20岁》的都市奇幻，《我的少女时代》的青春片；另一方面是商业诉求和人文情怀的融合，如《老炮儿》《烈日灼心》等作品。

然而，现在的中国电影产业还不能算是工业，因为一部电影的成败还是由个别高级的工匠起决定性作用，而不是工业流程和整个系统所决定。

因此，对于中国国产电影票房自2013年以来连创佳绩的原因，业内人士分析认为，主要得益于以下两方面：第一，主要还是因为这些电影质量佳、口碑好又叫座。其次，票房的持续增长也离不开银幕数的持续增长，目前银幕数和票房的增长空间主要集中在二、三线城市，它们票房的迅速增长也是原因之一。据悉，2015年全年新增银幕8035块，平均每天增长22块，全国银幕总数已达31627块。业界习惯于将北上广深四大城市列为一线城市，其他分别属于二、三线城市。相对于市场已经基本饱和且观众观影习惯和口味都趋于稳定的一线城市，二、三线城市已成为新片市场争夺的"主战场"。

电影市场繁荣背后的隐患

虽然2015年全国电影总票房情况乐观，但是这看似繁华的背后，却存在着不少问题。博纳影业总裁于冬认为，现在全世界每年产出5000多部电影，中国每年产出七八百部电影，但中国电影在海外市场所占的份额非常低。全球最大的市场主要被美国片占领，比如美国电影在北美市场占据99%的票房份额，这个市场只有1%的票房份额留给了外语片，约为1亿元的蛋糕。然而，这块蛋糕的1/3被印度电影切走，而中国电影在北美地区的票房仅为1000万元左右，且主要靠在华人地区发行所获。中国电影在海外缺乏作为，票房收入基本靠本土市场。在于冬看来，粉丝电影和综艺电影的大卖，使得电影公司和投资人对大片的投入不足，而美国强大的电影工业生产的超级大片一经登录就横扫中国票房。粉丝电影降低了电影制作水准，不足以抵抗好莱坞大片，更不可能进入海外市场。

中国影院银幕数量每年暴涨，目前数量仅次于美国。然而，银幕数量的增长，影院排片类型却并不丰富，往往出现一片垄断市场的情况，其他影片的生存空间遭到挤压。一些类似于《黄金时代》《闯入者》这样的文艺片，因为场次安排太少，或者刚上映一两天，就被撤下线了。有人认为，现在中国不是观众在选择影片，而是影院经理在替观众选择影片。

不言而喻，目前国产电影无论是在发展时间、制作水平、运作手段上都无法与好莱坞电影相提并论，国家政策适当地予以保护能够帮助中国电影取得长远的发展机会，毕竟自家的孩子只有自己疼。与好莱坞等相比，中国国产电影除了工业化程度、专业化运作模式等方面不可与其同日而语外，电影制作与发行的相关法制体系缺失、电影题材类型选取的均衡度以及电影分级等方面也仍有很长一段路要走。国产电影昙花的暂现不能说明问题，为了达到可持续的健康发展，在主要短板方面的切实前行才是目前中国国产电影发展的重中之重。

思考题

1．如何理解经济与影视服务的发展关联性？
2．你认为中国的电影产业应当如何借鉴工业化发展成果实现自身发展？
3．你认为电影制作属于何种生产／服务类型？

第 2 章　产品／服务设计与过程

成功的企业必须不断推出新的产品／服务概念，将新产品／服务概念转化为顾客需要的功能设计，并保证功能设计的可生产性和可操作性，还要选择与顾客需求相匹配的流程。

新产品是指在性能、结构、材质和技术特征等方面或多方面比老产品有显著改进和提高或独创的，具有使用价值和推广价值，可产生明显经济效益的产品。新产品具有新颖性、先进性、经济性、风险性等特征。新产品可分为派生产品、换代产品和创新产品。

派生产品是对现有产品功能的综合和改进，一般在产品设计与制造流程中稍做改动，投入资源少，可以保持市场份额，确保近期现金流，如当年推出的新款汽车。

换代产品是指更新的解决方案，可以拓宽产品系列，保持市场活力，延长产品系列的生命周期，确保利润增长，如汽车新车型，电脑芯片等。

创新产品（突破产品）是指全新产品。市场先入，需要对产品设计或流程进行革命性的变动，有利于企业保持持续的竞争力。如第一台个人电脑 IBM5150、东芝 1985 年推出的第一台笔记本电脑、摩托罗拉 1973 年推出的第一部手机等。

新产品可以为企业提供增长机会和竞争优势。

2.1　新产品／服务设计的对象

深圳华为公司以客户的价值观为导向，以客户满意度为评价标准，瞄准业界最佳标杆企业，以远大的目标规划产品的战略发展，坚持用大于 10% 的销售收入拨付新产品的研究经费，显示了对新产品设计的重视。产品设计的对象并不仅仅是产品本身，还要通过设计造就企业的技术优势、质量优势、成本优势与服务优势，从而产生竞争优势。用其总经理任正非的话说：“在设计中构建技术、质量、成本和服务优势，是我们竞争力的基础。”新产品／服务设计的对象应该包括下列三个方面。

（1）产品与服务的概念：为顾客提供预期收益。

顾客购买的不单纯是产品／服务本身，更重要的是预期收益。例如，顾客在购买冰箱时，或许也在购买这样的预期收益：迷人的外壳；省电、噪声低、食品保鲜、不串味；适合在厨房空间安放，冰箱上可放厨具柜；或在客厅安放，而且冰箱上可摆酒柜等；冰箱对其他电器没有电磁影响；可作为家具使用等。

顾客在麦当劳购买的不仅仅是汉堡快餐，而是希望获得的收益：宜人的环境，轻松的气氛，热乎乎、香喷喷的西方风味，干净、卫生、放心的套餐，热情、周到、即时的自助服务。

（2）产品与服务的组件集合：即产品与服务的总和。

如购买冰箱所包括的内容有：产品（冰箱本身），服务（如"三包"服务，售后跟踪服务，送货服务等）。

（3）工艺过程：产品/服务组件的相互作用方式与顺序。

如冰箱的各个组件、部件之间相互作用、相互连接的方式，装配的顺序等。

此外，外国学者提出了"顾客收益包"的概念。更多情况下，产品和服务是以某种方式组合在一起向顾客提供价值的，例如，手表更多地属于产品，但是当顾客购买手表时也相应地购买了服务，如售后和维修服务。产品和服务组合在一起向顾客提供价值，能增强顾客的预期收益，使产品获得竞争优势，我们将这种组合方式称为顾客收益包。

顾客收益包是指由顾客确认、为消费者而支付或使用的有形（产品）和无形（服务）特性。简单地讲，顾客收益包是产品和服务以一定方式配置起来的一些组合，以便为顾客创造价值。

顾客收益包主要由核心产品/服务组成，同时包含一些附属产品/服务或者额外项目。核心产品/服务是指那些用来吸引消费者并满足其基本需求的产品/服务。例如，对于一家汽车 4S 店，汽车便是其核心产品。附属产品/服务是指那些非核心、可以对核心产品/服务起到强化作用的产品/服务。如 4S 店中提供的免费洗车、免费美食、免费上网、配件维修等附属服务。此外，顾客价值包中也可以包含一些额外项目，如配备一个钓鱼塘，当父母挑选或购买汽车时，孩子可以通过钓鱼来打发无聊的等待时间。我们可以用图形简明地表示出顾客收益包，如图 2-1 所示。

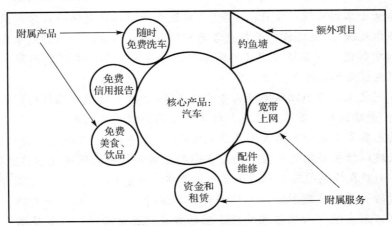

图 2-1　购买汽车时的顾客收益包

在实际应用中，可以把多组顾客收益包捆绑起来进行销售。以陆路和游轮组合方式到拉斯维加斯度假就是一个例子。这其中包含了多组顾客价值包：旅行社负责登记包裹和确定可选择的下船后的陆地短途旅行路线；陆上旅行运营人员负责办理饭店、运输和行李事宜；而巡航线的人员负责航空旅行、餐饮和娱乐。"捆绑式"顾客收益包有利于在各公司之间建立合作关系，并且能够有效降低产品 / 服务的价格。与单独购买产品 / 服务的不同模块相比，消费者可能会更偏向于购买价格优惠的"捆绑式"顾客收益包。

需要注意的是，顾客收益包框架是开放的，确定如何把产品和服务捆绑和配置在一起，是管理者在设计流程中需要考虑的关键因素。

实践：玫瑰航班，馨香满仓①

厄瓜多尔是世界第三大鲜花出口国，其中 73% 是玫瑰花，超过 500 个品种。近几年，厄瓜多尔对中国的玫瑰出口值稳步上升，目前，厄瓜多尔是中国进口玫瑰市场的主要供应国，据中国海关数据，2015 年厄瓜多尔玫瑰占中国市场份额的 61.47%。

2016 年 3 月 8 日，为庆祝国际三八妇女节，中国南方航空公司携手厄瓜多尔驻广州总领事馆在广州白云机场举办"厄瓜多尔玫瑰，献给追梦女性"的主题庆祝活动。在机场的贵宾休息室门口，一面由各色玫瑰装饰而成的花墙让许多来去匆匆的旅客停下脚步，驻足观赏。同时，3800 朵顶级玫瑰一一赠予当日搭乘南航从广州出发前往北京、上海等地 30 余个航班上的女性乘客。

在活动的启动仪式上，厄瓜多尔驻中国大使何塞·博尔哈更是带来了好消息：3 月 1 日起，厄瓜多尔对中国公民实施免签政策，中国公民每年可在厄停留共计 90 天。博尔哈表示，实行免签政策是为了吸引更多中国游客来看看这个中美洲地区国家的海岸、雨林、山地和珊瑚礁，也希望中国游客能了解厄瓜多尔文化。而广东是厄瓜多尔在中国进行旅游和文化推广的重要一站。这次活动之所以选在广州举办，也是因为目前在厄瓜多尔的华人大都来自广东，中国餐厅也多数是粤菜馆。

启动仪式结束后，博尔哈和厄瓜多尔驻广州总领事玛莲娜登上 CZ3103 航班，亲自向航班上的女性乘客赠送玫瑰。每一枝来自大洋彼岸的玫瑰，满载对中国女性的无比敬意与满满祝福，由南航启程，馥郁芬芳弥漫中国各地。

公务舱的李女士拿到玫瑰非常开心，"坐飞机这么多次，还是第一次拿到玫瑰，而且是这么漂亮的厄瓜多尔玫瑰"。她还询问南航是否有航班飞去厄瓜多尔。当听到乘坐南航航班的旅客可以经由欧洲中转前往厄瓜多尔观光的消息时，李女士开始和身旁的同事窃窃私语，莫非是要筹划一趟说走就走的厄瓜多尔之行？

曾女士是爱花之人，拿到玫瑰便颇为专业地点评："这个玫瑰的品种确实很不一样，非常漂亮。"事实上，最顶级的厄瓜多尔玫瑰品种孕育于高海拔的厄瓜多尔火山斜坡。位于南美洲大陆赤道线上的厄瓜多尔是"距离太阳最近的国度"，常年长达 12 小时、适宜且稳定的日照，使得厄瓜多尔玫瑰以纤长坚韧的花径、绚烂多彩的花瓣和超长的保鲜度享誉世界。

除此之外，南航在各地航班上都推出了一系列丰富多彩的"三八"节主题活动，比如"温馨女人节，浪漫绅士情"主题航班，在广州—呼和浩特、广州—成都等航班上整个乘务组乘员都是男士，在万米高空为女性旅客举行了生动有趣的互动活动。在乌鲁木齐航班上，乘务员邀请旅客现场挥毫书写"妇女节快乐"。通过各种特色活动，南航向广大女性旅客表达了感谢和关爱之情。

---

① 杨振，王东，徐新跃. 玫瑰航班 馨香满仓——厄瓜多尔芬芳的"三八"节祝福，南方航空报，2016-03-14，经整理.

思考题

1. 谈谈你对航班服务的理解。
2. 从顾客收益包的角度分析，谁从这一主题活动中受益？

2.2　新产品／服务设计的过程

图 2-1 表示了新产品／服务设计的过程。新产品概念的形成以产品或服务的构思开始。这些构思可能来自顾客、竞争者行为、员工或研发部门等，设计者需要将构思转化为产品／服务的概念。

新产品／服务设计首先要对构思中产品／服务的形式、操作方式、所满足的需求和给顾客带来的收益进行详细的描述。然后从多方面进行评价，对概念进行筛选，得到一个可接受的产品／服务概念；在这一概念的基础上可以进行产品／服务及工艺过程的初步设计，初步设计需要确定产品／服务概念中的组件集合：产品／服务、产品结构与物料清单（组件组成结构与数量），还需要确定工艺过程，定义作业及其流程图；接下来是设计评价与改进，对初步设计进行考察，确定改进之处，常用方法有质量功能展开（QFD）、价值工程、田口方法等；

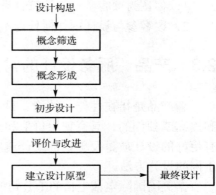

图 2-2　新产品/服务设计的过程

在改进达成一致意见后，可以进入原型化与最终设计阶段。建立原型阶段产生的原型一般有产品原型、计算机仿真模型以及服务原型（计算机仿真模型或局部试运行）。在产品实物模型或样机试生产以前，建立计算机化的虚拟样机模型有利于降低成本，提高可靠性与成功率；原型建立后必须进行广泛的测试，测试满意后，形成最终设计。

实践：顾客参与的设计典范[①]

著名的国际家居业零售巨头宜家家居调查发现：人们的平均睡眠时间为 7 小时 6 分钟，对床垫的满意程度直接影响我们的睡眠时间和质量。宜家家居在对 22 个国家的人的睡眠习惯研究的基础上，推出了 4 种适合不同睡眠方式的床垫，包括德国人偏爱的弹簧床垫、瑞典人青睐的木底架弹簧床垫、瑞士人钟爱的契合人体的泡沫乳胶床垫以及流行北美的弹簧床垫和床垫底架床垫组合。宜家家居推出的泡沫床垫，配合紧贴人体的弹性床褥以及天鹅绒般触感的暖被；温暖的被窝好像带着透气的小孔一般；松软缠绵的枕头，任你的脑袋坠入其中，睡得香甜无比！

宜家家居致力于为大众消费者提供品种繁多、功能齐全的家居用品，其每年都会进行细致的市场调研，以期不断推出符合大众生活需求的实用居家解决方案。2004 年，通过对 27 个国家的 13 500 份调研报告进行分析，得出结论：卧室已不仅仅是单纯的休息空间，怎样发挥卧室的多重功能已成为居家新焦点。宜家家居提出了"完美卧室"（The Complete Bedroom）的主题，并量身定做了一系列新产品。

---

① http://www.sina.com.cn 2004/11/18 新浪伊人风采.
　http://www.ikea.com/ms/zh_CN/.

2004 年 11 月 17 日，宜家家居与 4 位幸运的"设计师"在北京东方新天地展示了他们共同打造的理想中的"完美卧室"。4 位幸运的"设计师"有个性十足的摄影师，也有小康之家的家庭主妇。根据他们各自对"完美卧室"的不同"构想"，"设计师"们利用宜家家居简洁而富于创意的产品布置出了不同风格的"完美卧室"，既有乡村气息的田园质朴，也有现代主义的北欧简约。由这 4 位个性鲜明的"设计师"演绎的"完美卧室"同时也代表了广大普通消费者们的心声。

思考题

1. 你认为顾客参与设计符合设计的目的吗？
2. 顾客参与设计中如何处理不同顾客的声音？

2.3　产品／服务设计的常用方法

新产品是指在性能、结构、材质和技术特征等某一方面或多方面比老产品有显著的改进和提高或独创的、具有使用价值和推广价值、可产生明显经济效益的产品。而要使新产品具有更好的设计质量及更快的设计速度，就必须根据产品结构的特点和产品的设计性质，采用不同的设计方法。

据美国国际电话电信 ITT 公司的行业调查报告，"设计直接影响产品生命周期成本的70%以上；具备较高产品开发效率的公司的收入是平均收入水平的3倍；其收益增长是平均水平的2 倍"。"40%的产品开发成本是被浪费掉的。"可见，产品设计对产品的影响极其深远，必须采用科学的方法进行新产品设计。常用的设计方法有以下几种。

2.3.1　标准化设计

标准化设计将产品／服务、工艺过程标准化，减少品种，降低成本。运营系统的输入标准化，库存及制造零件的种类更少，降低培训费用和时间，采购、加工和检查更具程序化，可按库存清单订购物料，产品可长期生产并有助于采用自动化技术。缺点是可能在设计仍有许多缺陷时就已定型，变更设计所带来的高费用增加了改进设计的难度，设计出的产品因缺乏多样性导致对顾客的吸引力降低。

模块化设计：以标准化组件为基础，通过变化组合方式（或称堆积木方式）创造多品种的产品／服务系列。在研究试验的基础上，设计出一系列可互换的模块，然后根据需要选用不同的模块化与其他部件组合成不同的新产品。采用这一方法的前提是使零部件标准化、通用化，以加强对零部件的管理。该方法能够实现产品设计自动化，采用计算机辅助设计方法。设计时通常可拟订几个产品组合方案，通过技术经济效果分析或采用价值工程分析方法，选择最优组合方案。其优点是易于故障的诊断和排除，易于修复和替换，生产和安装更加简单。

2.3.2　健壮设计

健壮设计方法是众多美国公司投巨资实施 6σ管理法获得收益后，又掀起的新一轮提高生产率的浪潮。在汽车、复印、电信、电子、软件等不同行业的许多公司使用，节省数亿元。

健壮设计方法，又称田口方法，二战后由田口玄一博士首创，已发展 50 多年。通过有意识地考虑干扰因素（产品使用中环境变化、制造变异和零部件退化）和实地故障成本，健壮设计方法极大地提高了工程生产率，确保了顾客满意度。健壮设计的焦点在于，提高产品或过程的基础功能，优化产品设计与过程设计，从设计阶段就防止问题的发生，有助于柔性设计和并行工程。它是降低产品成本，提高质量，同时又缩短开发周期的强有力的方法与工具。

健壮设计方法可以用于很多典型的问题，例如：由于制造过程的波动性，用于投币电话的不同 OP 放大器生产商面临过量偏移电压的问题。高偏移电压会造成声音音质不好，特别是当电话远离中心站的时候。那么，如何既考虑到成本问题，又使地域问题最小化呢？有如下方法：

（1）补偿消费者的损失。

（2）在生产线的最后筛选掉具有大量偏移电压的电子器件。

（3）加强生产线的过程控制，制定更严格的允许规格。

（4）修改关键电路的参数值，使电子器件的性能不受制造波动的影响。

第四种方法就是健壮策略。从第一种到第四种方法，在产品周期中，逐步向上游推移，并且使成本控制变得更加有效。健壮策略尽可能地将问题定位于上游，为系统化的解决方法提供了决定性的方法学，使设计不受各种各样的变化原因所影响。健壮策略可以用于产品设计与工艺过程设计的优化。

健壮设计即设计产品或服务以使其在不同的环境下或更恶劣的条件下也能发挥其功能。设计一种健壮产品，以使其在制造和使用过程中能更大程度地适应环境变化。主要特征是参数设计，需要确定能够和不能得到控制的因素、产品 / 服务相对的最优质量水平。

容差设计是在完成系统设计及由参数设计确定了可控因子的最佳水平组合后进行的，其目的是在参数设计确定的最佳条件的基础上，确定各个参数合适的容差。在此，为了合理地评价质量，田口玄一博士引入了质量损失函数作为容差设计的工具：

$$L(x) = k(x - m)^2$$

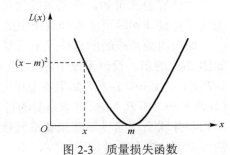

式中，假设望目特性[①]x 的目标值为 m，特性值偏离目标值 m 时的经济损失为 $L(x)$，表示特性值为 x 的产品出厂后，各种各样的使用者在设计寿命内使用时的平均损失为 $L(x)$。

图 2-3　质量损失函数

容差设计的基本思想如下：根据各参数的波动对产品质量特性影响的大小，从经济性角度考虑有无必要对影响力大的参数给予较小的容差（如用较高质量等级的元件代替较低质量等级的元件）。这样做，一方面可以减少产品质量特性的波动，提高产品的稳定性，减少质量损失；另一方面，由于提高了元件的质量等级，使产品的成本有所增加。因此，容差设计阶段既要考虑进一步减少在参数设计后产品仍存在的质量损失，又要考虑缩小一些元件的容差将会导致成本的增加。所以，管理者必须权衡两者的利弊得失，做出最佳决策。

2.3.3　可靠性设计

根据国家标准规定，可靠性是指产品在规定的条件下和规定的时间内，完成规定功能的能力，可靠性的概率度量亦称为可靠度。产品可靠的唯一办法就是将产品设计得可靠，所以产品的可靠性首先是设计出来的。可靠性设计是由一系列可靠性设计与分析工作项目来支持

---

① 望目特性，指产品某参数固定的目标值，比目标值小或比目标值大都是不好的特性.

的，其目的是将成熟的可靠性设计与分析技术应用到产品的研制过程，选择一组对产品设计有效的可靠性工作项目，通过设计满足订购方对产品提出的可靠性要求，并通过分析尽早发现产品的薄弱环节或设计缺陷，采取有效的设计措施加以改进，以提高产品的可靠性。

可靠性设计方法与传统设计方法的区别在于，考虑了设计变量的离散型及系统中各组成单元的功能概率关系，并以可靠度、失效率等可靠性指标作为设计目标参数，从产品设计一开始就引入可靠性技术，并贯穿于设计、生产和使用全过程的始终，以得到预期可靠度的产品。

可靠性设计与分析工作项目主要包括建立可靠性模型，可靠性分配，可靠性预计，故障模式、影响及危害性分析，故障树分析，潜在分析，电路容差分析，指定可靠性设计准则，元器件、零部件和原材料的选择与控制，确定可靠性关键产品，确定功能测试、包装、储存、装卸、运输和维修对产品可靠性的影响，有限元分析和耐久性分析共 13 项工作项目。不同产品有不同需求，实际工作中，应针对产品的特定需求选择一组有效的可靠性工作项目。

系统可靠性预计是可靠性设计的重要内容之一，在进行可靠性预计时，应建立系统可靠性模型。可靠性模型包括可靠性框图和相应的数学模型，可靠性框图用直观的方法表示产品各单元之间的相互依赖关系，数学模型则用于计算系统的可靠度和失效率。建立数学模型的常用方法有普通概率法、布尔真值表法、蒙特卡罗模拟法等。下面介绍计算系统可靠性的两种基本方法——串联和并联。

如果组成系统的所有单元中任一单元失效就会导致系统失效，称此为串联系统，如图 2-4 所示。设该系统中各单元的可靠度分别为 P_1, P_2, …, P_n，且各单元的失效相互独立，则该串联系统的可靠度为 $Rs = P_1P_2 \cdots P_n$。

由计算公式可知，串联系统的可靠度随着单元数量的增加和单元可靠度的减小而降低，因此简化设计和尽可能减少系统中的零件数有助于提高串联系统的可靠性。

如果组成系统的所有单元中只要一个单元不失效，整个系统就不会失效，此为并联系统，如图 2-5 所示。设该系统中各单元的可靠度分别为 P_1, P_2, … P_n，则各单元的失效率分别为 $1-P_1$, $1-P_2$, …, $1-P_n$，如果各个单元的失效相互独立，则该并联系统的失效率为 $Fs =（1-P_1）（1-P_2）\cdots（1-P_n）$。所以该系统的可靠度为 $Rs = 1-Fs = 1-（1-P_1）（1-P_2）\cdots（1-P_n）$。由此可知，并联系统的可靠度随着单元数量的增加和单元可靠度的增加而增加，因此采用并联系统可以有效提高系统的可靠性。

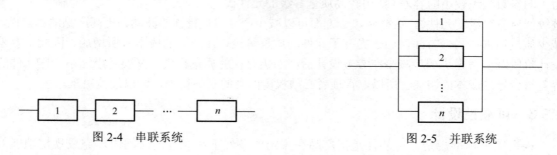

图 2-4　串联系统　　　　　　　　　　　　　　　图 2-5　并联系统

2.3.4　绿色设计

工业革命以来，世界经济高速发展，创造了前所未有的物质和文化财富，但生存环境却遭到了严重的破坏。以往的产品设计，因为没有考虑环境因素，造成产品被丢弃后不可回收或重复利用，致使产品废弃物越堆越多，而且目前主要的垃圾处理方式：填埋、焚烧和堆肥均属于"有污治污"的末端处理方式，甚至在处理过程中会产生二次污染。随着环境不断恶化，消费者的环保意识也在不断增强，在选购物品时，不再仅关心产品的功能、寿命、款式和价格，更加关心产品的环境性能，有时甚至愿意多花钱购买绿色产品，绿色消费俨然开始成为一股潮流。加之国际市场上各国纷纷设置绿色贸易壁垒，各种因素使得我们在产品设计过程中必须提倡绿色设计，从根本上实现产品的绿色性。

绿色设计是指在产品的整个生命周期内，着重考虑产品环境属性（可拆卸性、可回收性、可维护性、可重复利用性等）并将其作为设计目标，在满足环境目标要求的同时保证产品应有的基本功能、寿命、质量等。所以，绿色设计更加注重产品原料来源、工艺过程使用的能量的数量与来源、生产过程中产生的原材料浪费的数量与类型、产品自身的寿命、产品寿命结束时报废处理对环境是否友好等问题。

绿色设计是一种与技术结合很紧密的设计，目前的绿色设计方法主要有生命周期设计、模块化设计、面向拆卸的设计、面向回收的设计、长寿命设计、节能设计、虚拟设计等。

绿色设计理念在当今产品生产中应用越来越广泛。面对国内日益增长的环境压力，我国各企业也逐渐将绿色设计融入产品之中。作为国内最大的空调生产企业，格力电器长期以来一直致力于以技术创新提高能源利用率和缓和环境恶化。例如，2013 年，格力"光伏直驱变频离心机系统"问世，开启了中央空调零耗能时代，环境生态效益显著。以珠海为例，一台400 千瓦太阳能变频离心机每年可省电 57.12 万千瓦时，节省标准煤 199.48 吨。这意味着减排552.45 吨二氧化碳、6.54 吨二氧化硫和 2.39 吨氮氧化物，同时减少因火力发电产生的 150.72吨粉尘。

实践：解密特斯拉工厂，为环保而存在[①]

创立于 2003 年的特斯拉汽车公司（Tesla Motors）近年来凭借 Model S 在全球大放异彩，更是成为新能源汽车领域当之无愧的"霸王"。Tesla 总部设在美国加州的硅谷地带。特斯拉致力于用最具创新力的技术，加速可持续交通的发展。特斯拉在技术上为实现可持续能源供应提供了高效方式，减少全球交通对石油类的依赖；通过开放专利以及与其他汽车厂商合作，大力推动了纯电动汽车在全球的发展。与此同时，特斯拉电动汽车在质量、安全和性能方面均达到汽车行业最高标准，并提供尖端技术的空中升级等服务方式和完备的充电解决方案，为人们带来了极致的驾乘体验和完备的消费体验。特斯拉汽车公司生产的几大车型包含 Tesla Roadster、Tesla Model S、双电机全轮驱动 Model S、Tesla Model X。

CEO 埃隆·马斯克（Elon Musk）1971 年 6 月 28 日出生于南非，18 岁时移民加拿大，工程师、慈善家。他是 Space X 太空探索技术公司首席执行官兼首席技术官，环保跑车公司特斯拉（Tesla）产品设计师，太阳能供应商 Solar City 的董事长；参与创立和投资 Paypal 网络支付平台；参与设计能把飞行器送上空间站的新型火箭，价格低，研发时间短；投资创立生产世界上第一辆能在 3 秒内从 0 加速到 60 英里／时的电动跑车

---

① 解密特斯拉工厂，机器人无处不在，根据龙为科技编译改编.

的公司，并成功量产。2015 年 12 月 22 日 9 时 29 分，Space X 成功发射猎鹰 9 号（Falcon 9）火箭，发射 10 分钟后完美回收一级火箭，创造了历史奇迹。

　　Tesla Motors 工厂坐落在美国加州弗里蒙特市。弗里蒙特工厂目前雇用了 6000 名员工，随着 Model S 产量需求扩大及 Model X 量产铺开，预计该工厂会招募更多的员工。Tesla 弗里蒙特工厂依然有非常大的剩余空间，以便将来进一步扩大产能。实际上该公司当前仅使用了该工厂一半空间。2010 年从 NUMMI（丰田和通用的合资公司）手中买下这一工厂，仅花费 4200 万美元，Tesla 当初只使用了该工厂不到 10%的空间，此举颇有远见。现在该工厂含设备在内的资产价值已飙升至 20 亿美元。

　　Tesla 工厂里的文化也充满了环保的意味。工厂提供了大量的自行车和滑板车给员工们使用。这些自行车均贴有 Teslalogo，车框架上还印有一句 "Property of Tesla，donotlock"（Tesla 资产，请勿上锁），因此，员工们可以自由使用空闲的自行车。工厂里的各色食堂和咖啡厅也是一大特色。Tesla 为员工提供免费的咖啡、茶、苏打水、冷／热麦片，以及点心和时令水果。

　　思考题

　　1．你如何理解特斯拉的绿色设计理念？
　　2．特斯拉绿色设计的目的是什么？
　　3．特斯拉环保汽车有哪些类型的新产品？给公司带来了哪些优势？

2.3.5　其他设计方法

　　（1）嵌入式设计

　　嵌入式设计利用相邻产品原理、结构、计算公式等进行新产品的设计。实际上是一种经验与试验研究相结合的半经验性设计方法，主要适用于新产品规格处于既有产品规格范围内的产品设计。采用嵌入式产品设计时，对新产品不必进行大量的科研和技术开发工作，只须选用相邻产品的原理、结构以及计算公式等进行产品设计，根据需要进行小量的研究试验即可，关键是要选择适当的相邻产品。只要相邻产品选择适当，就可取得事半功倍的效果，在短期内设计出成功的产品。

　　（2）外推式设计

　　外推式设计是利用现有产品的设计、生产经验，将实践和技术知识外推，设计出比现有产品规格范围大的新产品。在现有基础上进行外推，需运用基础理论和技术知识，对过去的实践经验进行分析，并加以扩展。对于关系到质量、可靠性等的重要环节，还要进行试验，最后把经验总结与试验研究成果结合起来，才能完成新产品设计。

　　（3）计算机辅助设计（CAD）

　　计算机辅助设计（CAD）概念是美国生产管理专家罗斯（T. Roos）于 1957 年在开发数控系统时首先提出的。它表示在产品设计和开发时，直接或间接使用计算机活动的总和。CAD 的主要任务有几何建模、工程分析、设计审查与评价、自动绘图、优化设计、生成零件清单等。最初的应用是从自动制图开始的，现已发展到解析、模拟、三维曲面设计、轮廓设计等高度复杂的工作。

　　作为 CAD 主要研究内容的实体造型系统由以几何模型（包括形体各部分的几何形状及空间布置与形体各部分的连接关系）为基础变为以特征造型（Feature Modeling）为基础，特征造型面向制造过程，将"特征"（产品设计与制造感兴趣的对象，如"孔""槽"等形状特征，而不再表示为"圆柱""立方体"等几何对象）作为产品描述的基本单元，将产品描述为特征的集合。对几何形体的定义不仅限于名义形状的描述，还包括规定的公差、表面处理以及其他制造信息和类似的几何处理。新一代实体造型系统采用基于特征的设计、参数化设计，采用通用的产品数据交换标准（如 ISO 的 STEP），便于数据传送。

（4）面向维修的设计、面向服务的设计

在设计中考虑产品使用中维修的便利、售后服务的快捷。

（5）产品／服务供应链的设计

产品／服务设计的同时，需要进行产品工艺过程的设计、服务蓝图的设计以及该产品／服务的相应供应链的设计。

案例：汽车安全气囊的可靠性设计

当遭遇正面或前侧碰撞时，汽车安全气囊对驾乘人员起着明显的保护作用。一旦汽车发生碰撞，车内的传感器会发出信号、点燃固态燃料并释放气体使安全气囊弹出，这个过程只需30ms。实践证明，使用安全气囊明显提高了驾驶汽车的安全性。例如，美国公路安全保险协会的统计数据表明，1985—1992 年间，因采用安全气囊，汽车事故死亡率降低了 24%。

确保在30ms 内能够顺利打开安全气囊并达到最佳的保护效果是安全气囊研发和生产过程中需要重点解决的问题，也是汽车可靠性研究的重点内容。安全气囊主要由碰撞传感器、控制器和气囊三个部分构成。碰撞传感器根据结构的不同，有机械式传感器（AMS）、机电式传感器（EMS）和电子式传感器（ES）三类。其中，机械式结构最为简单，其工作原理如图 2-6 所示。当汽车发生碰撞减速的瞬间，加速度超过预定设计值时，导缸内的滚球在惯性的作用下向前移动，带动拔杆绕支点转动，拔杆的另一端装有偏置弹簧，当拔杆转动时，撞针与撞针弹簧分离，并在弹力作用下向上冲击，刺穿针刺火帽，点燃硼硝酸钾，引燃叠氮化钠，释放高温气体氮气。产生的氮气先流过散热器进行冷却，后经过过滤器后充进叠置于方向盘内的气囊，气囊迅速膨胀弹出，这便是安全气囊弹出的全过程。为了确保可靠性，一般会采用双撞针设计，这样只要有一个撞针碰撞后就能确保安全气囊正常工作。某机械式传感器在使用 10 年后各部件可靠度如图 2-6 所示。

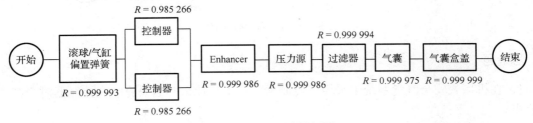

图 2-6　AMS 可靠性框图

机电式传感器系统也采用了滚球式碰撞的原理，跟前者的区别是固定滚球的是磁力而不是弹簧。当汽车碰撞并发生减速时，滚球的惯性力大于磁铁的吸力和导缸内的摩擦力，滚球会沿着导缸运动。滚球向前移动与正负极触点接触，导通局部电流，引爆烟火装置内的混合物（电流正常情况下由蓄电池提供，当蓄电池被损害时，则由备用的电容器为安全气囊系统提供电能）。产生的热能点燃叠氮化钠，进而释放氮气，气囊膨胀。该系统配有 ARM sensor，可以避免安全气囊"误爆"。此外，故障自诊断系统会在行车过程中监控系统的电力部分，判断系统是否存在短路或接触不良等故障，并记录。图 2-7 列出了该系统中各部件的可靠度。

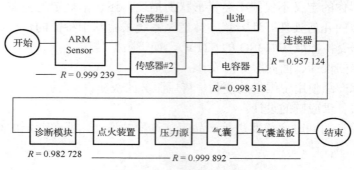

图 2-7　EMS 可靠性框图

电子式传感器系统的工作原理更为复杂，这里不做详细描述。图 2-8 为该系统的可靠性框图及各部件的可靠度。

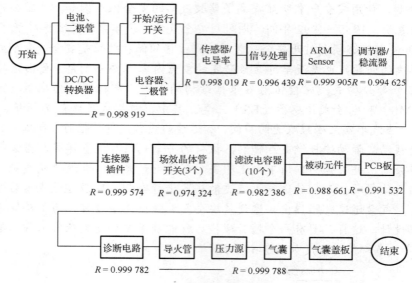

图 2-8　ES 可靠性框图

思考题

1．在机械式安全气囊系统中采用双控制器的作用是什么？当只有一个控制器时会产生什么后果？

2．请分别计算三类系统的可靠度并进行分析。

3．当把维修因素考虑在内时，三类系统经过不同使用时间后的可靠度如表 2-1 所示。请绘制数据图并进行分析。

表 2-1　三类系统不同年度的可靠度

	5　年	10　年	15　年	17　年
AMS	0.999 844	0.999 716	0.999 588	0.999 537
EMS	0.999 870	0.999 759	0.999 648	0.999 604
ES	0.999 190	0.998 494	0.997 799	0.997 521

2.4   质量功能展开（QFD）

质量功能展开（QFD）可用来评价、改进设计方案，连接顾客需求与技术规格，从顾客需求出发，改进设计的技术特性。可以说，质量功能展开是将顾客需求转化为技术要求的一种有效的工具。

质量功能展开最早在日本三菱公司的神户造船厂应用，之后日本丰田公司与一些美国公司开始使用。如今人们发现这是一种非常有用的交流工具，可以把顾客所有的需求转化为技术人员理解的技术要求，因此获得了众多公司的青睐。

2.4.1   质量功能展开图的组成部分

质量功能展开又称为质量屋（根据其外形）或顾客心声（根据其目的），其核心是保证产品与服务的设计符合顾客需求，用技术实现顾客的需求。质量功能展开图（见图 2-9）由以下几个部分组成。

（1）顾客的所有需求清单

顾客需求集 $C = \{C_1, C_2, \cdots, C_m\}$。根据对顾客的重要程度，对各个需求项设定权重 W（如采用 10 分制标准，分值越高表示需求项对顾客越重要），$W = \{w_1, w_2, \cdots, w_m\}$。也可以对评分的权重进行如下处理：

$$W' = \{w_1/\Sigma_i(w_i), \ w_2/\Sigma_i(w_i), \ \cdots, \ w_m/\Sigma_i(w_i)\}$$

（2）竞争性评价

对产品的上述需求与竞争者一起进行评价（如采用 5 分制标准，与 A 公司、B 公司一起在顾客需求的诸要素方面进行评价）。

（3）技术特性

满足顾客需求，将各个需求项落实到具体的技术指标集 $T = \{T_1, T_2, \cdots, T_n\}$。

（4）关系矩阵

在价值判断基础上，说明技术特性 T 对顾客需求项目 C 的重要程度，可分为：重大（取值 9）、中等（取值 3 或 5）、微小（取值 1），说明不同技术特性与顾客需求项目间的关联程度，空白表示无关系或没有研究这种关系。关系矩阵元素 R_{ij}（$i = 1, 2, \cdots, m; j = 1, 2, \cdots, n$）。

（5）质量屋的屋顶

表示技术特性中各指标之间的相关性 r_{jk}（如可分为高度正相关、正相关、负相关、高度负相关）。

（6）矩阵底框

表示对各个技术特性作出技术评价。根据关系矩阵计算出每一个设计特性的重要性分值 y_j。根据关系矩阵中的量化数值加权求和：

$$y_i = \sum_i (w_i R_i)$$

这样就可以对各个技术特性的重要性进行排序，进而确定改善的优先顺序；还可以确定技术难度水平（若采用 10 分制标准，分值高表示难度大），当技术特性具有相当的重要性时，优先改善难度低的技术特性；还可确定技术特性的实现目标，并进行竞争性评估，与竞争者的技术进行比较，以利于确定下一步改进方案。

　　尽管质量功能展开在具体实施细节上存在很多种不同变体，但基本原则是不变的，即找出顾客对产品的要求及其相对重要性评价，将顾客的要求与实现的技术特性联系起来，确定满足顾客需求的技术改进要素的优先次序与改进目标，QFD 的基本模型是寻找 T，确定次序，保证对 $\{C_1, C_2, \cdots, C_m\}$ 实现全面的整体顾客满意度最大。

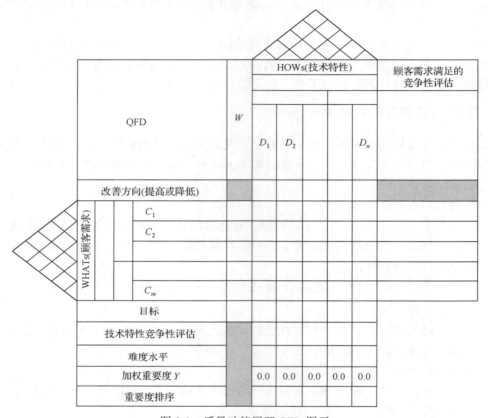

图 2-9　质量功能展开 QFD 图示

2.4.2　QFD 的其他应用

　　QFD 方法不仅用于产品设计的评估与改进，而且可以用于进行战略重点的确定、质量改进、故障影响分析等。

　　如采用 QFD 方法可以确定反映利益相关者心声的企业战略重点，从利益相关者的期望开始，确定企业具体战略的重点。QFD 矩阵图的纵轴显示需要满足的利益相关者期望，横轴显示可行的策略集合，通过一系列转换程序，确定可行策略集合中的策略优先次序，如图 2-10 所示。

　　顾客、股东、员工、供应商、政府、当地社区等利益相关者都对组织有一些期望。企业的策略制定应考虑企业利益相关者的期望与意愿，特别是一些战略供应商、大客户、重要的合作企业等。

　　还可以用 QFD 确定企业策略重点排序。例如，某企业需要采取的策略：扩大配送网络、整合供应网络、帮助战略供应商、配送与制造集成、改善预测的准确性、缩短生产周期、采用延迟制造、降低库存水平、强化客户服务。各个策略重点的相关性显示于 QFD 的"屋顶"。企业利益相关者中股东期望：投资收益大、投资产生伦理价值、企业长寿；顾客希望及时优质的服务、供货及时可靠、性能价格比高；伙伴企业希望持续合作、信息透明、借助于核心企业能够不断成长。这些因素对公司的重要度（1～9）经过调查统计（求算术平均值）得出，显示于图 2-10 中。企业利益相关者的期望与各个战略重点的相关性显示在关系矩阵中：强相关（值为 9），中相关（值为 3），弱相关（值为 1），"空"为不相关。根据相关矩阵与利益相关者期望因素的重要度，可以得出各个策略的重要性度量值，参考难度系数得出优先次序：1——降低库存水平；2——帮助战略供应商；3——配送与制造集成；4——扩大配送网络；5——强化客户服务；6——缩短生产周期；7——采用延迟制造；8——整合供应网络；9——改善预测的准确性。

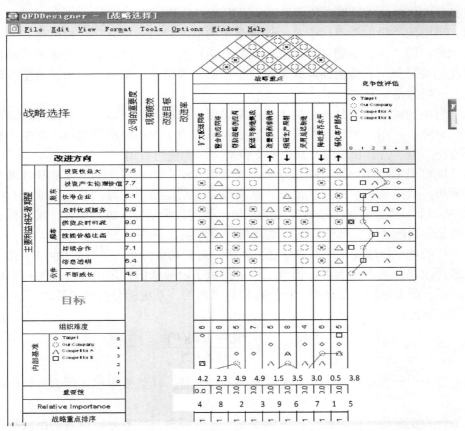

图 2-10　质量功能展开矩阵举例

2.5　价值工程

价值工程（Value Engineering，VE），又称价值分析（Value Analysis，VA），起源于 20 世纪 40 年代的美国。它是第二次世界大战后出现的工业管理新技术之一，是一门技术与经济相结合的边缘性系统管理技术。

二战期间，军事工业高涨，原材料供应不足。美国工程师麦尔斯当时负责军事原料的采购工作，他发现采购的商品与成本之间存在一定的联系。当原材料供应紧张，采购不到石棉板时，他对为什么要采购石棉板进行分析，结果明白了石棉板的主要功能是防火。功能明确之后，麦尔斯发现了一种具有同样功能、价格又低的不燃烧纸，用不燃烧纸代替石棉板，能使成本大幅度下降。此后，麦尔斯得到启发，在其他方面也应用这个分析方法。价值工程从 20 世纪 50 年代开始在美国推广，它已从最初的研究材料代用发展到目前的改进设计、改进工艺、设备维修、研制新产品、企业管理、商业服务等方面，几乎无所不包。特别是把它和质量管理（QC）等其他管理方法相结合，用于降低成本、提高产品价值，效果更佳。美国价值工程师协会（Society of American Value Engineering）的缩写 SAVE 即为"节约"一词，这恰恰是应用价值工程的主要目的。价值工程是一种系统的技术经济分析方法，它通过对产品的功能和费用的分析，研究如何合理地利用各种资源（即人力、物力、财力），以运作最低的总费用实现必要的功能，满足用户的要求，从而提高产品的价值。

价值工程中的"价值"不同于政治经济学中的商品价值。在这里，价值是作为一种"尺度"提出来的，即"评价事物（产品或作业）有益程度"的尺度，是一种衡量产品优劣的尺度。通常我们说某个产品价值高，就是说这个产品物美价廉。价值工程中的价值和通常所说的经济效益的概念是一致的。

价值工程中的成本指的是产品的生命周期费用，分析产品成本时，必须对产品的生命周期做一个综合分析；用户为了获得产品，需要付出相当于产品价格的费用，即生产费用；到产品报废为止，为了占有和使用产品也要支付费用，即使用费用。

产品功能可根据不同分类方法划分为必要功能和不必要功能、基本功能和辅助功能等。所谓功能分析，就是从用户的要求出发，从实现必要功能着手，对产品或作业进行"功能细分"，在此基础上，用一定的方法进行功能评价，得到各个功能（或零部件）的功能评价值，为进一步衡量各功能（或零部件）的价值及相应成本创造条件。

价值工程的基本原理是从产品整体功能入手，进行功能分析，寻找价值（V）最小的问题点，对其进行改善。从本质上讲，价值工程是指为了以最低的使用成本，切实可靠地实现用户对产品或服务所要求的必要功能，而进行的有组织的、系统的分析研究活动。

价值可定义为：

$$价值(V) = \frac{功能效用(F)}{成本(C)}$$

式中，成本是一个绝对项，用于表示生产产品的资源量；功能效用描述顾客评价产品功能的相对项。

价值工程的实施往往由设计者、采购专家、运营经理与财务分析员共同组成价值工程项目组，对产品／服务的功能效用与成本进行细致的审查。审查内容包括以下几个方面：

（1）考察产品／服务的目标、基本功能与次要功能

① 目标，指产品的主要意图、用途；

② 基本功能，如果产品失去基本功能，则会导致产品目标失效；

③ 次要功能，指附属于基本功能的功能，由产品设计产生。

（2）检查次要功能成本

检查次要功能成本，考察可否通过合并、修改、替换或删除等方法来改进次要功能，提高价值。主要从以下五个方面考虑：

① 去除不必要的高成本的次要功能，且不影响功能效用；

② 寻找更低成本的原料或部件，且不影响功能效用；

③ 在不影响（或提高）效用的前提下，减少组件数量，降低成本，如合并部件；

④ 在不影响（或提高）效用的前提下，降低制造成本，如取消非标准件；

⑤ 简化工艺过程，降低成本。

价值工程用于产品/服务细化设计，尤其是在产品/服务生产以前可以尽可能地降低成本、降低任何不必要的成本。从增加产品的功能效用而不增加成本，或减少成本而不降低功能效用方面，对产品的细化结构设计应用价值工程。

2.6 并行工程

2.6.1 并行工程的概念和特点

1. 并行工程的概念

并行工程（Concurrent Engineering）可定义为工程设计功能的同时开发，要求所有团队小组成员以共同的目标（缩短产品开发周期、缩短产品上市时间、降低成本、提高质量与可靠性）、以开放和交互式的沟通参与。并行工程的概念最早由美国国防分析研究所（IDA）在 1988 年提出，IDA 报告中指出"并行工程是集成地、并行地设计产品及其相关过程（包括制造过程和支持过程）的系统方法。这种方法要求产品开发人员在一开始就考虑产品整个生命周期中从概念形成到产品报废的所有因素，包括质量、成本、进度计划和顾客需求"。图 2-11 表示了并行工程的简单示意图，并行工程主要采取以下方法：

① 改进设计质量。充分利用计算机信息技术，利用计算机辅助设计（CAD）、计算机辅助工艺规划（CAPP）等技术，减少生产中的工程变更次数。

② 产品设计及其相关过程并行化。将原来分别进行的工作在时间和空间上交叉、重叠，缩短产品开发周期。

③ 产品设计及其制造过程集成化。建立集成的模型，实现不同部门人员的协同工作，降低制造成本。

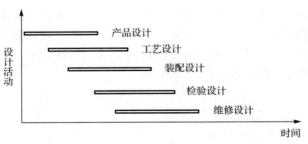

图 2-11 并行工程示意图

如今并行工程已经成为先进制造技术中的基础。并行工程一般建立多学科团队，采用集成化产品开发模式。其在美国、德国、日本等一些国家中已得到广泛应用，应用领域包括汽车、飞机、计算机、机械、电子等行业。一些著名的企业通过实施并行工程取得了显著效益，如波音（Boeing）、洛克希德（Lockheed）、雷诺（Renauld）、通用电气（GE）等。美国佛杰尼亚大学并行工程研究中心应用并行工程开发新型飞机，使机翼的开发周期缩短了 60%（由以往的 18 个月减至 7 个月）；美国 Mercury 计算机联合开发公司在开发 40-MHz Intel i860 微处理芯片时，运用并行工程方法，使产品从开始设计到被消费者检验合格由原来的125天减少到90天；美国HP公司采用并行工程方法设计制造的54600型100-MHz波段示波器，在性能及价格上都优于亚洲最好的产品，研制周期却缩短了1/3；美国的爱国者防空导弹系统也是20世纪80年代后期运用并行工程方法迅速研制成功的；美国波音公司波音777飞机采用并行工程的方法，大量使用CAD/CAM技术，实现了无纸化制造，试飞一次成功，并且比按传统方法生产节约时间近50%；深圳华为公司在产品设计中也采用了并行工程的思想，广泛吸收世界电子信息领域的最新研究成果，虚心向国内外优秀企业学习，在独立自主的基础上，开放合作地发展领先的核心技术体系，遵循在自主开发基础上广泛开放合作的原则，重视广泛的对等合作和建立战略伙伴关系，使华为的产品设计优势得以提升。

2. 并行工程的特点

并行工程是对产品及其相关的各种过程（包括制造和支持过程）进行并行、集成化设计的一种系统方法。这种方法要求产品开发者从一开始就考虑到产品的整个生命周期中从概念形成到产品报废处理的所有因素，包括质量、成本、进度和顾客需求等，其本质特征如下：

（1）强调设计的"可制造性"、"可装配性"和"可检测性"

并行工程强调设计人员在进行产品设计时一定要考虑在已有的制造、装配和检测条件下，产品能否顺利地制造、装配出来，是否能被检测。如果一个产品设计得再好，却不能方便地制造、装配和检测，也就不能达到及早投放市场的目的。

（2）强调产品的"可生产性"

"可制造性"主要是从设备加工技术的角度，看能否将一个产品加工出来。而"可生产性"除了"可制造性"这层含义外，主要是指产品需要批量生产时，企业在设备生产能力和人员能力上能否满足要求，即并行工程要考虑企业的设备和人力资源。

（3）强调产品的"可使用性"、"可维修性"和"可报废性"

并行工程要求在产品设计时考虑产品在使用过程中是否能满足顾客要求，是否利于维修，在废弃时是否易于处理等问题。

（4）强调系统集成与整体优化

与传统串行工程不同，并行工程强调系统集成与整体优化，它并不完全追求单个部门、局部过程和单个部件的最优，它要求与产品生命周期有关的不同领域技术人员的全面参与和协同工作，实现生命周期中所有因素在设计阶段的集成，实现技术、资源、过程在设计中的集成，从而实现全局优化和提高整体的竞争能力。

（5）其他特点

并行工程还具有以下特点：

① 建立基于项目的团队组织结构；

② 多学科团队工作方式；

③ 设计过程并行化；

④ 设计过程系统化；

⑤ 设计过程快速"短"反馈；

⑥ 及早解决设计冲突和不确定性。

从并行工程的前3个特性可以看出，并行工程强调在产品设计时就要尽早考虑其生命周期中所有的方法后续过程：制造、装配、检测、企业的设备能力和人力资源、使用、维修和报废等。只有在一开始就系统考虑这些因素，才能减少修改的次数，缩短产品上市时间。并行工程是一种强调各领域专家共同参与的系统化产品设计方法，其目的在于将产品的设计和产品的可制造性、可维护性、质量控制等问题同时加以考虑，以减少产品早期设计阶段的盲目性，尽可能避免产品设计阶段的不合理因素对产品生命周期后续阶段的影响，缩短研制周期。

2.6.2　实施并行工程的关键要素

实施并行工程远不只简单地改变串行模式信息的单向流动，而必须关注以下四个要素：

（1）组织变革要素

并行组织结构是决定一种新产品开发模式是否具有生命力的关键因素之一。并行工程首先必须打破传统的、按部门划分的组织模式，组成以新产品开发为对象的跨部门集成产品开发团队。该团队包含三类人员：企业管理决策者、团队领导和团队成员。这三类人员各自担负不同的职责，企业管理决策者从宏观角度上指导工作的开展，并且负责并行工程的管理工作；团队领导和成员包括制造人员、设计人员、分析人员、材料人员、市场人员、财务人员、装配人员以及供应商和客户等。

（2）满足顾客需求的质量要素

满足顾客需求的质量要素是衡量产品开发中每一项活动的进展和质量的主要标准，它贯穿于产品开发过程的各个阶段。并行工程从概念设计、产品详细设计、工艺设计、原型制造到生产装配都要满足质量要素的要求。

（3）计算机与网络支持环境要素

实施并行工程的第三个要素是计算机与网络支持环境，它必须支持用于产品开发的特定的信息类型（如数据、文本、图像、声音）和信息容量，将正确的信息，在正确的时刻，以正确的方式传递给需要者。一般情况下，任务、工具和人员越多，数据就越多样化，对网络技术的需求就越复杂。为了对不同规模的团队进行支持，可以建立不同层次的支持环境。

（4）产品开发过程要素

并行工程的实质活动体现在产品开发过程中，它包含以满足需求为目的的所有产品设计和生产活动，还包括与需求定义和比较分析有关的过程、销售和顾客支持功能。在产品开发过程中，并行工程利用数据库管理及软件建模等工具实现产品开发过程的优化，并且建立一系列的数据管理系统，如 PDM 等。

采用网络分析技术对团队活动进行计划和控制是管理并行工程团队的一种好方法，网络分析技术包括各种以网络为基础制定计划的方法，如关键路径法（CPM）、计划评审技术（PERT）、组合网络法（CNT）等。它的原理是把一项工作或项目分成各种作业，然后根据作业顺序进行排列，通过网络的形式对整个工作或项目进行统筹规划和控制，以便用最少的人力、物力和财力资源，以最快的速度完成工作。

2.6.3　产品数据管理系统（PDM）

在并行工程产品开发过程中，产品的各种零部件是由不同的设计人员，在不同的计算机软件和硬件平台上，按照一定的设计顺序逐渐产生的。各种计算机辅助工具将产生大量的中间数据、图形、文档和资料。为了保证设计前后的一致，必须按产品结构配置的构想，对数据、文档、工作流、版本等进行全局的管理与控制。PDM 从其产生到成熟经历了一个不断发展的过程。PDM 建立在分布式数据库基础上，负责产品各种信息的管理，包括零部件信息、产品结构信息、设计文档、审批信息等。高级的 PDM 还能够实现产品开发过程建模、管理和协调等功能。实际上，PDM 是实现并行工程中产品信息共享、产品开发过程管理的基础。

从支持工具的角度来看，PDM 是一种工具，它能够提供一种结构化方法，有效地、有规则地存取、集成、管理、控制产品数据和数据的使用流程。目前，PDM 已在一些大型企业得到广泛应用，像 Metaphase、CV、HP 等。

PDM 的支持技术包括大容量数据存储、工作流管理、图形与图像转换、分布式网络环境、Client/Server 计算机结构、友好的用户界面、数据库管理等。

产品数据管理系统（PDM）是并行工程的集成平台，开发工作量大，必须按照科学合理原则，由易而难按以下步骤实施：

（1）进行需求分析、系统设计和详细设计。

（2）安装设置 PDM，进行人员培训。

（3）建立 PDM 框架。主要包括系统管理、应用程序的安装等。

（4）实施文档管理系统。文档管理的主要功能有信息规范化、文档登记、编码、提交、提档、安全控制、版本控制、检索等。

（5）实施产品结构管理。产品结构管理的主要功能有产品结构树、转换 CAD 装配关系表、文档关联等，产品结构和配置由 PDM 统一管理。

（6）实施工作流程管理。可先实现简单的审批工作流程，变更流程管理，对一个设计环节中各个过程的人员、权限、信息统一管理，进而实现复杂的工作流程。PDM 是先进制造系统中信息及其过程集成的先进技术和系统，通过基于过程的应用技术，将设计、制造、生产、后勤等信息完全集成在一起。在实施过程中，PDM 实现了五大功能，即数据保存和文件管理、产品结构管理、生产过程和工作流管理、分类及工程检索、计划和项目管理。因此，PDM 是实现并行工程和实现 CAD/CAPP/CAM 有机集成的重要技术和系统。

2.6.4　面向制造与装配的设计（DFMA）

产品设计不仅要满足顾客需求，而且要保证产品可以方便、快速、低成本地制造。面向制造与装配的设计（Design For Manufacturing and Assembly，DFMA）使用通用部件、流程和模具制造多种产品，在产品细化设计中，通过减少零部件数目以简化产品。

面向制造与装配的设计（DFMA）是并行工程中最重要的研究内容之一。面向制造与装配的设计指在产品设计阶段尽早地考虑与制造及装配有关的约束（如可制造性、可装配性），全面评价产品设计和工艺设计，并提出改进的反馈信息，及时改进设计。在 DFMA 中包含着设计与制造两个方面，传统上制造都是考虑设计要求的，但是设计考虑制造上的要求不够充分，在 DFMA 中必须充分考虑制造与装配的要求，以达到易于制造与装配，减少制造周期，降低制造成本的目的。

在产品设计中运用 DFMA，通常考虑以下问题：产品使用中，该部件与已装配的其他部件间是否发生相对运动？该部件是否必须与已装配的其他部件使用不同的材料？是否必须与其隔离？为使产品拆卸方便调整与维修，该部件是否必须与其他部件分开？

面向制造的设计 DFM（Design For Manufacturing）指在设计过程中考虑如何适应企业现有的制造条件和限制。目前已有研究者在计算机上开发这方面的软件系统。它能根据存储在计算机中有关企业车间制造加工条件的数据库，自动对初步的产品设计进行可制造性检验，把检验结果反馈给设计人员，从而使他们能够不断调整和修改设计，最终满足制造条件的要求。

面向装配的设计 DFA（Design For Assembly）。与 DFM 类似，DFA 主要考虑的是设计出来的各种零部件能否在现有技术设备条件下进行装配。现在也有研究人员开发出了相应的软件系统，能自动检测各个零部件之间是否能够装配和易于装配。

2.6.5　互动式设计

产品／服务的设计与工艺过程的设计的融合有时被称为互动式设计，如图 2-12 所示。

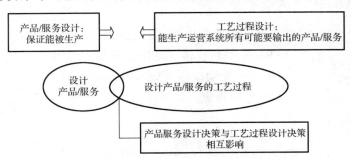

图 2-12　产品／服务的设计与工艺过程的设计的融合

2.7　过程选择与建模

2.7.1　过程策略

在产品和服务设计完成后，运营经理必须确定如何生产并提供这些产品和服务，选择恰当的过程策略，设计相应的工艺流程与服务蓝图。生产类型与服务类型在第 1 章已经做了一些说明。

这里介绍四个基本的过程策略，如图 2-13 所示。

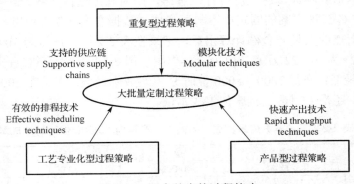

图 2-13　四个基本的过程策略

- 工艺专业化（Process focus）型过程策略：产量低，品种繁多，原材料库存高，面向订单生产（MTO）方式，设备利用率低；
- 重复型（Repetitive focus）过程策略：长期的标准化模块生产，面向库存生产（MTS）方式；
- 产品型（Product focus）过程策略：产量大，品种少，专用生产线，面向库存生产（MTS）方式，设备利用率高；

● 大批量定制（Mass customization）过程策略：产量大，品种多，能够快速转变的柔性生产线，面向订单建造（BTO）方式。

2.7.2 过程选择

过程选择可以采用盈亏平衡分析法（Break-Even Analysis）。考虑各个过程的固定成本与可变成本，考虑销售数量，选择过程方案。

假设：

F——固定成本（Fixed costs）

SP——销售价格（selling price）

VC——变动成本（Variable cost）

Q——销售量

则

总成本　Tc = F + (VC)×Q

销售收入　Rv = (SP)×Q

计算盈亏平衡点（此时总成本 = 销售收入）时的产品数量：

$$Q_{BE} = F/(SP - VC)$$

式中，Q_{BE}——盈亏平衡点数量（Break even quantity）

工艺过程或设备选择可采用盈亏平衡分析方法。

【例】某企业需要获得某加工零件，有三种方案：

A．在半自动数控机床上加工，材料费每件 15 元；

B．在加工中心加工，材料费每件 20 元；

C．直接外购，每件 30 元。

已知：半自动数控机床的固定成本为 60 000 元；加工中心的固定成本为 20 000 元；采购方式下固定成本损耗不计。从经济可行性考虑，如何确定选择方案？

【解】A、B、C 三种方案的固定成本与可变成本数据在表 2-2 中列出。

各方案间平衡点的数量与金额计算出后，记录在表 2-2 中；产量为 10 000 件时，各方案的总成本分别为 21 万元、22 万元、30 万元。作图如图 2-14 所示。不难看出：产量超过 8000 件时 A 方案成本最低；产量 2000～8000 件时 B 方案成本最低；产量在 2000 件以下时采用 C 方案。长期看来，还是采用数控机床加工成本低。

表 2-2　三种方案成本数据、平衡点、产量为 10 000 件时的总成本

	成本类型	A	B	C
	固定成本	60 000	20 000	0
	可变成本	15	20	30
平衡点	数量(件)	金额(元)		
A vs B	8000	180 000		
A vs C	4000	120 000		
B vs C	2000	60 000		
数量分析	10 000			
总固定成本		60 000	20 000	0
总可变成本		150 000	200 000	300 000
总成本		210 000	220 000	300 000

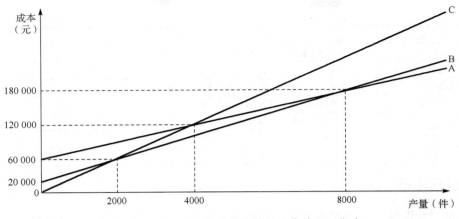

图 2-14　三种方案随产量变化的成本线及平衡点

2.7.3　技术的选择

过程决策涉及相关设备和技术的选择，设备和技术选择一方面要适应流程决策的需要，同时还应考虑成本、质量、能力和柔性。

1. 制造业

制造业考虑成本与能力较多，比亚迪公司根据自身特点采取的"逆向"选择：以半自动化替代全自动流水线。

可供选择的生产技术包括：

- 机床技术（尤其是数控机床）；
- 自动识别系统（AIS，如条形码）；
- 流程控制（化工厂）；
- 可视化系统：在检查时使用摄像机和计算机技术；
- 机器人；
- 自动化仓库系统：一种由计算机控制的仓库，能在指定地点自动存放和取出零部件；
- 自动引导车：用于移动物料且由电子导引和控制的小车；
- 柔性制造系统：采用中央计算机以电子信号方式控制的自动化工作单元系统；
- 计算机集成制造：将计算机辅助设计、柔性制造系统、存货控制、仓库和运输集成为一体的制造系统。

2. 服务业

服务业过程与技术的选择更多地关注顾客满意度与服务能力的提升。服务系统中也有很多技术的运用，如表 2-3 所示。

表 2-3　服务业技术与设备的应用

服　务　业	技术和设备应用
金融服务	借记卡、贷记卡、网上银行、ATM、网上股票交易
教育	BBS、在线作业、网上查阅成绩、网上选课、网络大学
公用事业与政府	燃气卡、电表卡、炸弹扫描仪、交管网、交警手持 POS

服　务　业	技术和设备应用
餐饮	从服务员到厨房的无线下单、机器人屠宰、饭桶网
传媒	电子出版、电子杂志、交互式电视、手机电视、网络传媒
饭店	电子登记/结账、电子钥匙/锁系统、电视账单查询
批发/零售交易	自动售货机、POS、阿里巴巴、淘宝网、条形码数据
运输	自动收费亭、卫星定位与导航系统
医疗	ICU、机器人手机、基因芯片、核磁共振、CT
航空公司	无票旅行、网上订票、电子客票

2.7.4　过程建模

过程是"获取输入，并增值转化，将结果或输出提供给内部或外部顾客的一系列逻辑相关的活动的集合。建模过程关注过程，而不是部门。过程至关重要：过程是执行战略的根本途径，战略通过业务过程得到实施；客户需求通过业务过程得到满足，通过业务过程提供运营绩效。以下是一些关注业务过程的重要观点：

- 每一过程都有一个顾客，关注业务过程以保证更好地关注顾客。
- 最终产品的价值的创造发生在横向业务过程中。
- 通过界定过程的范围，定义过程的顾客和供应方，可以获得更好的沟通，便于需求的理解。
- 通过管理很多部门运营的整体过程，而不是管理个别部门，减少局部优化的风险。
- 通过指定负责过程的过程所有者，避免功能性组织中常见的责任不明。
- 过程管理为控制时间和资源提供了较好的基础。

1. 业务过程

业务过程可定义为：一系列逻辑相关的重复性的活动链，它利用企业资源产生一个实体，目的是为内部或外部的顾客获得明确的、可以测量的结果或产品。

ISO9000标准中将业务流程定义为一组将输入转化为输出的相互关联或相互作用的活动。

对业务过程进行分类有多种不同的方法。很多面向过程的一流企业都对其自身进行了全面的分析，寻找其核心过程。过程分析有五个要素：供应方、输入、工作流、输出与顾客。过程是横向的，可能存在于部门内部或是跨部门的。部门内部的过程较易控制，而跨部门的过程易出问题，管理不善会降低运营效率，各个部门需要理解其他部门的需求与期望，并将其纳入本部门的目标中，团结协作，共同实现公司目标。

所有的过程可分成运作、管理和支持三大类。挪威TOPP计划小组提出的业务过程框架（见图2-15），将业务过程分为主要过程、支持过程与开发过程三类。

① 主要过程：业务过程中的核心、能够创造价值的部分，过程的执行贯穿公司的所有部门，从顾客方面的活动到供应商方面的活动。

② 支持过程：不是直接创造价值的过程，而是支持主要过程所需的活动。它包括类似财务管理和人力管理等活动。

③ 开发过程：将主要过程和支持过程的价值链引向一个更高的绩效水平。例如，产品开发和供应商开发。

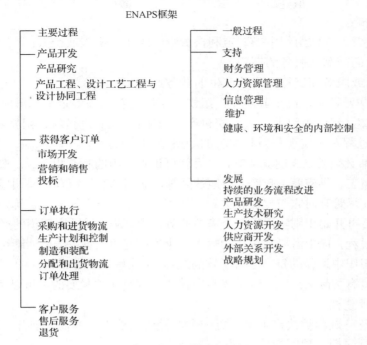

图 2-15　企业过程框架

2．业务过程图

业务过程可作为组织改进工作的起点。企业模型的过程视图是对业务过程的描述，对业务过程活动的序列、职责、信息和产品流、持续时间、成本等的描述。描绘业务过程最常用的方法是画流程图。

业务过程再造是业务过程模型最重要的应用。业务过程图还有其他的用处：

① 训练新员工或训练员工熟悉新的业务过程环境，因为模型是一种很好的传达业务过程逻辑和操作的工具。

② 基于业务过程图进行沟通，业务过程的重要性和内容得到传递与交流。

③ 利用模型描述存储过程文档化、标准化，实现跨过程的标准化。

改善业务过程必须预先了解业务过程现状。如果不知道现在的过程是怎样的，那么将很难明确应该采用的改进创新方法及这种方法的有效性。因此，使过程文档化是任何改进活动中的第一步。

3．过程建模方法

过程建模必须先做好以下两步。

（1）理解顾客期望，识别关键业务过程

在开始过程建档工作之前，必须首先确定企业的业务过程。这项工作有时是非常困难的。因为在一个功能健全的组织机构中，各个不同部门的过程并不是清晰明了的。解决这个问题可采用两种互补的途径。最直接的方式是简单地列出所有围绕组织开展的业务过程的清单，这项工作通常要依据现有的过程描述，或参考 ISO9000 认证等所需要准备的文件。

另一个更有效的系统化的方式是详细列出下列要素序列：

- 组织的战略；
- 利益相关者，亦即组织中受既定利益影响的组织、机构或个人；
- 组织交付的产品或服务的期望；
- 生产产品或服务和支持实现其产生的业务过程。

通过思考这些要素集，确定其顺序：组织战略由利益相关者定义、形成，利益相关者拥有产品或服务期望，组织通过业务过程交付产品或服务。由此可以很容易地确定组织运营的业务过程。这些过程对于实现利益相关者的期望是必需的。

所有的组织都必须明确表明其战略，之后就可识别组织的利益相关者。重要的利益相关者有顾客、股东、员工、供应商、政府、当地社区等，他们都对组织有一些期望。决定这些期望也是非常简单的，尽管有时它与权益相关者之间相互联系。所有期望都被确定后，再根据重要性进行排序，然后再开始识别实现期望必需的业务过程。从下游顾客期望的产品／服务直到其主要的及支持的过程，向上游寻找过程的输入，业务过程的几条主线就清晰可见了。虽然这种方法并不能覆盖组织中运作的每一个可了解的过程，但实际上是非常恰当的。从顾客期望出发，寻找对顾客满意度有贡献的过程，其他没有覆盖的过程是无关紧要的，可以考虑取消。

（2）业务过程建档

一旦关键的业务过程被决定下来，每一个过程的建档工作便需要展开。使用下列流程改进工具对过程进行建档，理解当前流程。

① 通过使用关系图分析、恰当定义描述过程，须回答下列问题：过程的顾客、过程的输出？过程的供应方、过程的输入？过程输入和输出的需求？过程的工作流？

② 构建流程图。流程图包括：基于过程的组织结构图、关系描绘图、流程图、跨功能的流程图、可分解的多层流程图。

4．基于过程的组织结构图

基于过程的组织所拥有的组织结构图将有所改变，如图 2-16 所示。设计这种组织结构图是建立组织业务过程图极为重要的一步。这是一张全局性的视图，应标明主要过程及其相互联系，以及它们与外界的联系。在过程中设立潜在参与者之后，分析其关系，进而定义关系类型，为此可以采用不同类型的箭头符号。

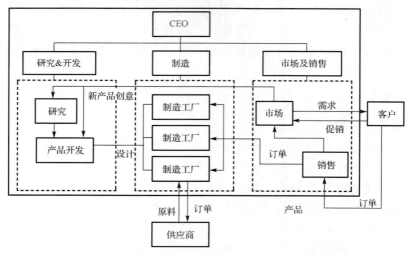

图 2-16　基于过程的组织结构图

5. 流程图

一般来说，流程图是对过程中活动的流程的图形描述。流程图易于理解，"一幅图可抵千字"。流程图有很多种画法。最基本的一种就是简单地使用不同的符号代表活动，用箭头来说明活动之间的联系。符号使用过程中，有多种变体，可以是复杂的图形，也可以是简单的方框和线条。但是，不能说某种方式一定比其他的好，关键是使用者对于这些符号要有统一的理解。一些常用的符号如图 2-17 所示。

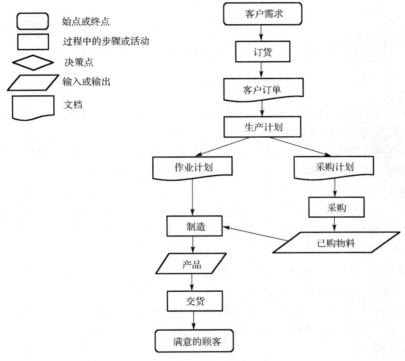

图 2-17　订单处理流程图

此外，过程图中的符号还可以表示资源或设备正在使用中以及活动执行的环境。作图工具一般都规定了使用的符号及其含义，如 Visio 流程图软件包。图 2-17 展示了订单接收与交货过程的流程图，但从这种图中很难看出由谁执行何种任务。跨功能流程图则克服了这一缺点。

6. 跨功能流程图

普通的流程图主要描述在过程中执行什么样的活动。跨功能流程图指明由谁来执行活动，或者它们属于哪个职能部门，将组织视图集成进来了。图 2-18 就是一个示例，它在图 2-18 中的普通流程图中增添了许多详细的信息。

与描述活动序列的工作相比较，增加这些信息并不需要花费更多的时间。但是它能给过程提供更清楚的描述。因此通常推荐使用跨职能流程图。首先建立普通的流程图，然后加入组织部门或角色就可构造跨职能流程图。

如果期望描绘出更多的信息，也可以通过跨职能流程图实现，沿着纵轴或横轴，将过程描绘在坐标系上，类似下列的信息就可以加在图上：过程所花费的时间、过程耗用的成本、增值、执行进度等。

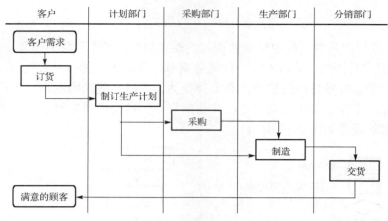

图 2-18　跨功能流程图举例

这样，流程图就会传递更多的信息，而不仅仅是过程中活动的顺序。那么怎样使它清晰呈现呢？增加更多与复杂过程有关的信息，流程图就会难以理解，至少在短暂的浏览时会难以理解。我们还可以使用多层次流程图。采用支持过程分解的层次流程图，由粗而细，由高层到低层，逐级分解过程，构成多层次的普通流程图或跨功能流程图。

过程模型是实现过程改进的基础。对过程进行建档，是企业建模的一种方式。通过工业和公共事业中的各种应用实践，业务过程建档被证明是非常有用的方法。它可以获得业务过程的全局视图，并能洞察详细的执行信息。承担过程建模的团队中的相互协作培养、改善了团队精神。业务过程模型的分析通常会带来过程绩效的显著改善。

画业务过程图，实际上是建立企业模型的第一步。如果停留在模型阶段，模型的潜力就无法发挥出来。运用模型来进一步分析、改进业务过程。

可将过程模型用作验证、管理、甚至可视化仿真的基础图形。不必耗用成本和时间就可以运行改进方案，评估其可行性。即使没有机会进行基于模型的仿真实验，也实现了模型的重用与知识管理。

服务蓝图是服务系统设计工具，它就是基于流程图的设计工具。可以确定每一步的标准时间或最长时间、材料和确切流程；还可识别潜在的故障点，并提出预防故障或恢复的应对计划。

2.8　网络化制造

2.8.1　网络化制造的概念和体系结构

经济全球化是推动制造业未来变革的动力，制造企业在新的竞争环境下需要实施网络化制造战略。1991年美国里海大学在研究和总结美国制造业的现状和潜力后，发表了具有划时代意义的《21世纪制造企业发展战略》报告，提出了敏捷制造和虚拟企业的新概念。敏捷制造是将柔性的先进制造技术，熟练掌握生产技能且有知识的劳动力，以及促进企业内部和企业之间的灵活协作与管理三者集成在一起，利用信息技术对千变万化的市场机遇做出快速响应，最大限度地满足顾客的需求。敏捷制造的提出大大推动了制造哲理和生产模式以及制造系统工程的研究，新理论不断涌现。

在美国国防部、能源部、国家标准和技术研究所以及自然科技基金会共同资助下，1995年由麻省理工学院的"敏捷性论坛"和"制造先驱者"两个部门，以及"实施敏捷制造的技术"项目组共同主持"下一代制造"（Next Generation Manufacturing，NGM）项目。

网络化制造是下一代制造系统的模式，美国国家制造科学研究中心（NCMS）提出了美国下一代制造（NGM）的定义，启动了相关的研究项目。为了开发下一代制造与流程技术，由多个国家研究机构与企业参与的 IMS（智能制造系统）项目截至 2000 年 11 月 29 日已经启动了 18 项课题研究，已有三项完成，其中来自日本、澳大利亚、欧盟、加拿大、美国的 25 家企业和 21 家科研机构参与的 21 世纪的全球制造项目 GLOBEMAN21（1999 年 3 月完成）以制造企业应对全球制造环境，建立扩展企业的方法论、模型与技术、传播全球制造的新进展为主要目标。作为 GLOBEMAN21 的继续，1999 年 10 月启动 GLOBEMAN（企业网络中的全球制造与工程）。具备数字化、敏捷化、柔性化特征的网络化制造是适应全球动态环境的21 世纪的制造模式。这一模式的建立将是当前乃至今后较长一段时期内制造业所面临的最紧迫的任务之一，是制造业赢得市场、快速发展、获得竞争优势的关键。

分散网络化制造系统的目标是利用不同地区的现有生产资源，把它们迅速组合成为一种没有围墙、超越空间约束、靠电子手段联系、统一指挥的经营实体，以便快速推出高质量、低成本的新产品。分散网络化制造系统是由加入这一集团的若干企业和机构组成的，通过各种网络相互连接。分散网络化制造系统的主要支撑技术是宽带数字通信网、因特网、企业内联网和企业外联网，借以实现信息流的自动化，其运营空间可以是全社会的，甚至是跨国界和全球性的。此外，它同时具有更广泛的技术、管理、人员、组织和市场经营的柔性。

网络化制造需要面向全球，建立全面的运营战略及基础结构。网络化制造包括分布的制造中心间的协同计划与运营。网络化制造的体系结构是分布式、智能化的，并结合并行工程的原则。

网络化制造的体系结构框架应该包括协同制造的企业与制造中心，包括并行工程等一些重要的过程，需要网络化制造设施／网络的支撑。网络化制造体系结构应是基于顾客的，采取大规模拉式系统实施客户化大规模定制，这需要重要的计划、协同、执行、工程系统，如计算机辅助工程（CAE）、工程数据管理（EDM）、产品数据管理（PDM）、企业资源计划（ERP）、供应链管理（SCM）、制造执行系统（MES）、产品生命周期管理（PLCM）、协同产品商务（CPC）、电子数据交换（EDI）与 XML 等。

网络化制造中的基本单元是制造中心，制造中心是由一个或多个功能实体组成的组织单元，负责制定决策、执行任务。制造中心分为两类：生产中心和协调中心，生产中心可以是一个或多个制造单元或部门，使用智能代理帮助计划和运营，协调中心可以由一个或多个组织单元的部门组成，协调相关的生产中心，使用智能代理进行协调。制造中心具备如下特征：

（1）从识别的角度看

具有基于责任的任务；自我管理，负责自身决策与协约的履行；可与客户与供应商相互作用；可具备当地资源的内部网络；可由其所有者授权建立或拥有其他制造单元，帮助其完成任务；应小到易于管理与控制；可利用与行动相关的细粒度实时信息。

（2）从关系的角度看

所有制造中心间的关系都是基于双赢的客户方—服务方伙伴关系；与其他制造中心的相互作用遵循网络化制造的规则；遵守同客户、供应商、所有者的业务协议；向供应商提供其预期的需求；向客户提供订单完成情况的最新信息；确保应急计划在业务协议中的优先地位；维护最新的对自身、客户、供应商、所有者的绩效评估。

（3）从运营的角度看

所有制造中心的运营基于业务协议；为满足客户要求，同供应商紧密配合，完成订单；维持该任务下的所有资源、活动和订单的最新状态；向客户和供应商提供自身动态更新的制造状况、库存、运输等情况；利用提供的所有信息，制订履行承诺的可靠的计划。

制造中心可承担短期的或长期的任务，任务的范围可大可小，承担的任务类型可分类如下。

① 基于需求的任务：满足特定客户的特定需求；

② 基于产品的任务：供应产品（货物、原材料、中间品、成品等）；

③ 基于过程的任务：分包过程（装配、包装、后勤、制造等）；

④ 基于项目的任务：实现项目（订单、合同、工程项目等）；

⑤ 基于顾客的任务：满足给定客户的需求集；

⑥ 基于处理者的任务：提供可利用的处理人员、处理设备与工具等。

⑦ 基于服务的任务：提供服务（维护、设计、计划、质量控制等）。

网络化制造的各个制造中心的任务确定以后，协同关系成为整个网络绩效的关键。设置和管理各个中心间信息的协同关系是网络化制造的一项基本战略。

企业协同业务框架以协同战略为最高层。协同战略驱动伙伴间具体的合作协约与协议的产生，伙伴间的关系建立在一系列相互认可的协约与协议基础上。标准协约规定了网络化制造的规则，用于整个制造网络和绝大部分制造中心间的关系，提供了信息交换与协调标准的基础。标准协约处理基本的问题，如订单如何处理，订单修改如何提出等。在标准协约的基础上，制造中心对合同协议的具体条款进行谈判。

将合同协议分为两类：制造协议与协同协议。制造协议提出由供应商满足的客户需求的范围，可定义价格机制、付款方式、一般响应时间、数量与质量需求等。协同协议定义制造中心间的信息交换层次与过程，定义协同类型（双方协同或多方协同），定义协同方式（重复模式、相互模式等），定义系列游戏规则，说明如何处理预期的紧急情况，如交货延迟、产品质量问题、产品规格修订、设备故障或员工问题造成的能力降低、原料价格上升等因素引起的价格变动等。协同协议对维持运营战略非常重要，以公开的方式处理出现的复杂情况和紧急情况，在事前制订双方认可的应急计划，使得双方在危急情况出现时，能及时采取行动，确保双方最大利益。

根据业务协议，制造中心制订动态的相互行动承诺，作为制造中心的行动指南。制造协议方面的承诺是满足特定客户需求的订单，订单的种类可根据执行期的长短分为短期订单与长期订单，根据是否完整明确定义分为完全明确订单、未完全明确订单和模糊订单，另外还有待改变订单。协同协议方面的承诺是提供制造中心间的互换信息，如供应商的承诺包括向客户提供有关客户所需产品的未来6个月的信息，明确提出预测中的不确定性等级、预期的生产情况、能力情况，还包括对其供应网络的情况考虑，以避免供应链中的牛鞭效应；客户的承诺包括提供制造的战略、战术计划，以便与其供应网络协同发展。

制造中心将行动承诺贯穿于业务过程流中。业务过程的管理采用业务绩效衡量。绩效管理的标准是双方公开认可的，绩效评估是双向的。绩效管理对整个网络的绩效提高是非常重要的。

2.8.2　网络化制造中的重要过程

（1）全球并行工程

并行工程在全球层次上，没有边界与时间迟滞。全球并行工程是全天候的工程。将敏捷企业的各个组织及其需求、技术与能力进行优化设计，并通过不同的虚拟企业组织管理起来，实行以产品、过程及虚拟供应链为核心的全球三维并行工程。

（2）全球分布制造管理

全球分布制造管理指全球制造公司中所有事情的管理、监督与控制，包括供应商管理、制造管理、装配管理、后勤管理，甚至包括经销商和客户管理。

（3）全球柔性生产系统

在某些程度上，企业正尝试获得柔性可编程系统，可在任意特定的时刻生产不断增加的产品组合。这应该扩展至全球多个柔性的工厂。

（4）产品生命周期管理

联结所有活动：从获得订单到生产、运输、客户支持，然后到不同生命周期阶段产生的信息返回公司。产品生命周期管理的关键是遍布产品生命周期各阶段的信息流以及在不同的生命周期阶段不同组织间的数据和知识的无缝转换。

（5）全球项目管理

管理新产品项目，需要支持投标过程、概念设计过程以及启动后项目管理过程的工具，项目管理成为有效组织、管理网络化制造的重要过程与技术。

（6）协同产品制造过程

为适应新经济时代业务环境，大部分产品是在跨部门或跨企业的协同工作下制造出来的。尽管企业通过 ERP 软件实现了企业内部信息化管理，提高了企业内部管理效率，联盟企业通过供应链管理（SCM）软件规划供应链，提高整个供应网络的效率，企业通过客户关系管理（CRM）软件赢得和改善顾客满意度，但是为支持产品协同制造过程，有必要将产品设计、工程、分销、营销及客户服务紧密地联系起来，形成一个全球知识网，使分布于价值链环节的不同角色在产品的全生命周期内互相协同地对产品进行设计开发、制造与管理，并让客户参与系统。因此，产品协同商务（CPC）应运而生。CPC 涉及产品数据管理（PDM）、CAD/CAM/CAE/CAPP、生产规划、可视化过程建模等。

产品异地协同设计制造包括异地协同设计与加工、异地协同产品设计制造集成平台、异地协同过程管理及 Web 技术应用等。运用集成化产品工艺开发方法（Integrated Product Process Development-IPPD）、集成化产品团队（Integrated Product Team-IPT）和集成化的计算机环境，以并行工程为基础，快速实现产品设计开发和工艺过程设计。

（7）动态联盟、虚拟企业／虚拟组织的构建

它围绕企业核心能力，利用信息通信技术（ICT）与全球企业进行互补、互利的合作，合作目的达到后，合作关系随即解散，以此种形式能够快速获取、利用全球资源。敏捷的虚拟组织可避免环境的剧烈变动给组织带来的冲击。动态联盟的分布制造运营单元称为虚拟工厂（Virtual Factory），其执行活动分布在多个位置，并非在一个中心工厂内，动态联盟组织还包括一些供应商和伙伴企业。

习题

1．结合一个卓越的产品或服务设计，说明产品或服务的现代设计理念。

2．结合实例说明质量功能展开的作用。现实生活中，我们还可以在哪些领域使用这一方法？

3．常见的过程策略有哪些？

4．组建一个由 3～5 人组成的团队，利用质量功能展开工具对你熟悉的一个产品或服务进行改善。

5．结合实例说明绿色设计的基本原理。

6．什么是价值工程？举例说明其基本原理。

7．什么是并行工程？为什么说它对成功的新产品开发相当重要？

8．如何进行过程与技术的选择？

9．什么叫服务蓝图？如何制作服务蓝图？

10．如何画过程的流程图？

11．进行过程建模的步骤有哪些？

12．解释全球异地设计与制造。

13．说明网络化制造框架。

14．结合实例说明产品研发中如何进行产品设计、过程设计。

实践：人工智能和机器人的研制①

丰田汽车公司怀着极为远大的抱负，在不断增长的机器人市场占据一席之地，帮助老年人及其他有需要的人解决日常生活中的问题。随着能帮助老年人和应对其他日常困难的机器人越来越受欢迎，丰田汽车公司正制订野心勃勃的扩张计划，打算豪赌"陪伴机器人"行业。丰田公司认为，他们可以利用其制造业专业知识成为"陪伴机器人"领域的关键玩家，就像其在汽车行业取得的巨大成就一样。丰田公司在全球有 30 万名员工，但其机器人工程师却仅有 150 人，但是他们正不断向这个领域投入巨额资金和资源。丰田斥资 10 亿元投资一家研究公司。这家公司位于硅谷，是机器人专家吉尔·普拉特（Gill Pratt）创建的，主要研发人工智能和机器人。丰田还与斯坦福大学和麻省理工学院展开机器人研发合作。

丰田公司"陪伴机器人"部门总经理 Akifumi Tamaoki 表示："我们正在为应对未来衰老做准备，届时人们可能无法开车，或他们需要人工智能帮助他们开车。而一旦他们离开汽车，可能需要陪伴机器人的帮助。"

随着机器人行业的迅猛发展，日本政府也对其寄予厚望，日本的人口老龄化问题比任何工业国家都更为严重。其他公司也在进军这个行业，包括网络公司软银，他们正出售可进行简单对话的人形机器人。在东京机器人展览上，Akifumi Tamaoki 说，丰田公司对机器人的兴趣始于数十年前，他们早就在汽车制造过程中使用机器人。但是现在，丰田将机器人技术视为拥有巨大潜力的业务。

丰田的灵感来自于汽车和科技行业正使用人工智能研发无人驾驶汽车。谷歌正在测试无人驾驶汽车，丰田的日本对手日产汽车公司也对机器人技术充满信心，计划 2020 年开始出售无人驾驶汽车。本田汽车公司也是机器人行业的领先者，其走和对话式儿童机器人 Asimo 已经被持续开发了 20 多年。但是批评者认为，这种机器人过于关注和复制人类的动作行为，致使人失去了尝试使用的兴趣。本田公司承认，当 2011 年 3 月份日本发生核事故后，Asimo 对此无能为力，他们就开始对此进行自省。

---

① 解密特斯拉工厂，机器人无处不在，根据龙为科技编译改编。

今年早些时候，丰田曾展示一款独臂陪伴机器人，它坐在轮子上，身上有传感器和摄像头。这种类似《星球大战》中 R2-D2 的机器人被称为 HSR（生活辅助型机器人），它可以抱起人，可以将东西送到床头或打开窗帘。这种机器人的改进版本在 2012 年首次展出，目前还未投入商用。丰田与 10 所日本大学展开合作，并计划 2017 年与海外学术组织合作，开发更为实用的机器人。Tamaoki 认为，类似 HST 的机器人将逐渐被广泛使用，尽管这可能需要 10 年时间。现在他们正为 HSR 开发另一条手臂，允许其完成更为复杂的任务，并添加会话技巧。现在，这种机器人只配备了类似视频电话或视频播放器的平板，还无法讲话。一个研究组织提议，利用这种机器人照料宠物，比如为孤独的宠物猫摇动玩具等。

日本丰田汽车公司为尽早帮助残障人士或老年人实现生活自理，加快研发生活辅助型机器人 HSR（Human Support Robot）。丰田与多家研究机构携手，共同成立了推进技术开发的机制"HSR 开发联盟"。

HSR 机身为圆柱形，最高 135cm，重约 37kg，动作敏捷，其圆筒形小型轻量机身中装有可收纳的机械臂，因此可以完成"捡起地上的物品"或者"从架子上取东西"等工作。所承受的重量在 1.2kg 以内。该机器可以通过一台平板电脑进行控制，可由被照看者直接控制，或由其家人进行远程控制。自 2012 年发布至今，丰田根据实际使用者及福祉机构相关人员的实际反馈对其进行了多次改良。此次用于研究的新型 HSR 已在功能性、安全性、研发和实证实验应用性等方面实现了提升。

定员一人的概念车"i-unit"为曾在 2003 年 10 月举办的"第 37 届东京汽车展"上公开的概念车"PM"的后继车型，它秉承了"PM"根据高速行驶与低速行驶改变姿势等特征，其外部装饰使用了以红麻（Kenaf）等植物为原料的环保材料。"i-foot"可通过控制杆控制前进方向与步行速度等。上部采用可将乘客包裹在内的贝壳状外型，即使摔倒也可以保护乘客。腿部采用与鸟腿一样的向后弯曲方式，以方便乘客上下。它的高度为 236 cm，重 200 kg，最大载重量 60 kg，最高步行速度 1.35 km/h。

丰田已经向位于美国硅谷的一家研究公司投资 10 亿美元，以发展人工智能和机器人。当然，这也凸显了这家日本汽车制造商未来将把自身在汽车等方面的技术，拓展到其他日常领域的决心。丰田汽车总裁丰田章男表示从 2016 年起，该公司将在斯坦福大学附近的硅谷工厂、以及位于麻省理工大学附近的另一处设施，部署 200 名员工。这笔投资会在 5 年时间里分摊，而在 2016 年早些时候，丰田就曾高调宣布过将向斯坦福和麻省理工的两家研究中心投入 5000 万美元资金的消息。丰田表示，其兴趣已经拓展到了自动驾驶汽车以外的领域，而这个终将走入日常生活的新兴行业，将带来一个更安全的生活方式。之前，该公司已经向外界展示过外观像 R2-D2，能够疾走和弯腰捡东西的机器人，旨在帮助那些年老、生病或者坐在轮椅上的人们。此外，我们还见到了一种人形"娱乐"机器人，可与大家进行对话和演奏乐器。

作为世界上最大的汽车制造商，丰田早已在汽车生产领域使用先进的机械臂，能够执行包括油漆工作和拧螺丝之类的工作。丰田希望在汽车之外的领域也有所建树，该公司曾高调地招徕了机器人专家 Gill Pratt，并让他成为全新组织"丰田研究所有限公司"的带头人。Pratt 曾是美军国防高级研究计划局（DARPA）的一名项目经理，当丰田在斯坦福和 MIT 展开 AI 研究的时候，他就已经是该公司的技术顾问了。Pratt 表示，该公司的目标是为年老在家的人们提供支持，而且不仅仅是看门。除了机器人，它还致力于让汽车免于交通事故，并且让每个人都不用那样费心费力地开车。丰田称，公司将招募不少研究人员和工程师。人才的吸引力，不仅体现在与通用、特斯拉以及尼桑等自动驾驶汽车制造商的竞争上，因为该公司还会面临着 Google、苹果以及 Uber 等企业的挑战。

思考题

1. 机器人研制工程如何实施并行工程？
2. 机器人产品需要进行产品规划吗？如何进行？考虑哪些方面？
3. 如何进行机器人的改进设计？

案例：溯河翻山穿峡谷，骑行漫游 Gstaad[①]

格施塔德大名鼎鼎，但其德语名字 Gstaad 不但对于中国人和其他亚洲人，即便是非德语地区的欧洲人来说也异常难读。就连格施塔德地区的旅游广告都乐于揶揄自己读音复杂的名字。但就是这个名字难记难读的小镇，却是瑞士乃至全阿尔卑斯山区最好的滑雪、疗养和度假的胜地之一。

酒店文化，瑞士风格的待客之道

提到格施塔德，有一座酒店根本无法绕开。无论你是否住在里面，它都会成为你关于格施塔德的话题的中心，那就是百年传奇的格施塔德皇宫大酒店（Gstaad Palace），当地人亲切地称之为宫殿（The Palace）。一下火车你就可以看到它，它位于小镇东部小山岗上，在视觉上统治着整座小镇，无论你站在哪个位置都能看到它。之所以称其为宫殿，是因为酒店的外观被设计成城堡的样子，有四座中世纪风格的塔楼。顶楼分别插着国旗、州旗和酒楼自己的旗帜，颇具经典欧式宫殿的风韵。

格施塔德一直是环球名人、商贾、政要、王室成员等上流阶层的会集之地，五光十色、熠熠生辉，而 Gstaad Palace 便是他们在格施塔德的聚集之地，可谓焦点中的焦点。即使经历了两次世界大战和大萧条，始建于 1911 年的 Gstaad Palace 仍顽强地生存了下来，足以说明其经营能力之优秀。

在格施塔德，奢华酒店是一个永远都聊不完的话题。奢华酒店属于当地文化的一部分，一百多年来格施塔德形成了极其谆厚的酒店传统，也是整个瑞士特色酒店服务业的重量级代表。想要体验最具瑞士风格的待客之道，就不能错过格施塔德，而 Gstaad Palace 则是格施塔德的第一主角。

在 Gstaad Palace 的用餐经历可谓美妙至极。在这里享受到的不仅有美食，还有风格浓烈的瑞士式服务文化。酒店的露台餐厅正对茫茫雪山，风景极佳。餐厅服务员人人身穿制服，雪白笔挺，在这里你不会看到多余的职业微笑，他们脸上只有来自专业的自信，并说着优雅得体的英语，让人十分放心。引座、介绍菜单、下单、上茶水、上菜一气呵成，行云流水，仿佛英国绅士在为你服务。另有专业调酒师一袭黑色燕尾服为你现场推荐当日最佳酒水，熟练地开瓶并预先品尝客人点选的酒品，给出精准的口味评价，并建议适合搭配的食物。此外，还有该酒店的传奇人物，服务总领班 Gildo Bocchini 老先生为客人现场烹调意大利面酱汁。Bocchini 先生自 20 世纪 60 年代就开始在酒店服务，是整个酒店餐饮团队的灵魂和服务文化的奠基人，服务过的名人不胜枚举。如今，他甚至在酒店里拥有以自己名字命名的高级意大利餐厅，专门在冬季为客人奉上正宗的意大利北部佳肴，被他服务在酒店业可是极高的荣誉。

溯河而上，自行车漫游峡谷

格施塔德能够成为阿尔卑斯山顶级度假地，光靠奢华酒店是远远不够的，这里还有着湖光山色美景。这里拥有长达 220 公里的雪道，是全阿尔卑斯山区最大的优质滑雪区之一；这里拥有全欧洲管理最完善的徒步路线系统，带你深入游览阿尔卑斯山，但更适合游览当地的方式还是自行车，北起萨嫩（Saanen）南至劳厄嫩（Lauenen），包括在中间的格施塔德，连成了一片风光绝美的峡谷带。对于步行太过漫长，行车又太仓促，自行车最合适不过。

若是在早上出发，你可以骑着车寻找当地人时时提及的劳厄嫩湖，一个深藏群山中的美丽湖泊。车辆无法到达，所以出发前大可以扔掉 GPS 和纸质地图，按照当地人建议的那样溯流而上，在峡谷里自在漫游。

溯河而上，渐渐离开公路，进入专用的单车道，可以见到很多来徒步或者骑行的游人。这里的人们，不论是居民还是游人都有向陌生人打招呼的习惯，这是比较宝贵的旅游经历。山势逐渐陡峭，河流越发急速。在某些落差大的河段，可以看到人们筑起的木堤，用以减缓水流冲击，这也意味着离目的地不远了。

翻越最后一道坡，秀气的劳厄嫩湖突然出现在眼前。湖水染了附近山林的碧绿，给眼睛带来非常有益的刺激。周围只有数家民居，和更高的山上的农舍，一派山水田园风光。抬眼望去，一道瀑布从一处断崖落下，山顶处有着终年不化的积雪，美得让人叹为观止。

当然，如果不想劳累独行、长途跋涉，位于山顶永久冰雪区的冰川 3000（Glacier 3000）会是另外一处理想的休闲之地。即使在夏秋季，你依然可以找到一处冰雪世界，甚至可以在这里滑雪。冰川 3000 位于海拔 3000 米的山顶，只需乘坐 15 分钟的缆车便可到达，这里有许多适合家庭游玩的项目，其中最受孩子们喜欢的应该是高山滑车。你也可以在冰山边缘的小餐厅 Refuge L'Espace 享用地道午餐，品尝当地出产的芝士和肉肠，同时远眺少女峰、马特洪峰和阿尔卑斯第一高峰博朗峰等著名雪山。对于来自亚热带的人来说，夏天在此举行半个小时的冰上漫步会是毕生难忘的体验。

思考题

1. 查阅额外的资料，看看旅游业对瑞士的重要性。生态旅游服务的特性有哪些？

2. 对这一地区的生态旅游服务的设计做出评估。你认为如何确保这一项目未来的可持续性？

3. 找一个你熟悉的景点，为吸引消费者，设计一个旅游产品的宣传册。

第 3 章　运营设施布置与能力规划

学习目标

1. 了解设施布置的一般决策过程;
2. 了解设施布置的基本类型与特点;
3. 理解设施布置方案详细设计的目标与内容;
4. 掌握设施布置的生产线平衡的决策问题与方法;
5. 理解生产能力的概念及其度量;
6. 描述产能规划的策略。

　　运营系统的布置是指运营系统转化资源的物理布局,具体是指对部门、部门内工作组、工作站、机器及在制品存储点的物理位置的布置过程。布置决定着系统的现场美观与秩序。布置的确定同时也决定了物料、信息及顾客等待转化资源流经系统的方式。有些需要移动的设施可能体积、重量庞大,布置工作需要耗费很长的时间,且难度较大,重新布置会扰乱系统正常运转,造成不应有的损失。设施布置不当会导致现场物流不通畅,流程不合理,增加运营系统成本。因此设施布置决策对运营系统有着重要影响。

3.1　设施布置的一般决策过程

　　设施布置的一般决策过程如图 3-1 所示,首先根据企业运营绩效目标以及产品与服务的数量与品种确定制造运营系统的类型:项目型、单件小批量型、成批生产型、大量生产型、流水生产型等,确定服务运营系统的类型:专业化服务、商店式服务、大众式服务型;然后选择设施布置的基本类型;最后根据布置方案的设计目标进行设施布置的详细设计,进而确定所有转化资源的物理位置。本节按照这一过程进行讨论。

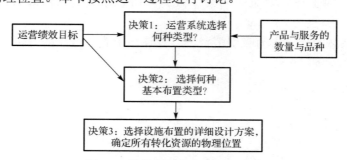

图 3-1　设施布置的一般决策过程

3.2　基本布置类型

　　基本布置类型指运营系统内各项设施的总体布置模式。实际中使用的布置多数是在以下基本布置类型的基础上形成的。

- 定位布置（Fixed-Position Layout）
- 工艺布置（Process Layout）
- 单元布置（Cellular Layout）
- 产品布置（Product Layout）

某一类型的运营系统可能采取一种或几种不同的基本布置类型（见图 3-2）：

① 项目型制造运营系统一般采取定位布置；

② 单件小批量型一般采用工艺布置，也有的采用定位布置；

③ 成批生产型，可以采用单元布置、产品布置，还可以采用工艺布置；

④ 大量生产型则可以采用单元布置，也可采用产品布置；

⑤ 流水型制造运营系统则采用产品布置。

下面具体介绍四种基本布置类型。

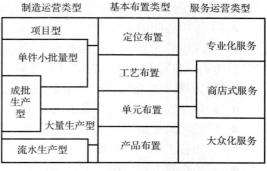

图 3-2　某一类型的运营系统可能采取的布置类型

3.2.1　定位布置

定位布置往往用于下列情况：

产品或加工对象体积过大、不便移动，或过于复杂、无法移动，或不需要移动，围绕生产现场，根据生产需要，移动物料与加工设备来进行生产、加工。

在定位布置方式下，加工对象静止不动，加工设备与人员根据操作的需要进行移动，如船舶建造、公路建设、开胸手术、高档餐厅、大型主机维修、土建项目、发电机组。还有些产品的部分工序需要定位布置。

3.2.2　工艺布置

工艺布置主要考虑工艺过程中各项转化资源的需求与便利。为了提高转化资源的利用率，在工艺布置中，将相似的工序集中放置在一个地点，便于对工序进行编组。

因为顾客的需求不同，所以不同产品或不同顾客所采取的流程路径也就不同。流程是跨部门、跨工序的，且不同产品经过的工序不同，不同顾客经过的部门不同，因而工艺布置的运营系统中流程模式有时是非常复杂的。

采取工艺布置的运营系统如下。

- 图书馆：外借图书、期刊室、网络与光盘检索室、复印区等，读者根据其需要进入不同的部门。
- 医院：内科、外科、X 光室、化验室等。根据患者的不同情况进入不同科室诊断与治疗。
- 机械加工厂：车床、钻床、热处理车间、磨床、装配车间等，根据产品工艺规程进入不同的工序加工。
- 超市：保鲜货架、蔬菜货架、食品货架、日用品架等。顾客根据其需要选购商品。

工艺布置中，工作中心的组合数目多，位置关系复杂。实际操作中很难获得最佳方案，大部分工艺布置方案要借助于直觉、常识和系统性试错来完成。进行工艺布置的详细设计，需要掌握一些关键的信息：

- 各工作中心所需面积
- 对各工作中心所分配区域的形状的要求
- 工作中心间的流量
- 工作中心相互靠近或靠近某些固定位置的必要性

其中后两类信息特别重要，它们直接影响着工作中心布置的最终布局。

计算机辅助工艺布置设计（Computerized Relative Allocation Facilities Technique）的基本内容：

- 合理布置，实现运输成本的降低；
- 假设物料搬运设备使用可变路径，其成本与搬运距离成正比；
- 已知各工作中心的面积；
- 初始布置方案已确定，标明各工作中心的位置坐标；
- 工作中心要求特殊位置，可以作为约束条件预先说明；
- 使用启发式算法（a heuristic program），评估中使用了简单的规则："同时比较两个部门，交换一下看能否降低总的布置费用。"算法并不能保证为最优方案。

工艺布置设计最终方案严重依赖于最初的布置方案。

3.2.3　单元布置

将待转化资源按预先安排（或通过自主选择）移送到运营系统的某一单元，单元内满足其需求的各种转化资源一应俱全。完成该单元的加工任务后，待转化资源可进入下一单元。单元布置的目的是使工艺布置中常见的复杂流程条理化。

例如医院的儿科、妇产科、中医科等可作为单元看待；百货公司中的体育用品店也是一个服务单元；制造业中采用成组技术进行单元加工，将不同的机器组成工作中心（制造单元），对形状和工艺要求相似的部件进行加工。还有制造业中的厂内厂（PWP，Plant Within a Plant）布置也是一个独立的单元，提供某一种产品的生产，厂内厂集中完成产品的所有生产工序，避免了工艺布置带来的流程混乱状态，且有利于实行团队化管理，提高运营的绩效。

1. 成组技术

成组技术有利于单元布置方案的详细设计。成组技术是一门生产技术科学，研究如何识别和发掘生产活动中有关事务的相似性，并对其进行充分利用。它把相似的问题归类成组，寻求解决这组问题相对统一的最优方案。

成组技术应用于机械制造方面，将多种零件按其工艺的相似性分类成组以形成零件组，把同一零件组中零件分散的小生产量汇集成较大的成组生产量，从而使小批量生产能获得接近于大批量生产的经济效果。

运用成组技术，将工艺布置转变为单元布置（见图 3-3）。机械制造厂的工艺布置中将车床、铣床、磨床等设备分别放置，形成车工车间（或工段）、铣工车间（或工段）、磨工车间（或工段）等。成组技术考虑到生产的相似性，引入了单元布置。采用如下步骤：

（1）按零件族分组，使加工工序相同；

（2）识别零件族的主要物流模式；

（3）将机器、工艺规程分组，组成单元。

成组技术的运用有利于团队合作，便于操作者掌握专门技术，使生产周期缩短，在制品减少，生产准备时间缩短。

单元布置的详细设计应考虑各个单元的规模和类型以及单元间的资源分配。

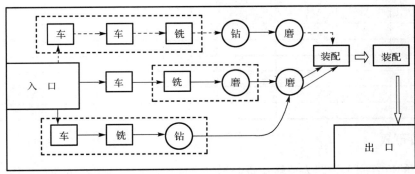

图 3-3　工艺布置（上图）引入单元布置（下图）举例

2．成组技术中设备分组方法

成组技术中常用的一种设备分组的方法举例说明如下。

（1）将零部件分为 8 组，每一组零部件的加工所需机器在矩阵中标为 1，如表 3-1 所示。

（2）改变行列位置，将 1 集中在一对角线附近，会呈现出清晰布局，如表 3-2 所示。

如果将设备分为三个单元（如表 3-2 中下表所示），那么，第一单元中的零件组 8 还需要机器 J3、机器 J8，而 J3、J8 机器属于第二单元，解决的方法是第一单元购置 J3、J8 各一台。

表 3-1　零件组所选用的机器

零件组 机　器	1	2	3	4	5	6	7	8
J1						1		1
J2	1			1			1	
J3		1						1
J4			1			1		1
J5	1			1			1	
J6			1					1
J7				1			1	
J8		1						1

表 3-2　机器设备的单元划分（上表：两个单元，下表：三个单元）

机器 / 零件组	6	3	8	5	2	4	1	7
J4	1	1	1					
J6		1	1					
J1	1							
J8			1	1	1			
J3				1	1			
J5						1	1	1
J7						1		1
J2						1	1	1

机器 / 零件组	6	3	8	5	2	4	1	7
J4	1	1	1					
J6		1	1					
J1	1							
J8			1	1	1			
J3				1	1			
J5						1	1	1
J7						1		1
J2						1	1	1

3.2.4　产品布置

转化资源的位置完全按照为待转化资源提供方便的原则来确定。劳动对象物料、信息、顾客按照预先确定的工艺路线（加工工序）依次进行加工。产品布置的目的往往是为了提高产品或服务的标准化程度。例如汽车装配线、炼钢－连铸生产线、热轧线、啤酒生产线、大规模免疫接种活动、部分高技术开发区的办公一条龙服务、部分高校的新生入学迎新服务等。

流水线生产是指物料、信息、顾客按一定的工艺过程，依次通过各个工作地，并按统一的节拍完成工序的一种生产组织形式。流水线生产具备以下主要特点：

第一，工作地专业化程度高，每个工作地只固定完成一道或少数几道工序。

第二，工艺过程具有封闭性，劳动对象某一工艺阶段的全部或大部分工序都在同一条生产线上完成。

第三，工作地呈链式排列，劳动对象在工序间只进行单向移动。

第四，生产具有明显的节奏性，劳动对象在各道工序上按一定的时间间隔投入和产出。

第五，生产过程的连续程度较高，各工序之间生产能力的协调，最大限度地减少了工序间的间断和等待时间。

将一定的设备、工具、传送装置和人员按照上述特征组织起来的生产运作线称为流水线。如果工作地（设备）是按工艺过程顺序排列，而又未满足或未完全满足上述特征要求的，就只能称为作业线或生产线，而不能称为流水线。

在流水线生产条件下，生产过程的连续性、平行性、比例性、节奏性都很高，所以它具有可以提高工作地专业化水平、提高劳动生产率、增加产量、降低产品成本、提高生产的自动化水平等一系列优越性。

3.2.5　混合布置

实践中，布置方式往往是混合的。混合布置是将基本布置类型分别运用于同一运营系统的不同部分。

表 3-3 表示了各种布置的优点与缺点。

表 3-3　基本布置类型的优缺点

布置类型	优　　点	缺　　点
定位布置	柔性高；产品不移动，顾客不受干扰；员工工作内容丰富	单位成本高；空间和活动的调度安排非常复杂；移动距离可能长
工艺布置	柔性高；系统稳健性好；好管理	设备利用率低；流程复杂，组合复杂；在制品或顾客排队时间可能长
单元布置	可兼顾成本与柔性；团队作业；系统输出速度快	调整现有布置的成本可能高；可能需要更多的工厂和设备；工厂利用率低
产品布置	可实现高产量；便于专用设备采用；物料和顾客的移动十分便利	组合柔性可能很低；系统稳健性不佳，故障影响大；工作重复程度高

3.3　工艺布置方案设计

3.3.1　设计方案目标

确定了基本布置类型之后，就要将基本布置类型所体现的总体原则落到实处，确定生产布置的详细设计方案。

进行详细布置方案的设计应实现如下目标：

- 安全生产；
- 物料、信息、顾客移动通畅、经济、合理；
- 流程清晰，标识齐全；
- 员工工作环境舒适；
- 有助于管理、沟通、协调；
- 相关要素接近；
- 便于清理、维护；
- 空间利用率高；
- 长期柔性。

工艺型生产布置详细设计阶段的输出主要有：

- 各工作中心组成要素的具体位置；
- 各工作中心的活动空间；
- 各工作中心任务。

工艺布置方案详细设计的总目标可表示为

$$\text{Min} \sum F_{ij} D_{ij} C_{ij} \quad (i \neq j)$$

式中，F_{ij} 为单位时间内工作中心间的流量或行程次数；D_{ij} 为工作中心间的距离；C_{ij} 为工作中心间单位行程距离的成本。

详细设计需要收集的关键信息：

- 各工作中心所需面积

- 对各工作中心所分配区域的形状的要求
- 工作中心间的流量
- 工作中心相互靠近或靠近某些固定位置的必要性

工作中心间的流量采用"从-至"表显示，如图 3-4、图 3-5 所示。这是很好的收集数据的工具。

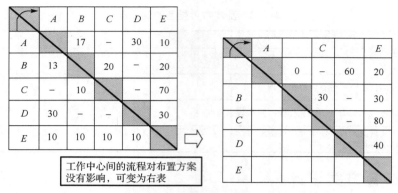

工作中心间的流程对布置方案没有影响，可变为右表

图 3-4　工作中心间的流量"从-至"表

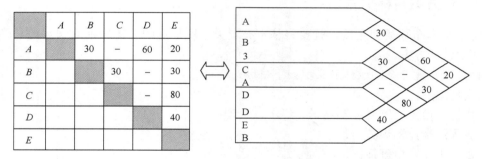

图 3-5　"从-至"表的变形

工艺布置设计的一般步骤如下：

（1）收集工作中心间的流程信息；

（2）绘制布置设计草图，彼此流量大的中心尽量相近；

（3）根据建筑物几何结构调整草图；

（4）绘制正式的布置设计图，标明各工作中心的实际面积及物料（顾客）必需的移动距离；

（5）检查设计方案，试着对调某两个工作中心，看是否能减少总行程距离（总移动成本）或提高接近度。

【例】威利健康诊所想看看是否有更好的布局，以减少医生和护士穿梭于诊所里各个科室所用的步行时间。部门的位置、各部门之间需要走动的次数和距离如表 3-4、表 3-5、表 3-6 所示。

表 3-4　现有的布局

仓库（F）	医生办公室（C）	检验室（B）	大厅和候诊区（A）
护理中心（E）	实验室和 X 射线室（D）		

表 3-5　医生和护士每天在各部门间的行走次数

	B	C	D	E	F
A	55	0	0	50	0
B		40	15	40	0
C			15	60	10
D				30	0
E					18

表 3-6　各部门间的距离（米）

	B	C	D	E	F
A	20	40	40	60	60
B		20	20	40	40
C			10	20	20
D				20	20
E					10

【解】

为了分析现有的布局，必须对行程进行计算，公式如下：

$$总行程 = \sum_{i=1}^{n} \sum_{j=1}^{n} T_{ij} D_{ij}$$

式中，n 为办公室或部门数目；i，j 为各个部门；T_{ij} 为部门 i 和 j 之间的行走次数；D_{ij} 为部门 i 和部门 j 之间的距离。

设计方案的最终目标是找出总行程最小的布局，威利健康诊所现有布局的总行程：

总行程=55×20+50×60+40×20+15×20+40×40+15×10+60×20+10×20+30×20+18×10=9130（米）

从所给的布局和行程可以看出，护理中心应该更靠近大厅和休息室，还应该靠近检验室和医生办公室。解决方法就是把部门 E 和部门 D（护理中心和实验室）对换。这样就增加了其他一些行程，因为现在部门 C、B 和 A 距离部门 D 更远了。为了计算新的总行程，先要对部门的距离表做调整，如表 3-7 所示，打星号的为调整后的距离。

表 3-7　调整后各部门间的距离（米）

	B	C	D	E	F
A	20	40	60*	40*	60
B		20	40*	20*	40
C			20*	10*	20
D				20	10*
E					20*

新的总行程计算如下：

总行程=55×20+50×40+40×20+15×40+40×20+15×20+60×10+10×20+30×20+18×20=7360（米）

这是一种较好的布局，但只是其他的可能之一而已。在找到一种合理又可接受的布局之前通常要对多个可能的布局方案进行评估。

在系统化的工艺布置方案设计中，有时需要说明工作中心相邻的重要性及原因（使用活动相关图），通过试算法反复调整初始布置图，交换工作中心、核对结果，结合具体空间调整布置图，寻找最满意的步骤方案。

案例：机动车部汽车驾驶证换新流水线布置

亨利是某机动车部办公室主任。他通过对驾驶证换新活动进行分析，确定了换新步骤及每个步骤需要完成的时间，如表 3-8 所示。

表 3-8　机动车部汽车驾驶证换新步骤及所需时间

步　骤	平均完成时间（秒）
1. 检查换新申请的正确性	15
2. 处理，登记付费	30
3. 检查档案，确定有无违规和受限制情况	60
4. 进行视力检查	40
5. 为申请人拍照	20
6. 发放驾驶证	30

现在，每个步骤指派不同的人完成。办事员的工作量分配也是不均匀的，负责第 3 步检查档案的办事员往往匆忙完成，以压缩时间，与其他办事员保持一致。在驾驶证申请旺盛期，申请者往往排长队。

每次换证申请是一个相对独立的流程，亨利决定对办公室进行重新布置，对人员进行重新分派，提高工作效率，每小时可以处理换证的数量达到 120 个。

亨利发现，步骤 1 至 4 可以交给一般的办事员来办理，他们每人每小时的工资是 12 元。步骤 5 可以交给一位摄影师来完成，每小时支付的工资是 16 元。为完成拍摄任务，该办公室每小时需要为每部相机支付 10 元的租赁费。第 6 步发放驾驶证需要由穿制服的机动车部官员来完成，这些官员每小时的工资是 18 元，他们可以胜任除了摄影之外的任何工作。

亨利对工作步骤进行重新审视，第 1 步检查换新申请是必须首先完成的，之后才能进行下面的工作。同样，第 6 步发放驾驶证的工作需要在所有步骤完成以后才能进行。

亨利承受着上面领导的压力，他必须想办法提高劳动生产率并降低成本，必须使办公室的布置与人力分派适应驾驶证换新申请的需求。否则，就要"做好走人的准备"。

讨论题：

1. 从目前的流程来看，每小时可以处理的最大申请数量是多少？
2. 替亨利想想办法，确立一个成本较低、生产率又高的流水线平衡方案，并画出流水线的布置图。

3.3.2　办公室布置

办公室布置考虑的要素较多，如果职员多，就要考虑人员的交互与沟通，还要考虑物理环境：有阳光、通风，方位好，考虑员工的心理要求及私有空间，近年来写字楼里出现了格子分开的开放办公室，这无疑有助于理解与信任的培育。

随着员工对生活质量、健康的要求越来越高，办公室景观化也是近年来出现的一种场景。一个大的开阔空间，没有墙，只有可移动的隔板和各类高度的屏板，加以分隔。各种积木式的多种色彩的家具结合起来，可以建立适合不同工作人员的最好的办公室布置。各色地毯和各种现代装饰丰富多彩，天然的和人造的花木令人愉快，还可保持私有空间。工作间易于调整。

生产管理中的成组方法在办公室布置中得到应用：对工人、设备及空间进行分组，以便提供舒适、安全、促进信息流动的场所。技术变革持续改变着办公室布置，信息的移动得到明显重视，如图 3-6 所示，办公室布置从 20 世纪 70 年代到 21 世纪初已经在许多方面发生了变化。

图 3-6 办公室布置的变革

新的布置方法，为团队工作奠定基础，设置了团队领域，增加了交流空间，提供了非正式会议桌等，更有利于知识的分享与信任的提升。如 F-35 协同办公环境的布置进行的变革：

- 新的办公设备与布置；
- 为团队工作奠定基础；
- 8 人组成的团队及中央协同区域；
- 所有员工有相同的个人空间；
- 只有高层经理有办公室；
- 设立了附加的协同区域。

办公室布置还要适应可选办公场所的需要。由于技术的发展，有很多公司设置了不固定的办公场所。员工借助于互联网，通过微信、聊天软件、电子邮件和视频会议保持联系。

3.3.3 零售服务业布置

零售布置是关于设施相对位置及空间、资源流量、任务分配以及对顾客行为作出响应的一种方法。目标是保持店铺每平方米的净利润最大。一般地，销售额和盈利率的变化与顾客对产品的接触直接相关，基于这样的假设，提出了以下零售布置的原则：

- 考虑服务场景；
- 将吸引力大的商品围绕商店四周进行布置；
- 将即兴购买率高和边际利润率高的商品放在突出位置；
- 将"有影响力的商品"安排在通道的两侧，且将它们分散开来以提高商品的曝光率；
- 使用通道末端的位置，因为这些位置的曝光率非常高；
- 与公司使命与战略相符合，仔细选择起始部门位置。

服务场景是指提供服务的物理环境，物理环境会影响顾客与员工。服务场景有三个要素：

- 周围环境条件：噪声、音乐、照明、温度等；
- 空间布置与功能性：设计顾客行走路径，商品分组；

- 徽牌、标记、装饰物。

麦当劳快餐厅从 20 世纪 50 年代以来做的许多创新，有很多就属于布置。布置已经成为其竞争优势的重要来源。

- 室内座位（1950s）；
- 免下车窗口（1970s）；
- 增加儿童游乐区（late 1980s）；
- 重新设计厨房，大量定制（made for you）流程（1990s）；
- 自助售货亭（Self-service kiosk，2004）；
- 三个独立的用餐区；
- 舒适座椅及无线网连接的逗留区；
- 买来就吃的高台；
- 小孩及家庭的灵活区。

3.4　生产线平衡

制造业或服务业都可以选择生产线式的流程，这是按产品布置的方式。生产线平衡就是把指定的任务分配到各个工作中心，并使各工作中心大体上具有同等的时间需求。

3.4.1　生产线布置的决策问题

生产线布置设计主要有如下决策问题：

- 确定节拍，节拍是每一个工作中心完成所分配的系列任务（作业）所允许的最大时间；
- 工作站数目；
- 作业时间差异问题的解决；
- 生产线平衡；
- 各个工作站的安排。

【例】根据表 3-9 所示作业，设计一个电扇装配线。

表 3-9　电扇装配中的作业时间及紧前作业

作　业	时间（分）	描　述	紧前作业
A	2	装配框架	无
B	1	安装开关	A
C	3.25	装配电动机	无
D	1.2	安装电动机	A, C
E	0.5	配电扇叶片	D
F	1	安装安全护罩	E
G	1	接上电线	B
H	1.4	测试	F, G

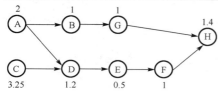

图 3-7　作业流程图示例

解：（1）画网络图（见图 3-7）

假定每天生产时间为 7 小时，即 420 分钟，可计算出每天最大的生产量：

$$最大生产量 = \frac{每天生产时间}{瓶颈时间} = \frac{420\ 分}{3.25\ 分/件} = 129 件$$

（2）确定节拍

假定每天（工作 7 小时）组装 100 件，可以求得该布置的节拍（即每隔多长时间组装一件）。

$$C = \frac{420 \text{ 分} / \text{天}}{100 \text{ 件} / \text{天}} = 4.2 \text{ 分} / \text{件}$$

（3）确定理论上的最少工作站数量

工作站最小数量 N_t

$$N_t = \frac{\text{作业时间总和}(T)}{\text{目标节拍}(C)}$$

$$N_t = \frac{11.35 \text{ 分} / \text{件}}{4.2 \text{ 分} / \text{件}} = 2.702 \approx 3$$

（4）工作站的作业分配原则

第 1 条：分配后续作业数量最多的作业进入工作站 1。如图 3-8 所示，作业 A 的后续作业数量最多，进入工作站 1。

第 2 条：在先行作业都已分配完毕的作业中选择后续作业数量最多的作业进入工作站 1（在工作站 1 空闲时间范围内）。如图 3-8 工作站 1 所示，工作站 1 选作业 A 后，空闲时间为 2.2 分，不能选 C（作业时间 3.25 > 2.2），只能选作业 B，之后工作站 1 的空闲时间为 1.2 分；还可以再选进作业 G，空闲时间为 0.2 分，不可能再选进其他作业。

第 3 条：在第 2 条规则出现问题时，分配作业时间最长的作业。其余工作站的选择按第 2、3 规则。

如图 3-8 所示，工作站 2 选进作业 C，空闲时间为 0.95，不可能再选进作业 D；工作站 3 选进 D，还可选进 E、F、H，最后空闲时间为 0.1 分。

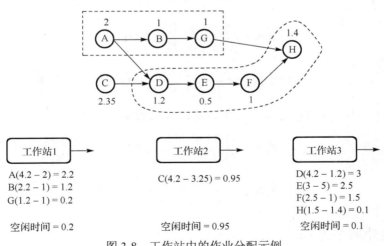

图 3-8　工作站中的作业分配示例

通过分析，可作出图 3-9，并得出如下结论：

● 各工作站都存在空闲时间，说明节拍不是最佳的，最佳节拍应为 4.2–0.1=4.1 分 / 件；

● 空闲时间最少的工作站为瓶颈工作站，本例中工作站 3 为装配线的瓶颈。

这里一定注意：瓶颈工作活动限制了整个流程的产能，而在非瓶颈工作活动中存在空闲产能。因此应对瓶颈工作活动与非瓶颈工作活动采取不同的管理策略。如果在瓶颈工作站中浪费一小时，将导致整个流程失去一小时的有效时间，因此瓶颈工作站对组织实现既定产能目标十分关键，应当被优先调度。可以在瓶颈工作站前设置缓冲库存，保证瓶颈工作站始终处于运行状态，使其效用最大化。非瓶颈工作站存在空闲产能。

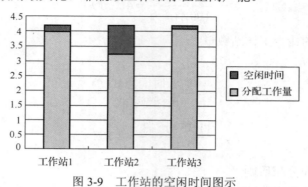

图 3-9　工作站的空闲时间图示

约束一般可分为自然约束与非自然约束。自然约束是指与资源产能相关的约束，例如工作站、机器或员工。与之相对应的是非自然约束，指环境或组织层面的约束，包括市场对某一产品的低需求或组织低效的管理。

（5）计算装配线效率与平衡损失

$$效率 = \frac{作业时间总和\,(T)}{实际工作站数目\,(Na) \times 节拍\,(C)}$$

$$平衡损失 = \frac{空闲时间总和\,(T)}{实际工作站数目\,(Na) \times 节拍\,(C)}$$

根据以上公式，得出：

$$效率 = \frac{11.35\,分/件}{3 \times 4.2\,分/件} = 0.9008$$

$$平衡损失 = \frac{1.25\,分/件}{3 \times 4.2\,分/件} = 0.0992$$

若节拍为 4.1，则效率有所提高，损失降低，计算如下：

$$效率 = \frac{11.35\,分/件}{3 \times 4.1\,分/件} = 0.9227$$

$$平衡损失 = \frac{0.95\,分/件}{3 \times 4.1分/件} = 0.0772$$

3.4.2　生产线外形的选择

常见的生产线外形如图 3-10 所示。直线形生产线的一个缺点是它不利于工人和车辆的往返移动。实践中曲线形（U 型、半圆型或蛇型）布置较受欢迎，这类生产线紧凑，不需要那么长。这种布置具有如下优点：

- 人员配置灵活；
- 便于平衡；

- 便于返工；
- 便于搬运；
- 通路顺畅；
- 便于团队协作。

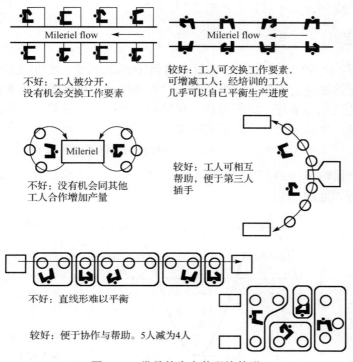

图 3-10 常见的生产装配线外形

当然，并非所有的情形都适于 U 形布置：在自动化很高的生产线上就较少需要协同工作和交流；有时由于噪声或污染因素也可能需要将一些活动分开。

3.5 生产能力规划

企业在运营过程中总会面临需求与供给的变化：顾客对产品或服务的需求可能会随时间存在季节性变化；设备技术的进步使得企业能够供应任意数量的产品或服务以满足顾客需求。然而，如何才能让顾客需求与企业生产能力相适应，使企业既能满足市场需求又能控制生产运作成本。这便是生产能力（简称产能）规划所要解决的问题。

3.5.1 产能定义

产能是设施、流程、工作站或设备等制造或服务资源在一定时间内完成其功能及目标的能力。产能可以通过单位时间内的最大产出或可用资源的时间量（设备工作小时数）进行衡量。例如，工厂每周生产的汽车数量和餐厅可用的餐桌数分别衡量了汽车厂与餐厅的产能。产能的大小由组织可获得的资源（如设施、设备、劳动力）、资源的组织方式以及工作方法的效率决定。

关键产能决策包含三个方面。首先，要考虑产能是否可以提供新产品或服务，并能够适应现有产品或服务变化的需求。其次要确定设备、设施或流程的产能有多大。最后还要决定何时调整产能。

产能决策通常会涉及短期决策与长期决策。短期产能决策一般包括人员数量和进度的调整。例如，增加节假日商店销售人员数量与安排赶制新促销产品的时间表。长期产能决策主要涉及投资，如企业预计几年后扩建原有工厂。

3.5.2　产能测定

在多数情况下，企业的设备利用率均没有达到100%的水平，这可能是由于发生了设备故障、人员缺勤等无法避免的事件。需求与产能的关系因这些事件发生的变化如图 3-11 所示。为了应对这些不能预期的事件，组织会预先存储一定的产能，这部分产能就是安全产能，通常也叫作产能缓冲。平均安全产能由下式定义。

$$平均安全产能（\%）=1-平均资源利用率（\%）$$

上式描述了一段时间内的资源利用情况。针对不同的设施或设备，平均安全产能可以是每周的也可以是每季度的。

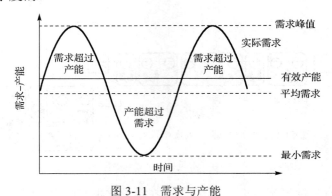

图 3-11　需求与产能

3.5.3　长期产能战略决策

长期产能必须与组织的营销战略、竞争战略相一致，针对何时、提供多少数量的何种产品或服务制定未来所要达到的产能目标。因此，长期产能战略需要考虑产能更新的时间、数量以及形式。假设可以选择产能一次性增加或逐渐增加，并且需求稳定增长，则有四种基本的产能扩充策略：

（1）一次性增加大量产能；

（2）根据需求逐步增加产能；

（3）产能先于需求增加；

（4）产能迟于需求增加。

第一种扩充策略使组织只需投入一次固定成本，使成本得到了分摊；但也因此需要组织一次性筹集大量资金。由于需求是稳定增长的，这种策略还会使产能在一定时间内不能得到充分利用，造成浪费。另外，组织在更新产能后可能还会遇到其他诸如未预料到的产品和技术、政策等因素的出现。因此这种策略会面临巨大的风险。

"产能先于需求增加"策略可以保证组织存在过量产能，应对未预期的需求，但这同时也增加了运营成本。"产能迟于需求增加"策略的投入少、产能利用率高，但组织总是在需求超过产能一定程度后再增加产能，因而导致了较低的顾客满意度，甚至会使组织永久失去某一市场。而第二种基本策略可以较好地平衡产能与需求的关系。

3.5.4　短期产能管理

组织通过投资设施设备实现长期的产能扩充。然而当短期内需求与产能不平衡时，组织可以通过以下方式调整产能：

（1）从组织外部租赁设备，或将空闲设备出租出售；

（2）与合作组织共享设备设施；

（3）通过加班、雇用临时工或外包调整劳动力配置；

（4）招聘多技能工人，或对组织员工进行多技能培训，让组织能将员工分配至任一需求高峰的位置；

（5）在产品需求量低时储备库存，在服务需求低时处理其他工作，充分利用空闲时间。

从另一角度来看，组织也可以通过改变顾客需求实现产能与需求的平衡。改变产品或服务的价格，例如在低需求时期进行价格促销，能够影响顾客需求的变动。一些服务场所会在设施忙碌时向顾客出示提示牌建议顾客选择其他设施，繁忙的服务热线会为顾客播放其他自助服务的语音提示。预约是一种预先了解顾客需求的好方法，组织能够针对预约信息更好地安排设备与人员，实现与之匹配的产能。

习题

1．试述设施布置的一般决策过程。

2．基本布置类型有哪些？调查某企业，说明它采用了哪些布置类型？为什么？

3．如何进行工艺布置详细设计？说明其方法。

4．对你所熟悉的一家超市的布置提出改进建议。

5．某培训教育集团欲对新办公楼（工字型楼，走廊在中间）一层进行分配。建筑物面积30 米×60 米。对 11 个部门之间的平均行程次数作了调查，假定所有行程重要度相同。如下图所示，图中没有显示行程次数过低（低于每日 5 次）的流程。试做出房间分配的平面布置方案。

房　间	面　积	字母
接待室	85	A
会议室	160	B
设计室	100	C
编辑室	225	D
印刷部	200	E
裁切部	75	F
收发部	200	G
装订部	120	H
影像制作部	160	I
包装部	200	J
录像制品部	100	K

行程次数关系图（三角矩阵）中标示的数值：40、120、100、15、30、80、8、12、40、55、70、10、5、40、100、80、25、15、20。

6．试简述单元布置详细设计方法。

7．简述办公室布置的原则。

8．如何进行装配线平衡？结合实际举例说明。

9．每个工作日工作时间为 7 小时，对产品的每日需求量为 750 个。表 3-10 给出了该产品的作业、作业时间、作业先后顺序。如何平衡该装配线？计算节拍与平衡效率。如果每日需求量增加至 800 个，你该如何安排任务呢？

表 3-10　第 9 题作业、作业时间及先后顺序

作　　业	作业时间（s）	紧前作业
A	20	NONE
B	7	A
C	20	B
D	22	B
E	15	C
F	10	D
G	16	E, F
H	8	G

10．一装配线每天运转 8 小时，日产量为 240 个单位。表 3-11 给出了该产品的作业、作业时间、作业先后顺序。计算装配线节拍，如何分配工作站？装配线平衡后的效率是多少？

表 3-11　第 10 题作业、作业时间及先后顺序

作　　业	作业时间（s）	紧前作业
A	60	NONE
B	80	A
C	20	A
D	50	A
E	90	B, C
F	30	C, D
G	30	E, F
H	60	G

11．某制造公司有一个自动控制的柔性生产系统，依靠 5 个机器人来组装其产品。5 个机器人必须完成下列作业，完成作业的时间及紧前作业如表 3-12 所示。（1）画出作业网络图。（2）如果在 5 个工作站的装配线上，5 个机器人全部充分投入使用，理论上的最小目标节拍是多少？（3）如果将上述 12 个作业分派至 5 个工作站，思考如何分派使效率最高？（4）计算平衡效率与损失。

表 3-12　第 11 题作业时间及先后顺序

作　　业	时　间（s）	紧前作业	作　　业	时　间（s）	紧前作业
A	10	无	G	27	B
B	24	无	H	9	E
C	17	A	I	20	F,G
D	49	A	J	23	D,H,I
E	12	C	K	36	I
F	14	C	L	18	J,K

实践：宜家家居的布置

著名的国际家居业零售巨头宜家家居加快在华的投资步伐。在上海又建新店。宜家家居漕溪北路新店紧邻八万人体育馆，地处商业繁华地段。商场面积达 33 000 平方米，为亚洲第一。商场按宜家家居标准模式分为两层，底层是自选仓库区和家居用品区，二层是样板间、沙发区、家具区和一个一次可容纳 500 人的餐厅。商场共有 56 个样板间，提供 7000 多种不同商品。在面积增加的同时，该店新增了许多功能性区域，包括一个拥有 800 个免费停车位的地下停车场，一个 170 平方米的儿童天地和一个咖啡厅。

在宜家新店外，特意竖起的一排排健身器材供市民进行锻炼。宜家在细微之处，实现对大众的承诺。

案例：职业装生产流水线的模块化变革[①]

摘要： 际华3502 职业装公司是我国重要的具有鲜明特色的大型职业服装生产企业。公司推进管理创新，将模块化生产方式引入传统的职业装生产流水线，创建了职业装生产的模块化、快速、大批量定制模式。本案例重点展示了际华公司管理团队分析职业装面临的外部环境，结合职业装流水生产的特点，开展生产线模块化的过程，变革生产线布置，平衡生产线运作，从而满足职业装快速、大规模生产与柔性生产的多重需求。

能够容纳 50 人的公司大会议室逐渐坐满了人。发展规划部牵头组织的"生产模块化"会议看来动静很大，公司很多部门，如财务管理部、人力资源部、定制事业部、职业装研究院、服装总厂各部门、车间的人员都来了。像往常一样，幻灯机早已准备就绪，屏幕上显示着耀眼的几个红色大字"在学习中成长，在创新中发展"。这是公司会议 PPT 模板。不过，这次会议室里悬挂着"探索模块化变革，促进管理提升"的横幅标语，也没有像往常一样听到大家寒暄问候的声音，倒是争论声此起彼伏，这边两人在吵着，"模块就是一个黑箱，总厂生产部下达生产订单，分厂车间怎么做是车间的事，我们不需要生产部管那么多"，"那怎么行，生产部要监控到生产的每一个环节，生产模块必须是一个白箱"；那边几个在嚷嚷着，"每一个生产模块的工人数事先应确定，应该有个计划，这也是降低成本的一项"，"每个模块需要多少工人，要看实际的生产进度情况，这应由模块内部自己调整"。会议还没有开始，大家就已经直奔主题了。总经理助理、发展规划部主任张大鹏坦然地沉浸在各部门的"申诉"之中，看来大家对模块化都有想法了，这是好事儿，这位亲眼目睹公司转型、改制，伴随公司飞速发展的资深管理专家，此时心潮澎湃…

1. 风雨八十载

张大鹏主任虽说没有见证公司早先的辉煌，但他为公司感到自豪。他的父辈们在这"山沟"里为公司奉献了一生，公司原为 3502 厂，是一家具有光荣传统的老牌服装厂，伴随着共和国军队一路走来，为国防建设做出了突出贡献。3502 厂于 1928 年始建于天津，1955 年迁至处于冀晋接合部的河北省井陉县——太行山东麓，素有"太行八陉之第五陉，天下九塞之第六塞"之称。张大鹏的父母随厂从天津迁来，大鹏出生在井陉，从小就感受着父辈们高度

[①] 本案例选自中国管理案例中心案例库。由本书作者撰写，案例企业提供了大量素材。由于企业保密的要求，在本案例中对有关名称、数据等做了必要的掩饰性处理。公司参与人员等做了隐藏。本案例只供课堂讨论之用，并无意暗示或说明某种管理行为是否有效，并不代表企业的真实生产模式。

的责任意识和无私的奉献精神，在父辈们"特别能战斗、特别能吃苦、特别能奉献"的集体品质熏陶下成长，他同 3502 一样，汇集了取之不尽、用之不竭的精神动力。责任意识、奉献精神，以及对 3502 及父辈的牵挂促使张大鹏在大学毕业后又回到了这片热土，依靠知识与多年的努力，如今已经成为公司高层管理团队的重要一员——总经理助理兼发展规划部主任，公司也进入了一个里程碑式的发展阶段。

3502 诞生于民族危难之际，承载着民族工业的梦想，历经八十载风雨磨砺，缔造出亮丽的职业形象。对张大鹏来说，公司改制，成立际华 3502 职业装有限公司，进入新兴际华集团大家庭，犹如昨日。成为我国最大的职业装产品研发、生产、服务基地，曾经是 3502 人的梦想，但今天已经变为现实，公司也是国家规定着装服装供应支柱企业。回想企业管理"贯标认证"一个月休息一天的日子，张大鹏跟他的伙伴们都已经感到习惯，如今公司获得的企业 ISO9001 质量管理体系和 ISO14001 环境管理体系双认证成了企业进入市场、参与竞争的"通行证"。公司又获得了国家级"高新技术企业"和"企业技术中心"称号，"3502"成为中国驰名商标，这些都凝聚了张大鹏及全体 3502 人的心血与汗水。如今，公司的技术管理系统建立起来了，实现了服装快速设计、与顾客交互设计，最大程度地满足国内外顾客需求，公司服装销售网络遍及亚洲、非洲、欧洲、中东等 39 个国家和地区，公司出色地承担过几个国家的军服、警服换装的设计和制作任务，"3502"品牌在国际军服、行业服的制作领域享有美誉。

公司的服装主业包括军需品、职业装、高级定制等。公司拥有美国、德国、意大利、瑞典等全智能吊挂生产线以及设计、裁剪、缝纫、包装专用设备 1000 多台（套），年产各类服装 1500 万套（件），棉被 100 万床，中高档衬布 5000 万米，产品包括军警服装、行业制服、外贸服装、功能性服装、户外装具、棉被、衬布等，公司正向服装产业链方向发展。公司 2011 年完成销售收入 20.5 亿元、利润 7100 万元。近 5 年销售收入平均增长 26%，利润平均增长 32.5%，2012 年完成销售收入 30.56 亿元，利润 9302 万元。

际华 3502 塑造了众多行业各具特色的职业形象，公司以"用我们的服务彰显职业价值"作为自己的使命。公司在持续的观念创新、技术创新、管理创新中，以"诠释您的品味"为顾客服务理念，锻造了"拼搏进取、开拓创新、追求卓越、勇攀高峰"的企业精神，突显出"职业形象令人更受尊敬"的品牌价值，树立了"对职工负责、对政府负责、对社会负责"的企业形象。公司倡导"同心致远，共享发展"的团队理念，以及"持续改善，快速反应"的企业作风。公司"十二五"期间制定的战略目标是"站稳职业装第一位，进军中国服装行业前十强"。

公司总部主要设立了发展规划部、财务部、审计部、人力资源部和综合办公室，直属两个事业部：服装事业部、高级定制事业部，服装事业部下设销售总公司、职业装研究院、综合管理部、采购部、服装总厂、对外协作部、衬布分厂等，便于实现销售、设计、生产、采购与供应的一体化管理。职业装研究院实行矩阵式管理模式，通过设计研究室、材料应用室、标准研究室、样衣室、打板室等进行分块管理，加强技术的传承、数据的共享；同时，通过项目组的建制（如 A 类职业装项目、外贸项目、定制项目等），加强各个项目的管理，项目组长掌控项目的整体运行情况，针对项目运行出现的问题及时协调、及时解决，提高项目运行效率。项目协调与调度室专门负责研发资源的整体调度和各项目进度的考核，有效提高了研发资源的使用效率，同时强化了过程控制。

公司依靠灵活的组织结构，借助于各地定制部，准确把握客户需求，服装事业部集成设计、生产、采购过程，提高了整体效率，缩短了交货周期，并能灵活应对设计、生产、采购中出现的问题，从而完美完成客户各类订单。

2．顺势定大计

"持续改善，快速反应"仅仅体现在工作作风中还不够，需要在运作机制上进行变革，如A类职业装项目的运营，根据顾客订单完成设计后，如何快速组织生产、提高生产效率，如何调动员工积极性，如何减少生产中的等待与空闲时间，缩短订单提前期，如何降低在制品局部积压、减少生产中的浪费、降低生产过程的成本等，需要服装总厂根据市场变化，建立面向订单的快速生产模式，完善生产布置，优化资源配置。这在今年年初董事会会议上已经明确提出来了，这也是当今服装业发展到今天的必然选择。

改革开放前的近30年间，纺织业一直处于缓慢发展的阶段，后来随着西方时尚理念和服装风格传入中国，改变了人们的审美思维，也影响了国内的服装发展，也是从那时起中国的服装产业亦如旭日东升般开始蓬勃发展，并且，发展速度快到足以令世人刮目相看的程度。此后30年中，中国逐渐成为世界上最大的纺织服装消费国和制造国。中国本土的服装工厂如雨后春笋般出现，正是这些小规模、技术不成熟、技术力量相对薄弱的小厂，成为后来中国的驰名品牌，比如雅戈尔、杉杉、利郎等；中国服装业也从"世界工厂""中国制造"，逐渐向"中国设计"转变，已经实现由家庭作坊向工厂式管理、由工厂式管理向集团化管理、由集团化管理向股份制管理的跨跃，形成了大规模设计与生产能力。

"3502与国内服装先进品牌相比，在技术与管理方面尚存在不少差距，在新一轮的变革中我们必须赶上。"张大鹏与其管理团队对此有着清醒的认识，做了几十年的职业装了，职业装与时装还是有很大区别的。职业装的市场规模也很大。在我国，国家规定必须统一穿着制服装的行业约有19个，包括公、检、法、司、税务、铁路、银行、航天、航空、企业等着装单位。这些行业都需要定制制服，粗略统计就应该有至少200亿的需求份额吧。虽然市场规模大，但是定价并不像时装那样，款式多、花色多、边际收益大，"顾客只要喜欢，就愿意出高价"。职业装市场价格往往被用户限定了，"就这个价，你干不干？批量大呀"。着装单位和规模较大的行业制服款式设计、面料应用大部分都有行业标准限定，一般通过招标或竞价方式发布任务，价格空间已经锁定，因而，成本成为各企业竞争的关键要素。虽说批量大，但各行业、各批次的标准要求也不尽相同。

职业装生产标准除国家标准外，还有行业标准、地域标准、企业标准等，而各标准的差异给企业产品研发、加工生产带来很大的挑战，直接影响了企业对市场的快速反应能力。前不久公司建立的职业装技术管理系统很大程度上就是迎接"多标准"挑战的。

当然，技术管理系统的建立也是被激烈的市场竞争逼的，因为职业装市场进入门槛不高，我国职业装企业至少有2万多家。而且，在经济全球化格局下，国外职业装企业也趁机进入中国寻找商机，低廉的国内劳动力成本和原材料的低价也吸引着国外职业装企业。还有政府推出的进出口服装关税减免政策，也是吸引国外职业装企业进军中国市场的一个原因。国内外竞争压力给际华3502职业装公司带来了巨大挑战。

"企业生来就是要面对挑战的，企业要做的不仅是把挑战都摆出来，更重要的是发现机会，抓住机会，国内职业装市场还没有形成较强的、各行业公认的品牌，这就是摆在我们面前的难得机会"。总经理的话字字句句在张大鹏耳边回想，3502面临的压力还有很多，如原材料价格上涨、劳动力用工成本上涨等。更重要的是，近年来多品种、小批量订单增多，市场需求呈现个性化、功能化、时尚化的发展趋势。从际华3502职业装公司2011年订单数据中可以看出，2011年任务单个数总计为11 438个，任务数量100套以下的共计8619个，占订单总数的 75.4%；任务数量 50 套以下的共计 8064 个，占订单总数的 70.5%。因此，面对多样化市场需求，单纯依靠技术管理系统的变革已不能满足降低成本及缩短订单提前期的要求，必须下大力气变革传统的职业装生产模式，大批量带来的低成本优势不能丢，生产线需要更多的柔性，例如，不需转产就可以完成多批次、多订单的任务；有效应对服装款式、颜色、尺码的组合，满足不同职业群体的标准与要求；灵活应对职业装多面料和多功能（防静电、防雾、防尘、防潮、防腐蚀）的需要。

顺应职业装发展潮流与趋势，年初的董事会决议已经为际华 3502 今年的改革与创新指明了方向。"际华 3502 公司今年重点要实现航天、金融、工、检、法、司等 A 类职业装的大规模快速个性化制作。以满足客户需求为目标，围绕'降本提效'（降低成本、提升效率），以生产组织模块化为重点，推行服装设计生产一体化模式，实现设计、生产的快速响应。"总经理已经决定由发展规划部牵头成立项目推进小组，组长由公司运营副总担任，常务副组长由总经理助理、发展规划部主任张大鹏担任。

3. 拉动生产的龙头在设计

重担在身，大鹏来不得半点懈怠。董事会会议后，大鹏与他的项目推进组就开始了调研。马不停蹄，几周时间，他们就跑遍了国内几家著名的服装厂。回来后，开了几次现场会，对职业装生产模块化进行了多次探讨。

国内服装生产系统大体上有线型传送带式生产系统、捆扎式生产系统、自动吊挂流水式生产系统等模式：

（1）线型传送带式生产系统，也称传送带式流水线。它将服装整个加工过程分为若干道简单工序，根据各工序的加工作业时间合理配备人员和机台，使各工序间达到基本平衡。生产过程具有较高的连续性、平行性和节奏性。

（2）捆扎式生产系统将服装裁片按一定数量分成捆，一般 20 件左右为一捆，分发到各个工位上，每个工位将一捆加工完后，再送往下一个工序。

（3）自动吊挂流水式生产系统的基本构成是一套悬空的物件传输系统，单件配套悬挂传输，可避免传输过程中的折皱、污损、错号现象。

模块化是把一个复杂系统根据联系规则分解为能够独立设计的子系统，即模块的分解；同时也可以按照某种联系规则将子系统统一起来，构成更加复杂的系统，即模块的整合。虽然模块化在离散型机械电子行业及软件行业的应用已经非常普遍，但它在职业装生产企业也能大行其道吗？

模块化单元式生产与流水线生产各有不同的特点，两者存在矛盾的地方，两者追求的目标有所不同。在离散型制造业中，两者代表着完全不同的生产模式，那么在职业装的生产中如何依靠模块化单元与流水线的混合来实现大规模快速定制呢？从哪里找到模块化的突破口？

满足顾客多样化需求，首先要靠设计。毫无疑问，技术管理系统是龙头，它拉动了生产与采购，可谓"外连市场、内接生产"。项目组确立了推进服装设计、生产一体化的流程，职业装研发设计的主要流程如图 1 所示。公司研究院以市场需求为驱动力，以职业装研发数据为基础，规定了服装研发设计的主要流程，包括款式设计、原材料选择与采购、样板打制、样衣试制等，同时也统筹考虑工时序价（工时成本）制定、生产工艺规程、设备配置规划等，这些流程不是串行下来的，而是相互融合、相互反馈的，之后才进入大批量生产轨道。

研发设计重在款式设计和产品标准两个"轮子"。以上衣为例，上衣的基本模块有领子、袖子、衣身、口袋、里子等，还会有若干"组合模块"，如带口袋的前身、前身面里组合等，各个"组合模块"组装形成成品。

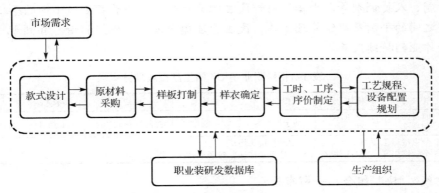

图 1　职业装研发设计流程

新服装款式需要通过不同部件模块的组合变型得到。基于部件组合原则的模块化设计，要求在事先设计好的大量服装部件模块中进行选择，迅速组合出客户所需的个性化款式。在设计过程中，通过服装设计数字化管理系统将各种款式库中的相关图片素材信息，进行组合，实现快速设计。设计信息传递到产品管理子系统，就为快速生产与采购做好了准备。

产品可分为礼服／毛料服、衬衫、训练服、帽子、裤子等类别。可选择的上衣部件模块有将领子、袖子、口袋、前身、后身等部位，每一部分可有很多变型。通过调用款式设计信息库各种部件款式进行重新组合，达到快速设计、快速响应客户需求的目标。大批量生产需要充分考虑产品部件模块及组合模块，在工序工时信息、生产工艺规程基础上规划生产布置，全盘考虑订单任务及订单交货期需求，制订生产计划。

4. 设计与生产一体化"落地"在生产

上午 8:00，"生产模块化"会议准时开始了，随着大鹏的一声"早上好"问候，会场立即从争吵中平静下来。大鹏感谢各部门的参加，说明了这次会议的主题。这是一次项目推进工作组的扩大会议，参加人员多了一些。大鹏要向大家说明自年初董事会会议以来，"生产模块化"项目推进组所做的一些工作及其成果。

4.1　试点行动

公司从 2 月份开始，根据实际生产状况，选定了来自三个分厂的六个班组作为模块化生产模式改革试点班组，所选品种涵盖了特殊职业服、毛料服、布料服、衬衣、帽子几个大类，基本包括了公司主要的生产品种；从生产线的选定上，有智能吊挂线、手动传输线、普通流水线和传送带流水线四种，囊括了公司现有的所有流水线传输模式。

"现在，我们以特殊职业服为例，说明为了实现多品种共线缝制所进行的模块划分、现场生产线布局的调整与优化，"大鹏此时有意提高了嗓门。

模块划分

将产品拆分成部件，归纳出标准化的部件，按照服装的加工过程，以部件组合顺序为依据，对部件设计和工艺进行系统化分析，进而对模块进行划分，某职业服可拆分为前身（含面、面里、口袋）、后身、领子、袖子，裤子分为前后身（含里子、口袋）。表 1 表示了特殊职业装 U7 的生产模块划分情况。

模块中的班组

在模块化生产中，每个模块都有班组成员选举兼职的模块管理员，负责本模块的产量统计、质量控制、人员调剂等，由模块内部民主推选产生，班组长在全线平衡的基础上，负责本班组模块之间的平衡及班组管理工作，民主管理模式促进了班组和谐，有利于班组骨干的培养及生产作业的持续改善。

表1　特殊职业装U7的生产模块划分

	模块1	模块2	模块3	模块4	模块5	模块6	模块7
模块名称	前身面制作区	前身面里组合区	袖子制作区	领子制作区	裤前后身制作区	上衣组装区	下衣组装区
模块接口	2个主接口工序为：合身工序、上裤拉链工序； 5个辅接口区：前身面里组合区、袖子制作区、领子制作区、裤前后身制作区						

4.2　"线""块"组合，平衡布局

在改造后的职业装生产线中，分"线内模块""线外模块"，线内与线外相互衔接。生产模块呈"U"型或"S"型设计，形成部件传输最佳模式，线外模块分布于线内模块的两侧，线内模块属于组合模块，线外与组合模块相应工序进行对接，减少走动和搬运时间。以智能吊挂系统为主流水线，带动分支部件模块的生产，组建"智能吊挂模块化生产组织形式"，以"多点投活"，分割吊挂线为多个模块单元（即线内模块），线内、线外统筹管理，形成拉式生产模式，灵活组织生产。特殊职业装U7的模块化生产流水线布置如图2所示。

模块化吊挂流水线通过工位设置进行单件缝制，每一个工位通常由1～2台加工机台组成，由一个工人以坐式操作，多工位按单循环方式呈"U"型布置。机器的排列方式直接影响传递速度，排列合理不但可以缩短传递路线，而且能减少倒流、交叉等现象。

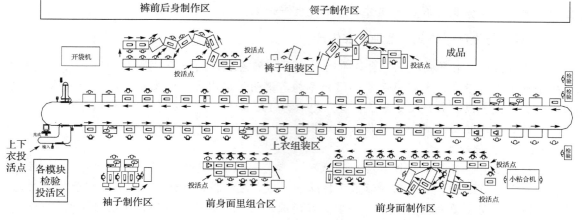

图2　职业装U7的模块化生产流水线布置图

各模块按照工序之间传递最少、相应线外模块依附吊挂线线内进行设置，工位设计少，工位时间利用率高，缩短了生产周期；而且各模块形成相对专业化的生产，有助于产品质量和效率的提升。

U7组拥有行业领先的智能自动传输吊挂线，通过电脑软件来控制带有不同编码的吊架在不同工位之间传输，从而完成衣片或半成品的传输。智能化自动化吊挂传输是服装生产方式的一个方向，模块化和智能传输相结合，是公司提升劳动效率、降低劳动复杂程度的重要手段。

职业装U7模块化流水线的上述布置设计方案（见图2）是唯一的吗？显然不是。工程师们需要根据自己的经验设计多个布置方案，然后根据生产任务要求、工序时间、人员情况等进行模块内部及流水线的平衡，确定模块内工作组，确定瓶颈工位及瓶颈工作组，并进行适当的调整。

可以通过一个简化的例子，看一看大鹏推进组的工程师们是如何调整的。

4.3　优化在全局

附录中列出了特殊职业装 U7（裤子）大约 100 个工序的工序时间与模块的划分，为简化起见，不考虑特殊职业装 U7 的上衣。U7（裤子）的吊挂线外模块有 A、B、C、D、F、H、I，吊挂线内有 E-G-J，各模块任务先后顺序、各模块内部的工序顺序从工艺规程中已经获得，工序时间也已经确定（参见附录 3 表格）。大鹏推进组工程师如何规划布置详细设计方案？如何优化组织各模块的生产？如何平衡全线，做到"块"与"线"联动，获得最大的生产效率呢？

大鹏推进组的工程师们认为吊挂线还可以从 E9 开始，即 E1～E8 作为线外模块，这样能获得更高的效率吗？U7 组的员工共 90 人，在实施流水线的模块化改造前，8 小时日产量平均为 280 套（仅含裤子）。而在实施流水线的模块化改造后，经过优化平衡，8 小时单日产量达到 338 套（仅含裤子）。大鹏推进组是如何做到的？在会议上，大鹏请该生产分厂的工程师做了演示。

"生产线模块化是可以取得成效的，但前提是不放松流水线的平衡与优化。"

5. 尾声

"生产模块化"会议上，大鹏推进组的工程师们还演示了其他模块化示范生产线。

大鹏的用意是深远的，他希望生产模块化项目推进组能从这些示范案例中总结出际华 3502 特有的职业装生产线模块化模式，并进一步推动公司市场、设计、生产的一体化，在订单量快速增加时也能够快速完成订单交付。

运营副总经理在会议最后做了发言，"模块化管理创新是无止境的，推进组将系统研究生产模块化模式，在试点基础上做出改进，之后全面铺开，并考虑从分厂扩展到公司外包加工单元，当这些模块被迅速复制以后，际华 3502 就拥有了无限产能，面对订单量的井喷式增长不会目瞪口呆干着急，面对订单量的急速下滑，也会淡然处之，以柔性生产模式适应职业装市场发展的需求"。

运营副总经理的发言为大鹏项目组提出了更高的要求。3502 模块化生产模式的创新必将为公司"站稳职业装第一位，进军中国服装行业前十强"的战略目标助力。

思考题

1. 际华 3502 推进模块化生产模式创新的主要背景是什么？其主要目标有哪些？
2. 职业装模块化生产流水线有何特点？可以给际华 3502 带来哪些竞争优势？
3. 请为职业装 U7（裤子）流水线设计一个模块化流水线的布置方案，说明需要考虑哪些因素。
4. 利用附录中给定的数据，对职业装 U7（裤子）模块化流水线进行全局平衡。如何调整生产线及工序，才能达到单日（8 小时）产量 338 套的生产目标？

附1　际华职业装公司组织机构

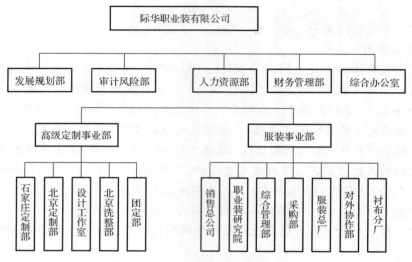

图1　际华职业装公司组织机构图

附2　模块划分及小组件变型举例

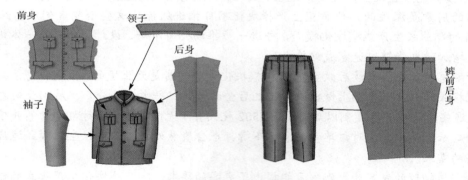

图2　特殊职业装部件的拆分举例

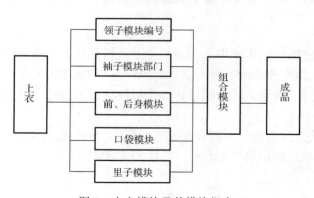

图3　上衣模块及其模块组合

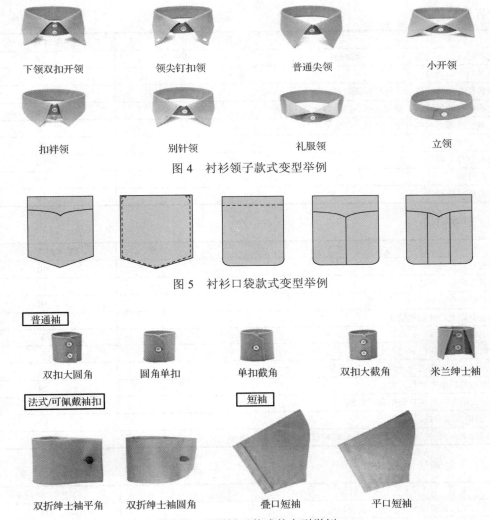

图 4　衬衫领子款式变型举例

图 5　衬衫口袋款式变型举例

图 6　衬衫袖子款式的变型举例

附 3　职业装 U7 模块内部工序及工序时间

特殊职业装 U7 的模块先后顺序表

模　块	紧前模块
A	无
B	无
C	A,B
D	无
E	C,D
F	无
G	F,E,I
H	无
I	无
J	H,G

A 前片模块

工　　序	工序时间（s）
A1 折扎裤膝下口，自断	28
A2 整烫裤膝下口明线	6
A3 机寨裤膝与裤前片结合，核比裤膝距脚口尺寸	80
A4 环左右裤前片侧缝、下裆、左裤小裆、右立裆、自断	88
A5 按位置收裤前折左右对比，自断，自扎眼	70
A6 倒烫左右裤前褶	8
A7 折烫裤前身中印	20
A8 领、断扦条	3.5
A9 粘左右裤扦条衬	10

B 前侧袋模块

工　　序	工序时间（s）
B1 侧袋布开口包条	40
B2 折烫袋布面外口折边	24
B3 在裤斜插垫布上划斗口距边位置	10
B4 折烫袋中袋上口及四周缝头	20
B5 折袋中袋上口明线	3
B6 漏右侧袋布袋中袋位置	8
B7 绱右侧袋布袋中袋明线一周，上口扎三角	40
B8 环左右裤侧袋垫布里口，自断	28
B9 自比位置绱左右裤侧袋口垫布，自断	40
B10 勾裤斜插袋布暗线，自断	32
B11 清剪斜插袋布圆角缝头，反烫左右裤侧袋布子口，清不合适处	21

C 前片+前侧袋组模块

工　　序	工序时间（s）
C1 粘斜插袋布，按腰围尺寸折烫斜插袋口里口	94
C2 扎裤斜插袋口明线自断	32
C3 划斜插袋口长短印	16
C4 扎裤斜插袋口里口 0.5 明线。自断	24
C5 打斜插袋口下端结，拐扎 0.1cm 明线	28
C6 寨斜插袋垫布下口与前身结合	22

D 后片模块

工　　序	工序时间（s）
D1 环裤后身侧缝、下裆、后立裆，自断	70
D2 按位置收裤后身省缝左右共 2 个，左右对比，自断	30
D3 倒烫左右裤后身省缝，归烫后省	30
D4 粘后袋反面垫衬袋布，划后袋（正反面）位置印	85
D5 寨后袋布与垫衬结合，清垫衬长短	24
D6 配后袋嵌线、对拔号，送开袋机	3
D7 环左右后枪袋袋牙下口，自断	20
D8 环左右后枪袋垫布下口，自断	20

续表

工　序	工序时间（s）
D9 绱后袋垫布明线	24
D10 开后袋打三角，开嵌线两端，整烫袋牙，清剪嵌线开袋牙两头	100
D11 折烫袋布中印，划垫布宽窄印	24
D12 打斗口暗结	32
D13 锁后袋眼 2 个，净线头	36
D14 勾裤后袋布	40
D15 净后袋，封袋布面上端扎线一道	30
D16 扎后袋布周圈明线，自反角	30
D17 寨后袋布与裤后片上口结合	10
D18 打后袋口结子 4 个，自净剪头	40

F 主襻模块

工　序	工序时间（s）
F1 环裤里襻面里口，自断（反面）	10
F2 粘里襻里口折边，顺烫小裆垫条一侧	36
F3 划里襻勾印（面上）	12
F4 带刀勾里襻暗线，自断	30
F5 反烫里襻子口，顺烫小裆垫条另一侧 2CM 宽	45

H 腰子模块

工　序	工序时间（s）
H1 领防滑腰里	2
H2 扎前后腰面与腰里结合，自断	80
H3 折烫腰面上口 0.3cm 子口	15
H4 划绱腰子对道印	40

I 门襻模块

工　序	工序时间（s）
I1 包门襻条，自断，清圆头	16
I2 自比位置绱裤门襻里暗线，扎裤门襻里 0.1 明线。自断	36
I3 折烫门襻里，划小裆长短印，整烫包条	25

E 段（吊挂线内）

工　序	工序时间（s）
E1 和裤侧缝，自划对道印，自断，单针单链机	140
E2 劈烫裤侧缝上截	50
E3 劈烫裤侧缝下截	50
E4 折烫脚口折边，量裤长	60
E5 扎裤袋布与后身 0.3 明线。自断	36
E6 扎裤侧袋布 0.5 明线，自断	52
E7 袋布与前片腰上口寨线一道	30
E8 量腰围划合后裆缝印	16
E9 合下裆、量脚口、横裆尺寸，自断	90
E10 劈烫下裆缝，补烫下裆脚口	80
E11 合小裆、后立裆缝，核比后片左右对称，自断	80
E12 劈烫前、后立裆缝，拔裆弯	40
E13 领拉链，点数	4

G 段（吊挂线内）

工　序	工序时间（s）
G1 绱裤门襟拉链明线二道，折拉链下端，自断	55
G2 机寨拉链与里襟面结合，绱里襟暗线，自断	55
G3 划川带距后立裆印	8
G4 机寨裤川带 4 根，自顺色	32
G5 划后枪袋距腰边印	16

J 段（吊挂线内）

工　序	工序时间（s）
J1 绱前腰，划门襟长短印，勾左右前腰后端，勾左右前腰腰头	150
J2 绱后腰，夹川带 2 根，勾后腰两端，核比前腰两端与后腰两端	110
J3 清剪，反 100 烫裤前后腰及腰头，定型腰头，倒烫绱腰缝头	200
J4 倒烫里襟面缝头，粘里襟里口	20
J5 钉裤勾、环，自领	70
J6 钉裤川带上下端，对比左右位置	108
J7 机扦腰里下口	80
J8 打腰里下口结子 12 个	120
J9 扎里襟 0.1 明线，自断	20
J10 扎门襟二道线，自断	36
J11 扎里襟里下端小裆垫条与前、后裆缝缝头结合，自断	70
J12 领调节扣	2
J13 自比位置钉调节扣	40
J14 双针机用嘴子扎调节拌上下 0.2 明线	32
J15 断调节拌（三截）	8
J16 自比位置钉调节拌前后明线，自折缝头，自穿调节扣	72
J17 检查折边宽窄，环脚口折边，自断	40
J18 机扦脚口折边，自断	60
J19 扎后腰两端下口明线（顺袋布）	24
J20 领断尺码成份标，点数	7
J21 扎绱下衣尺码，自比位置	12
J22 打小裆结子内结 2 个	24
J23 打裤斜插斗结子 2 个	20
J24 锁左右腰头圆眼 2 个，净线头	36
J25 整烫成品：腰面 30、脚口 20、裤前襟 20、裤后枪袋 20	120
J26 手针扦缝	233

第 4 章 网络化选址

企业运营全球化、信息化,企业多场所、多工厂要求协同作战,统一部署,企业管理的范畴要求扩大到对企业的整个资源的集成管理,甚至要求扩大到整个供应链的管理。企业网络化运营以卓越的过程运营为基础,以最终顾客的需求为根本出发点,实现对过程、信息、资源、组织的集成。在网络化运营过程中需要做出选址、垂直整合与外包等网络化结构性的战略决策。

4.1 整体化供应网络

在信息化、经济全球化浪潮下,现代运营系统所面临的宏观环境发生了变化,运营系统面临全球动态环境,行业竞争不断加剧,运营系统只有提高企业群体竞争力,全面满足顾客的需求,才能成为发展、推动企业战略的优势系统。因此对运营系统的分析需要以网络化的观点,考虑所有与之相互作用的其他运营系统组成的大背景。整体供应网络对运营系统的卓越运营至关重要。

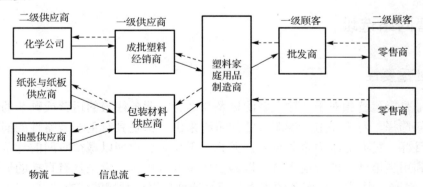

图 4-1 塑料家庭用品制造商运营网络

4.1.1 整体供应网络

以图 4-1 所示的一个塑料家庭用品制造商的运营网络为例,说明整体供应网络的主要部分:
(1)**核心运营系统** 所研究的提供产品 / 服务的中心运营系统。

（2）**网络的供应方**　向核心运营直接提供产品\服务或信息的运营，通常称为一级供应商，一级供应商自身的供应又需要二级供应商……各级供应商通称为网络的供应方。

（3）**网络的需求方**　核心运营向一级顾客提供产品\服务，一级顾客又为二级顾客提供产品\服务……核心运营也可能直接向最终顾客提供产品\服务，各级顾客通称为网络的需求方。

可以给出如下概念：

直接供应网络：与核心运营有直接联系的供应商与顾客的集合；

整体供应网络：按顾客的顾客、供应商的供应商逻辑推演产生的与核心运营有关的全部运营组成的集合。

从战略角度看，将整体网络纳入公司的运营设计范围，有助于：

● 有效竞争，控制供应与销售渠道；
● 识别网络中最重要的环节；
● 实现公司的战略定位。

4.1.2　整体网络战略决策

整体网络中的战略决策问题主要有：

（1）如何设计网络？

（2）公司运营系统在整个网络中所占比重？

网络设计主要是改变网络的形式，如一些汽车制造商减少直接供应商的数目，发展系统供应商，从无序供应到有序供应。多数公司正致力于建立潜在的合格供应商池，以便在需要时能够迅速获得关键物料与组件。还对各级顾客进行必要的分类，关注重要的大订单顾客，并充分关注对最终顾客的服务。CISCO、IBM、SAP、联想等公司通过互联网为供应商与顾客提供远程在线服务。

网络设计还包括网络中各部分的位置确定，主要是运营选址决策。

运营系统在网络中的比重的确定主要有：垂直整合策略与外包策略。

下面重点介绍运营选址策略、垂直整合策略与外包策略。

4.2　运营网络选址

4.2.1　选址重要性

运营地址是指运营相对于其输入资源以及与之存在业务往来的运营或顾客的地理位置。运营地址如何选择，对于制造业或服务业的组织来讲，都是具有重要战略性的问题。选址对于实现运营目标、提高竞争力至关重要，尤其对于缩短交货期以赢得时间的竞争优势、降低运输费用、利用当地廉价的劳动力资源以赢得成本竞争优势，更是具有直接的影响。选址影响运营成本，影响为顾客提供服务的能力，而且选址失误对利润的影响极其深远。

4.2.2　选址举例

在当今全球化时代，企业的发展、扩张等都需要做出选址的决策。

例如零售业巨子沃尔玛（WalMart）当初的选址：当初，零售业市场上存在着凯玛特、吉布森等一大批颇具规模的公司，这些企业将目标市场瞄准大城镇，他们认为那里没有零售业市场。但当时随着城市的发展，市区日渐拥挤，市中心的人口开始向市郊转移，而且这一趋势将继续下去，这给小镇的零售业发展带来了良好的契机；同时，汽车走入普通家庭增加了消费者的流动能力，突破了地区性人口的限制。沃尔玛抓住这一有利商机，采取了在小镇设点的策略，以州为单位，抢占几个小镇"据点"。沃尔玛充分利用了大型零售商店所忽视的市场，同时又避开了大型零售商的激烈竞争，巧妙选址，合理布局，奠定了沃尔玛迅速发展，占领全美市场的基础。如今沃尔玛成为世界 500 强企业首位，仍然在不断的选址中，如在中国各大城市的选址。选址在一定程度上决定了零售业的成败，是零售业连锁店中较频繁的决策。"零售业有三件最重要的事情，那就是——选址、选址、选址。"

再如迪斯尼公司，建立欧洲迪斯尼乐园选择了法国，建立亚洲迪斯尼乐园选择了香港。

日本家电公司东芝、松下、三菱、日立、索尼等都在中国江浙一带设立了制造工厂。制造工厂的供应商也选定在合理的地理区域范围内。

4.3　选址决策

运营网络选址决策的目标是在以下三个相互联系的目标上寻找平衡点：

- 运营的空间变量成本
- 运营提供给顾客的服务
- 运营的潜在收益

运营网络之所以需要选址，本质上是因为企业产品与服务的需求发生变化，或运营输入的供应发生变化，或输入资源的成本发生变化。选址决策取决于对供应方、需求方多种因素的综合平衡，如图 4-2 所示。

选址决策的范围由大到小，首先选择国家或地区，然后选择国家或地区中的区域，最后再选择区域内的特定地址。

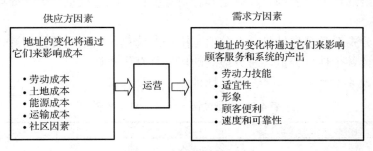

图 4-2　选址决策的因素

4.4　选址方法

从若干个候选地址中挑选合适地址的决策过程需要运营经理的洞察力与眼光，但是有些定量化的方法将有助于他们决策。这里介绍以下三种方法。

- 因素评分法
- 线性规划运输方法
- 重心法

4.4.1　因素评分法

通过一个实例可说明这一方法的运用。某炼油厂要在 A、B 两个厂址中作出选择。如何选择呢？

（1）列出影响选址的重要因素及记分范围。记分最高值是根据各个因素对选址的重要性来确定的。

（2）按因素分别打分，并累计各自总得分，选择总分最高的厂址。如表 4-1 所示，A 地优先于 B 地。请注意：每一因素下的得分可以由一个决策委员会确定。

表 4-1　选址的因素评分法举例

主要因素	记分范围	A　地	B　地
该地区燃料供应情况	0～300	123	156
电力供应可靠性	0～200	150	100
劳动力资源	0～100	54	64
生活条件	0～100	24	60
交通状况	0～50	45	50
水的供应	0～50	34	14
气候	0～10	8	4
供应商情况	0～60	45	50
地方法规与税务政策	0～50	45	20
总计	0～920	528	518

作为上述方法的一种变通，每种因素可以赋予不同的权重，每一地址在各种因素下的得分按百分制给出。通过求每一地址在各个因素下得分的加权总和得出各个地址的总分。这就是因素评分加权法。

以实例说明。某包装材料公司要在 A、B、C 三个厂址中作出选择。

（1）列出影响选址的重要因素，确定其相对重要性，赋予权重系数（如可选择 1、2、3、4、5）；

（2）按因素分别对各个地址打分（分值范围任意选定，如选用百分制）；

（3）加权累计各个地址分值，总分最高的厂址具有优先权。

计算过程如表 4-2 所示。本例选择 C 地址。

表 4-2　选址的因素评分加权法举例

考虑因素	权　重	A	B	C
地址成本	4	80	65	60
当地税率	2	20	50	80
劳动力技能及供应	1	80	60	40
与公路网距离	1	50	60	40
与机场距离	1	20	60	70
未来扩张潜力	1	75	40	55
加权得分总计		58.5	58.0	60.5

4.4.2　线性规划运输方法

在运营网络中，往往有多个物料供应地与多个物料需求地，确定网络的流量，目标可以是总运输费用最低或利润最大。这一问题采用运输方法来解决最为恰当。运输问题是线性规划的特殊问题，往往用表上作业法来求解。这里使用 Excel 表格的规划求解功能解决。

1．问题描述

已知各个供应地的供货量，各个需求地的需求量，假定供应与需求是平衡的，又知从供应地至需求地的单位运输成本（或单位利润）。求从各个供应地至各个需求地，获得最小运输费用（或最大利润）的优化运输量。

2．Excel 求解举例

下面举例说明采用 Excel 电子表格的求解过程。

【例】已知从供应地 A、B、C、D 到需求地 E、F、G、H 的单位运输费用，供应地 A、B、C、D 的供应量（表中最右栏），以及需求地 E、F、G、H 的需求量（表中最后一行），如表 4-3 所示。供应地 D' 的供应量也是 11，至各需求地的单位运费都是 50，试在 D、D' 中选择一个供应地。

表 4-3　运输问题矩阵

从供应地至需求地的单位运费	E	F	G	H	供 应 量
A	25	35	36	60	15
B	55	30	45	38	6
C	40	50	26	65	14
D	60	40	66	27	11
需 求 量	10	12	15	9	46

求解步骤如下：

（1）进入 Excel，将运输问题从供应地至需求地的单位运费矩阵（B3，E6）及已知的需求量与供应量输入表格（见图 4-3，第 2 行至第 7 行）。

（2）设定从供应地至需求地的运输量初始矩阵（B9，E12），如图 4-3 Excel 界面中第 8 行至第 13 行。要求该矩阵的行的和为供应量，列的和为需求量。

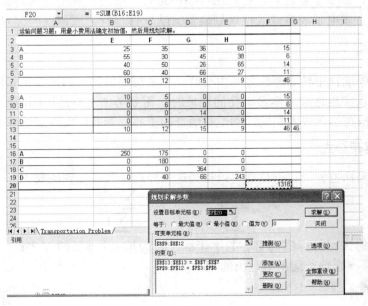

(a)

图 4-3　线性规划运输的 Excel 求解过程

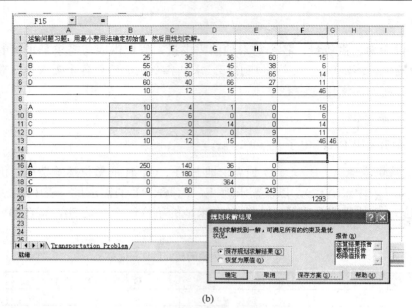

(b)

图 4-3　线性规划运输的 Excel 求解过程（续）

（3）将单位运费矩阵与运输量矩阵的对应元素相乘，求得从供应地至需求地的运费矩阵（B16，E19）；将运费矩阵各元素累加得到运营总运费 F20。

（4）在 Excel 工具菜单下，选规划求解，填写规划求解参数。将运营总运费设定为目标单元格（最小），将初始运输量矩阵设定为可变单元格，设定约束条件：运输量矩阵得出的供应量与需求量与已知的供应量与需求量相等（按最大供应能力供应，满足需求）。按【解】按钮。

（5）得到求解结果，运输量矩阵发生了变化，总运费为 1293，为最小运费。对应的运输量矩阵为最优。

用 D'取代 D，重复上述过程，计算出最小的运费。根据总费用最低的原则就能够做出选择。请读者运用上述电子表格或线性规划运输方法软件自行完成该题的计算。

4.4.3　重心法

在运营网络中选择中转仓库或分销中心时，可采用简单的重心法确定其地址。

寻找一个可以实现运输成本最小化的地址时，需要考虑现有地址间的距离与现有地址运输数量，假定运出与运入成本相同，则现有地址的重心位置即可实现运输成本最小化。

1. 重心法常用公式

确定重心的坐标位置，这一位置可以作为运营经理寻找新位置的起点。

$$C_x = \frac{\sum d_{ix} V_i}{\sum V_i}, \qquad C_y = \frac{\sum d_{iy} V_i}{\sum V_i}$$

式中，C_x 为重心的 X 坐标；C_y 为重心的 Y 坐标；d_{ix} 为第 i 个地址的 X 坐标；d_{iy} 为第 i 个地址的 Y 坐标；V_i 为第 i 个地址运入或运出的货物量。

2. 重心法举例

三个汽车销售点 A、D、Q 的坐落位置坐标如图 4-4 所示，三个汽车销售点的每月销售量如表 4-4 所示。试确定供应三个销售点的中心仓库的地址（仅考虑三个销售点的距离及每月的销售量）。

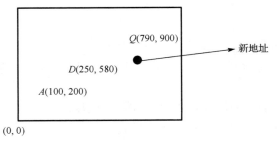

图 4-4　重心法举例

表 4-4　三个汽车销售点的每月销售量

销　售　点	每月销售量
A	1250
D	1900
Q	2300

求解步骤：

（1）确定现有地址的坐标与货物量；

（2）利用公式求解中心地址的坐标，得到中心仓库位置（见图 4-4）。

$$C_x = \frac{100 \times 1250 + 250 \times 1900 + 790 \times 2300}{1250 + 1900 + 2300} = \frac{2\,417\,000}{5450} = \mathbf{443.4}$$

$$C_y = \frac{200 \times 1250 + 580 \times 1900 + 900 \times 2300}{1250 + 1900 + 2300} = \frac{3\,422\,000}{5450} = \mathbf{627.89}$$

4.5　垂直整合与外包战略

垂直整合，或纵向一体化是一个公司在其运营网络中增加所有权控制比例的行为。具体到单个产品与服务，垂直整合意味着公司决定自己制造某一部件（或提供某一服务），还是直接从供应商处购买。垂直整合是纵向并购，要求从战略的角度评估收购供应商或经销商的可行性。

4.5.1　垂直整合战略的内容

1．垂直整合的方向

（1）向供应方扩张，称为向后或向上垂直整合，可根据顾客需求的波动进行批量调整，提高数量与交货柔性；

（2）向需求方扩张，称为向前或向下垂直整合，可增加产品或服务的柔性。

2．垂直整合的范围

确定了扩张的方向后就有确定整合的程度。有些公司想成为整合程度很高的公司，而有些公司有意避免扩张太远，只集中精力于核心业务，将非核心业务外包给专业公司去做，他们可能做得更好。

3．整合后各个环节的平衡

（1）平衡的网络。各环节拥有的生产能力专门用于供应下一环节，且能完全满足下一环节的需求。充分平衡的网络具有简洁的优点，且各个环节均可集中精力于下一环节。

（2）缺乏平衡的网络。各环节拥有的生产能力不仅可以用于供应下一环节，而且可以供应网络其他环节；运营可以由上一环节供应，也可向其他环节或外部采购。

　　垂直整合的利弊非常复杂，公司在不同的环境下，面对不同的目标，也会采取不同的决策，但都要回答一个问题：特定条件下，垂直整合是否能够达到提高市场竞争力所必须的绩效目标？

4.5.2　垂直整合的优势

　　（1）垂直整合后，追溯质量问题变得容易，公司与整合的公司关系更加紧密。
　　（2）垂直整合后，可提高网络内各运作系统的计划协调性，因而可加快网络中的物流与信息流。
　　（3）垂直整合可增进网络内部的沟通，管理良好状况下交货期更有保障，更可靠。
　　（4）垂直整合后的公司更有可能技术领先，且不易被竞争者效仿。
　　（5）从长远看，垂直整合有助于平衡、利用生产能力。

4.5.3　垂直整合的劣势

　　（1）内部运作间缺乏市场关系。运作系统缺乏竞争对手时，改善的积极性会降低。
　　（2）垂直整合后，管理层的注意力容易分散。
　　（3）管理层不可能照顾到整个网络的所有环节，易出现官僚主义，某些环节的机会可能会丧失。
　　（4）管理层的错误可能会影响整个网络。

4.6　外包战略

　　外包（Outsourcing）指企业将主要精力放在关键核心业务上，培育自己的核心竞争力，充分发挥企业的优势，将企业中非核心业务活动和决策权移交给外部合同伙伴。外包战略是企业集中财务资源优势，发展核心业务，获得其核心竞争能力所采取的明智的战略，外包战略往往与供应合作关系战略相联系。例如 20 世纪末，作为原始设备制造商的 HP、IBM 等公司为了集中优势于所擅长的核心业务，将部分工厂卖给了自己的合同制造商（CM），然后与这些专业制造商签定合同，使其成为自己的供应商，以建立精干高效的供应链。

　　外包战略应遵循的原则如下：
- 外包是企业实现某种战略的手段，应仔细审视企业具体情况，进行开放式调研。
- 考虑是否存在其他方法，如业务过程重组等，会比外包带来更大的收益。
- 确定改项业务是否在公司的核心能力之内，将不在核心能力之内的业务纳入外包行列。
- 考虑外包所产生的价值与可能获得的收益。

　　外包可能会使公司丧失某些制造技术，但不能丧失核心技术。为了降低物流投资，专注于企业核心能力，多数自营物流的企业转向了物流外包（Logistics Outsourcing），这是企业（甚至多家企业）将部分或全部的物流相关作业与规划委交给专业物流公司办理的一种企业间合作分工经营管理模式。提供物流委外服务的专业物流公司被称为第三方物流公司。物流外包利用了专业物流公司的物流网络与设施，可提升产品市场可及性；利用专业物流公司的能力，可调节企业产销的尖离峰问题；与专业物流公司合作，可降低或分摊投资风险，开发市场商机；可更快速、精确及有效管控市场需求的响应；依靠物流公司的信息系统，取得有用的产品与服务的市场信息，得以更有效进入陌生与新兴市场，了解当地政府相关管制法规，加速文化整合；还可提高公司的客户服务水平。

习题

1. 企业在选址时需要考虑的因素主要有哪些？
2. 基本布置类型有哪些？调查某企业，说明它采用了哪些布置类型？为什么？
3. 如何进行工艺布置详细设计？说明系统化布置规划的方法。
4. 阐述单元布置详细设计方法。
5. 如何进行装配线平衡？结合实际举例说明。
6. 汽车租赁公司在城市中 D、E、F、G 四处设立分店，方便用户租车。公司必须从不同的汽车供应地 A、B、C 运送汽车至分店。单位运送成本及供应量与需求量如表所示。运用电子表格给出运输成本最低的解决方案。

	D	E	F	G	供 应 量
A	9	8	6	5	50
B	9	8	8	0	40
C	5	3	3	10	75
需求量	50	60	25	30	165

7. 某公司计划修建一家小型制造厂，为三个重型制造厂提供零部件，下表列出了坐标位置与需求量。目前这家小型制造厂已经有了两个备选位置，坐标分别是 W（375，400），V（375，330），请帮助决策者做出选择。

工 厂	位置坐标	需求量（件／年）
P	300,320	4000
D	375,470	6000
J	470,180	3000

8. 思考如何运用盈亏平衡分析法进行外包决策与选址决策。

（1）外包决策问题　山东机器厂六分厂生产销往全球的汽车零部件。零部件包装箱选择自己制造还是外包给供应商呢？已知下列数据，请帮助其做出决策。外包成本每件 7.5 元，当年需求量受国际经济状况的影响，对需求量的估计如下表。如果公司自己生产，每年的固定成本为 8 万元（厂房、模型机的购买等），可变成本估计是每件 6.2 元。

需 求 量	20 000	30 000	40 000	50 000	60 000
可能性（%）	10	30	30	20	10

（2）选址问题　某公司新建工厂的选址经过各种考察认证得到四个可选方案，其固定成本和可变成本如下表所示。

方 案	固定成本（万元）	可变成本（元／台）
A	250	11
B	100	30
C	150	20
D	200	35

试确定年产量为 8～10 万台以及 14 万台以上时的最低成本选址方案。

案例：这家跨国工厂为什么向中国转移？ [①]

摘要： 在国际化浪潮席卷之下，跨国企业已经能将其触角延伸到世界的每一个角落。无论是出于成本的考虑，还是出于满足新兴市场发展的考虑，将现有成熟产品的生产线乃至整个工厂转移到别国，是许多跨国公司国际化战略实施的重要步骤。以 MGT 集团旗下阿维德工厂从英国向中国转移的实际项目为背景，阐述工厂在跨国转移过程中所面临的运营决策问题。

MGT 集团于 2005 年 7 月斥资 840 万美金收购了位于英国南部布兰佛德郡（Blandford）的阿维德公司，该公司成立于 1932 年，主要致力于设计制造和销售航空、航海、能源领域使用的流量计、控制阀、联结器等工业产品，是该类产品的全球知名品牌。收购后，阿维德公司的低效运营状态一直没有改善，至 2007 年第 2 季度，MGT 在该收购案中的累计支出已达到 1300 万美金并且没有任何好转的迹象。为尽快摆脱它给集团公司带来的负面影响，董事会决定将其英国工厂关闭并转移到中国。

2007 年 9 月的一天，美国 MGT 控制系统事业部运营副总监凯文·乐顿奉命负责处理英国工厂的关闭并向 MGT 集团在中国的厦门工厂转移事宜。大约在两年前，正是他主导了这个阿维德工厂收购案。凯文很清楚，关掉这家工厂就意味着他两年前的决策是错的，两年来的辛苦耕耘也是徒劳无获，但是若能利用此次机会完成一次出色的工厂跨国转移，或许多少也能挽回一些自己的面子。

MGT 集团创建于 1947 年，总部位于英国多塞特（Dorset），致力于设计和制造应用于航空、航天、医疗、电子、交通及能源系统的高精密度控制系统。全球共有五个事业部：传感系统、控制系统、航空刹车系统、防御设备、聚合物产品五大产品类型及事业部，全球员工总数超过 6500 人。MGT 提供的智能化工程解决方案能满足各种极端环境下的运行，自 1947 年创建以来，MGT 集团一直保持强劲的发展势头，并在满足客户需求、商业信誉、卓越制造、技术创新的投资和战略性结构调整等方面取得了良好的业绩。公司的主要客户有波音（Boeing）、洛克希德马丁公司（Lockheed Martin）、通用电气（General Electric）、大众（Volks Wagen）、（美国）国家航空和宇宙航行局（NASA）、日本宇宙研究开发结构（JAXA）、英国宇航系统公司（BAE Systems）、丰田（Toyota）等。MGT 集团已在伦敦证券交易所上市，市值超过 18 亿美金，位列 FTSE（英国金融时报股票指数）250 强之一。 2008 年全球总收入达到 17 亿美金，比 2007 年增加了 32%，营业利润 3.7 亿美金，相比 2007 年增加了 36%。

为什么关闭？

阿维德公司是 MGT 控制系统事业部旗下的两家流量控制系统公司之一，另外一家是位于美国加利福尼亚洲的维特可公司，MGT 通过该收购案完善了其流量控制系统的产品线并将产品市场扩展到了欧洲和亚洲。但收购后该公司的低效运营状态一直没有改善，客户订单及时交付率仅为 72%，库存周转率仅为 1.1 次／年，各类管理成本居高不下，至 2007 年第 2 季度，MGT 在该收购案中的支出已累计达到 1300 万美金并且没有任何好转的迹象。同时，阿维德公司与维特可公司同为流量控制系统制造公司，相互之间产品重叠、市场细分导向不明确，造成了大量的资源浪费。

欧洲市场经过七十多年的培育已经趋于饱和，竞争激烈且利润微薄，亚洲新兴市场的崛起使公司管理层看到了新的机会也提出了更高的要求，为尽快摆脱阿维德英国工厂给集团公

---

① 许志端，施云. MGT 公司：跨国工厂转移的供应链重构. 管理案例研究与评论. Vol3, 2010(4): 306-325. 本文有删减.

司带来的负面影响并快速响应亚洲客户的需求，2007 年年底，MGT 集团决定将阿维德公司英国工厂迅速关闭并将其所有产品线的采购及制造转移到中国厦门，而产品的最终销售权仍归属 MGT 控制系统事业部。

流量控制系统属于典型的多品种、小批量产品，如表 1 所示，产品型号有 481 种，涉及 4329 种零件，但单个零件平均只有 94 件的年采购量，英国工厂供应商数量有 113 家，采购集中度差，采购的议价能力不强，供应链管理复杂程度极高。

表 1　阿维德流量控制系统产品采购物料分析表

物料分类	年采购金额（USD）	供应零件种类	供应商数量
机加工	1 605 362	1125	8
铸造件	1 027 523	865	13
其他金属类	292 109	1375	45
其他非金属类	148 267	875	43
辅料、包材	83 298	89	4
总计	3 156 568	4329	113

阿维德产品的供应商主要集中在英国，高价值物料的采购周期原本就很长，如果工厂搬迁后 MGT 厦门公司继续从英国购买物料，如表 2 所示，采购周期将在原有基础上再增加两个月（海运）或两周（空运），由此产生的运输和关务等采购费用也将使采购总成本上升 10%～25%。阿维德工厂在 2008 年以前由于运营效率低下，仓库中积累了大量的零件库存（总计约 260 万美金）。

表 2　主要物料采购和运输周期

物料分类	制造周期供应商）	运输周期（空运为例）	总采购周期
机加工	8 周	2 周	10 周
铸造件	12 周	2 周	14 周
其他金属类	6 周	2 周	8 周
其他非金属类	4 周	2 周	6 周

供应链始于客户需求，供应链上所有环节的努力都是以满足客户需求为出发点的，离开了客户需求的供应链必然失败。流量控制系统是用来给各类专用交通运输工具补充燃料时起流量控制作用的阀门联结系统，该类产品的市场由少数几家国际知名品牌所占据，彼此之间不分高下，阿维德品牌就是其中之一。公司所制造的产品都是在各类极端环境下使用的专业设备，产品并不使用在普通的交通工具上（如民用汽车的加油系统）。阿维德流量控制系统的所有客户均来自于运输行业，且服务于专用的设备或项目，如机场建设项目、铁路建设项目、一些专用的加油车等。阿维德流量控制系统目前有各类规格的流量阀、地井阀、联结阀、流量计等三百多种，按照地域分布来看，除美国作为产品的主要销售地以外，阿维德产品的客户广泛分布于全球发达或发展中国家。流量控制系统产品并不能单独发挥作用，它往往只是一个大型建设项目中的小设备，因此产品终端销售渠道往往被大型经销商所控制，受自身利益的驱使，为了减少资金占用和采购成本，经销商在维持对产品品质的高要求的前提下，对交货期也提出了更为苛刻的要求，他们往往要求工厂在收到订单后的 1～1.5 个月内完成交货，这无疑增加了制造企业的供应链管理难度。流量控制系统产品的专业性强，种类繁多，但单类产品的需求量非常少，因此进行准确的需求预测十分困难。

产品供应链

图 1 描绘的是流量控制系统的产品供应链价值流程简图，它粗略反映了产品形成过程的

价值增值过程。上游原材料供应商向零件供应商提供金属原材料（如钢材、铜材、铝材等）和非金属原材料（如塑料、橡胶等），零件供应商根据 MGT 提供的零件图纸或者根据行业的标准零件图纸，采用金属成型工艺（如铸造、锻造、机加工、冲压、热处理、表面处理等）和非金属成型工艺（如注塑、压塑等）将原材料制造成零件，阿维德工厂向零件供应商购买零件并组装成最终的成品，对最终产品进行测试、包装。此后产品进入销售渠道。

图 1　流量控制系统的产品供应链价值流程简图

　　需要注意的是，在产品的形成过程中，一些关键的瓶颈约束会对上游供应链造成不利影响，具体分析如图 2 所示。关键的瓶颈约束来自原材料和零件的采购，具体表现在两个方面，一是关键原材料和零件的采购周期长，二是原材料和零件的最小订购批量过高，这两个方面给工厂的采购环节造成很大压力，而产品在阿维德工厂的组装时间短，难度并不高，因此不易对整条供应链造成瓶颈约束。

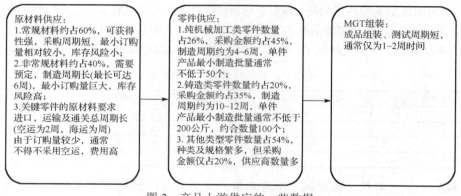

图 2　产品上游供应的一些数据

新工厂的问题

　　供应链的整体不确定性较高，供应链的环节较多。无论如何，实现转移后的新供应链也应当克服当前供应链的一些弊端。可以考虑推进材料本地化采购，以提高供应链的反应速度和敏捷性，本地化进程中为确保新旧供应商在交替阶段原材料的供应不中断，需要适当地增加安全库存量。凯文认为对于新工厂而言，供应链所追求的指标应体现在"订单及时交付率"和"订单平均交付时间"两个运营指标上。由于阿维德流量控制系统采用了单元生产模式，平均生产周期只有一至两周，因此实现缩短"订单平均交付时间"的目标主要考虑如何降低采购环节上的时间耗费。

　　MGT 厦门有限公司位于厦门艾德航空工业园，成立于 2003 年 12 月，是 MGT 集团下属的全资子公司，是 MGT 集团投资 1200 万美元在中国建立的先进制造中心。MGT 厦门公司不隶属于 MGT 的某一个事业部，它直接向集团总部汇报，因此各个事业部可以大范围高自由度地与厦门公司进行合作，以支持集团在亚洲业务的快速发展。

　　经过 4 年的发展，MGT 厦门公司年销售额已经突破 1 千万美元，公司先后取得了 ISO9001、ISO14001、AS9100 等质量认证证书，成为中国大陆第 60 家获得 AS9100 航空航天质量管理认证的公司。公司拥有卓越的管理团队和高效的员工队伍，并形成了独特的 APP 公司文化（责任、专业、绩效）。2007 年以前 MGT 厦门公司主要设计和制造高精度传感元器件、控制设备和其他电子元器件，销售自产产品和提供相关的售后维修服务。

供应链本地化不仅能降低"采购提前期"和"最小订单量"，提高供应链的敏捷程度，还能因为亚洲廉价劳动力的优势有效地降低采购成本，为企业增加效益。MGT 集团长期以来一直致力于寻找和发展最适合 MGT 集团发展的供应商，也形成了一套科学的供应商评估与认定体系。

新工厂另外的问题

在工厂转移过程中，凯文的团队充当转出和转入两方的顾问角色，在协调双方的各项资源完成目标的过程中可能会遇到很大的阻力，文化冲突是产生阻力的重要原因。凯文及其项目经理都是美国人，而转出方阿维德公司位于英国，转入方 MGT 厦门公司都是中国人，由于 MGT 集团在过去的兼并成长中缺乏有效管理和整合，因此各个团队的企业文化差异显著，往往对同一问题的看法和处理方式迥异。在项目计划的阶段，凯文已经体会到这种冲突可能带来的危害，他的团队曾经为解决一个简单的问题而反复地沟通说明和解释。或许执行计划的时候会更糟糕，必要的时候也许得动用集团公司授予的行政权利加以强力干预。

凯文其实对 MGT 厦门公司充满信心，他们无疑是这次阿维德工厂转移的主力军，厦门公司拥有一个充满开拓精神的优秀管理团队，他们虽然还不熟悉流量控制系统产品的特点，但是凯文相信只要假以时日，他们一定能驾轻就熟；相比之下，他非常担心的是转出方阿维德英国工厂的人员。由于工厂即将关闭，很多人将失去工作，他们对凯文的团队有很强的抵触情绪，因为两年前正是凯文主导了工厂的收购案，而且还信誓旦旦地许诺会给大家带来稳定的工作。他们会给转移工作带来多大的麻烦还是个未知数，但凯文很清楚他们中间的一部分人是公司的宝贵财富，至少在厦门工厂还没有熟悉这个产品前 MGT 公司还是很需要他们的帮助的。

从外部来看，原有供应商对工厂转移带来的变化是持恐惧态度的，这种情绪如果没有控制好，很容易导致供应链的崩溃。从供应商的角度来看，他们的确是无辜的，工厂的转移可能会给他们造成巨大的伤害，出于对自身利益的考虑，他们往往会提出一些苛刻的条件或做出异常的举动，如变相涨价、中断断货、以次冲好、商务条款变更等，这些都会给工厂的持续经营造成一定程度的伤害。凯文很清楚，"最好的工厂转移是不被客户所察觉的"，如果要达到这个目标，他必须有一套具体可靠的方案。

在亚洲寻找新的供应商是凯文担心的问题，他不只一次地从新闻报纸上看到对亚洲公司产品品质的抱怨，阿维德这个品牌是高品质的象征，客户对于产品的品质一直很满意，如果将工厂转移到亚洲并从当地寻找供应商，会不会存在产品品质降低的风险，如何能确保这一风险能够得到有效控制并使客户相信？

凡事"预则立、不预则废"，面对一系列深层次的问题，凯文必须在新工厂正式运营前把工作做实，所以他决定与团队再进行一次深入的沟通，把计划做得更加周密一些……

讨论题

1. 全程模拟一下董事会决定关闭英国工厂，转向厦门的决策过程。你认为集团的智囊机构在做出这一决策时考虑了哪些因素？

2. 跨国公司在进行工厂转移中会面临哪些困难与挑战？

3. 你认为 MGT 公司阿维德工厂跨国转移中，凯文会考虑哪些因素？

第 5 章 工 作 设 计

学习目标
1. 掌握工作设计的决策要素;
2. 了解工作设计实践中管理思想的发展史;
3. 理解工作扩大化、丰富化和工作轮换;
4. 理解团队作业的基本内容;
5. 掌握作业研究中方法研究的主要步骤;
6. 掌握进行作业测定的方法;
7. 了解现代企业中工作设计的原则。

深圳华为公司总经理任正非说过,"认真负责和管理有效的员工是华为最大的财富。尊重知识、尊重个性、集体奋斗和不迁就有功员工,是我们的事业可持续成长的内在要求。我永远都不知道谁是优秀员工,就像我不知道在茫茫荒原上到底谁是领头狼一样。企业就是要发展一批狼,狼有三大特性,一是敏锐的嗅觉;二是不屈不挠、奋不顾身的进攻精神;三是群体奋斗。企业要扩张,必须有这三要素。所以要构筑一个宽松的环境,让大家去努力奋斗,在新机会点出现时,自然会有一批领袖站出来去争夺市场先机。""机会、人才、技术和产品是公司成长的主要牵引力。这四种力量之间存在着相互作用。机会牵引人才,人才牵引技术,技术牵引产品,产品牵引更多更大的机会。员工在企业成长圈中处于重要的主动位置。"

人力资源是公司最大的财富。运营职能部门是全公司人力资源最为集中的地方。工作设计是运营系统人力资源活动的核心。本节将首先讨论工作设计中的决策要素与工作设计实践中的重要管理思想,然后介绍科学管理时期的方法研究、作业测定,最后讨论现代企业工作设计的原则。

5.1 工作设计的决策要素

工作设计(Job Design)是在组织设置中标明个体或群体的工作活动的功能,其目标是满足组织的需求,满足工作者自身特定的需求。工作设计中要考虑如下决策要素,如图 5-1 所示。

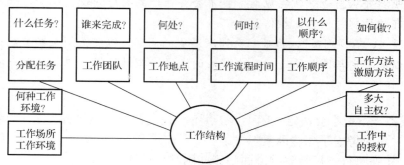

图 5-1　工作设计中的决策要素

5.2 工作设计实践中的管理思想

图 5-2 简略地表示了工作设计实践中管理思想的发展史。这些方法代表了不同时期的主流设计思想与方法，但它们并不是相互取代的关系，在当今的工作设计实践中，都不同程度地使用了这些方法。

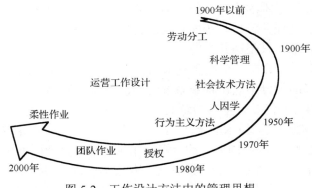

图 5-2 工作设计方法中的管理思想

5.2.1 劳动分工与科学管理

1746 年亚当·斯密在《国富论》中提出劳动分工原理，将整体工作分解为许多可以由一个人单独完成的更小的组成部分。1911 年泰勒发表《科学管理》，阐述了"制度化管理理论"，强调专业化分割，把企业的经营过程分解为最简单、最基本的工序，这样工人只需重复一种简单工作，熟练程度大大提高，同时对各个经营过程实施严格控制。专业化分工之所以能够提高劳动效率，在于通过分工使劳动者成为某一方面的专家，使处理某一问题的单位效率提高。为了能保持对专业化分工后的职能部门进行有效管理、协调和控制，企业的组织是用等级机制构成的，其特点是多职能部门、多层次、严格的登记制度，从最高管理者到最基层的员工形成了一个等级森严的"金字塔"型的组织体系。劳动分工与科学管理理论在 20 世纪被两大汽车巨人发展，亨利·福特（Henry Ford）将其用于福特公司的汽车生产，形成了汽车流水作业线，使生产效率倍增；阿尔弗雷德·斯隆（Alfred Sloan）将其用于通用汽车公司的组织经营管理，形成了层层上报的金字塔式组织结构。

专业化分工能够加快员工的学习过程、更容易实现自动化、减少非生产性工作，在生产过程中的具体体现是装配线。其明显的缺陷是：工作单调、对工人的健康有所损害（如过度使用身体的某一部分会导致重复性肌肉劳损）、柔性差、稳健性差（如某个工作站出现故障时会影响整个运营系统），且过度的分工带来许多消极的影响，造成管理人员工作与工人工作的彻底分离，妨碍了工人创造性的发挥，培养了管理人员的官僚主义作风。

科学管理的基本原则：

① 管理者必须用科学方法对工作任务进行全方位研究，确定最佳工作模式下的规则、程序。

② 研究式工作设计方法的目的是计算出"每日公平工作量"。

③ 科学、系统地招聘、培训和发展工人。

④ 管理者进行工作设计，工人按设计好的标准完成工作。

⑤ 管理部门和工人必须在双方共同达到最大成功的基础上进行密切合作。

科学管理的基本特征是详尽的分析、系统的考察。尽管没有什么特别的科学和理论依据，得出的结论似乎过于琐碎，不足挂齿。但它有自己的一套系统的方法：工作必需的作业通过系统的分析得出。科学管理的工作设计仍然是现代运营工作设计的基础。

5.2.2　社会技术理论

在工作设计中应该把技术因素与人的行为、心理因素结合起来考虑。心理学可以帮助我们了解人、人与环境以及任何管理系统的互动。任何一个生产运作系统都包括两个子系统：技术子系统和社会子系统。只强调其中的一个而忽略另一个，就有可能导致整个系统的效率低下，应该把生产运作组织看作一个社会技术系统，既具有社会复杂性，又具有技术复杂性。人与机器、人与技术等的结合不仅决定着系统的经济效益，还决定着人对工作的满意程度。这在现代运营工作设计中，仍具有重要的意义。工作设计中应强调整个工作系统的工作方式，强调人机系统的协调，强调人与技术的统一。上海通用汽车公司特别注重人与先进的柔性生产线的统一，公司制造总监认为："国内大的合资汽车企业都可以把国外先进的生产线拿到国内来。如何把这些硬件通过软性系统，特别是通过操作它们的人来发挥更高的效率，使员工从知识结构、思维方式和工作态度上能够适应这种现代化的生产，这是制造业需要面对的问题。"

作为管理者，应该认识到人具有参加社会交往的需要，有被爱和受尊重的需要，学习是人类天生的特性，也是创新的源头。人与人之间存在差异，学习方式不同，性格、爱好不同。管理者应培养人的天生资质，使人的潜在能力得以发挥。

被日本人尊称"品质之神"的戴明告诫管理者，员工表现差异的主要原因是系统造成的，管理者应首先分辨出产出波动的系统原因，如果强行引入员工间的竞争只会导致冲突，系统不会得到改善。所以，面对复杂的社会技术系统，管理者不能采取过分简单的方法，应学会从不同的角度思考问题。

5.2.3　人因工程学

人因工程学主要关心工作设计中生理学方面的内容，考虑工作场所及作业区的环境因素对员工的身心影响。

工作场所的设计，应考虑到人体测量因素、神经学因素等。充分认识到工作场所可以影响工作绩效，工作场所如何使员工消除疲劳，避免受到身心损害。

工作环境设计应当符合各国政府制订的劳动场所工作条件的职业健康安全法规，主要考虑工作温度、照明水平、噪声水平、工作地各种粉尘等。测定环境因素，采取相应的劳动保护措施。

近年来在写字楼中工作的人员越来越多，人因工程学的原则也应用到办公室类型的工作中，主要关注办公设备的辐射、噪声以及办公设备与桌椅、照明的合理设计与布置。

在现代运营系统工作设计中，运用人因工程学的原则与方法，对于保护员工的身心健康，提高员工生活质量，激发其创造力，提高工作效率，提高运营系统的获利能力等具有重要意义。

5.2.4　行为主义方法

在工作设计中考虑人的工作动机，满足员工经济、社会及各种特殊的个人需要，为员工提供事业发展的舞台，提高其生活质量，同时运用更多的激励方式，如目标激励、尊重激励、参与激励、关心激励等。工作设计的行为主义方法采用的主要方式有以下几种。

（1）工作的扩展

在原有工作的基础上适当扩展，使员工有更多的工作可做。通常扩展的工作同原先的工作具有很大的相似性，因此会产生较高的效率。因员工的工作内容得以增加，相应地就要求员工掌握更多的知识和技能，从而提高员工的工作兴趣，使工作具有更大的挑战性，提高了员工的工作满意度和工作质量。

（2）工作的轮换

为避免对工作的厌烦感而定期把员工从一个岗位换到另一个岗位。定期岗位轮换的好处是：使员工保持工作兴趣；为员工提供发展的前景，确定个人优势与特长；增加对个人及他人工作成果的认识，丰富个人经历；使员工成为多面手。这种方法使员工具有更强的适应能力，能够迎接更大的挑战。员工从事一个新的工作，往往具有新鲜感，从而激励员工做出更大的努力。同时，工作轮换可使员工体验其他部门的工作，便于理解其他部门的工作，更加主动地协作，也便于理解整个工作的系统过程。日本企业广泛实行工作轮换，对管理人员的培养发挥了很大的作用。

深圳华为公司实行职务轮换与专长培养制度，他们对中高级主管实行职务轮换政策，没有周边工作经验的人，不能担任部门主管；没有基层工作经验的人，不能担任科放以上干部。上海通用汽车公司的公关总监任剑琼认为："我们上海通用的许多管理人员都在不同岗位工作过，这叫角色换位，或者叫轮岗，公司提供机会让你成为一个全才。你在你的部门很出色，但是你不知道别的部门怎么运作的。如果你轮岗，你就会知道你的上游和下游在怎么做。他们的眼界就会开阔，他们考虑问题的出发点就会是全局化的，不会有什么扯皮现象。"

（3）工作丰富化

将公司的使命与员工对工作的满意度联系起来，以员工为中心进行工作再设计，对工作内容和责任层次进行纵向深化。其理论基础是赫茨伯格（F.Herzberg）的内在激励—外在保健双因素理论：内在工作因素（如成就感、信任与赞赏、责任感、工作兴趣、发展前景、升迁机会等）是潜在的满意因素，外在工作因素（如企业政策、监督、人际关系、工资、工作条件、安全感）是潜在的不满意因素，满足感与不满足感不成对立面，而是两个范围。改进外在因素（如增加工资）可能降低不满足感，但不会产生满足感，唯一使员工感到满足的是工作本身的内在因素，因此可以通过鼓励员工参与对其工作的再设计，改善工作本身的内在因素，提高员工的满意度，进而提高生产率。

实现工作的丰富化需要赋予员工一定的工作自主权，增强其责任感。需要让员工及时了解工作目标及环境变化，了解团队成员的需求。需要为员工提供学习、培训的机会，以满足员工成长和发展的需要。通过提高员工的责任心和决策的自主权，来提高其工作的成就感。注意外在的奖励应有助于内在激励，外在激励如果使用不当，如将员工业绩排队、论功行赏，则会打击士气，产生冲突与不满，对团队造成损害，团队绩效并不能提高。

图 5-3 表示了一个典型的行为主义方法进行工作设计的模型（Hackman & Oldham，1975年提出）。为获得工作的技能多样性、任务的同质性与重要性、工作的自主与反馈等核心特征，采取多种工作设计技术：

① 组合工作任务，尽可能把独立的和不同的工作组合成一个整体。

② 形成自然的工作单元，可以根据地理位置、产品、生产线、业务或目标顾客来划分工作单元。

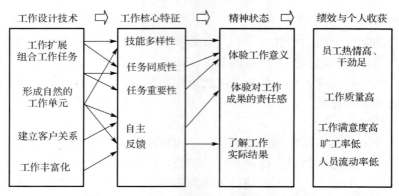

图 5-3   一个典型的行为主义工作设计模型

③ 建立良好的客户关系是指员工与其内部顾客直接联系，而不是通过其主管。这样可更好地了解顾客的需求与顾客的判定标准。

④ 纵向加载任务，将任务及其附带的间接任务（如维修、工作进度计划与日常管理等）都分配给同一员工，提高工作单元的计划与控制能力。

⑤ 增加信息反馈渠道，尽可能向员工提供其绩效信息的反馈，如成本、产量、质量、顾客抱怨等。

由此员工就会具备良好的精神状态，从而产生较好的绩效与员工满意度，提高工作质量，降低员工的流动率。

5.2.5　授权

授权是在行为主义工作设计的基础上发展起来的。授权的基础是工作自主，并赋予工人改变工作本身及完成工作的方式的权力。要求员工参与工作，授予员工设计自己工作的权利，有时还要求员工参与到运营系统的战略决策中来，并承担相应的责任。

授权并不是不需要领导，不是放任自流，不是"让每个人都当老板"。相反，真正的授权需要目标明确的、指导性强的强势领导，授权模式更多地依赖权利的影响，而不是靠直接的命令。授权模式基于相互的尊重，通过有效的沟通技巧加强领导，同时又兼顾了员工个人的追求与自由的天性。员工意识到他们得到了充分的尊重与理解，员工的积极性与创造性才能充分地发挥出来。

授权式工作设计可以提高决策的质量与速度，增强灵活性，适合差异化、定制化的运营战略，能够照顾到顾客的不同需要，有利于与顾客建立长期的关系。可通过授权模式解决动态商业环境中的复杂问题与非程序化的问题。通过授权，借助于员工的灵活性与智慧对持续变化的、难以预测的环境做出及时的反应。授权对员工的素质要求较高，要想实现有效授权，必须建设一支对工作高度负责、充满主动精神的高素质员工队伍。通过授权激励他们克服一切困难，发挥其全部潜能，实现组织目标。表 5-1 比较了授权式与非授权式工作设计。

表 5-1   授权式工作设计的优势

影响因素	非授权式工作设计	授权式工作设计
基本经营战略	低成本、大批量	差异化、定制
与顾客间关系	交易关系，维持时间短	长期关系
技术	简单，程序化	复杂，非程序化
经营环境	可预测，意外情况少	难以预测，意外情况经常出现
员工类型	经理独裁专断，员工具有很低的发展要求、很差的社会交往能力	员工素质高，具有很高的发展要求、很强的社会交往能力

聪明的管理者通过合理分配决策权限，将授权作为一种自然而有效的方式来激励员工，员工参与到企业运营中就能产生无尽的创意，管理者就能够游刃有余地应对复杂局面。上海通用汽车公司制造运营系统就实行了充分的授权，授权有利于员工不断地改进其工作，在通用，员工能够体会到不断改进工作的乐趣。上海通用制造总监余秀慧说："既然让你做了，就授权给你，我不会过多地介入。这改变了传统的命令式管理方式。"管理很大程度上由他律变成了自律，即自主管理。余秀慧认为管理者的主要责任有两个：支持与指导。线上的工人在某种意义上就是管理者的"客户"。管理者通过支持、指导这些"客户"，使他们工作更安全，质量和效率更高，整体成本更低。授权就是给员工注入一种诱发创造性的激素，"这是激励创造性的体制，是一种不容易看到的东西。它能够使工人始终以一种充满热情的方式来重复他的工作，使他们能够在体力强度能支撑的情况下，依然愿意开动脑筋来改变这个流程，使工作更有创造性。"

普华永道的咨询顾问们注意到：组织变革的许多重大举措与员工授权结合起来才会收到持久的效果。企业领导越是强有力，授权所取得的效益也就越大，对企业文化的影响也越深远。

5.2.6　柔性作业

随着信息技术的不断发展，以及知识经济时代的来临，柔性化管理方式成为企业管理的重要趋势。柔性管理对立于刚性管理，刚性管理以规章制度为中心，凭借制度约束、纪律监督、奖惩规则等手段对企业员工进行管理，这是科学管理的泰勒管理模式。柔性管理则是以人为中心，依据企业的共同价值观和文化、精神氛围进行的人格化管理，它是在研究人的心理和行为规律的基础上，采用非强制性方式，在员工心目中产生一种潜在的说服力，从而把组织意志变为个人的自觉行动。

柔性管理的最大特点在于它主要不是依靠外力（如上级的发号施令），而是依靠人性解放、权力平等、民主管理，从内心深处来激发每个员工的内在潜力、主动性和创造精神，使他们能心情舒畅、不遗余力地为企业不断开拓新的优良业绩，成为企业在全球市场竞争中取得竞争优势的力量源泉。

柔性管理思想用于工作设计，设计柔性作业，实现柔性运营。柔性作业的设计原则如下：

① 柔性作业的设计应有利于激发员工创造性，激发员工隐性知识向显性知识的转化。知识根据其存在形式，可分为显性知识和隐性知识，前者主要是指以专利、科学发明和特殊技术等形式存在的知识，后者则指员工的创造性知识、思想的体现。显性知识人所共知，而隐性知识只存在于员工的头脑中，难以掌握和控制。要让员工自觉、自愿地将自己的知识、思想奉献给企业，实现知识共享，需要靠柔性管理与柔性作业。

② 柔性作业的设计应有利于适应瞬息万变的外部经营环境。知识经济时代是信息爆炸的时代，外部环境的易变性与复杂性一方面要求运营经理必须整合各类专业人员的智慧；另一方面又要求运营决策快速做出，作业快速运行。柔性作业的设计提高企业的反应能力，使企业能够迅速捕捉市场机会。

③ 柔性作业的设计应有利于满足柔性生产的需要。在知识经济时代，人们的消费观念、消费习惯和审美情趣也处在不断的变化之中，满足顾客个性化需求，针对柔性化生产的需求进行柔性的工作设计。

④ 柔性作业的设计应适应网络化组织及分布式网络化信息系统的需求。科学管理时代的金字塔型结构的层级组织层次过多、传递信息的渠道单一而且过长，反应迟缓；各职能部门

间相互隔离，信息流动受边界的限制，上下级之间的信息传递常常扭曲、失真，按照这一组织架构，在某一组织机构中有固定位置的人只能在该位置上执行固定的职能，管理模式是刚性的，不能适应面向顾客的企业运营战略的需要，必须建立网络化的组织管理模式，进行相应的柔性作业的设计。

柔性作业有三个重要的方面，分别是技能柔性、时间柔性和地点柔性：

技能柔性，指员工队伍的多技能化有利于柔性化运营系统，要求企业重视知识管理，重视对员工的培训，建立学习型组织。相应地，企业薪酬系统应重视员工技能，而不是单纯视输出数量的多少来决定薪酬的高低，因为多技能的员工可根据企业环境变化的需要调换到其他岗位，多技能的员工适应这一岗位未来的智能化与信息化的需求，多技能的员工在生产过程出现瓶颈现象时可以被转到生产过程的其他环节工作，保证生产顺利进行。由此看来，多技能员工具有的价值是单一技能的员工所无法比拟的。上海通用汽车公司柔性生产线上的工人必须要达到上海通用严格的上线生产标准，必须经过严格的培训。为适应柔性化生产，制造部门的工人必须至少掌握三个工位的工作内容，从当初成立到 2002 年，上海通用已经派了大约 800 人次到海外培训。

时间柔性指使员工的供应与工作的需求相互匹配。这类系统可能为每一位员工确定一个核心工作时间段，其他时间则由员工灵活支配。

地点柔性——远程作业，指利用网络化信息系统提供的支持，许多工作可实行远程作业，建立"虚拟办公室"，在任何地点都可以工作。

5.3 团队作业

蚂蚁的世界一直为人类学与社会学者所关注，有人发现：蚂蚁找到目标食物后，如果有两只蚂蚁，它们会分别走两条路线回到巢穴，边走边释放出一种它们自己才能识别的激素做记号，先回到巢穴者会释放更重的气味，这样同伴就会走最近的路线去搬运食物。蚂蚁搬食物往回走时，碰到下一只蚂蚁，会把食物交给它，自己再回头；碰到上游的蚂蚁时，将食物接过来，再交给下一只蚂蚁。形成连接紧密的过程链。它们在工作场合的自组织能力特别强，不需要监督就可以形成一个很好的团队而有条不紊地完成工作任务。一个弱势个体可以组成整体上高效运作的团队，同时又具备快速灵活的团队运营能力。蚁群效应给我们研究团队作业带来一些启示。

团队作业指由一个小组集体完成一项确定的工作任务，并对完成该工作的具体方式具有很大的自主决定权。团队控制着许多与工作有关的活动：集成化产品设计与开发、任务分配、进度安排、质量测定与改善、甚至成员招募等。团队不同于群体性活动，如候车室里的顾客、旅行团等。团队作业模式日渐普及，如跨职能产品设计团队、质量改善团队、作业改善团队、项目团队、顾客（或供应商）团队等。

产品设计团队与质量改善团队都属于解决问题式的团队（Problem Solving Teams），这种团队是一种非正式组织，成员可以来自跨职能的部门或一个部门内的不同班组。产品设计团队是为了快速响应顾客需求，实现最佳设计，不断推出新产品而组建的。质量改善团队成员定期会面，研究和解决运营系统的质量问题，提出具体建议，在部门内加以解决。日本的 QC 小组就是这种团队的雏形，小组成员自愿加入小组，定期研究生产中遇到的质量问题，提出质量改善的建议，供管理部门决策实施。

项目团队具有明确的目的，如某项新产品的开发，某套生产线的引进，企业 ERP 的安装实施，某一投资项目的评估等。在这种团队中，其成员既有一般员工、各类技术人员，又有各部门的管理人员。团队按照项目进行组织、计划与管理，项目完成则团队解散。

团队工作制应是自我管理式的。团队小组共同完成一项相对完整的工作，小组成员自己决定任务分配方式和任务轮换，自己承担管理责任，诸如制定工作进度计划（人员安排、轮休等）、采购计划、甚至临时工雇用计划，决定团队工作方式等。如浪潮通用软件公司的 ERP 分行业实施团队：金融组、电信组等，每一小组自行制定自己的业务开拓计划与 ERP 实施计划等，负责所属行业内的一切事务。在团队工作中，应给予员工适度的授权，将决策的权力和责任层层下放，直至每一个员工。

在目前企业的组织重构与组织扁平化中，正在建立团队工作方式，削减中间管理层，赋予团队充分的自治，减少企业组织的层次，提高组织的灵活性与反应能力。

团队的重要组成因素有：

① 合作共事的目的要明确。团队具有明确的目标与任务。

② 相互依存。为达到目标，需要借鉴同事、上司的经验、能力、权限等。

③ 成员的合作意识：合作共事比独立工作更能有效地做出决策。每个人所做的工作是过程链上的一环。

④ 责任意识：组织内部单位负有责任，团队成员愿意承担相应的责任。

⑤ 参与意识。团队成员不仅要具有技术技能，还要具有社会技能，加强成员间非正式的、交互式的沟通，加强人际互动，培养积极主动的参与意识。

一个好的团队应具有如下特征：团队中充满创造精神与创新活动；尽管团队成员背景不同，但充满平等的气氛；时刻向优秀与高质量努力；不同性格的人的良好组合；鼓励团队成员参与等。

团队作业具有许多优点：

① 提高生产率，做到群策群力；

② 提高激励水平与柔性；

③ 提高质量水平并鼓励创新；

④ 建立良好的工作氛围，团队成员互相依靠，沟通得到加强；

⑤ 便于在工作场所实施技术革新；

⑥ 为员工提供发展机会，提高其自身价值，增强员工对工作的满意度，使之做出更大的贡献。

如果团队没有具体的目标，具有很低的相互依存度，再采用大部分个人时间进行共同作业，那么成员会出现不满情绪，团队成员相处困难，团队中出现不健康的非正当的竞争，当缺乏有效沟通时，忽视成员的个人发展会导致效率下降，所以团队负责人必须注意改进团队的管理。

有效的团队需要整合团队成员的努力。团队管理中容易出现一些问题，问题得不到解决就会降低团队的效能。较普遍的问题有：将适合个人完成的工作交给团队处理；团队成员不能清晰理解团队的绩效目标，不能做出充分的承诺，不原意承担责任；团队中的培训不够充分；因为团队中存在不同的意见，而确定了折中的解决方案；因为团队达成共识需要时间，因而造成团队的决断力差，反应速度慢。

亨利·明茨伯格是加拿大著名管理学家，其管理思想也主要体现在组织管理和战略管理方面。组织管理学方面，明茨伯格的主要贡献是对于经理工作的分析，《经理工作的性质》是他这方面的代表作之一。明茨伯格强调经理工作对组织的巨大作用，指出经理在工作中担任的 10 种角色：挂名领导、联络者、领导者、信息接收者、传播者、发言人、企业家、故障排除者、资源分配者和谈判者。明茨伯格实证分析了经理活动，并在此基础上将经理的类型分为联系人、政治经理、企业家、内当家、实时经理、协调经理、专家经理、新经理。明茨伯格关于经理对组织作用的分析，非常有助于管理者在团队中的准确定位。

5.4 作业研究

作业研究是方法研究、作业测定等技术的统称。作业研究考察各种情境下的人工作业，系统地研究影响考察对象工作效率和经济性的所有因素，从而揭示出改善途径。方法研究主要是确定工作中使用的操作方法与操作活动；作业测定通过一系列技术确定完成一项工作所需的时间。

5.4.1 方法研究

方法研究是指对现行的和公认的工作方法进行系统的记录和批判性的考察，设计和实施更便捷、有效、成本更低的新方法。方法研究的主要步骤是：

1．选择研究作业

运营管理人员每天遇到的问题多种多样，同时工作研究的范围也是极为广泛的，这就有一个如何选择合适的工作研究对象的问题。一般来说，工作研究的对象主要集中在系统的关键环节、薄弱环节，或带有普遍性的问题方面，或从实施角度容易开展、见效的方面。因此，应该选择效率不高、成本耗费较大、急需改善的工作作为研究对象。研究对象可以是一个运营系统全部或某一局部，如生产线中的某一工序、某些工作岗位，甚至某些操作人员的具体动作、时间标准等。

尽管工作研究的目标是提高劳动生产率或效率，但确定了研究对象之后还需规定具体的研究目标。这些目标如下：

① 减少作业所需时间；
② 节约生产中的物料消耗；
③ 提高产品质量的稳定性；
④ 增强职工的工作安全性，改善工作环境与条件；
⑤ 改善职工的操作，减少劳动疲劳；
⑥ 提高职工对工作的兴趣和积极性等。

2．记录现行方法

将现在采用的工作方法或工作过程如实、详细地记录下来。可借助于各类专用表格技术来记录，动作与时间研究还可借助于录像带或电影胶片来记录。尽管方法各异，但都是工作研究的基础，而且记录的详尽、正确程度直接影响着下一步对原始记录资料所作分析的结果。现在有不少规范性很强的专用图表工具，能够帮助工作研究人员准确、迅速、方便地记录要研究的事实，为分析这些事实提供标准的表达形式和语言基础。

3．核查事实

核查事实的任务是对现行方法进行彻底深入的考察，详细分析现行工作方法中的每一个步骤和每一个动作是否必要，顺序是否合理，哪些可以去掉，哪些需要改变。这一工作往往通过"5W1H"询问技术来进行，找出现行方法背后的理由，进而发现工作中的弱点，开发新的替代方法。询问的问题主要涉及作业的目的、发生地点、发生次序、作业人员、作业方法。

对作业流程的研究借助于作业流程图，通过对作业流程图的分析，可消除、合并某些步骤、缩短运输距离、确定延迟环节，进而设计出新的方案。

4．建立新方法：取消、组合部分作业；改变作业顺序；简化作业。

这是工作研究的核心部分之一。建立新的改进方法可以在现有工作方法及现有作业流程分析的基础上，通过"取消—合并—重排—简化"四项技术形成对现有方法的改进：

① 取消所有不必要的工作、步骤或动作；减少工作中的随机性，如确定工件、工具的固定存放地，形成习惯性动作；取消工作中的一切怠工与闲置时间。

② 合并：如果工作不能取消，则考虑是否应与其他工作合并。对于多个方向突变的动作合并，形成一个方向的连续动作；实现工具的合并、控制的合并与动作的合并。

③ 重排：重新排列工作的顺序。

④ 简化：简化工作内容与步骤，简化动作。

5．实施新方法并定期维护

工作研究成果的实施可能比对工作的研究本身要难得多，尤其是这种变化在一开始还不被人了解且改变了人们多年的老习惯时，工作研究新方案的推广会更加困难。因此，实施过程要认真做好宣传、试点工作，做好各类人员的培训工作，对实施过程进行项目管理，并且重视对新方法实施效果的定期监测、维护与评价。

评价新方法的优劣可从经济价值、安全程度和管理方便程度几方面来考虑。

5.4.2 作业测定

作业测定是要确定一个合格工人在标准绩效水平完成一项特定工作所需的时间。它是一个为了设置时间标准，对工作进行分析的过程。除了提供基准外，进行作业测定的其他目的还包括：用于工作排程与分配能力，测量、评估工作绩效，将实际工作情况与标准作业时间进行对比，寻找改善的方向。

标准绩效水平：指正常情况下合格工人工作一天所能达到的输出水平。

基本时间：一个合格工人按照标准绩效水平完成某一特定工作所需时间。

标准时间：特定环境下运营系统能够接受的完成工作的时间。增加了宽松时间。

制定工作标准的关键是定义"正常"的工作速度，正常的技能发挥。例如，要建一条生产线，或者新开办一项事务性的业务，需要根据需求设计生产运作能力雇用适当数量的人员。假定一天的生产量需达到 1500 个，则必须根据一个人一天能做多少个来决定人员数量。但是，一个人一天能做的数量是因人而异的，有人精力旺盛，动作敏捷，工作速度就快，还有一些人则相反。因此，必须寻找一个能够反映大多数人正常工作能力的标准。这种标准的建立，只凭观察一个人做一个产品的时间显然是不行的。必须观察若干人在一定的时间内做出产品的数量和质量，然后用统计学方法得出标准时间。此外，即使建立起了工作标准，在实际工作开始之后，也仍需不断地观察、统计，适时地进行修正。

1. 时间研究

时间研究是用来记录某一特定工作时间的各个元素在特定环境下的工作时间和速度的作业测定技术。一项工作（通常是一人完成的）可以分解成多个活动。在时间研究中，研究人员用秒表观察和测量一个合格员工在正常发挥状态下进行各个活动所花费的时间，这通常需要对一项活动观察多次，然后取其平均值。从观察、测量所得到的数据中，可以计算为了达到所需要的时间精度，样本数需要有多大。如果观察数目还不够，则需进一步补充观察和测量。通过分析所记录的数据，得到完成该活动的基本时间。一般通过以下 4 个步骤得到基本时间：

① 将工作分解为活动；
② 观察、测量各活动的实际时间；
③ 对观察到的时间进行调整；
④ 将调整后的时间进行平均化，得到活动的基本时间。

$$基本时间 = 观测时间 \times \left(\frac{观测分值}{标准分值} \right)$$

2. 标准时间计算过程

考虑到正常发挥的程度和允许变动的幅度，确定标准时间的方法如下：

$$标准时间 = 基本时间 + 宽放时间 = 基本时间 \times (1 + 宽放率)$$

表 5-2 为一个时间研究的实际例子（用 Excel 完成）。该例对一包装作业进行了研究，这一包装作业的具体活动有准备箱子、包装、封装检查及外部安装，对每一活动的时间进行了秘密观测，调整观测时间的标准分值为 100 分，计算出每一活动的每次观测的基本时间，求平均值得到活动的平均基本时间；给定宽放率，得到每一活动的标准时间，求和得到作业的初始标准时间；给定总体宽放率（如 5%），得到作业标准时间。

表 5-2　时间研究举例

作业：包装＃73/2A　位置：包装车间　　　　　观测员：FWT

活动		观测记录										平均	宽放率	标准时间
		1	2	3	4	5	6	7	8	9	10			
准备箱子	观测时间	0.71	0.71	0.71	0.69	0.75	0.68	0.70	0.72	0.70	0.68			
	评分	90	90	90	90	80	90	90	90	90	90			
	基本时间	0.64	0.64	0.64	0.62	0.60	0.61	0.63	0.65	0.63	0.61	0.6270	0.10	0.6897
包装	观测时间	1.30	1.32	1.25	1.33	1.33	1.28	1.32	1.32	1.30	1.30			
	评分	90	90	100	90	90	90	90	90	90	90			
	基本时间	1.17	1.19	1.25	1.20	1.20	1.15	1.19	1.19	1.17	1.17	1.1870	0.12	1.3294
封装检查	观测时间	0.53	0.55	0.55	0.56	0.53	0.53	0.60	0.55	0.49	0.51			
	评分	90	90	90	90	90	90	85	90	100	100			
	基本时间	0.48	0.50	0.50	0.50	0.48	0.48	0.51	0.50	0.49	0.51	0.4930	0.10	0.5423
安装外部	观测时间	1.12	1.21	1.20	1.25	1.41	1.27	1.11	1.15	1.20	1.23			
	评分	100	90	90	90	90	90	100	100	90	90			
	基本时间	1.12	1.09	1.08	1.13	1.27	1.14	1.11	1.15	1.08	1.11	1.1273	0.12	1.2626

3.8240

增加总体宽放率　　5%　　4.0152

3．时间研究中的主观判断和评价

在某些工作单元的测量中可能会测到一些偶然性的、不规则的动作，它们实际上不反映真正的操作要求。例如，失手掉工具、机器失灵等，这些动作和所花费的时间有可能使测出的时间不正确，因此必须在时间研究中排除这样的动作时间。哪些动作是规则的，哪些是不规则的，需要研究人员主观判断。

宽放时间应该多长，需要进行主观判断。通常宽放时间的范围是正常时间的 10%～20%，这主要是考虑到人员的疲劳、动作迟缓等不易测量的因素。

被观测人员的工作速度不一定正好代表大多数人的正常工作速度。这时，研究人员必须判断，通过对他们的观测所获得的数据是否代表正常速度；如果不是，应在多大程度上予以纠正（即确定合适总体宽放率）。还有这种可能性，即员工一旦看到他们被观察，就会有意放慢工作速度，因此，研究人员在研究过程中，还需判断有无这样的情况发生。如果有，则需进一步判断其程度。

4．时间研究方法的局限性

时间研究方法是制定工作标准中使用最多的一种方法。训练有素并具有一定经验的研究人员使用这种方法可以制定出切合实际的工作标准。但是，这种方法也具有局限性。首先，这种方法主要适用于工作周期较短、重复性很强、动作比较规律的工作，对于某些主要是思考性质的工作就不太适用，如数学家求解问题、大学教授准备讲义、寻找汽车故障的原因等。对于某些非重复性的工作也是不适用的，如非常规设备检修。其次，秒表的使用有一定的技巧性，一个没有任何使用经验的人测出的时间值有时误差可能很大，基于这样的数据很可能会制定出不正确的时间标准。再次，时间研究中所包含的一些主观判断因素有时会遭到被观测者的反对。

5.5 现代企业工作设计的原则

工作设计需要根据组织需要并兼顾个人需要，规定某个工作的任务、责任、权力以及在组织中与其他职务的关系。工作设计的结果就是工作规范，其实质是对现有工作规范的认定、修改或对新设职务的完整描述。

科学管理的作业研究与工作设计方法已经不能满足现代企业发展的要求，这种工作设计方法、时间研究方法及以此为基础的奖惩系统容易对团队合作造成损害，管理者错误地认为员工之间表现出的差异完全是其个人造成的，忽视了员工表现优劣的真正差异。实际上，员工表现出的差异往往是随机发生的。那么，管理者给员工确定这样一些工作标准是没有意义的，只能阻碍管理者与员工间的合作。

工作设计实践中的管理思想方法由重视管理层的控制发展到强调员工参与，企业员工由被视作一种成本，逐渐变为被视作一种资源、一种资本（见图 5-4）。现代运营的工作设计中特别强调员工的参与，关注员工的成长，将员工视作资源、资本，加强企业管理者与员工间的合作，重视团队作业模式，综合运用各类工作设计方法，吸取各种方法的精华。

5.5.1　工作设计的作用

工作设计的作用如下：

① 工作设计对员工的激励、员工满意度和生产率有较大的影响；

② 工作设计推动工作积极态度的产生；

③ 工作设计重新赋予工作以乐趣；

④ 工作设计有利于改善人际关系；

⑤ 工作设计使职责分明。

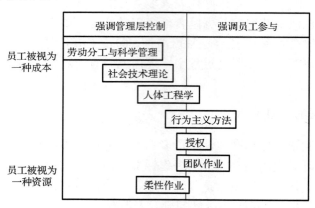

图 5-4　工作设计方法

5.5.2　工作设计需考虑的因素

实际工作中，工作设计需考虑如下因素：

① 环境因素，包括经济状况、人力供应、社会期望、技术发展；

② 组织因素，包括发展战略、专业化、工作流程和工作习惯；

③ 行为因素，包括技能多样性、任务同质性、重要性、自主性和反馈；

④ 顾客与供应商因素；

⑤ 竞争者因素；

⑥ 信息通信技术；

⑦ 变革因素。

5.5.3　工作设计的原则

① 符合组织战略及运营战略；

② 考虑信息技术、CIMS 与 ERP 的要求；

③ 考虑顾客与供应商的需求；

④ 关注员工发展，培养其职业感、对工作的热爱与忠诚等内在动机；

⑤ 建立管理者与员工间的合作关系，实现全赢；

⑥ 提高组织效率；

⑦ 必要的授权；

⑧ 团队协作；

⑨ 柔性作业；

⑩ 解放员工的创造力，努力消除妨碍员工产生工作乐趣的障碍；

⑪ 需要全方位激励，重在利用内在的自发动机。

5.5.4　不断改善的工作设计

现代企业也向员工提出了很高的要求，如要求员工具有创新意识、合作意识、适应性、价值观念、良好的沟通、礼仪、知识、思想、热情、追求等。美国著名人力资源专家詹姆斯·希尔曼多年潜心研究世界 500 强企业的用人之道，惊讶地发现有 13 种人是世界 500 强企业最讨厌也是坚决不用之人。这 13 种人是：没有创意的鹦鹉、无法与人合作的荒野之狼、缺乏适应力的恐龙、浪费金钱的流水、不愿沟通的贝类、不注重资讯汇集的白纸、没有礼貌的海盗、只会妒忌的孤猿、没有知识的小孩、不重视健康的幽灵、过于慎重消极的岩石、摇摆不定的墙头草、自我设限的家畜。

习题

1．工作设计中的决策要素有哪些？

2．简述工作设计实践中的管理思想。

3．举例说明工作扩展及工作丰富化。

4．试述作业研究方法。

5．简述作业测定的方法及其基本原理。

6．结合企业实际，谈一下现代企业工作设计原则。

7．为了制定新的时间标准，对当前的工作进行了一项时间研究，对一个工人观察了 45 分钟：他生产了 30 件产品，分析人员对工人工作的评价分为 90 分（满分 100 分）。该公司为了工人休息及个人时间，给予 12% 宽松率。确定该任务的标准工时。如果工人一天工作 8 小时生产 300 件产品，基本报酬为每小时 100 元，他一天应得的报酬为多少？

8．对某工人的操作进行了一周的观察（每周工作 5 天，每天工作 8 小时），连续观察了 500 次，发现处于工作状态的有 400 次，其余为闲暇状态。其间生产产量为 100 件。假设该工作人员的评定系数为 110%，时间放宽系数为 15%，试确定标准时间。

9．某超市经理想评估一下收银员的工作绩效，藉此以确定是否有必要增加人手。该超市出口有 5 台收银机，对这 5 个收银员进行了为期 5 天的抽样观察，观察 5 名工作人员的上班时间为 20 小时，平均评定系数为 90%。在 5 天中连续观察，发现空闲比率为 10%，在 5 天内接待了约 5000 名顾客。假如放宽系数为 10%，试确定每接待一个顾客的标准时间是多少？一个小时能接待几个顾客？

10．为了增加产量和降低成本，某公司计划在其生产工厂实施激励报酬计划。在为某一工序制定标准的过程中，作业研究分析员对某一工人进行了 60 分钟的观测，期间，工人完成了 80 件产品。分析员评价工人的评定系数为 120%。工人的基本报酬按每小时 5 元计，公司已设定由于疲劳和个人原因所致的放宽系数为 10%。

（1）该工序的正常时间是多少？

（2）该工序的标准时间是多少？

（3）如果工人一天工作 8 小时，生产 500 件产品，工人将获得多少报酬？

案例：华尔街的丛林法则[①]

华尔街的"道德准则"

有人说，华尔街的规则就是丛林法则，胜者为王，败者为寇，你一旦进入了"丛林"，就必须迅速地把自己从兔子变成羊，再从羊变成狼。特有正义感的人不适合华尔街，就算你是天才，也很难爬到顶层，不信可以听听下面这个故事。

岱璠来自斯里兰卡，是麻省理工学院的高材生，被微软挖去屈就了三年，一拿到绿卡，便冲华尔街而去。

华尔街令岱璠大开眼界，特别是金牌金融分析师，只要嘴皮子动一动便大把美元落袋。岱璠利用业余时间奋战六年，先攻下了 MBA，又考出 CFA（特许金融分析师）。按当时媒体的宣传，一旦拿到 CFA，就可以平步青云了，这证书就像一把金库的钥匙，岱璠想象着大把百万高薪的职位正在前方恭候。

或许太多人看到了媒体的夸大宣传，又有太多的人涌入华尔街，特别是大批"考试机器"的中国人和印度人纷纷拿到了 CFA，于是，百万高薪的职位骤然缩减。结果，等岱璠成为 CFA，颇费一番周折才找到初级分析师的职位，基本薪水不升反跌，所幸老板承诺奖金不封顶。

上班第一天老板发给他一个"黑莓"手机，必须像妇产科大夫那样 24 小时在线待命；每天埋头在成堆的文件数据中，做收入分析、现金流量评估和研究资产负债表；天天为大牌分析师写至少三份报告，给那些大师对投资者发布"买入"、"卖出"和"持有"的建议提供参考，"干得比驴累，吃得比猪差，起得比鸡早，睡得比狗晚，装得比孙子乖，看上去比谁都好"。

由于岱璠的分析和建议对股价起到了相当大的作用。往往建议"买入"一只股票时，股价会神奇般地上涨。而建议"卖出"一只股票时，股价便鬼使神差般地下跌，仿佛他在指挥股市上下起伏，这种满足使岱璠忘记了疲惫，感到付出有了回报。

然而，岱璠渐渐发现他时常不得已地作假。有一次，他手上一家客户要给员工配股定价，上司指定岱璠必须降低这一客户的评级。但根据那家公司的财报分析恰是买入的大好时机，应该是"Strong buy"（强力推荐买入）。他已经退一步给了"买入"的建议，被他那"金牌分析师"上司大骂一通："客户是上帝，你他妈不想干了。"没辙，岱璠通宵研究数据，总算找到一个作假的"卖出证据"，结果可想而知，第二天那家公司的股价跌去 4.5%……

岱璠这才深深体会到华尔街金融分析师的那句口头禅："Revenueis nothing, margin and profit is everything.（营业额不算什么，利润才是一切）"

很快，岱璠又遭遇到"道德的挑战"。有一家牛奶公司的财报收入一栏很漂亮，但利润却不怎么样，股价上不去。这家牛奶经销公司便出巨资，请岱璠的公司作出"强力买入"的评估，以提高股价。

岱璠接到任务研究了几份最新的科研报告，发现东方人，特别是东方成年人根本不适合喝牛奶，因为体内的基因无法吸收牛奶中的营养成分。更由于现在的奶牛普遍使用化学饲料，所以东方人喝牛奶会敏感，妇女长年饮用牛奶甚至可能得乳腺癌。而西方人多半由于营养过剩，喝牛奶对增强体质也没多大作用。

岱璠是个虔诚的佛教徒，一戒杀生，二不能打妄语。这次触到了他的道德底线，无论上

---

① 陈思进. 华尔街的丛林法则南方航空报. 2016-03-14. 经整理

司怎样逼他，硬是写不出"买入"的报告，结局当然是下岗走人！岱墦反而轻松了，干回他的老本行——电脑工程师。

金融分析师被公司雇用了，就得听公司的，而公司收了客户的钱，就得听客户的，哪怕得昧着良心颠倒黑白、指鹿为马，只要有利润赚就好。所以，在华尔街，道德是奢侈品。有道德的人在这个原始丛林里无法生存，道德就像小兔子，弱小而毫无防御能力。

华尔街的淘汰机制

在华尔街，以前普通员工每年都有一个业绩的评估，按一、二、三、四、五评等级，一是最好，五是最差。评估是这样进行的，它包括老板对你的评估、同事对你的评估和客户对你的评估，然后打个总分。

评到五是最差，基本上有 5%到 10%的人被评到五。拿到五的人不用跟老板说，收拾东西自觉走人。

因为，如果要等到公司来裁你，以后就惨了。在华尔街一旦被裁员，这是个坏记录，很难再进去华尔街的其他金融系统，相当残酷。评到四的人，过了三个月、六个月，要是业绩不见起色，也没有明显的好评，差不多也可以走了。

而现在，华尔街基本上有 10 级到 12 级，评上 1 级，职务和薪水也会跟着升。这听上去挺不错的，但这就和跳高一样，级别上升了，跳高的杆就往上挪了，明年你必须得跳过这个高度，跳不过去的话，就下来了。

华尔街用这样的机制，把每一个人用到极限。

不仅仅是普通员工，CEO 也一样，一旦失败，很难翻身。路易斯曾是美国银行的 CEO，赫赫有名。他从小做起，一直做到在华尔街能"呼风唤雨"。但金融危机时最后连 CEO 也当不成。

整个华尔街大体都一样，像雷曼兄弟，它曾是华尔街前五名的投行，但金融危机时亏损十亿美元，没有银行愿意贷款给它。老板那时候甚至给巴菲特打电话求救，也无济于事。雷曼兄弟不是高盛圈内的，说让你倒就让你倒，华尔街的规则就是这样。

在华尔街，完全不可能用道德去约束。有道德的人，在华尔街是没办法生存的。因为你是与狼共舞，你要跟他玩，你只能比他更狠；你想生存，就要比他更厉害。

思考题

1. 你认为工作设计的哪些原则在华尔街无效，哪些还有效？
2. 如何理解案例中提及的华尔街的"丛林法则"？你认为这一法则有利于团队目标的实现吗？
3. 淘汰机制更是一种激励机制吗？
4. 从事金融工作的员工业绩评估法会考虑哪些方面？

第 6 章　资源计划与排程

学习目标

1. 描述几种不同的生产方式；
2. 理解生产运作计划的框架；
3. 掌握综合生产计划及其策略；
4. 掌握综合计划的试算法、建模方法；
5. 了解收益管理的原理；
6. 理解主生产计划的概念及其编制；
7. 了解资源需求计划、粗略产能计划；
8. 理解批量规则；
9. 掌握物料需求计划的逻辑方法；
10. 描述作业排程与控制的四个活动；
11. 了解制造业与服务业作业排程的区别与产生这些区别的原因；
12. 理解 MRP、MRPⅡ、ERP 的含义，描述三者的区别与联系。

6.1　生产方式

生产方式依制造环境可分为面向库存生产（MTS）、面向订单装配（ATO）、面向订单工程（ETO）、面向订单设计（DTO）以及面向订单生产（MTO）。针对制造业或服务业不同的生产方式，ERP 软件包建立了相应的参考模型。

6.1.1　面向库存生产 MTS

面向库存生产的企业在接到订单之前就已经开始生产，生产计划依赖于对市场的分析与预测。客户订单抵达时直接从仓库出货。这种产品往往是大众化的产品，顾客可以从零售商或分销商处购买相应的产品。图 6-1 所示为面向库存生产企业的参考模型。

6.1.2　面向订单生产 MTO

这类企业只有在接到客户订单时才开始制定生产计划，安排物料采购，按照订单的设计要求进行生产准备。生产计划依赖于客户的订单。提供定制化产品的企业往往采用面向订单生产方式。面向订单生产有利于降低产品库存。图 6-2 所示为面向订单生产企业的参考模型。

6.1.3　面向订单工程 ETO

以工程项目来组织生产，适用于复杂结构产品的生产，接到订单以后首先要进行产品的工程设计，有相当大程度的客户化定制或独一无二的设计，每一订单会产生一套新的工件号、BOM、工艺路线。如造船、大型锅炉、电梯等生产。图 6-3 所示为面向订单工程企业的参考模型。

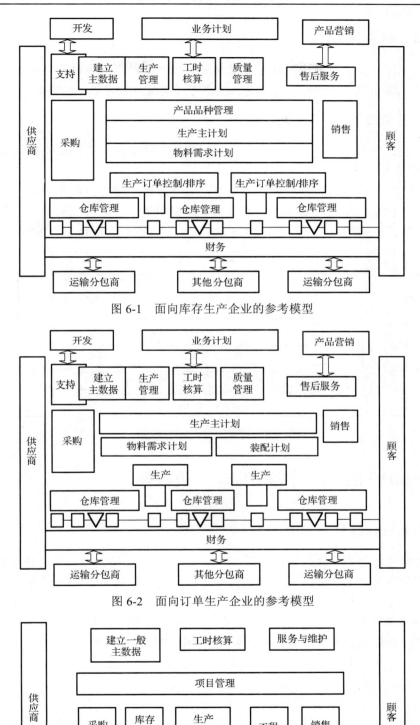

图 6-1 面向库存生产企业的参考模型

图 6-2 面向订单生产企业的参考模型

图 6-3 面向订单工程企业的参考模型

6.1.4　面向订单装配 ATO

面向订单装配的企业通常先设计、生产一种标准产品，当接到客户订单后，按照客户要求在标准产品上添加相应的插件。利用这一生产方式可减少按订单生产定制化产品的周期。

6.1.5　面向订单设计 DTO

接到客户的订单后进行产品的设计，如裁缝店根据特定顾客的需求进行服装的设计，提供完全定制化的产品。

前面讲过，生产过程存在两种不同的类型：工艺过程连续的流程生产型与工艺过程离散的加工装配型。化工、制药、冶金、饮料等属于流程型生产，而机械加工制造属于离散型生产。上述生产方式主要针对离散型生产。图 6-4 所示为流程型生产企业的参考模型。

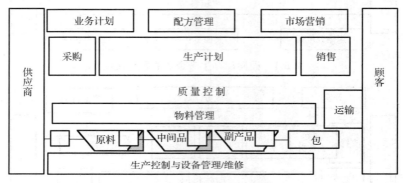

图 6-4　流程生产企业参考模型

6.2　基于 MRP 的生产计划与控制系统框架

6.2.1　制造业运营计划与控制

制造业运营计划与控制通用架构如图 6-5 所示。业务计划决定公司的运营业务、方针与规模，确定运营目标与任务，需要根据顾客需求与市场变化制订。运营计划与控制架构包括了计划期、顾客需求与市场变化、业务计划、运营目标与任务、优先次序的计划与产能计划、优先次序的控制与产能控制。生产计划与控制的主要活动如图中所示。

根据运营计划期的长度可分为长期计划、中期计划与短期计划。

长期计划：一年以上计划期，通常以年为时间段；

中期计划：6～18 月计划期，以月或季度为时间段；

短期计划：1 天～6 个月计划期，以周为时间段。

制造业管理方法与制度需要建立在通用的运营计划与控制架构基础上，不同的企业需要在通用架构基础上建立适合自己的管理模式，不断缩短任务的提前期，并根据实际可用的资源制订计划。MRP 是目前流行的一种计划方法，可将基于 MRP 的生产计划与控制系统架构表示为图 6-6。需求管理、综合计划与资源计划、主生产计划与物料需求计划、粗略产能计划与能力需求计划是主要的部分。

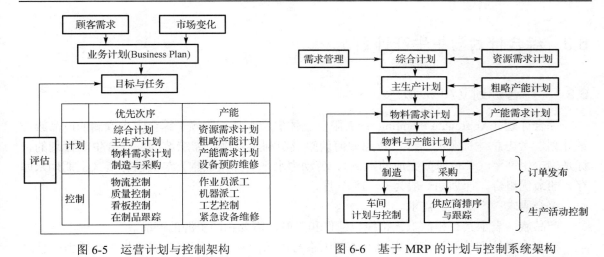

图 6-5　运营计划与控制架构　　　　　　图 6-6　基于 MRP 的计划与控制系统架构

6.2.2　需求管理

需求管理是对顾客订单管理和销售预测管理的统称。需求管理活动包括需求预测、订购、交货期承诺、分销、顾客服务、影响需求的促销、定价等。需求管理应考虑所有潜在的需求。

独立需求与依赖需求

产品及其零部件各有不同的需求来源，某些项目的需求来自顾客的指定，而另一些项目的需求则取决于其他项目的需求，会间接地受到顾客需求的影响。可以将这两种需求区分为独立需求与依赖需求（见图 6-7）。

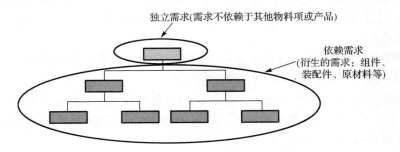

图 6-7　独立需求与依赖需求图示

独立需求：这一项目的需求与其他项目的需求无关，不受其他项目需求的影响。例如产成品的需求、备品或备件的需求等，这类需求通常需要做需求预测。

依赖需求：这一项目（子件）的需求来自其父件的需求。物料清单（BOM）定义了父件与子件的关系，一个产品的所有物料清单（BOM）表明了产品的结构。依赖需求可以由产品结构与物料清单（BOM）推导计算出来。

注意：一个特定的存货项目在特定的时间内可能同时为独立需求和依赖需求。如汽车制造厂轮胎的需求是由计划生产的汽车数量决定的，属于依赖需求；而用于更换轮胎服务的轮胎的需求属于独立需求，很大程度上由随机因素决定。

6.3　综合计划与主生产计划

6.3.1　综合计划（AP）概念

综合计划（Aggregate Planning）：着眼于整体生产水平，依赖于综合需求预测的产品族产量计划。考虑总体资源的需求，考虑如何调整资源利用以满足需求波动。综合生产计划的目标是确定生产率（单位时间完成的数量）、劳动力水平（工人数量）与当前存货（上期期末库存）的最优组合。计划期一般为 6～18 个月。

综合需求：产品族的需求。

产品族：表示具有相似工艺路线、部件和工时，需要相同资源的产品。

综合生产计划的制订应考虑如下外部因素与内部因素，平衡综合需求与生产能力，使之匹配。

- 外部因素（生产计划人员直接控制之外，但有些公司也能控制有限的需求）：经济状况、市场需求量、竞争者行为、外部能力（如分包商）、现有原材料等。
- 内部因素：当前生产能力、现有劳动力、库存水平、生产中的活动等。

企业在综合计划的制定过程中需要根据组织战略，根据产品或服务的市场需求预测，根据企业面对的政治、经济、市场、竞争、社会和技术等因素，协调运营与人力资本、营销、财务等其他职能的关系，制定具体的计划策略，与企业长期目标和长期战略框架相一致，并符合企业战略生产能力决策和资金预算决策。

6.3.2　计划的基本策略

- 跟踪需求（Chase）的策略：按需求生产，顾客订单发生变化时，相应地改变劳动力水平（雇用或裁减员工）、延长工作时间、分包、增加轮班等组合方法，使生产量与需求量相匹配。
- 稳定的劳动力水平（Level Workforce）：稳定劳动力水平，通过柔性的工作计划改变工作时间，改变产量，使产量与订货量相匹配。
- 均衡生产 / 平准化生产（Level Production）：保持每月的日产量大致相同的综合计划。稳定的劳动力水平和产出率；稳定的工作时间；使用库存来缓冲每月需求的波动。
- 混合策略（Mixed Strategy）

6.3.3　综合生产计划的相关成本

大多数综合计划方法是确定成本最小化的计划，假设需求固定；当需求与供应同时修改时，也采用利润最大化的方法，因为需求变化影响收入与成本。

与综合计划相关的成本主要有如下几种。

- 基本生产成本：计划期内生产某种产品的固定成本与变动成本。
- 与生产率相关的成本：雇用与培训成本（将新雇员培养成技能型人才所必须的）、解雇成本（与解雇相关的成本）。
- 库存成本：对库存产品进行维护所发生的成本，包括库存占用资金的成本、存储费用、弃置费用与产品腐烂变质所发生的成本。

- 缺货或延期交货成本：估计这项成本相当困难。延期交货会引起赶工生产成本，企业信誉丧失、销售收入下降等。
- 转包成本：是付给次承包商的生产产品的费用。转包成本可高于或低于自制的成本。

6.3.4 综合计划方法

综合计划方法主要有图表法和数学方法。

图表法（试算法）：通过计算不同生产计划的成本来选择成本最低的方案。电子表格软件的应用使这一计划的过程更为便利。这一方法易于理解和使用，有多种方案供选择，但选择未必是最佳的；

数学方法：线性规划、线性决策规则、回归分析模型、仿真、搜索决策规则。

1. 图表法

【例】生产微波炉的 GLS 公司，制订 1～6 月份的综合生产计划，收集了如下数据：月度需求量与每月工作天数，考虑的各类成本、期初库存如表 6-1 所示。

表 6-1 制订综合计划所需数据

月 份	1	2	3	4	5	6
需求量	500	600	650	800	900	800
工作天数	22	19	21	21	22	20
产能数据：						
标准工时 正常人工成本 期初库存 工作时间	4 小时 / 件 12.5 元 / 小时 200 件 8 小时 / 日					
成本数据：						
单位材料成本 单位持有成本 单位缺货成本 招聘培训费用 解聘费用	100 元 / 件 10 元 / 月 / 件 20 元 / 月 / 件 50 元 / 人 100 元 / 人					

现给出如下综合计划策略方案，并计算各种策略方案下的成本。

（1）跟踪需求的策略，变动工人数（假定期初工人数可完成第一月的需求数量）；

（2）工人人数 10 个保持不变，进行平准化生产，不加班，不外包，库存可变化，允许缺货。

读者可以自己再设计几种策略，并计算策略方案的成本。

综合计划策略方案的试算表格如表 6-2 所示。

表 6-2 综合计划试算表格

综合计划方案 1：变动员工人数							
期初库存		200	件				
标准工时 / 每件		4	小时 / 件				
计划时段（月）	1	2	3	4	5	6	总计
需求量	500	600	650	800	900	800	4250
计划产量	300	600	650	800	900	800	4050
所需总工时	1200	2400	2600	3200	3600	3200	16 200
每月工作天数	22	19	21	21	22	20	
每月正常生产时间	176	152	168	168	176	160	1000
需要工人数	7	16	15	19	20	20	

续表

综合计划方案 1：变动员工人数						
招聘工人	0	9	0	4	1	0	14
解聘工人数	0	0	1	0	0	0	1
成本数据	单位成本	总成本					
物料 / 件	100	405 000					
人工费 / 小时	12.5	202 500					
加班费 / 小时	18.75						
招聘 / 人	50	700					
解聘 / 人	100	100					
库存持有费 / 件	10						
总计		608 300	元				

综合计划方案 2：缺货							
期初库存		200	件				
现有工人人数		10	人				
标准工时 / 每件		4	小时 / 件				
计划时段（月）	1	2	3	4	5	6	总计
需求量	500	600	650	800	900	800	4250
计划产量	440	380	420	420	440	400	2500
所需总工时	1760	1520	1680	1680	1760	1600	10 000
每月工作天数	22	19	21	21	22	20	
期末库存	140	−80	−310	−690	−1150	−1550	−3780
成本数据	单位成本	总成本					
物料 / 件	100	250 000					
人工费 / 小时	12.5	125 000					
缺货成本	20	75 600					
库存持有费 / 件	10	1400					
总计		452 000	元				

2．线性规划方法解决综合计划问题

给定计划期间各时段的预测需求量，确定各个时段的生产水平、库存水平、产能水平，确保计划期间成本最小。

时间跨度上的运营参数：

- 时间段（月、周）生产产量
- 劳动力数量
- 计划加班小时数
- 设备产能水平
- 转包数量
- 延期订单数量
- 现有库存

综合计划所需信息：

- 每月需求量
- 生产成本
  - 劳动成本，包括正常时间（元/小时）与加班（元/小时）

— 转包费（元 / 小时或元 / 件）

— 产能变动成本：工人变动（元 / 元 / 人）或设备数量变动（元 / 元 / 台）

● 单件工时定额（人工小时数 / 件）

● 库存持有成本（元 / 元 / 件·期）

● 缺货或订单延期成本（元 / 元 / 件·期）

● 约束：解雇工人约束、加班约束、缺货或延期、可利用资本约束等

综合计划输出：

● 正常时间、加班时间、转包的生产产量

● 持有的库存量——可用于确定仓储空间及资金需求

● 缺货数量、延期交付数量——可用于确定顾客服务水平

● 设备产能水平——可用于确定设备是否需要更新或维修

【例】建立综合计划模型，已知 1～6 月预测需求量分别为 1600、3000、3200、3800、2200、2200。已知各项成本金额如表 6-3 所示。

表 6-3　综合计划所需数据

成　本　项	金　额
物料成本 Materials cost	C_m=$10/unit
库存持有成本 Inventory holding cost	C_h=$2/unit/month
缺货成本 Marginal cost of a stockout	C_s=$5/unit/month
雇用工人及培训成本 Hiring and training costs	C_e=$300/worker
解雇工人成本 Layoff cost	C_l=$500/worker
产品工时定额 Labor hours required	T_s=4/unit
正常工时费 Regular time cost	C_r=$4/hour
加班工时费 Over time cost	C_o=$6/hour
单件转包费 Cost of subcontracting	C_{out}=$30/unit

设 D_t——t 月需求量，$t = 1,2,\cdots,6$。

1 月期初库存 1000 件，6 月底库存不低于 500 件。现有工人 80 名。每天工作小时 h=8，月度 t 的天数 d_t 这里按 20 天算。每个工人每月加班的最大小时数 H=10。

（1）定义决策变量：

W_t =月度 t 员工数量，$t = 1,2,\cdots, 6$

H_t =t 月初雇用的员工数量，$t = 1,2,\cdots, 6$

L_t =t 月初解雇的员工数量，$t = 1,2,\cdots, 6$

P_t = 月度 t 生产产量，$t = 1,2,\cdots, 6$

I_t = t 月末库存量，$t = 1,2,\cdots, 6$

S_t =t 月末缺货数量，$t = 1,2,\cdots, 6$

C_t =月度 t 转包数量，$t = 1,2,\cdots, 6$

O_t =月度 t 加班总小时数，$t = 1,2,\cdots, 6$

（2）定义目标函数——总成本：

$$\text{正常劳动成本} \sum_{t=1}^{6} hC_r d_t W_t' +$$

$$\text{加班劳动成本} \sum_{t=1}^{6} C_o O_t +$$

$$工人雇用与解雇成本\sum_{t=1}^{6}C_{e}H_{t}+\sum_{t=1}^{6}C_{l}L_{t}+$$

$$库存持有成本\sum_{t=1}^{6}C_{h}I_{t}+缺货成本\sum_{t=1}^{6}C_{s}S_{t}+$$

$$物料成本\sum_{t=1}^{6}C_{m}P_{t}+转包成本\sum_{t=1}^{6}C_{out}C_{t}$$

所以，目标函数为：

$$Min\sum_{t=1}^{6}640W_{t}+\sum_{t=1}^{6}300H_{t}+\sum_{t=1}^{6}500L_{t}+\sum_{t=1}^{6}6O_{t}+\sum_{t=1}^{6}2I_{t}+\sum_{t=1}^{6}5S_{t}+\sum_{t=1}^{6}10P_{t}+\sum_{t=1}^{6}30C_{t}$$

（3）定义约束：

每月工人数量约束条件：

$$W_{t}=W_{t-1}+H_{t}-L_{t}\quad 或$$
$$W_{t}-W_{t-1}-H_{t}+L_{t}=0$$
$$t=1,2,\cdots,6且W_{0}=80$$

产能约束：每月产量不能超过生产能力

$$P_{t}\leqslant hd_{t}W_{t}/T_{s}+O_{t}/T_{s}$$
$$40W_{t}+O_{t}/4-P_{t}\geqslant 0$$
$$t=1,2,\cdots,6$$

每月的库存量平衡：

$$I_{t-1}+P_{t}+C_{t}=D_{t}+S_{t-1}+I_{t}-S_{t}$$
$$I_{t-1}+P_{t}+C_{t}-D_{t}-S_{t-1}-I_{t}+S_{t}=0$$
$$t=1,\cdots,6且I_{0}=1000$$
$$S_{0}=0且I_{6}\geqslant 500$$

每月的加班约束：

$$O_{t}\leqslant HW_{t}$$
$$10W_{t}-O_{t}\geqslant 0$$
$$t=1,2,\cdots,6$$

还可以设定其他不同的情境：

● 库存持有成本增加了3倍

● 加班费降到\$4.1／小时

● 需求的波动性增加了，如每月需求量预计为1000、3000、3800、4800、2000、1400。

综合计划的应用：

● 考虑问题从企业到企业价值链；

● 考虑计划的柔性；

● 出现新情况时，重新运行一次综合计划；

当产能利用率很高（"活"很多，干不过来）时，使用综合计划效益显著。糟糕的综合计划可引起顾客流失、库存冗余、产能过剩，需要运用适当的策略平衡产能、存货、缺货或延期订单。好的综合计划建立在与顾客、供应商的良好合作基础上。输入信息的质量决定了综合计划的质量。

3．综合计划的运输模型方法

线性规划运输模型根据成本最小化或利润最大化原则，分配有限资源，以获得最优的问题解决方案。一般情况下，综合计划中的目标是使总成本最小。如前所述，总成本包括正常生产时间、加班时间、转包、库存持有成本等相关成本等，约束条件则是生产、存货和转包能力。鲍曼（E. H. Bowman）建议根据运输型规划模型解决问题，获得能使生产能力和需求匹配，并且成本最小的综合计划。为了使用这种方法，计划员必须明确在正常时间、加班时间、转包合同时的生产（供应）能力，以及各期的相关成本。

各个量的计算参见如下公式：

期末库存量=前期期末存货+本期产量−本期产品需求量

正常生产成本=每单位产品正常成本×正常生产数量

加班生产成本=每单位产品加班成本×加班生产数量

转包生产成本=每单位产品转包成本×转包生产数量

存货成本=单位产品每期库存持有成本×当期平均存货数量×存货期数

延迟交货成本=单位产品每期延迟交货成本×延迟交货数量×延迟期数

计划期内成本=生产成本（正常生产+加班生产+转包合同生产）

+存货成本+延期交货成本

建立运输模型，分如下几步：

（1）做好运输表的"供应栏−需求栏"。供应栏意味着每一期要采取哪些策略方案进行生产，以及多大的供应能力；需求栏就是每一期的需求量。

（2）在关系表格中标注单位产品的成本。当期生产的产品（可能是正常生产、加班生产、分包生产或其他方案，这里采用了三个方案）满足当期的需求，则每个方案的成本分别是正常生产成本、加班成本和转包成本（在每一期行与列的交汇处）。当期生产，满足当期需求时，只有生产成本，不存在延期交货成本与库存持有成本。

- 何时存在库存持有成本？第一期生产出来，放在仓库里存一期，第二期交付使用时，就存在库存持有成本。运输表中，在同一期的交汇处，从左向右依次移动，每期会增加库存成本，因为产品在某期生产出来，在之后一期交付使用，满足后一期需求，自然每期要增加一项库存持有成本。
- 何时存在延期交货成本？第一期的需求订单，仓库无货，第二期生产出来交付使用时，就有延期交货成本。运输表中，在同一期的交汇处，从右向左依次移动，每期会递增一项延期成本，因为前一期的需求在之后一期生产出来才完成交货。比如说，如果第 3 期生产出产品，为满足来自第 2 期的延期交货需求，则每单位产品的延期交货成本为 b；如果第 3 期生产的产品是用来满足第 1 期的延迟交货需求的话，每单位产品的延期成本就是 $2b$。

未使用的生产能力的单位成本通常给定为 0。期初存货如果是用于满足第 1 期需求，则给定为 0 单位成本。

【例】某公司生产产品 A，6 个计划期的需求量分别为 300，300，400，400，500，200 件。公司生产能力下的每期产量：正常生产 300 件，加班 120 件，外包 50 件。第 1 期期初库存、最后一期期末库存、每期持有费用、延期交货成本、正常时间生产的单位成本、加班生产的单位成本、单位产品的外包成本如表 6-4 所示。产品 A 的每期需求量与产能数据如表 6-4 所示。

表 6-4　制定综合计划已知数据

期初库存	80	单件正常生产成本	$2.00
期望期末库存	0	单件加班生产成本	$3.00
单件每期库存持有成本	$1.00	单件外包生产成本	$6.00
计划期	6	单件每期延迟交货成本	$5

请应用运输模型的表上作业法完成综合计划表格，并运用运输模型做出综合计划。

【解】我们完成的综合计划运输模型表格如表 6-5 所示。

表 6-5　综合计划的运输模型表

计划期		1	2	3	4	5	6	未利用的产能	最大产量
	期初库存	$0.00 / 40	$1.00 / 40	$2.00 / —	$3.00 / —	$4.00 / —	$5.00 / —	0 / 0	80
1	正常时间生产	$2.00 / 260	$3.00 / —	$4.00 / —	$5.00 / —	$6.00 / —	$7.00 / —	0 / 40	300
	加班生产	$3.00 / —	$4.00 / —	$5.00 / —	$6.00 / —	$7.00 / —	$8.00 / —	0 / 120	120
	外包生产	$6.00 / —	$7.00 / —	$8.00 / —	$9.00 / —	$10.00 / —	$11.00 / —	0 / 50	50
2	正常时间生产	$7 / —	$2.00 / 260	$3.00 / —	$4.00 / 40	$5.00 / —	$6.00 / —	0 /	300
	加班生产	$8 / —	$3.00 / —	$4.00 / —	$5.00 / —	$6.00 / —	$7.00 / —	0 / 120	120
	外包生产	$11 / —	$6.00 / —	$7.00 / —	$8.00 / —	$9.00 / —	$10.00 / —	0 / 50	50
3	正常时间生产	$12 / —	$7 / —	$2.00 / 280	$3.00 / 20	$4.00 / —	$5.00 / —	0 /	300
	加班生产	$13 / —	$8 / —	$3.00 / 120	$4.00 / —	$5.00 / —	$6.00 / —	0 /	120
	外包生产	$16 / —	$11 / —	$6.00 / —	$7.00 / —	$8.00 / —	$9.00 / —	0 / 50	50
4	正常时间生产	$17 / —	$12 / —	$7 / —	$2.00 / 220	$3.00 / 80	$4.00 / —	0 /	300
	加班生产	$18 / —	$13 / —	$8 / —	$3.00 / 120	$4.00 / —	$5.00 / —	0 /	120
	外包生产	$21 / —	$16 / —	$11 / —	$6.00 / —	$7.00 / —	$8.00 / —	0 / 50	50
5	正常时间生产	$22 / —	$17 / —	$12 / —	$7 / 300	$2.00 / —	$3.00 / —	0 /	300
	加班生产	$23 / —	$18 / —	$13 / —	$8 / 120	$3.00 / —	$4.00 / —	0 /	120
	外包生产	$26 / —	$21 / —	$16 / —	$11 / —	$6.00 / —	$7.00 / —	0 /	50
6	正常时间生产	$27 / —	$22 / —	$17 / —	$12 / —	$7 / 200	$2.00 / 100	0 /	300
	加班生产	$28 / —	$23 / —	$18 / —	$13 / —	$8 / 120	$3.00 / —	0 / 120	120
	外包生产	$31 / —	$26 / —	$21 / —	$16 / —	$11 / —	$6.00 / —	0 / 50	50
各期需求量		300	300	400	400	500	200	800	2900

6.3.5　收益管理

收益管理（Revenue Management）是动态的综合计划系统，可以预测需求，将各种资源按照不同价格分配给细分市场的顾客，决定预定时间和数量，为不同类型的顾客确定不同时间段的价格，以产生最大利润或收入。它的目标就是通过优化每个细分市场的价格和产能利用率来使收益最大化。收益管理一般应用在航空公司订座、宾馆订房、音乐会订座、媒体广告时段、游轮订座、旅游服务、公共设施服务以及网上拍卖。像美联航、万豪酒店、三峡游轮、假日酒店以及租车公司等在过去的几年里都采用了这一方法，取得了很好的效果。今天，收益管理还扩展到合同谈判和供应链管理中。

不可否认，收益管理方法对顾客有负面影响。例如，如果价格变化太频繁，顾客可能会很不高兴。你曾买过一张票，发现之前一些座位更便宜，但你没买到。航空公司和酒店的收益管理系统一天通常要更新好几次。一些公司会在特定时间段内冻结其价格。

服务企业靠特定时间的有限的座位、客房、位置、广告时段，即服务能力来获得收益，过了某个时间段，服务就不能用了，收益机会就永远失去了。不同的细分市场通常会有定价的差别，例如，航班的商务舱与经济舱。为不同市场找到合适的价位，这对收益最大化至关重要。由于价格的时间敏感性，预售也很重要。服务业成本结构的特点是具有很低的可变成本与很高的固定成本。例如，宾馆、游轮以及航空公司都具有占总成本 50%～80% 的固定成本。因此，采用收益管理的服务企业往往具有如下共同特点：

- 产品或服务在消费前进行销售；
- 面临的市场需求波动大；
- 生产或服务能力相对固定；
- 市场可以细分；
- 变动成本比较低，而固定成本比较高。

收益管理的主要内容包括四个方面：需求预测、弹性定价、产能分派、超量预订。收益管理的核心理念是：

- 靠价格调整供需，而不是靠产能；
- 以市场为基准的弹性价格，而不是以成本为基准；
- 考虑细分市场，而不是大众市场；
- 将服务待价而沽（舍得花钱的顾客会在短缺时来）；
- 基于知识做决策，而不是臆想的假设；
- 把握服务的价值周期；
- 持续评估提高收益的机会。

为了使收益管理更有效，采用弹性、多重价格结构应具有可行性，对顾客来说做到合乎情理；应用细分市场及数量预测；利用价格杠杆调整应用的期间；研究顾客行为，从而把握细分市场上需求的变化规律。

6.3.6　主生产计划

主生产计划（Master Production Schedule）：对每一个最终物料项，必须准备一个主生产计划。主生产计划通常是滚动的生产计划。主生产计划要确定每次订货所需的最终物料项的数量和交货日期，一般按周制订。最终物料项通常是完成品，具有独立需求。最终物料项也可能是主要的部件或模块，如当最终物料项非常庞大（昂贵）时或面向订单装配系列产品时。

图 6-8 表示了产品 T 系列的综合计划与 T 系列具体规格产品的主生产计划。

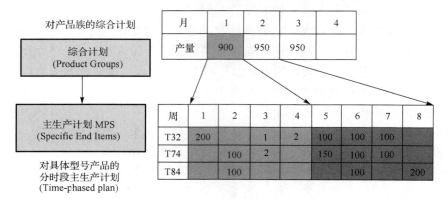

图 6-8　综合计划与主生产计划

主生产计划的制订须考虑三个原则：

（1）均衡计划

运营系统在不同时段上生产的产品数量与品种组合保持不变，保持有节奏、有规律的生产；简化工序的计划与控制工作；逐渐降低准备时间；增加工人熟练度；稳定的计划传递给上游的供应商工序；节省劳动力成本、降低管理费用。

（2）混合式生产

将均衡计划继续向前推进，可得到不同零件重复性混合生产模式。降低加工批量，提高柔性，形成稳定连续的输出流。

（3）同步化

许多公司都要同时生产许多不同的产品和零件，但并非所有的产品与零件都具备实行均衡生产所需的那些规则性。同步生产就是要协调各个工序的加工速度，保证物料以相同的流动特征通过各个工序，提高输出的稳定性与可预测性。以固定的间隔期生产，减慢作业速度较快的工序，使物流运动的"鼓点节奏"统一化。

同步生产需要对物料按照其需求频率进行分类：

- 频繁生产的物料，如每周一次；
- 经常生产的物料，间隔期比频繁生产的物料更长一些；
- 稀有物料：不经常生产，甚至偶尔才生产。

案例： 假定某加工中心必须在 20 天内生产三种产品：产品 A 1920 件；产品 B 1200 件；产品 C 960 件。工作时间为每日 8 小时，确定固定时段的产品生产组合。

计算各个产品的节拍（相邻同类产品的生产间隔期）：

产品 A：$20 \times 8 \times 60 / 1920 = 5$ 分钟，每 40 分钟生产 8 件 A；

产品 B：$20 \times 8 \times 60 / 1200 = 8$ 分钟，每 40 分钟生产 5 件 B；

产品 C：$20 \times 8 \times 60 / 960 = 10$ 分钟，每 40 分钟生产 4 件 C。

可以建立一个由 8 件 A，5 件 B，4 件 C 混合组成的每 40 分钟重复一次的加工序列。具体产品排列方式有多种。生产的产品组合满足计划期内的需求。

1. 计划时界（Time Fences）

对 MPS 计划期间的不同部分所允许的变化予以限制，常设定时界（如在第 4、8 周设定），确定允许的变化程度，如图 6-9 所示。

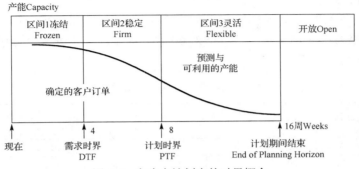

图 6-9　主生产计划中的时界概念

主生产计划存在如下四种状态：

- 冻结状态（Frozen），计划不允许有任何改变；
- 稳定状态（Moderately Firm），允许产品族内部一些特殊的微小变化（只要所需部件可获得）；
- 灵活状态（Flexible），允许某种程度较大的变化（只要总体能力需求水平基本保持不变）；
- 开放状态（Open），允许任何的改变。

主生产计划中设立以下两类时界：

- 需求时界（DTF，Demand Time Fence），在该计划点之后仅允许少许重要的改变（需主计划员批准的特殊客户订单）；
- 计划时界（PTF，Planning Time Fence），在该计划点之后 MPS 允许变化（由主计划员手工输入）。

2. 可承诺量 ATP

综合计划全部基于预测；主生产计划考虑实际的客户订单。主生产计划面向生产，又联结销售。

可承诺量 / 可签约量 ATP（Available To Promise）：在一段时间内，生产数量多于客户订单的数量，称为可承诺量 ATP，如表 6-6 所示。

表 6-6　产品生产计划数量、订单数量、ATP

周	1	2	3	4	5
预测数量	800	600	900	300	400
订单数量	700	700	300	100	0
MPS	800	700	900	300	400
ATP	100	0	600	200	400

ATP 告诉销售人员有多少数量的产品未向客户承诺。在 ATP 数量内，可向新的客户承诺。如果再来的订单不能消化掉 ATP，销售部可折价销售，也可要求生产部减少产量。

3. 主生产计划编制

【例】某电器生产企业，生产 3 种不同规格的产品。根据企业以往订单情况预测，某型号产品 4 月份的需求量为 200 台，5 月份为 240 台。该产品生产提前期设为 1 周。目前已知 4 月份顾客订单情况如表 6-7 所示。4 月份期初库存 45 台，按固定批量（经济生产批量）80 台安排生产。

（1）试制定 4、5 月份该型号产品的 MPS，完成 MPS 表格。

（2）如果编制完 MPS 后，又陆续有 2 个新的订单到达：1 号订单为第 1 周交货，订货量为 70 台；2 号订单为第 4 周交货，订货量为 60 台。如果选择接受一个订单的话，你更倾向于接受哪个订单？为什么？

表 6-7　某电器产品的库存与需求信息表

期初库存：45	4　月				5　月			
	周　次				周　次			
	1	2	3	4	5	6	7	8
预测需求量	50	50	50	50	60	60	60	60
确认的订单量	33	25	18	14	0	0	0	0
预计库存量								
MPS（收到）								
MPS								
ATP								

【解】先确定第 1 周的 MPS 收到量，再确定第 1 周的预计库存量；然后看第 2 周，需要 MPS 收到量吗？这需要看有无净需求。不需要再看第 3 周，先确定 MPS 收到量，再确定预计库存量。依次类推。结果如表 6-8 所示。

表 6-8　某电器产品的 MPS 表

期初库存：45	4　月				5　月			
	周　次				周　次			
	1	2	3	4	5	6	7	8
需求预计	50	50	50	50	60	60	60	60
顾客订单	33	25	18	14	0	0	0	0
预计库存量	75	25	55	5	25	45	65	5
MPS（收到）	80		80		80	80	80	
MPS		80		80	80	80		
ATP	67		48		80	80	80	

又来了新订单，是否接受？可接订单数量是多少？这都需要根据 ATP 数量来做出判断。第 1 周只有 67 台，无法接受 70 台，当然可以与顾客协商先供应 67 台，另外 3 台第 3 周供应；如果接了 1 号订单，2 号就不能接了。如果没有接 1 号订单，当前完全可接受 2 号订单，因为有足够的存货。企业可以综合考虑顾客、成本等因素做出选择。我们提倡的做法是两个订单都接受些，摸清顾客的真实需求状况。

假如没有接受 1 号订单，只接了 2 号订单。表 6-8 的 MPS 表格更新后如何呢？请读者自行做出该表格。

为了资源的计划和订单的安排，MPS 通常采用的时间期（Time Horizon）是 20 周或更多，取决于从物料最终项至所有组件迭加的提前期。

主生产计划（MPS）编制的灵活性取决于以下因素：

- 生产提前期
- 最终物料项所需组件
- 与顾客及供应商的关系
- 生产能力余量大小
- 管理层变革愿望

6.4 资源需求计划与粗略产能计划

6.4.1 资源需求计划 RRP

资源需求计划考虑满足综合需求所需的资源数量。资源计划检查满足预测需求所需的生产能力与现有资源能力。资源以能力水平（Capacity Level）度量。能力水平指最大的输出率或可获得的最大时间数。

长期计划与瓶颈运作考虑关键资源，关键资源指短缺或难以获得的资源，包括特殊的工作中心、设备、劳动力技能等，关键资源限制了整个过程的能力。

组织可获得能力依赖于轮班数量、每周工作天数、加时策略、现有劳动力、工人效能、设备水平等因素。可获得能力基于可行的情况，而不是理论情况。昂贵的设备可以以高的利用率运行，将最大能力视为 21 班 / 周（3 班 / 天，7 天 / 周），而一般计划将最大能力设为 15 班 / 周，正常能力设为 5～10 班 / 周。实行 JIT 与 TQM 的公司从不基于最大能力安排计划，而是考虑到设备的故障、维修、工艺变化及紧急情况。基于最大能力安排计划的公司没有时间进行过程的改善与工人的培训等活动。

明确两个概念：

资源表（BOR，Bill Of Resource），生产单件产品所需资源（工作中心或机器）与标准总时间列表。包括产品生产所有阶段的部件生产及装配时间。

人力表（BOL，Bill Of Labor），资源表的一种。资源为人力资源。

6.4.2 粗略产能计划 RCCP

粗略产能计划（Rough-Cut Capacity Planning）检查主生产计划的可行性，在每一个时间段，比较工作负荷（与 MPS 数量联系）与现有资源能力，以保证短缺资源、关键资源不超负荷。RCCP 通常用于最终项目。

- 负荷表（Load Profile）：生产单件最终项目所需的每项资源的标准总工时列表（考虑提前期的资源列表）。
- 资源负荷表（Resource Profile）：特定时段内，生产给定数量的最终项目所需某项资源的标准总工时数。

图 6-10 表示了负荷与产能概念的区别。

资源表与资源的现有能力比较决定 MPS 或资源能力是否需改变。若资源表超出了现有能力，MPS 须要调整，将超负荷时间段内的数量移向其他时间段，或在该时间段内增加能力（如加班等）。

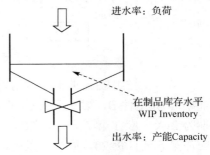

进水率：负荷

在制品库存水平
WIP Inventory

出水率：产能Capacity

图 6-10 负荷与产能概念图示

6.5　物料需求计划（MRP）

MRP 为了产品的及时生产，决定组成产品的各个组件、部件及零件采购或生产的数量及时间的逻辑方法。依赖需求驱动 MRP，组成产品的各个项目（组件、部件及零件）的需求依赖于产品需求。MRP 是决定依赖需求项目的订单数量与时间，以满足最终项目需求的软件系统。

1．简单的 MRP 举例

【例】已知产品 A 的产品结构树（product structure tree）、提前期（lead time）与需求信息。产品结构树中的数字表示单件父件所需子件的数量，如 B(4)表示单件父件 A 需要子件 B 共 4件。试制订一个物料需求计划。

提前期 LT：

A　1 天
B　2 天
C　1 天
D　3 天
E　4 天
F　1 天

需求量：

第 10 天　50 A
第 8 天　20 B（备件）
第 6 天　15 D（备件）

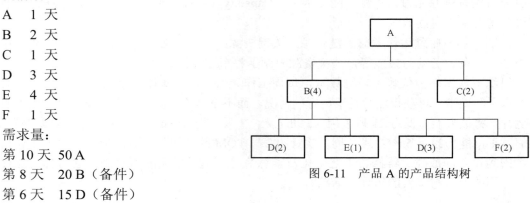

图 6-11　产品 A 的产品结构树

【解】

（1）求各组件的需求数量，如图 6-11 所示；

（2）考虑提前期，列出产品 A 的需求数量与订货数量。如图 6-12 所示，第 10 天 A 的需求量为 50，考虑提前期 1 天，应在第 9 天订货 50。

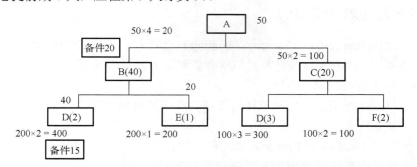

图 6-12　产品 A 及其组件的需求数量

（3）安排组成 A 的低一层组件的需求时间（依赖于 A 的订货时间）与订货时间（考虑提前期）。如组件 B，第 9 天 A 的订货量为 50，则同一天 B 的依赖需求量为 200，考虑 B 的提前期为 2 天，应在第 7 天订货 200。又组件 B 作为备件的独立需求量第 8 天为 20，考虑提前期应在第 6 天订货 20。同样可以列出 C 的需求量与订货量。

（4）依次向下层进行，可得到表 6-9。

结论：物料需求计划 MRP 系统从最终项目的计划完成日期开始，在时间轴上向后倒推计算，基于提前期，确定组成最终项目的每一物料项目的订单发布数量与发布日期。

表 6-9　产品 A 及其组件的物料需求计划表

	时间段（天）	1	2	3	4	5	6	7	8	9	10
A	需求量										50
LT=1	订购量									50	
B	需求量								20	200	
LT=2	订购量						20	200			
C	需求量									100	
LT=1	订购量								100		
D	需求量						55	400	300		
LT=3	订购量			55	400	300					
E	需求量						20	200			
LT=4	订购量	20	200								
F	需求量									200	
LT=1	订购量								200		

2．MRP 系统

MRP 系统的构成如图 6-13 所示。基于主生产计划 MPS，MRP 确定了来自工厂内部与外部的各项目订单数量及发布日期。由工厂内部制造的项目使用制造订单，向外部供应商采购的项目使用采购订单。

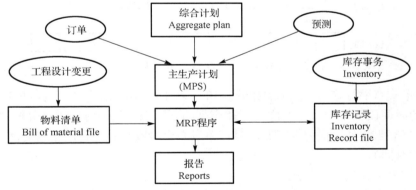

图 6-13　MRP 系统的构成

3．产品树结构与 BOM

产品树结构表示了最终项目与其他组成部件的关系。它是完整的产品描述，表明了产品所需的原材料、零部件、组件及其生产顺序，如图 6-14(a)所示。

BOM（Bill of Materials）：定义产品结构的文件，表示最终项目组成的物料项目的清单。

产品树结构反映产品结构比较直观，通常树根部表示最终产品项目（0 层），以后依次是组成产品的部件与组件（1 层、2 层、3 层...）。层次码反映了某项物料相对于最终项目的位置。在树结构中存在着同一物料项同时出现于不同层次的情况，这种项目称为多层次通用件。多层次通用件出现在同一产品的不同层次，为了有利于 MRP 高效地计算每一物料的需求数量，引入"低层编码"，使同一物料有较低的相同层次码，如图 6-14(b)所示。

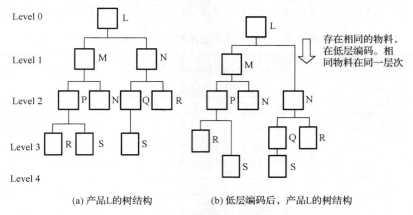

(a) 产品L的树结构   (b) 低层编码后，产品L的树结构

图 6-14   产品树结构与低层编码

想一想，在图 6-15 中，产品 W 的树结构是否符合低层编码原则？显然，应该将 D 的子件 R 放低一层，以便与 V 的子件 R、M 的子件 R 在同一层次。

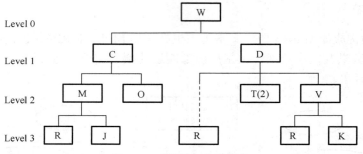

图 6-15   产品 W 的树结构

BOM 的形式有缩行式与单层式，如表 6-10 表示了图 6-15 的产品结构。表中在库量（OH）指在一指定的时间段初某项目的在库量。在产品的不同地点使用时需进行分配决策，表 6-10 中 R 的量都分给了 M 件。提前期指某项目订单发布至接收到该项目的正常时间（即订单发出至订单完成的时间）。

BOM 还可表示其他一些信息：

● 来源码，可分为自制、采购、外包、调配，系统依据物料来源做不同处理。

● 虚拟件（幽灵物料 Phantom Item），设计上存在，但在管理上并不直接使用，实际上不存在。如一个组件设计成由多个子件构成，但公司直接购买供应商已生产好的组件入厂。

● 线上组件（built-on-the-line-part），暂时存在，直接进入下一次装配，而非入库，可视作母件固有部分。

另外，当 BOM 中有大量相同子件重复出现时，将组件的共享部分作为虚拟件，以简化产品结构。

还有些特殊的 BOM：

● 计划 BOM，用于计划阶段，产品族的物料清单，不会有顾客订购它，只用于计划与预测；以共享件（如螺丝、垫圈、接线等）为子件的物料清单。

- 模块化 BOM：围绕产品模块组织物料清单，模块的物料清单称为模块单。用于由许多通用零件制成的并有多种组合的复杂产品，使用模块单，有效避免数据重复，便于生产排程与生产。进行模块化管理后，凡是用到该通用模块结构的无须重新输入数据，只需引用该模块。
- 工程 EBOM：设计用 BOM，展开所有物料项，包括产品每一工艺过程、半成品状态等。比管理用 BOM 复杂。
- 制造 BOM：用于执行阶段，接收客户订单后，系统产生制造 BOM，用于产生制造订单与采购订单。
- 管理 BOM：跨过虚拟件（幽灵物料），根据管理需要设置"管制点"。

4. 库存记录文件（Inventory Records File）

每一个库存项目作为一个独立文件。每一组件的现有库存状态记录在一个数据文件中进行维护，根据 MPS 中时间段的大小，可分为周或日的时间段（也叫时间桶，time buckets），每一时间段中的信息包括所需物料项的数量、预计在库量（OH）以及物料项现有订单的计划接收量等。

- 保留量（已分配量）（AL, Allocated）：表示该物料已被指定用于某张已发出的订单，预定从仓库中领出但实际尚未领出的数量（制造订单/采购订单已发出，尚未领料）。
- 毛需求量（GR）：MRP 的起点，在一特定时间内完成的总数量或项目需要的总数量。约定该数量要在每期的开始完成，如在第六周需要 120 件，则第六周周一的早上要完成 120 件。
- 计划收单（在途量）（SR）：已经发出，且已计划好在一确定日期到达或完成的订单。
- 在库量（OH）：在一指定的时间段，某物料项的在库量。在产品的不同地点使用时，需进行分配决策。
- 净需求量（NR）：毛需求量中扣除可利用库存量。

$$NR = GR - OH - SR + AL + SS$$

式中，GR、OH 是代表未来的期望数量。SS 为安全库存量。

- 计划订单收料（PORC）：考虑计划订单的批量经济性，满足净需求的计划订单计划完成或收到的数量。
- 计划订单发出（POR）：考虑订单提前期，发出订单以满足未来的需求。

MRP 采取分期订货的方式（Time-phased Ordering），每一订单有提前期，订单数量至少满足净需求。

库存状态文件通过及时传递库存事务保持更新，变化是由入库、出库、残料损失、部件损坏、订单取消等引起。

5. MRP 报告

MRP 主要报告以下内容。

- 计划订单（Planned Orders）：未来的计划订单安排，满足所有物料需求。
- 订单发布通知（Order Release Notices）：计划订单的时间期到来时，就建立订单并发出，对于自制部件就发至内部生产工厂/车间，对采购件就发至外部供应商。订单一旦发出，计划订单就变成计划收单（在途量）。
- 开放订单的预期变化（Changes in Due Dates）。

- 开放状态订单的取消 / 中止（Cancellations / Suspensions）。
- 库存状态数据（Inventory Status Data）。

MRP 次要报告以下内容。

- 计划报告（Planning Reports）：如某段时期内库存需求预测报告。
- 绩效报告（Performance Reports）。
- 例外报告（Exception Reports）：指出重要的偏差，如订单延迟。

6. MRP 程序

（1）最终物料项计划确定

GR：独立需求的时间及数量与主生产计划 MPS 相对应。

（2）从 GR 到 POR：由 GR 确定净需求量 NR，POR 考虑提前期，满足 NR。

（3）较低层次物料项计划确定

GR：依赖需求物料项的 GR 来自其父项的 POR。

（4）从 GR 到 POR

MRP 程序举例如下。

【例】产品 W 的结构树如前图 6-15 所示，假定第 1 周的 OH 与 SR 数量、各物料项目提前期已给定（见表 6-10）。又假定 W 的第 6 周毛需求量为 120 件，试开发其 MRP。

【解】表 6-11 表示了 MRP 开发的全过程。

表 6-10　产品 W 的 BOM

物　料　项		单位用量	OH	SR	LT
父　件	子　件				
	W		30	40	1
w	C	1	30	10	1
w	D	1	10	0	1
c	O	1	20	0	1
c	M	1	0	0	2
D	R	1	0	0	1
D	T	2	30	0	2
D	V	1	0	0	1
M	R	1	15	0	1
M	J	1	0	0	1
V	R	1	0	0	1
V	R	1	50	10	2

表 6-11　产品 W 的 MRP 运算表格

Item W （LT=1）			0	安全库存	0		批量 LOT	
		1	2	3	4	5	6	7
毛需求 GR							120	0
在库量 OH	30	30	70	70	70	70	70	0
在途量 SR		40						
净需求量 NR		0	0	0	0	0	50	0
计划订单收料 PORC		0	0	0	0	0	50	
计划订单发布 POR		0	0	0	0	50	0	

续表

Item W（LT=1）			0	安全库存	0		批量 LOT	
Item C（LT=1）			0	安全库存	0		批量 LOT	
		1	2	3	4	5	6	7
毛需求 GR		0	0	0	0	50	0	0
在库量 OH	30	30	40	40	40	40	0	0
在途量 SR		10						
净需求量 NR		0	0	0	0	10	0	0
计划订单收料 PORC		0	0	0	0	10	0	0
计划订单发布 POR		0	0	0	10	0	0	0
Item D（LT=1）			0	安全库存	0		批量 LOT	
		1	2	3	4	5	6	7
毛需求 GR		0	0	0	0	50	0	0
在库量 OH	10	10	10	10	10	10	0	0
在途量 SR		0						
净需求量 NR		0	0	0	0	40	0	0
计划订单收料 PORC		0	0	0	0	40	0	0
计划订单发布 POR		0	0	0	40	0	0	
Item O（LT=1）			0	安全库存	0		批量 LOT	
		1	2	3	4	5	6	7
毛需求 GR		0	0	0	10	0	0	0
在库量 OH	20	20	20	20	20	10	10	10
在途量 SR		0						
净需求量 NR		0	0	0	0	0	0	0
计划订单收料 PORC		0	0	0	0	0	0	0
计划订单发布 POR		0	0	0	0	0	0	
Item T（LT=2）			0	安全库存	0		批量 LOT	
		1	2	3	4	5	6	7
毛需求 GR		0	0	0	80	0	0	0
在库量 OH	30	30	50	50	50	0	0	0
在途量 SR		20						
净需求量 NR		0	0	0	30	0	0	0
计划订单收料 PORC		0	0	0	30	0	0	0
计划订单发布 POR		0	30	0	0	0	0	0
Item M（LT=2）			0	安全库存	0		批量 LOT	
		1	2	3	4	5	6	7
毛需求 GR		0	0	0	10	0	0	0
在库量 OH	0	0	5	5	5	0	0	0
在途量 SR		5						
净需求量 NR		0	0	0	5	0	0	0
计划订单收料 PORC		0	0	0	5	0	0	0
计划订单发布 POR		0	5	0	0	0	0	0
Item V（LT=1）			0	安全库存	0		批量 LOT	
		1	2	3	4	5	6	7
毛需求 GR		0	0	0	40	0	0	0
在库量 OH	0	0	10	10	10	0	0	0
在途量 SR		10						
净需求量 NR		0	0	0	30	0	0	0
计划订单收料 PORC		0	0	0	30	0	0	0

Item W （LT=1）			0	安全库存	0		批量 LOT	
计划订单发布 POR		0	0	30	0	0	0	
Item J （LT=1）			0	安全库存	0		批量 LOT	
		1	2	3	4	5	6	7
毛需求 GR		0	5	0	0	0	0	0
在库量 OH	0	0	0	0	0	0	0	0
在途量 SR		0						
净需求量 NR		0	5	0	0	0	0	0
计划订单收料 PORC		0	5	0	0	0	0	0
计划订单发布 POR		5	0	0	0	0	0	0
Item K （LT=2）			0	安全库存	0		批量 LOT	
		1	2	3	4	5	6	7
毛需求 GR		0	0	30	0	0	0	0
在库量 OH	50	50	60	60	30	30	30	30
在途量 SR		10						
净需求量 NR		0	0	0	0	0	0	0
计划订单收料 PORC		0	0	0	0	0	0	0
计划订单发布 POR		0	0	0	0	0	0	0
Item R（LT=1）			0	安全库存	0		批量 LOT	
		1	2	3	4	5	6	7
毛需求 GR		0	5	30	40	0	0	0
在库量 OH	15	15	15	10	0	0	0	0
在途量 SR		0						
净需求量 NR		0	0	20	40	0	0	0
计划订单收料 PORC		0	0	20	40	0	0	0
计划订单发布 POR		0	20	40	0	0	0	

① MRP 更新文件的方式：重新生成（Regeneration）。

以固定的周期（每周）检查全部文件。即使仅需要很小的改变，所有物料项的记录也要被重新生成。重新生成法成本高，记录精度差（变化的发生与文件更新时间不同步，有较长的滞后期）。

很多公司使用该方法，运行频率加快（如每天运行一次）。

② 净改变（Net-change）。

仅改变需更新的记录，只重新评估受事务处理和订单重新发布影响的物料项。MRP 系统是在线的，任何事务处理都可实现输入，订单可实时发布。需要授权某人频繁地输入变化的参数。

一般而言，最终项目需求稳定，变化较小时用重新生成法；最终项目需求不稳定，变化频繁时用净改变法。净改变法易导致系统潜在的不安定性。

7. 批量规则（Lot-sizing Rules）

以上讨论假定，POR 的数量批量大小与分期的 NR 数量相同。实际上 POR 的批量设定可获得潜在的经济性：

- 减少准备费用；
- 减少订货费月；
- 减少库存持有成本。

下面介绍三种批量方法：逐批法 LFL、固定批量法 FOQ 与定期订货量 POQ。

（1）逐批法 LFL（Lot-For-Lot）

前面举例就采用了逐批法：PORC=NR，降低了库存持有成本，但当 NR 很小时，订货会量小且频繁，增加准备费用。

（2）固定批量法 FOQ（Fixed Order Quantity）

对每笔订单确定一个固定的数量。可根据实际考虑或简单的成本分析设定任何数量，如采用 EOQ 标准。这一方法克服了逐批订货的高额准备费用。但当需求高度不确定时固定订货量与需求不能匹配，且容易引起低层物料项需求的急剧扩大。

（3）定期订货量 POQ（Period Order Quantity）

确定一个不变的订货间隔期。每隔 p 期就发出一个订单，每次订单下达的数量为下 p 期净需求量的总和。

当 $p=1$ 时，POQ 批量大小与 LFL 批量相同。

订货频数 p 的确定：

● 实际中 p 经常随意设定或为方便而定；

● 确定 p 的系统方法是基于历史记录或经济标准的平均订单大小，如

$$年订单数 \ N = \frac{年需求量}{平均订货量}$$

$$所以 \ p = \frac{每年期数}{年订单数 N}$$

8．MRP 计划中的变化与不确定性

MRP 计划也应随供应与需求的变化而发生变化。客户订单的变化引起 GR 的变化，交货期延迟、工作中断、产品缺陷会引起 SR 的延迟与短缺。为了应对这些不确定性，可以采取的措施有：安全库存、安全边际量、安全提前期。

（1）安全库存（Safety Stock）：为应对供应与需求的变动而持有的物料数量。

MPS 中没有完全冻结的部分仍然存在不确定性；客户订单的微小变化特例是允许的；存在来自设备故障、瓶颈、物料缺陷的随机的生产波动依然存在。

依赖需求的物料：任何一个组件的短缺或延迟将导致父项物料的延迟，通过产品树向上波及，很可能导致最终物料项延迟。避免向上的波及效应，低层物料通常持有安全库存。

最终物料项需求变化通过产品树向下波及，最终项也需持有安全库存，以缓冲 MPS 中的变化，不会波及下层。

安全库存（SS）数量的决策必须权衡缺货风险与库存持有成本。

● 足够大的 SS 可以调节需求增加或交货延迟。

● SS 越大，平均在制品库存越大。

（2）安全边际量（Safety Margin）

生产的物料项不能与净需求量相配，出现短缺，称为产量损失（收料损失）（Yield Loss）。产量损失率根据缺陷率、废料率、产品损坏率等确定。

假定平均产量损失率为 L，则

$$POR = NR/(1-L)$$

POR 比 NR 多的数量称为 POR 安全边际数量。

（3）安全提前期（**Safety Lead time**）：为避免交货延误，计划订单收料时间可以先于需求时间。

使用安全提前期，避免了交货延误，但会增加持有成本。SLT 不仅会增加持有成本，而且会影响效率，因为工人若知道有提前期，可能就不会先做。

SS/SM/SLT 是处理不确定性的方法，但是代表了陈旧的观念与思维方式。不确定性是众多因素造成的：预测、生产工艺、设备、工人技能与态度、供应商关系等。这些方法只能作为问题出现时的一个"拐杖"。

较好的方案是与持续改进相结合，发现问题根源，使用这些"拐杖"搭配加以解决。

（4）系统紧张与固定计划订单

最终项目的决策向下波及影响产品树中所有较低层次的物料项。系统紧张度指 MPS 或上层物料项 GR 的变化影响较低层物料项的 GR 和 POR 的程度。紧张的系统中，高阶物料排程的小变化会导致低阶物料排程的大变化。

系统紧张的原因一般有 MPS 变动、供应商交货延迟、物料品质不良、资料错误及意外的变动等。减少系统紧张的一种方式是使用固定计划订单（Firmed Planned Orders），固定 POR，而不管 GR 如何变化。时界建立了计划订单固定的时间区间，使用需求时界冻结最终项的需求，在 MRP 计划最初几周，产品树中每一物料项都保持固定，以保持整个生产系统波动最小。

6.6　能力需求计划 CRP

CRP 使用与 MRP 系统相连的 CRP 模块完成对 MPS 近期能力可行性的检查，CRP 与 RCCP 类似，使用 BOM、工艺路线顺序、作业标准时间计算资源负荷，但是 CRP 更加详细与精确，不再使用产品族的 MPS 计划，也不用毛需求量估计能力需求，而是利用 MRP 程序生成的 POR，考虑了在途量与在库量，能力的精确度比 RCCP 好得多。

CRP 主要关注 MPS 的近期部分，以决定这部分是否可行，是否可以冻结，MPS 的近期部分一旦被冻结，该部分遍及产品树的 GR、POR 也就确定下来了，将当前时间段的 POR 予以发布。在计算整体需求能力时，CRP 假定无限能力负载，累计每一时间段内所有订单的标准工时，而不考虑能力限制，传送到给定资源。所有订单的整体资源负荷计算出来后，CRP 模块考虑这些资源的最大可利用能力，如果发现超过能力，则标识出该资源。

6.6.1　重排程与溯源

多数 CRP 模块的局限性是：虽然标识了过载的资源，但不能指出过载的源处，而等待计划员确定。简单的解决方案可能是推迟排程或大大超载，延长工作时间也不能满足需要。

通过溯源程序确定过载源或评估行动的潜在原因。溯源将组件的 GR 与产品树中与其向上连接的所有父件物料项的 POR 连接起来，按照这种方式再向上找，直到最终项。过载状态一旦标识，溯源就可以确定对这一过载有贡献的源。

满足能力约束的方法主要有增加能力、重排程及减少生产提前期。通常提前期的小部分（20%～30%）用于准备与处理订单，大部分用于工序间的运输、检验或工序前后的等待。可采取以下三种方式减少提前期。

- 交叉工序：工序全部完成之前就开始向下一工序交运。交运批量小于工艺批量。
- 分割工序：使用多个并行的工作站完成同一工序。
- 分割批：分解订单，快速执行一部分订单，然后再执行另一部分。

6.6.2 闭环 MRP

将包含反馈回路的 MRP 系统称为闭环 MRP，它可以根据系统生产能力考察生产计划的可行性（如图 6-16 所示）。闭环 MRP 在制订主生产计划后进行产能负荷分析（粗能力平衡），以决定主生产计划的可行性；物料需求计划计算出制造订单与采购订单后，进行生产能力的平衡；根据能力调整计划，还要搜集生产（采购）活动执行的结果及外部环境变化的反馈信息，作为制订下一周期计划或调整计划的依据。形成"计划—执行—反馈"的生产管理闭环，以有效地对生产过程进行计划与控制。

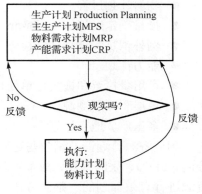

图 6-16 闭环 MRP 的简单图示

6.7 制造资源计划（MRP II）

MRP II 是对 MRP 的一种扩展，以 MRP 为核心，以闭环方式实现对制造公司中所有资源的计划与控制。它将 MRP 的信息共享程度扩大，使制造（Manufacturing）、市场（Marketing）、财务（Finance）、工程（Engineering）与采购紧密地结合在一起，共享有关数据，采用公用的集中数据库，组成一个整合的信息系统。有些软件包加入了制造系统仿真。

1. SAP R/3 的 MRP II 模型

图 6-17 表示了 SAP R/3 的 MRP II 模型。销售和运营计划（SOP）是一个通用的计划和预测工具；SOP 适用于销售、生产、采购、库存管理等的中长期计划。需求管理的功能是用来确定产成品与重要部件的独立需求数量与交货日期。需求管理与 SOP 及销售与分销计划功能完全集成。R/3 主计划模块包括需求管理、生产计划管理及主生产计划（MPS）。

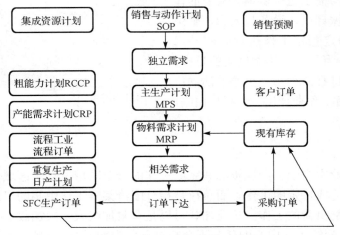

图 6-17 SAP R/3 的 MRP II 模型

物料需求计划的目的是确保正确的物料能及时到达并保证物料的可用量，同时避免过量的库存。制造资源计划主要包括

- 总计划和单项计划
- 物料计划过程
- 批量确定过程
- 例外消息和计划调整检查
- 能力计划
- 可用量检查和拖欠订单处理
- 单层和多层溯源
- 多工厂／地点计划

制造资源计划涉及销售与运营计划、主生产计划、物料需求计划、能力需求计划、车间控制（SFC）、采购管理、成本管理与财务管理等。从一定意义上讲，MRP-II 是对制造业企业资源进行有效计划的一整套方法，它围绕企业的基本经营目标，以生产计划为主线，对企业制造的各种资源进行统一的计划和控制，使企业的物流、信息流、资金流流动畅通，是一个计划与控制的动态反馈系统。

R/3 中的系统能力评估包括确定可用能力、确定能力需求、可用能力和能力需求比较。

2．订单

订单提供排程的基本数据。订单中工序的标准值和数量形成了排程和计算能力需求的基础。制造资源计划的主要订单有物料需求计划中的计划订单、车间控制中的生产订单、采购订单、工厂维护中的工厂维护订单。

6.8　作业排程

6.8.1　作业排程活动

作业排程活动要求组织在数量、时间和质量三个方面对供应与需求进行协调。典型的作业排程功能包括分派订单、设备与人力，确定订单执行顺序，确定预定工作执行时间并启动，进行作业控制。为了实现协调供需的目标，生产运作部门必须进行四种相互重叠的活动：负荷加载、作业排序、作业调度、监测与控制，如图 6-18 所示。

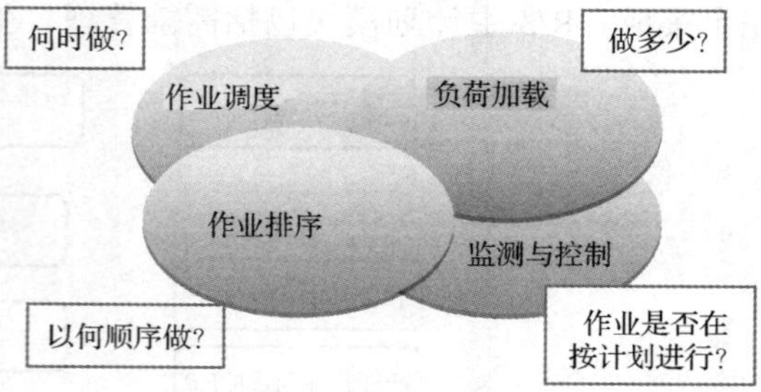

图 6-18　作业排程活动

1．负荷加载

工作中心是企业中组织生产性资源并完成工作的一个区域，这个区域可以包含单个机器／一组机器，或者完成特定的工作。而负荷是指分配给某一工作中心的工作数量。因此，负荷加载主要完成分配负荷的工作。负荷加载可以是有限加载或无限加载。

- 有限加载分配给工作中心的任务不会超过预定限额，这个限额可以是工作中心生产能力的估计值，这意味着加载给工作中心的负荷不会超过其能力。
- 无限加载不限制工作中心接受工作的数量，只要求工作中心尽力去适应实际工作的需求。MRP 就属于无限加载，它只考虑客户的需求，而不管生产能力如何。

2．作业调度

组织在进行作业调度时会遇到很多困难。这是因为不同作业的类型和时间、不同资源的能力都存在很大不同；并且，随着作业数量的增加，调度方案的数量会以阶乘级增长：对于 N 项作业、M 台机器，调度员可以得到（N!）M 个调度方案。然而，目前还没有可以确定最优调度方案的方法，所以组织只能选择相对更优的方案进行调度。

组织可以采用前向或后向的方式进行调度。前向调度是在作业任务到达的时候就开始做；反之，在不耽误交货期的前提下尽可能晚地开始做，倒推式安排被称为后向调度。组织应根据作业的实际情况选择不同的调度方式。

调度绩效可以通过多个指标进行度量，如按期完成比率、工件流程时间（即总加工时间+在工作区的总等待时间）、在制品库存量、设备利用率、设备／工作中心的故障停机时间、总完工时间、延迟时间（即完成日期超出交货期的时间）等。

3．监测与控制

一种常用的作业监测工具是甘特图。甘特图由亨利·L·甘特于第一次世界大战期间提出，甘特图可以显示各项作业的持续时间、进度及作业完成的前后顺序，能够直观地表示作业的执行情况。

如图 6-19 所示，甘特图中深色区域表示已经完成的工作，例如，作业 7 在工作中心 2 的工作落后于计划，而工作中心 3 的维修活动提前完成了。上述两种情况需要组织对计划进行修改、加速工作以赶上进度。

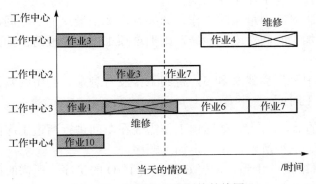

图 6-19　监测作业进展的甘特图

组织利用运作系统的日常输出数据，与计划比较的结果进行控制。如果结果表明实际与计划的情况存在较大偏差，那么就需要干预输入，及时采取调整措施。

然而，由于各运作系统目标不一致，控制活动也会存在一定难度。不仅如此，能否准确监测系统输出、准确预测干预结果，这些都会影响控制的效果。

6.8.2　作业排序

1．概念与规则

作业排序决定作业在工作中心处理的顺序。组织通常采用不同的优先规则确定作业顺序。常见的作业排序规则如下：

● 交货期优先（EDDF，Earliest Due Date First）

- 先到先服务（FCFS，First Come First Served）
- 后进先出（LCFS，Last Come First Served）
- 最长作业时间优先（LOT/LPT，Longest Operating/Processing Time）
- 最短作业时间优先（SOT/SPT，Shortest Operating/Processing Time）

这里需要说明的是，作业时间既包括作业的处理时间，还包括处理这项作业所花费的启动时间，因为完成一项作业可能涉及生产线的转换。

当只有一个加工中心时，组织可以利用上面提到的优先规则制定不同的排序方案。

2．约翰逊规则

如果现在有两个不同工序的加工车间，假设每项工作必须先经过工序车间一处理，再经过工序车间二处理，并且每项工作在两个工序车间的加工时间是已知的，则应当采用约翰逊准则进行工作排序。

运用约翰逊规则的条件如下：

- 工作时间必须是已知和常数；
- 工作时间必须独立于序列；
- 工作必须遵循相同的两步序列；
- 工作优先级不能使用；
- 所有单元在移向第二个中心前，必须在第一个工作中心已经做完。

约翰逊准则的步骤如下：

（1）写出每项工作在各工序车间的加工时间。

（2）找到所有加工时间中最短的工作，如果存在多个最短加工时间，任选其一即可。

（3）如果最短的加工时间对应工序一，则把这项工作排在最前；如果对应工序二，则把工作排在最后。

（4）在余下工作中重复步骤 2 和 3，直到工作没有剩余。利用约翰逊准则获得的工作排序会具有最小的总完工时间。

【例】表 6-12 中的 A、B、C、D 四项工作需要在车间进行两道工序的加工，两道工序所需时间分别如表第二、三列所示。试确定加工顺序。

【解】依据约翰逊准则的步骤，由表 6-12，由于 D 的工序一所需时间为 1 小时，是所有加工时间中最短的，因此具有最短加工时间的工作为 D，最短加工时间对应工序一，所以工作 D 应排在最前；

剩余工作中具有最短加工时间的工作为 A，最短加工时间 1.25 小时对应工序二，所以 A 排在最后；

B 和 C 均具有最短加工时间，任选其一即可，如果选择 B，则最短加工时间 2 小时对应工序一，所以 B 依序排在前面，即工作 D 的后面；

最后，由于 C 的工序二所需时间为 2 小时，故将 C 依序排在后面、A 的前面。

综上，表 6-12 的作业排序结果为 D、B、C、A。

3．单加工中心的作业排序

下面以一个简单的例子说明如何利用上述排序优先规则进行作业排序。

【例】表 6-13 显示了 A、B、C、D 四项作业的加工时间与交货期。试确定加工顺序。

表 6-12　四项作业在两道工序下的加工时间

作　业	工序一所需时间（小时）	工序二所需时间（小时）
A	1.5	1.25
B	2	3
C	2.5	2
D	1	2

表 6-13　四项作业的加工时间和交货期

作　业（按达到顺序排列）	加工时间（天）	交货期（天）
A	4	5
B	7	10
C	3	6
D	1	4

【解】

（1）依据交货期优先规则，得到的排序结果如表 6-14 所示。

表 6-14　以交货期优先规则进行排序的结果

作　业	加工时间（天）	交货期（天）	流程时间（天）	延迟时间（天）
D	1	4	1	0
A	4	5	5	0
C	3	6	8	2
B	7	10	15	5

（2）依据最短作业时间优先规则，得到的排序结果如表 6-15 所示。

表 6-15　以最短作业时间优先规则进行排序的结果

作　业	加工时间（天）	交货期（天）	流程时间（天）	延迟时间（天）
D	1	4	1	0
C	3	6	4	0
A	4	5	8	3
B	7	10	15	5

在长期的动态环境下，如果利用最短作业时间优先规则对作业进行排序，可能会使一项加工时间很长的作业总是处于队列末端。这会增加工作的难度，因为加工时间长的不确定性可能会大些。

（3）先到先服务规则。结果如表 6-16 所示。先到先服务规则最常用于服务系统。

表 6-16　以先到先服务规则进行排序的结果

作　业	加工时间（天）	交货期（天）	流程时间（天）	延迟时间（天）
A	4	5	4	0
B	7	10	11	0
C	3	6	14	8
D	1	4	15	11

（4）后进先出规则。结果如表 6-17 所示。

表 6-17　以后进先出规则进行排序的结果

作　业	加工时间（天）	交货期（天）	流程时间（天）	延迟时间（天）
D	1	4	1	0
C	3	6	4	0
B	7	10	11	1
A	4	5	15	10

后进先出规则在现实服务系统中较少被应用。

4．制造业的作业排程

制造业的作业排程主要受作业量的影响。不同作业量对应不同的生产系统，而针对不同的生产系统，组织会采用不同的排程方法。生产系统一般分为大量、中量和小量生产系统。下面将分别介绍这三种系统的作业排程方法。

大量生产系统的产品一般需求量很大且较为稳定，往往采用专业化、标准化的设备与流程，因此采用流水车间调度进行作业排程。流水车间调度是指有 N 台机器、M 项作业，每项作业都包含 N 个操作，分别依次对应 N 台机器。各操作间的顺序是固定的，即一项作业必须由第一台机器加工后再送往第二台机器进行加工，直到最后一台机器。调度员可以通过改变 M 项作业执行的顺序，获得较优的调度方案。调度规则可以采用不同的作业排序优先规则。成功的大量生产系统作业排程需要好的产品与流程设计，以减少产品和流程可能出现的质量问题，进而降低生产系统发生故障的可能性。然而，当发生无法避免的故障时，组织应进行快速修理，尽快恢复系统运作。此外，还要有可靠、及时的供应作为系统的输入保证。

面向订单的作业车间采用少量生产系统进行生产活动。面向订单的产品具有种类多、数量少的特点，不同产品的加工时间和方式都截然不同。因此，少量生产系统的作业排程会非常复杂。

中量生产系统的产品数量与种类介于大量与少量生产系统之间，一般采用批量生产的工艺类型。在生产一种产品时，中量生产系统可以参考大量生产系统的排程方法安排作业顺序。然而，中量生产系统还要面临生产不同种类产品的系统转换。因此，中量生产系统作业排程需解决的主要问题是如何缩短两种产品间的转换成本，例如，可以通过离线准备缩短系统的停工期。

5．服务业的作业排程

由于服务无法储存，顾客对服务的需求具有更大的随机性，且服务计划需要同时考虑服务人员、设备与顾客这三种因素，因此服务业的作业排程与制造业的排程方法完全不同。

预约系统与预订系统是典型的服务业作业排程方法。组织可以利用两种系统控制一段时间内的顾客需求，并依据预期需求调整服务能力，更好地协调供需关系。此外，组织往往通过更新服务人员工作时间表来调整服务提供能力。具体步骤：

（1）根据预测的需求确定所需的总完工时间；

（2）确定总完工时间对应的人员数量；

（3）制定全职、兼职人员的配置方案；

（4）制定工作进度安排，在满足需求的情况下最小化服务成本。

6.9　企业资源计划

企业资源计划 ERP（Enterprise Resource Planning）最初起源于制造业物料需求计划 MRP（Material Requirement Planning）与制造资源计划 MRPⅡ（Manufacturing Resource Planning）。ERP 作为新一代 MRPⅡ，其概念由美国 Gartner Group 于 20 世纪 90 年代初首先提出。Gartner Group 通过一系列的功能标准来界定 ERP 系统，提出 ERP 具备的功能标准应包括四个方面：

（1）超越 MRPⅡ范围的集成功能。

（2）支持混合方式的制造环境，包括既可支持离散，又可支持流程的制造环境，按照面向对象的业务模型组合业务过程的能力和全球范围内的应用。

（3）支持能动的监控能力，提高业务绩效，包括在整个企业内采用控制和工程方法、模拟功能、决策支持和用于生产及分析的图形能力。

（4）支持开放的客户-服务器计算环境，包括客户-服务器体系结构；图形用户界面（GUI）；计算机辅助设计工程（CASE），面向对象技术；使用 SQL 对关系数据库查询；内部集成的工程系统、业务系统、数据采集和外部集成（EDI）。

上述四个方面分别从软件功能范围、软件应用环境、软件功能增强和软件支持技术上对 ERP 进行了评价。

如今，ERP 已经成为全球各行业企业的主流信息系统，已成为企业主要的运营管理基础，几乎所有的企业都需要借助于 ERP 进行企业的信息管理与业务运营。ERP 已经大大超出了其原有的含义，成为企业经营的主干。

ERP 概念形成背景是企业运营全球化，多场所、多工厂要求协同作业，统一部署；信息时代 IT 的迅速发展；企业信息管理的范畴要求扩大到对企业的整个资源集成管理，甚至要求扩大到整个供应链的管理；市场竞争要素的变化，顾客需求的个性化，新的管理理念与管理模式的形成与发展。本书并不从 ERP 的起源来定义其概念，而是给出一个现代的概念。

ERP 是建立在信息技术基础上，利用现代企业的先进管理技术与思想，全面地集成了企业所有资源、信息，为企业提供决策、计划、控制与经营业绩评估的全方位和系统化的管理平台。ERP 试图从整体上有效使用和管理企业资源，改进企业运营，它表示了完整的企业管理技术与理念。

6.9.1　ERP 软件包

ERP 软件包通过各种业务管理应用软件来支持、实现上述 ERP 的概念。ERP 软件包覆盖了企业所有业务功能，实现了企业业务的集成，具有相当大的灵活性和较强的分析与计划能力，支持多语言、多币值以及多种会计标准，以适应企业全球化的需要。起初 ERP 的目标市场主要是制造业，包括了有关企业计划与管理的各种功能，如分销管理、生产管理、财务管理等，现在 ERP 的应用范围更加广泛，从制造业扩展到其他领域，越来越多的企业（有大型企业，也有中、小型企业）安装了 ERP 软件，ERP 软件已经形成了一个巨大的产业，提供 ERP 软件的世界级软件供应商有 SAP、ORACLE 等。

1. MySAP 与 SAP R/3

SAP（http://www.sap.com）的 mySAP 商务套件满足二十多个行业的特殊需求，如航空和国防、汽车业、银行业、化工行业、消费品行业、工程建筑业、金融行业、医疗行业、高科技行业、高等教育和研究业、保险业、媒体行业、钢铁行业、采矿业、石油天然气行业、制药业、公共事业、零售业、服务业、电信业、电力行业等，充分展示了 SAP 三十多年来服务于各行业不同规模的企业的最佳业务实践积累，帮助企业沉着应对特殊行业、特殊情境中层出不穷的挑战，并提供值得信赖、适合企业发展的业务架构。

SAP R/3 系统包括企业管理标准组件，如图 6-20 所示。SAP 提供一套全面的高质量服务，以帮助客户实施 R/3 系统，这些服务包括产品信息、培训、安装、升级、咨询等。SAP 通过互联网提供在线服务。

SAP 将 R/3 参考模型作为业务工程的基础，采用事件驱动的过程链（EPC）方法描述现有业务过程，同时加入了组织单元、功能、数据和信息流的描述，帮助加速实施 R/3 项目，支持业务过程工程，促进用户、管理人员和系统顾问与 SAP 的沟通。

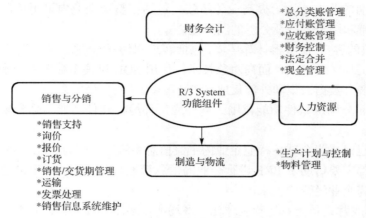

图 6-20　SAP R/3 系统功能组件

EPC 涉及事件、任务 / 功能、组织、信息四方面的基本设计原则，通过连接事件和任务，对复杂过程进行建模，清楚地描绘了所涉及的任务、数据、组织单元之间的关系及逻辑时间顺序。EPC 至少要有一个起始事件和结束事件，将负责执行任务的组织单元加到过程链中，以显示任务执行的完整视图。

通过 EPC 中心视图，就有可能从几个不同的视图模型（应用组件模型、组织模型、数据模型、交互模型）来说明业务过程与信息系统的功能。用 EPC 方法构建业务过程模型，可在不同的视图模型中间建立联系，组合四种不同的视图，形成业务过程的总体模型。

2．ERP 动态企业建模

制造型 ERP 应用系统需要为各种复杂的制造环境提供相应的解决方案。ERP 具有计划与排程能力，支持产品生命周期的全过程管理和全面质量管理，并与管理、控制一体化制造执行系统进行无缝集成，能够从实时车间管理开始，对生产制造全过程进行管理与控制。

适应市场变化、组织变革或技术变革的需求，企业必须重新审视其业务过程，信息系统必须有足够的灵活性，以支持业务过程的重组与再配置。动态企业建模 DEM（Dynamic Enterprise Modeling）（见图 6-21）实现了较为灵活而有效的业务过程的分析与优化、业务流程的再配置，并将 ERP 应用的实施直接面向用户，置于流程控制之中。

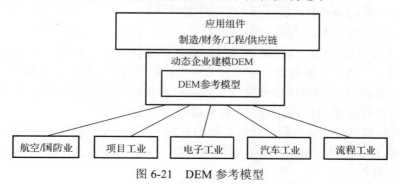

图 6-21　DEM 参考模型

　　动态企业建模的业务流程可以以 Petri 网为基础。建模系统由五个关键部分构成，包括企业建模工具、企业实施工具、企业参考模型、企业效能管理工具的系统件、企业应用环境、桌面系统、与因特网的集成及开放的客户-服务器结构。它为企业提供了一个企业管理与运行的框架结构，以保证企业的应用系统紧密匹配企业经常改进的业务流程和业务模型，即它使企业的业务流程同功能范围很宽且已经实践检验的应用软件相匹配，进而减少了企业工程的复杂性，增加了应用柔性。DEM 实现了三个最重要的目标：快速——实施周期短；灵活性——配置随业务流程的变化而变化，无须增加成本；集成——集成功能应用的建模工具也是生成系统配置的工具，还可建立生成最终用户访问应用系统的界面。

　　动态企业建模以参考模型为基础。可建立不同层次的业务管理模型（如供应链层、公司层、部门层），有企业结构模型、业务控制模型、功能模型、工作流程、组织模型等的企业模型。这些模型和功能应用紧密连接，当客户的业务过程变化之后，这些模型也会随之快速变化，相应的应用也会重新配置。新的应用和软件元素也可以添加进来以使建模工具始终和客户最新的业务操作匹配。动态企业建模实现的手段主要是通过预先配置的模块来降低系统的复杂性，其中的关键是尽量在业务周期的早期使用 DEM 参考模型中已有的元素配置用户业务。它使用建模器、合适的模型、合适的功能和组件资源库及一些有用的专家来动态地配置业务操作，同时规划企业未来需求。在实施时，它把企业本身的业务流程作为输入，在标准的企业参考模型的基础上，快速地把企业的业务流程映射到 ERP 应用系统。在完成企业的业务流程的映射后，ERP 应用系统得以自动配置。

　　建模的具体步骤：利用建模工具定义一个版本，在此版本下首先建立企业的参考模型，参考模型的建立采用组件模型库中可利用的组件。按 GERAM 的定义，企业的参考模型是获得一类企业的相同部分的模型，是可重用、可修改的。参考企业模型包括参考流程模型、参考组织模型、参考 IT 系统模型等。参考流程模型可为特定的行业或工业类型定制。参考技术模型提供了与 IT 供应商组件目录连接的组件的一般描述及一般操作规则。

　　然后在参考模型的基础上建立特定企业模型，同时也可利用组件模型库中可利用的组件。特定企业模型可作为参考模型加以保存（如图 6-22 所示的组件模型库与参考模型、特定企业模型的关系）。企业参考模型作为特定企业模型的组件与模板，可以提高建模的效率和成功率，实现快速动态建模。

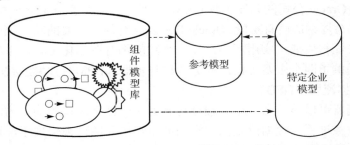

图 6-22　DEM 中组件模型库与参考模型、特定企业模型的关系

　　组件模型库用以存储完成不同模型（也包括参考模型与特定企业模型）的组件及业务规则、静态条件、实用程序，业务流程组件主要指详细流程组件，详细流程大多具有通用性，可在各种企业类型中应用。如项目制造企业的项目管理活动中的项目定义、项目预算、项目需求计划、项目成本计算、项目结算流程就属于通用的组件。众多的组件在组件模型库中存

放，必须采用一定的编码。如用 MN 表示制造类中使用的流程，用 SL 表示销售类等，每一类内部再设定顺序号。规则的编码与模型相关。实用程序组件包括了标准实用程序与部分参考模型实用程序、特定企业模型实用程序。

具有网络功能的 ERP 一体化解决方案应将供应链管理（SCM）、客户关系管理（CRM）、产品生命周期管理（PLM）、电子商务解决方案与 ERP 高度集成，支持制造、物流、服务和工程领域的企业集成其复杂的业务流程，在互联网上与客户和合作伙伴更为紧密地协作，推动企业业务战略增长，成为协同产品全生命周期商务解决方案的基础。

ERP 可以支持各个不同行业的特点，并能将电子商务、报表、商业智能、企业门户、协同商务等产品进行集成。通过动态企业建模技术，企业能够建立灵活的信息系统，这种信息系统可以支持并反映业务模式。当组织机构有所调整时，只需调整 DEM 模型，就能够重新配置 ERP 系统。DEM 拥有不同行业的最佳实践模型，可以加快 ERP 的实施。

3. Oracle Designer 需求建模

Oracle 电子商务套件是一套完整的商务应用程序，能够帮助企业高效管理客户交互活动、制造产品、发货和财务等。电子商务套件包括了市场营销、销售、服务、合同、财务、人力资源、供应链管理、订单管理、项目管理、采购管理、资产管理、生产管理等。电子商务套件适应全球化的需要，是一个完整而集成的套件，可以将所有的部门连接成一个无缝的信息流。它采用最新的互联网商务实践，简化流程，而不是修改软件来配合过期的业务流程，并实现快速实施。Oracle 提供了行业解决方案，包括汽车业、电信行业、金融服务业、政府机构、制造业、零售和分销业、交通运输业等。

Oracle Manufacturing 提供了与 ERP 相结合的制造解决方案的综合选择以及同时利用这些解决方案的灵活性，以最大限度地提高生产效率。Oracle 在制造解决方案上处于领先地位，它在开发混流制造（Flow Manufacturing）、项目制造（Project Manufacturing）、流程制造（Process Manufacturing）和批量定制技术方面的创新是引人注目的。这些制造方面的产品与 Oracle 电子商务套件全面集成，为客户提供了高性能的制造解决方案，使他们能够在当今不断变化的市场中获得竞争力并取得成功。

Oracle 的优势在于自己的数据库管理系统与自己的开发工具对网络电子商务的支持。Oracle Designer 是 Oracle 公司的开发工具 CASE 产品，它代表了 Oracle 公司的业务建模成果，能支持系统开发生命周期的所有阶段。Oracle Designer 有四个主要的功能，包括系统需求建模、初步设计生成、设计与生成、实用程序，每一个功能都有图示化工具。系统需求建模用于策略和分析工作，提供了四个主要工具：业务过程建模器（BPM）、功能层次图（FHD）、实体关系图（ER）、数据流图（DFD）。

业务过程建模器可以显示从一个处理过程到另一个处理过程的动画的流程，建立了已有业务过程或新的业务过程、数据流及拥有它们的组织单元的可视化展示，还可以显示业务过程的外部触发事件及输出，支持业务过程重组。

借助于业务过程建模器，可以通过发送时间量给过程和流仿真一系列业务过程的时间序列，并提供同时发生的事件概览，以了解系统中可能成为瓶颈的过程。功能层次图显示系统中功能或过程的层次关系。采用实体关系图创建实体和属性定义表示出数据之后，将数据元素关联到每个过程。实体关系图显示实体及其代表数据的逻辑模型的属性与关系（子类／父类与互斥关系）。

数据流图显示业务功能、数据流和数据存储，可表示系统外部实体及系统过程与外部过程间的数据流。数据流图表示了数据元素（实体与属性）与功能、数据流、数据存储的关联，而业务过程建模器忽略了这一点。业务过程建模器和数据流图可选择其一，如果选择业务过程建模器，须认真考虑利用功能层次图这类工具来建立功能与数据的关联。

6.9.2　ERP 的未来

在知识经济时代，ERP 能够提高生产率、加快企业核心业务的周转时间，降低成本，降低库存，企业可以实现准时化生产与采购，根据市场需求进行生产，帮助企业建立先进的生产管理模式。实施 ERP 还会带来组织的变革、企业间关系的变革，企业与其供应商及顾客的关系更加紧密，跨组织的业务协作共同体、供应链、扩展的企业、虚拟企业、虚拟组织会不断涌现。可以说 ERP 支持了企业的扩展战略，如图 6-23 所示。

| 地理上的扩展 | 业务范围扩展 | 供应链的扩展 | 多元化扩展 |

图 6-23　企业的扩展战略

ERP 的广泛应用导致了企业竞争基础的改变，同一行业的企业都采用了 ERP 软件，各个企业必须在精益运作、扩大市场份额上下功夫，并使 ERP 服务于自己独特的经营战略。

企业的不断发展，经济全球化的要求，信息技术的不断发展，企业竞争基础的变化，反过来也促进了 ERP 的发展，ERP 软件商面临着挑战。ERP 软件应具有柔性、可重构性、规模可变、可扩展性、开放性、安全性等特点，并满足企业个性化的独特需求。

企业不断发展，ERP 应适应企业发展要求，具有柔性、可重构、规模可变的特点。

Gartner Group 将 ERP 扩展为 ERPⅡ，并给出了 ERPⅡ的定义：ERPⅡ是通过支持和优化公司内部和公司之间的协作运营和财务过程，以创造客户和股东价值的一种商务战略和一套面向具体行业领域的应用系统。公司在利益共同体中有关协同商务过程的信息发布的需要会导致 ERPⅡ取代 ERP 成为公司内部和公司之间提高效率的主要方法。

ERPⅡ专注于各行业领域的专门技术，注重企业间的业务过程，支持价值链的共享与协同商务，因而可以很好地适应未来需求。ERPⅡ的角色从传统 ERP 的资源优化和事务处理，拓展为发挥信息的杠杆作用，使这些资源在企业的协作中产生功效。

ERPⅡ的领域包括了所有部门，其功能超越了制造、分销和财务领域的范围，扩展到特殊的行业部门和特殊的行业。ERPⅡ产品以 Web 为中心、集成设计的体系结构与 ERP 的单一结构有很大不同以至最终需要完全的变革。从 ERP 企图将所有的数据存储在企业内部，ERP Ⅱ扩展到贯穿于整个贸易共同体分布式处理数据。管理范围更加扩大，继续支持与扩展企业的流程重组，运用最先进的计算机技术。

ERPⅡ注重企业间的业务过程，支持价值链的共享与协同商务，因而可以很好地适应未来需求。ERPⅡ的角色从传统 ERP 的资源优化和事务处理，拓展为发挥信息的杠杆作用，使这些资源在企业的协作中产生功效。ERPⅡ的领域包括了所有部门，其功能超越了制造、分销和财务领域的范围，扩展到特殊的行业部门和特殊的行业。ERPⅡ产品以 Web 为中心、集成设计体系结构。ERPⅡ扩展到贯穿于整个贸易共同体分布式处理数据。

习题

1. 说明制造业生产方式。
2. 说明基于 MRP 的生产计划与控制框架。
3. 什么是需求管理？
4. 区分独立需求与依赖需求。
5. 什么是综合计划？区分综合计划与主生产计划。
6. 生成综合计划需要考虑哪些方面的平衡？
7. 应用综合计划模型可以提升企业绩效吗？
8. 解释可承诺量 ATP。
9. 什么是 BOR、BOM？
10. 粗略产能计划的作用是什么？
11. 说明 MRP 程序的主要输入与输出？
12. 为什么在主生产计划中设立计划时界？有几种计划时界？
13. BOM 有哪些类型？
14. MRP 更新文件的方式是什么？
15. 说明三种批量规则。
16. 说明应对 MRP 计划中的不确定性的措施。
17. 什么叫溯源？
18. 已知下表数据，如何安排主生产计划？如何更新 ATP？

				批量 提前期		15 1
当前在库量	22	1	2	3	4	5
预测量		10	12	8	14	20
确定的客户订单 Customer Orders (Booked)		8	5	4	2	0
预计期末库存量 Projected On-Hand Inventory						
主生产计划收到量 MPS Quantity						
主生产计划量 MPS Start						
可承诺量 Available-To-Promise Inventory (ATP)						

19. 某汽车公司的一系统供应商生产 X，Y 两种部件，公司对 X 的需求量：第 3 周为 300 台，第 5 周 200 台，第 7 周 400 台；Y 的需求量为第 7 周 400 台。该供应商的现有库存：X 为 100，Y 为 30，A 为 70，B 为 0，C 为 100，D 为 300。供应商确定的安全库存：X 为 50，Y 为 20。现已知：1 单位 X 由 1 单位 A 与 2 单位 B 组装而成，1 单位 B 由 2 单位 C 与 1 单位 D 装配而成；1 单位 Y 由 1 单位 C 与 3 单位 D 装配而成。物料项目的订货根据逐批法（LFL）

确定。只有 X 存在在途量，预计第 2 周收到 200 台。各物料提前期如下表。试写出 BOM 表，并使用 MRP 表格开发 X、Y 的 MRP 计划。

物料项目	X	Y	A	B	C	D
提前期	1	2	1	1	1	2

（1）思考 BOM 对 MRP 的重要性，了解 MRP 需要的输入数据；

（2）重点体会物料 D 的物料需求计划的过程。

20. 某物流工具公司生产某产品，公司采用 3 期的综合计划。计划员收集了以下信息。1～3 期的预测需求量分别为 220，500，350。第 1 期期初存货 100。

正常时间生产成本=20 元 / 件，最大产出为 300 辆；

加班生产成本=30 元 / 件，加班生产的最大产出为 120 辆；

转包合同生产成本=50 元 / 件，当前可安排转包的最大量为 100 辆；

库存持有成本=1 元 / （件·期）

延期交货成本=3 元 / （件·期）

希望第 3 期期末库存为 0。试做出运输模型的运输表，应用运输软件给出一个最优的综合计划。

案例：任天堂"游戏女孩"[①]

一天，任天堂公司的运营部经理桑德拉（Sandra）和市场部经理比尔（Bill）正在一起讨论来年的生产和营销计划。任天堂是一个著名的电动游戏"游戏女孩"的生产商，其产品全部由 We "R" Toys 公司销售。来年的销售对任天堂的这款电动游戏机的成败尤为重要。

桑德拉对来年的需求高峰对生产所产生的影响感到担心，预计会使用转包方式来生产"游戏女孩"。她希望生产的安排能把成本控制在较低范围内，因为这与她的奖金直接挂钩。

比尔正在担心的是来年 7 月假期期间，其他玩具销售商的竞争性活动会吸引走一部分玩具购买者。他见过很多公司因为不能及时根据销售情况调整产品价格而失去市场份额。比尔决定最大化"游戏女孩"的市场份额。

桑德拉和比尔一起对未来 12 个月的需求进行了预测，结果如下。

月　　度	预测需求	月　　度	预测需求
1	10 000	7	30 000
2	11 000	8	29 000
3	15 000	9	21 000
4	18 000	10	18 000
5	25 000	11	14 000
6	26 000	12	11 000

We "R" Toys 公司对电动游戏机的销售价格为每单位 125 元。假定不允许缺货，在 1 月初的库存为 5000 单位，在 12 月底的期末库存也要求保持在 5000 单位。

① Chopra, Sunil, Supply chain management : strategy, planning, and operation / Sunil Chopra, Peter Meindl.—5th ed.Library of Congress Cataloging.

Pearson Education. Inc.

任天堂电动游戏机生产设备的产能完全取决于生产线上装配工人的数量。任天堂现拥有员工250名，单位产品需要2小时人工工时，单位产品库存持有成本为每月3元，每单位产品原材料成本40元。不算加班的话，每个工人每月工作20天，每天工作8小时，工资按工时计，为每小时15元，劳动法规定工人每月的加班时间不得超过20小时，加班费每人每小时22元。公司也可以通过雇用或解聘员工来调整工人数量，各项成本费用如下所示。

成本项目	成本
原材料费/单位	¥40
库存成本/单位/月	¥3
缺货或延期交货成本/单位/月	
雇用及培训员工成本/人	¥1000
解雇员工成本/人	¥2000
正常工作时间劳动成本/小时	¥15
加班费/小时	¥22
转包费/小时	

每人每月最大加班时间/小时	20
开始时员工数量/人	250
工时定额/小时/单位	2
售价	¥125
1月初库存量	5000
12月末预计库存量	5000

市场调研分析表明，在某月降价一个百分点能够使当月销售额增加20%，并使得未来两个月销售量的10%提前至当月。

桑德拉担心假期需求高峰时成本难以控制，所以向比尔提议在4月份适当降价促销。这将吸引新顾客，使得4月份的需求增长20%，除此之外还会使未来两个月10%的购买活动提前至4月。她坚信这样调节需求能给公司带来好处。

比尔反对这一意见，并希望在购买活动最旺盛期，也就是7月份进行同样的促销活动，这将使得7月份的需求增长20%，除此之外还会使未来两个月10%的购买活动提前。比尔认为要增加公司年利润的最好途径就是在需求旺季进行促销活动。

思考题

1. 哪项计划能给供应链带来最大利润，桑德拉的还是比尔的？还是不进行促销最好？

2. 如果产品库存持有成本从每月的3元涨到5元，最佳促销时间是否需要调整？为什么？

假定桑德拉担心转包成本增加终于发生，且转包的成本增加到每单位74元。如果没有促销活动，这将会如何影响生产计划？如果在4月或7月进行促销，这将如何影响最优促销时间的选择？

第7章 库存管理

学习目标

1. 了解库存及库存系统的定义；
2. 了解库存的目的、划分与目标冲突；
3. 理解库存成本的相关概念；
4. 学会库存问题基本模型的建立与应用；
5. 学会用期望利润法或边际分析方法来解决单周期库存问题；
6. 能够根据存货重要性实施库存控制，了解不同的库存信息系统。

7.1 库存及库存系统

库存管理是重要的运营管理职能之一，在供应链管理与企业资源计划中占有重要的地位。库存需要占用大量的资金，影响产品向顾客的配送，对运营、营销和财务职能等有很大影响。本部分介绍独立需求的库存管理。

从库存的定义开始，库存是指用于生产或满足顾客需求的原料与产品的存储，库存包括原材料、在制品和成品。将运营系统看成一个转换过程，可以给出如下库存定义：

在一个输入输出转化系统中逐渐累积起来的物料资源存储（物料是原材料、在制品与成品的通称）。

有些作者把库存定义为任何具有潜在经济价值的空闲资源。这种定义将设备或空闲劳动力都看成库存，但是我们将除物料资源之外的空闲资源视为生产能力，因为从管理与会计的角度看，区分库存与生产能力是重要的。

库存是在生产过程中的缓冲，通过流将缓冲的存储点连接起来，库存是因需求和供应在时间或速度上存在差异而出现的，可以采用罐里的水做比喻，罐里水的高度代表库存，流进罐里的水的速度表示供应速度，流出的水的速度代表需求速度，那么供应速度大于需求速度时库存水平就会增加，供应速度小于需求速度时库存水平就会减少，供应速度与需求速度相同时库存水平保持不变。所有运营系统都有库存，只不过在类型、存储方式、重要程度及价值方面存在差异。

7.1.1 库存目的

（1）维持运营的独立性。原材料库存将制造商与供应商分开，在制品库存将制造过程的各个阶段分离开来，成品库存将制造商与经销商分开。如反耦合库存（De-coupling）是将设备间的干扰降到最低而在制造过程中设立的库存。

（2）应付产品需求的波动，防备不确定性。在库存系统中，存在供应、需求和提前期三个方面的不确定性，维持安全库存可以防备不安全性，维持原材料的安全库存是为了应对供应商交货中的不确定性，如原材料交货期延迟时，也能保障生产；维持在制品的安全库存是为了防备设备故障、生产计划的变动等；维持成品的安全库存是为了应对顾客需求变化的不确定性，提高顾客服务水平，保证顾客能够及时获得产品。另外还有预期库存，涵盖预估易预测的需求波动、季节性波动、计划中的促销活动、设备的计划检修及假期的影响。

（3）允许生产计划中的柔性，能够适应生产计划的变化。

（4）为了转运而发生库存，转运库存是由那些正在从一个地点运往另一个地点的物料所组成的。转运库存也称为渠道库存，因为它处于分销渠道之中。还叫做在途库存，因为它也是在运输途中的。

（5）利用经济订购批量，批量生产具有经济性，可以有效地降低成本，获得规模经济优势。原材料采购中也存在类似情况，大批量采购可降低订货成本、获得数量折扣、节省运输费用。大量生产或采购造成的库存称为周期库存，因为大量生产或采购是在周期基础上进行的，可以供应两期或三期的用量。也有人称为批量库存。

7.1.2　库存的划分

根据物质形态库存可划分为：原材料库存、成品库存、半成品（部件）库存、间接物料 MRO 库存、在制品（WIP）库存。MRO（Maintenance，Repair，and Operational Supplies）指支持一般作业和维护的材料，如机器设备的维护零件、备用零件和使用过程中的消耗品（润滑油等），支持生产作业的手套抹布等。

根据需求可控性，库存可分为：独立需求的库存与依赖需求的库存。如汽车制造厂汽车成品库存与备品、备件库存是独立需求的库存，独立需求受市场的影响，当库存消耗后应及时进补。而依赖于成品的零部件及原材料的库存是依赖需求的库存，依赖需求库存量的安排是基于上层产品的需要，而不是及时补充库存。

根据需求重复性，库存可分为：单周期需求库存与多周期需求库存。

根据需求确定性，库存可分为：确定性库存与随机性库存。

7.1.3　库存的目标冲突

库存的利弊如表 7-1 所示。库存可以提高顾客服务水平，顾客服务水平指公司能在指定的时间内将产品送到顾客手中的能力。过高的库存将使运营管理者无法全面了解系统内存在的问题，产生生产低效率成本。库存成本是有形的；而库存掩盖了制造上的问题，带来更多库存和制造系统的恶化，这是无形的。

表 7-1　库存的利与弊

库存的利	库存的弊
1．提高顾客服务水平	1．降低作业效率
2．缩短订货周期	2．库存成本的增加
3．保持生产连续性	3．掩盖生产过程的矛盾
4．防止短缺	4．降低资金利用率

7.1.4　库存成本

持有成本［Holding（or Carrying）Costs］：维持物料存储相关的活动的总成本，包括空间、设备、人力等存储成本、流动资金成本、与库存有关的税金与保险费、过期成本等。

订货成本（Ordering Costs）：订货成本与订货次数有关，包括采购订单的打印、发出、运输费用、接收成本等。同生产准备成本一样，属于启动成本，是与下达订单相关的活动的成本，而与货物数量无关。启动成本有时非常大，这样大批量生产或大批量订货就能带来明显的经济效益。

短缺成本（Shortage Costs）：或缺货成本，它反映了因缺货所造成的经济后果。一方面暂时缺货，造成延期交付、顾客等待，会对公司的未来业务产生机会损失，应记入缺货成本；另一方面，因为缺货，而竞争对手有货，就会失去顾客，销售损失会造成利润损失。

货物成本（采购成本）：购买或生产各个库存商品的成本，用单位货物的成本乘以购买或生产货物的数量得到。

7.1.5 库存系统

图 7-1 列出了几种由简单到复杂的库存系统。图中三角形表示库存，从中可以看到库存在运营系统中的位置。库存系统的管理需要监控库存水平的一系列策略与调节，并在补充存货时确定维持的库存水平及订货数量。

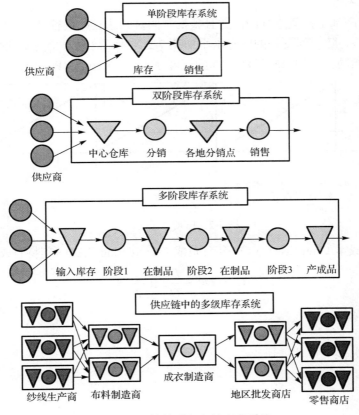

图 7-1 由简单到复杂的库存系统

7.2 库存决策

库存系统的日常运行非常复杂。库存经理面临的主要决策有：

- 确定订货批量（称为数量决策）；
- 确定订货时间（称为时间决策）。

如何控制系统？如何制定决策的程序、规则？如何确定库存物料的优先级别？如何管理库存信息？

7.2.1　经济订货批量 EOQ

经济订货批量模型的得出基于如下假设：

- 需求稳定不变。
- 提前期（Lead Time）已知，且固定。
- 满足所有需求，不允许缺货。因为需求和准备时间是已知的常量，所以人们可以准确地确定订货时间来避免缺货。
- 产品单价不变。
- 库存持有成本基于平均库存。
- 订货成本不变。
- 订货或生产都是批量进行的，并且整批货同时到达仓库进行储存。

在这些假设下，随时间变化的库存水平如图 7-2 所示，这是一个完美的锯齿形状，需求恒定，每次订货量相同。下面来求经济订货量与再订货点（Reorder Point）。

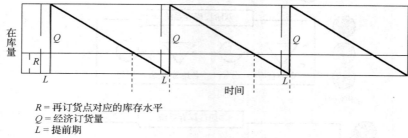

R = 再订货点对应的库存水平
Q = 经济订货量
L = 提前期

图 7-2　EOQ 库存水平

年总成本=年采购成本（Purchase Cost）+年订货成本（Ordering Cost）+年持有成本（Holding Cost）

$$C_T = DC + \frac{D}{Q}S + \frac{Q}{2}H$$

式中，C_T 为年总成本；

　　　D 为需求量（每年）；

　　　C 为单件成本；

　　　Q 为订货量；

　　　S 为每次订货成本；

　　　R 为再订货点；

　　　L 为提前期；

　　　H 为单件年持有成本。

各项成本如上所示。推导 EOQ：利用微积分，对 Q 求导，并令其等于 0，得到使总成本最低的经济订货量 Q_{OPT}。

$$Q_{\mathrm{OPT}} = \sqrt{\frac{2DS}{H}}$$

订货时，还需要确定再订货点库存水平：

$$R = \bar{d}L$$

式中，$\bar{d}$ 为（日）平均需求量。

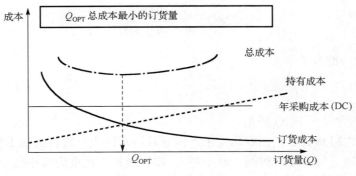

图 7-3　库存成本图示

【例】 已知下列信息，求 EOQ 与再订货点库存水平。年需求量=1000 件，每年按 365 日计。订购成本=10 美元/次，每年每件的持有成本=2.50 美元，提前期=7 天，单价= 15 美元。
利用 EOQ 公式：

$$Q_{\text{OPT}} = \sqrt{\frac{2DS}{H}} = \sqrt{\frac{2(1000)(10)}{2.50}} = 89.443 \approx 90\text{件}$$

$$\overline{d} = \frac{1000\ \text{件/年}}{365\ \text{天/年}} = 2.74\ \text{件/天}$$

再订货点库存水平　　　　$R = \overline{d}L = 2.74$ 件/天 $\times 7$天 $=19.18$件 ≈ 20 件

结论：每次订 90 件，剩余 20 件时采购。

7.2.2　连续补充模型

EOQ 中假设补充订单整批到达，连续补充的经济制造批量模型（EMQ）允许订单分批到达，补充订单在某一时间段内陆续到达，如图 7-4 所示。货物在入库的过程中，需求也在不断地发生着，这一补充模式在内部供应商生产并分批陆续补充的库存中是常见的。这种模式下的总成本最小化的订货批量称为经济制造批量。

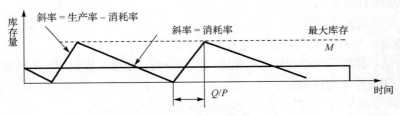

图 7-4　EMQ 模型的库存特征

总成本=生产成本+生产准备成本+持有成本

即　　　　　　　　　　　　$C_t = CD+(D/Q)S+(M/2)H$

式中，最大库存 $M = (Q/p) \times (p-r)$。

通过 C_t 对 Q 求导，并等于 0，得到：

$$EMQ = \sqrt{\frac{2DS}{(1-r/p)H}}$$

式中，S 为每次生产准备费用；

　　p 为生产率；

　　r 为需求率。

　　其他字母的含义同 EOQ 模型。

【例】（1）一饮料罐装公司需要确定生产线对各种不同类型饮料的加工批量。饮料需求稳定，每月 80 000 瓶（每月生产时间 160 小时）。罐装线加工速度为每小时 3000 瓶，但在不同类型饮料转换时，需要花费 1 小时时间。根据工厂计算，每次转换的成本为每小时 100 元。饮料的库存持有成本为每瓶每月 0.1 元。

（2）假设将转换时间从 1 小时降到 30 分钟，对 EMQ 的取值有何影响？

【解】

（1）S=100 元

$$D=80\ 000\ 瓶/月=80\ 000/160\ 瓶/小时=500\ 瓶/小时=r$$

$$EMQ = \sqrt{\frac{2DS}{(1-r/p)H}} = \sqrt{\frac{2\times100\times80\ 000}{0.1\times(1-500/3000)}} = 13\ 856$$

（2）S=100/2=50 元，其他不变。

$$EMQ = \sqrt{\frac{2DS}{(1-r/p)H}} = \sqrt{\frac{2\times50\times80\ 000}{0.1\times(1-500/3000)}} = 9798$$

7.2.3　使用安全库存的定量订货模型

一般情况下，需求都是变化的，为应对随机因素而设立的附加库存，称为安全库存，安全库存可以预防缺货，提高顾客服务水平。顾客服务水平是顾客需求从存货得到满意的百分比，是在一个时期内，所有订单被满足而不缺货的概率，如图 7-5 所示。100%的服务水平表示库存可以满足所有顾客的全部需求。

安全库存量的确定方法如下。

● 简单规定：如存储几周的供应量作为安全库存；

● 概率方法：跟踪需求的变化（假设服从正态分布）幅度，依据期望的顾客服务水平确定。

订购批量 Q 按通常方法确定。

再订货点库存水平=订货提前期中的期望需求量+安全库存量

$$R = \bar{d}L + z\sigma_L$$

式中，$\bar{d}$ 为日平均需求量；

　　L 为提前期（以日计）；

　　z 为服务水平下的标准差个数；

　　σ_L 为提前期内需量的标准方差。

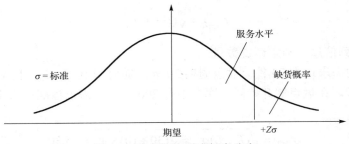

图 7-5 提前期内需求概率分布

服务水平 95% 下，$z = 1.64$；可通过 Excel 的 NORMSINV 函数求得。

【例】某产品日需求量服从均值 60，标准差为 7 的正态分布。供应来源可靠，提前期固定为 6 天。订购成本为 10 元，年持有成本为每单位 0.5 元。不计缺货成本，缺货时的订单将在库存补充之后得到满足。假设销售全年 365 天都有发生。计算提前期内能满足 95% 服务水平的订货量与再订货点库存水平。

$$Q = \sqrt{\frac{2DS}{H}} = \sqrt{\frac{2 \times (60 \times 365) \times 10}{0.5}} = 936$$

$$R = \bar{d}L + z\sigma_L = 60 \times 6 + 1.64\sqrt{7^2 \times 6} = 388$$

7.3 定期模型

有些情况下，我们需要定期检查库存，而不是连续检查。本部分假设需求是随机的，来讨论固定订货期模型（Fixed-Time Period Model），定期模型是时间触发，而不像定量模型是事件触发。

在定期系统中，以一个固定的时间间隔检查存货量，订货量应将库存提高到一个目标库存水平，这一目标库存水平应包括直到下一次检查前以及配送提前期整个时间段上的需求，订货量应等于目标库存水平减去当前库存量，每次订货量都是变化的。

订货量 = 目标库存量 − 现有库存量

目标库存量 = 盘点周期与提前期内的平均需求量 + 安全库存

$$q = \bar{d}(T + L) + z\sigma_{T+L} - I$$

式中，q 为订货量；

T 为盘点周期（天数）；

L 为提前期（以天计）；

$\bar{d}$ 为预测的日平均需求量；

z 为特定服务水平概率下的标准差倍数；

σ_{T+L} 为盘点周期与提前期间需求的标准差；

I 为现有库存水平（包括在途量）。

得

$$\sigma_{T+L} = \sqrt{\sum_{i=1}^{T+L} (\sigma_{d_i})^2}$$

每天需求量是独立的，且 σ_d 是常数，

$$\sigma_{T+L} = \sqrt{(T+L)\sigma_d^2}$$

【例】已知下列信息，确定订货数量。

某产品日平均需求量为 20 件。盘点周期 30 天，提前期 10 天。管理部门制定的政策是满足 96%的库存需求。在盘点期开始时，库存中有 200 件。日需求标准差为 4 件。

【解】

$$\sigma_{T+L} = \sqrt{(T+L)\sigma_d^2} = \sqrt{(30+10)\times 4^2} = 25.30$$

订货量：

$$q = \bar{d}(T+L) + z\sigma_{T+L} - I = 20\times(30+10) + 1.75\times 25.30 - 200 = 644.27 \approx 645(件)$$

结论：

定量订货与定期订货模型的比较见表 7-2（特征比较）与图 7-6（流程比较）。两种模型在实践中都得到了运用，企业往往根据具体的管理实践与经济效益作出选择。例如，当必须按指定的间隔期进行订货时，就必须使用定期订货模型；定期系统还用于一些廉价的公用套件，如制造过程中的螺母与螺栓等。

表 7-2　定量订货模型与定期订货模型特征比较

特　征	定量订货模型	定期订货模型
订货量	固定	变化
何时订货	库存低于订货点	盘点时决定
库存记录维护	每次入库出库	只在定期盘点时
库存规模	比定期模型小	比定量模型大
维持所需时间	记录持续，所以较长	
物资类型	昂贵、关键重要物资	

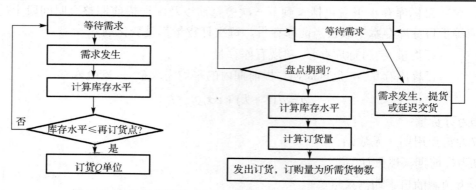

图 7-6　定量订货模型（左）与定期订货（右）模型的流程比较

7.4　折扣模型

折扣模型中单价随订购批量变化，其他假设与 EOQ 模型相同，使用类似的公式：

$$Q_{\mathrm{OPT}} = \sqrt{\frac{2DS}{iC}} = \sqrt{\frac{2\times 年需求量\times 订货成本或准备成本}{年持有成本}}$$

式中，i 为单件采购成本对持有成本贡献的百分率；

$\quad$ C 为单件采购成本。

因 C 在不同的批量范围内变化，上述公式用于每一个价格水平。

【例】一公司使用批量折扣模型，订购大批量的订单，减少订货成本。决定最优的订货量：通过电子邮件订货成本为 4 元，持有成本为采购成本的 2%（单件产品的持有成本通常以产品采购成本的百分比表示），年需求量 10 000 件。不同订货数量的单价如下：

订货数量（件）	单价（元/件）
0～2499	1.20
2500～3999	1.00
4000 以上	0.98

【解】根据题意：

$$D = 10\,000\ \text{件}$$
$$S = 4\ \text{元}$$
$$I = 2\%$$
$$C = 1.20\ \text{元}，\ 1.00\ \text{元}，\ 0.98\ \text{元}$$

计算每一价格水平的订货批量范围的经济订货量，看是否可行。

（1）区间 0～2499，Q_{OPT} 值可行，仍在区间内。

$$Q_{\text{OPT}} = \sqrt{\frac{2DS}{iC}} = \sqrt{\frac{2 \times 10\,000 \times 4}{0.02 \times 1.20}} = 1.826(\text{件})$$

（2）批量区间 2500～3999，Q_{OPT} 值不在区间内，不可行。

$$Q_{\text{OPT}} = \sqrt{\frac{2DS}{iC}} = \sqrt{\frac{2 \times 10\,000 \times 4}{0.02 \times 1.00}} = 2000(\text{件})$$

（3）批量区间 4000 以上，Q_{opt} 也不在区间内，不可行。

$$Q_{\text{OPT}} = \sqrt{\frac{2DS}{iC}} = \sqrt{\frac{2 \times 10\,000 \times 4}{0.02 \times 0.98}} = 2020(\text{件})$$

可行解发生在第一个价格水平上，意味着其他价格水平上的 Q_{OPT} 值在对应批量区间的开始（如图 7-7 所示）。所以每一价格水平的最优订货量分别为 1826，2500，4000 件。

将每一价格水平的 Q_{OPT} 值插入总成本公式，计算每一价格水平下的总成本。

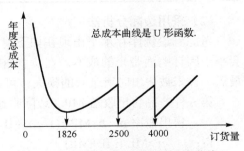

图 7-7　不同订货量区间的成本曲线

$$C_T = DC + \frac{D}{Q}S + \frac{Q}{2}iC$$

$$C_{T(0\sim2499)} = (10\,000 \times 1.20) + (10\,000/1826) \times 4 + (1826/2) \times (0.02 \times 1.20) = 12\,043.82(\text{元})$$

$$C_{T(2500\sim3999)} = 10\,041(\text{元})$$

$$C_{T(4000\ 以上)} = 9949.20(\text{元})$$

最终我们选择总成本最小的 Q_{OPT}，批量范围在 4000 以上的经济订货量，即 4000 件。

7.5 单期库存问题（报童问题）

库存问题的决策限于一个需求周期，或货物只在很短的时间内能够销售，而且有经常的中断，这样的存储问题称为单周期存储问题，或报童问题。某一产品订货专门为某一特定事件或某一特定时段，一旦错过时机就无法卖出去了。报童要确定一天应该订购多少报纸，确定报童当天的进货量的过程就是一个对脱销和滞销这两种情况的后果和风险进行权衡的过程。这一问题普遍存在于时装企业、出版商、流行音乐 CD 制造商等的经营中。可以采用期望利润法或边际分析方法来求解。

【例】某音乐会主办者需要决定订购多少件印有音乐会图标的 T 恤衫。如果能卖出的话，每件赚 5 元，如果卖不完的话，还可以将剩余的 T 恤衫退回工厂，但是每件要支付 3 元的赔偿（违约金）。音乐会听众对 T 恤衫的需求是不确定的，但是主办单位估计不会超出 200～1000 这个大的范围，不同需求水平出现的概率如表 7-3 所示。

表 7-3 不同需求水平下的概率

需求水平	200	400	600	800
概　率	0.2	0.3	0.4	0.1

【解】

（1）采用期望利润法

计算不同订货量在不同需求水平下的利润，得到利润矩阵（见表 7-4）；再利用不同需求水平下的概率，得到不同订货量下的期望利润。选择最大的期望利润 1880，这时的订货量为 600 件。

表 7-4 利润矩阵

概　率	0.2	0.3	0.4	0.1	
订货量 需求量	200	400	600	800	期望利润
200	1000	1000	1000	1000	1000
400	400	2000	2000	2000	1680
600	−200	1400	3000	3000	1880
800	−800	800	2400	4000	1440

（2）采用边际分析法

考虑到最优库存水平出现在如下情况：当订购量再增加一件时，订购该件所产生的收益会小于因订购而带来的成本。在货物直接用于销售的情况下，销售最后一件所得的收益超过最后一件未被售出时所带来的损失。可表示为：

第 n 件产品售出收益 MP（边际收益）≥第 n 件产品未售出损失 ML（边际损失）

售出概率 p，$p \times MP \geq (1-p) \times ML$

得：　$p \geq ML/(MP+ML)$

在本例中 $p \geq 3/(3+5)=0.375$

本例中估计至少售出 200 件，超过 800 件的概率为 0。得到概率分布表（见表 7-5）。应该选择 600 件。

表 7-5 售出概率分布

概　率	0.2	0.3	0.4	0.1	
售出量	200	400	600	800	
概率分布	1	0.8	0.5	0.1	0

库存补充系统

随意补充库存系统：如图 7-8 所示，最大库存水平为 M，$Q =$ 最小可接受的订单数量，$q = M-I$，如果 $q \geq Q$，则订购数量 q，否则不订货。

单箱系统（One Bin Systems）：是定期检测方法，以固定的时间间隔期检查库存，并订货。

当库存系统采用连续检测的方法进行补充订货时，采用双箱系统或三箱系统有利于跟踪库存水平的变化，并且简单、直观，大大简化了库存的检测工作，如图 7-9 所示。

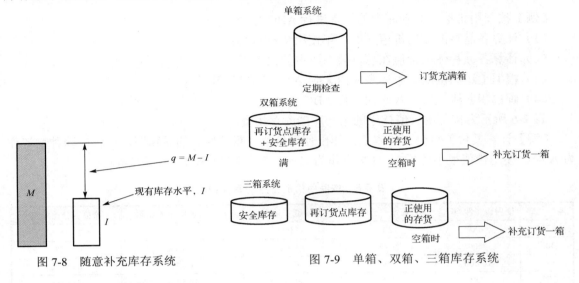

图 7-8　随意补充库存系统　　　　　　　图 7-9　单箱、双箱、三箱库存系统

7.6　库存分析与控制系统

本部分主要讨论根据不同的存货的重要性进行相应的控制，以及建立特定库存控制要求的信息处理系统。

ABC 分类系统

在任何一组物体中，总有少量的物体在整个物体中占据了重要的比例。在库存中，少数几种存货往往占了大部分的库存价值，我们应该加强管理这些少数的货物，来控制大部分的库存价值。

不仅可以考虑库存的价值，也可考虑我们认为重要的其他项目，如金额、潜在利润、使用（或销售）量、缺货后果等，根据重要程度进行存货的分类，重要程度高的存货应受到严密的控制。

ABC 分类的一种方法是基于库存项目的使用价值（年使用量×单位价值）。通常情况下，库存总价值的一大部分（80%）是由一小部分（20%）物资产生的。这种现象称为帕累托原理，也称二八法则。帕累托原理在运营管理的其他领域也有很多应用。

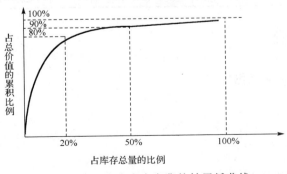

图 7-10　一个仓库中存货的帕累托曲线

A 类存货：20%左右的高价值（存货总价值中占有 80%左右比例）的存货。

B 类存货：30%左右的中等价值（存货总价值中占有 10%左右比例）的存货。

C 类存货：50%左右的低价值（存货总价值中占有 10%左右比例）的存货。

【例】按使用价值对某仓库中的物资进行 ABC 分类。

（1）计算各品种的使用价值（例：年使用量×单价）；

（2）计算各品种使用价值在总价值中所占的比例；

（3）根据上述比例的大小排序（由大到小），计算累积比例；

（4）画累积曲线。按二八原则进行 ABC 分类。

表 7-6 所示为按使用价值排序的某仓库的库存物资。

【解】计算其价值百分比的累积。作出使用价值（重要度）的累积图。可将前四种物资作为 A 类，使用价值很小的后 10 种物资作为 C 类，其他作为 B 类（见表 7-6）。

表 7-6　按使用价值排序的库存物品

编　　码	使用量（件/年）	单件成本（元/件）	使用价值（元/年）	在总价值中所占比例	价值百分比累积
A703	700	20	14 000	25.15%	25.15%
D012	4500	2.75	12 375	22.23%	47.39%
A135	10 000	0.9	9000	16.17%	63.56%
C732	950	8.5	8075	14.51%	78.06%
C375	5200	0.54	2808	5.05%	83.11%
A500	720	2.3	1656	2.98%	86.08%
D111	5200	0.22	1144	2.06%	88.14%
D231	1700	0.65	1105	1.99%	90.13%
E781	2500	0.34	850	1.53%	91.65%
A138	2500	0.3	750	1.35%	93.00%
D175	4000	0.14	560	1.01%	94.01%
E001	800	0.63	504	0.91%	94.91%
C150	2300	0.21	483	0.87%	95.78%
F030	4000	0.12	480	0.86%	96.64%
D703	5000	0.09	450	0.81%	97.45%
D535	500	0.88	440	0.79%	98.24%
C541	700	0.57	399	0.72%	98.96%
A260	500	0.64	320	0.57%	99.53%
B141	500	0.32	160	0.29%	99.82%
D021	200	0.5	100	0.18%	100.00%

7.7　库存信息系统

库存信息系统的基本功能包括

● 更新库存记录

● 生成订单

● 生成库存报告

● 预测需求

ERP 中的库存控制模块包括了保持较高服务水平和低库存水平所需要的主要库存管理功

能、计划及历史的库存事务的记录。计划的库存事务由订单输入程序联机更新，而由物料计划模块（MPS、MRP）使用。库存历史使得用户能够按日期、时间、用户标识跟踪全部历史库存事务，并形成需求预报的输入。库存控制模块还提供了人工做库存订正、转移的一种库存事务的功能、周期盘点订正库存记录的支持工具、更新订单参数的预报功能、控制库存分析工具，以及基于订货点技术的订单生成功能。

Oracle 库存（Oracle Inventory）是电子商务套件中的一个模块，能通过简化物料运送来提高运作效率，并且提供严格的原物料控制。活动预警和智能信息可以及时通知相关人员。Oracle Inventory 能使用户降低营运资本，加快库存周转和周转率。Oracle Inventory 与商业智能（Business Intelligence）相结合，使用户不仅可以查看实际库存周转与目标库存周转的差距，还可以查看增加库存的运送成本。多库存补给方法：看板（kanban）、最小—最大计划和再订货点计划补充方法。非跟踪性的库存可以用补给法来补给。序号谱系捕捉可以跟踪多级库存历史记录，加快对客户需求的响应速度。实时处理使库存迅速更新，实现更高的库存可见度，并即时发出错误通知。Oracle Inventory 支持跨商务全球运作。在途事务统计（Movement Statistics）汇集给定时期的所有物料接收事务处理信息，并自动生成在途事务记录。Oracle Inventory 可以定义多个机构，如工厂、服务中心和仓库。为每个机构定义子库存，包括在制品和制成品库存。子库存中可定义自己的库存存放结构，如过道、存放行和箱柜等。根据库存项目的用途、价值、数量或者交易量来进行 ABC 分析。根据 ABC 类和用户定义的盘点频率自动地安排盘点频率。根据库存位置安排周期盘点。定义盘点的允差范围和批准周期。对实际库存和特定的子库存进行物理库存盘点。查询和报告：在线或在报表中查看所有项目、交易、现有库存余额和物料短缺的详细情况；报告历史库存余额和价值，根据运送统计数据进行报告，对所有基于项目的报告使用定制列表/类目。提供开放式接口，从数据收集设备和其他收发或制造系统中导入发运、接收、转移和调整数据。

另外，库存的测量采用如下指标。

- 库存周转期：现有库存在正常需求下可以维持的时间，等于库存量除以需求量。库存周转期以周、天、月、年等为单位。
- 库存周转率（周转次数）：在一定时期内库存耗尽的次数，等于需求量除以库存量。

库存盘点精度指库存记录与实际库存的吻合程度。运营系统规定了库存记录与实际库存之间允许的偏差范围，作为仓管人员考核的绩效指标。库存盘点经常进行，不是一年一次或两次，库存盘点应确保库存精度。下列情况下计算机发出周期盘点的通知。

- 库存记录标明库存物资很少时；
- 库存记录标明物资有余，但欠货单已经填写时；
- 根据物资重要性，在盘点日期发出盘点信号；
- 某些特定活动发生后。

习题

1．举例说明什么是独立需求与依赖需求，并解释其差异。
2．订货成本与采购成本的区别是什么？
3．什么是 EOQ 模型？应用 EOQ 需要哪些必要的假设？
4．解释什么是提前期，什么因素影响提前期？
5．简述定量订货系统和定期订货系统的区别，每种订货系统的优点和缺点是什么？

6. 举例说明可以应用单周期库存模型的情形。

7. 说明库存的 ABC 分类法及其作用。

8. 某运动会主办者需要决定订购多少件印有运动会图标的 T 恤衫。如果能卖出的话，每件赚 5 元，如果卖不完的话，还可以将剩余的 T 恤衫退回工厂，但是每件要支付 3 元的赔偿（违约金）。观众对 T 恤衫的需求量存在如下可能：需求水平是 200、400、600、800 的可能性分别是 20%、30%、40%、10%。试分别采用期望利润法与边际分析法确定订货量。

9. 某产品日需求量服从均值为 60、标准差为 7 的正态分布。供应来源可靠，提前期固定为 6 天。订购成本为 10 元，年持有成本为每单位 0.5 元。不计缺货成本，缺货时的订单将在库存补充之后得到满足。假设销售全年 365 天都有发生。计算提前期内能满足 95% 服务水平的订货量与再订货点库存水平。（服务水平 95% 下，$z = 1.64$）

10. 美国一家自行车公司批发销售单车及其零部件，其主要的零售商店都在分销中心周围半径 400 英里的区域内。零售商店向其发出订单后，公司在确认有存货的情况下，将在两天内向零售商店送货。零售商不接受延迟交货。如果公司没有按时交货，零售商们会从其他公司购买，公司会失去订单。公司分销多种型号的自行车，其中，AirWing 是最畅销的车型，成为公司最主要的收入来源。AirWing 车的单位零售价是 170 美元。这家公司从中国的一家生产商那里订购自行车，4 周后才能收到货物。公司估算每次订货成本是 65 美元，包括沟通、文档和清关费用。公司的采购价大约是零售价的 60%，平均每月的库存持有成本按公司采购价格的 1%（年维持库存费是 12%）计算。

公司希望明年将服务水平维持在 95%（$z = 1.645$）。公司预测明年 AirWing 车的月度销量：8、15、31、59、97、60、39、24、16、15、28、47。试确定公司的订货策略和总费用。

案例：爱科公司库存管理的全局部署

爱科公司始建于 1943 年，它是由约翰·威廉斯在其家乡克里夫兰创办的一家汽车修配厂发展起来的。约翰一直酷爱修配工作，在 1948 年，他发明的一种照明设备获得了专利，他便决定在自己的修配厂生产该产品，并尝试在克里夫兰地区分销。照明设备的分销状况良好，截至 1957 年，爱科已经发展成为资产达 300 万元的公司。公司的照明设备以其卓越的质量而著称。那时，爱科公司共分销 5 种产品。

1963 年，约翰将公司实行股份制。从此以后，爱科公司的经营十分成功，并且开始在全美范围内经销其产品。进入新世纪，随着技术的飞速发展以及企业之间的竞争加剧，爱科公司开始引进许多新式照明设备。然而，尽管公司煞费苦心以确保产品质量不会降低，但是公司的利润水平开始下降。问题出在哪？随着市场竞争的加剧，公司所获的边际效益开始下滑。在这种情况下，公司董事会决定要从公司上层入手，对公司进行全面改组。老费临危受命，负责对公司进行改组和重构。

当老费到爱科公司上任时，发现公司已濒临倒闭。他一开始先花费几个月的时间，着手了解公司的业务运营情况以及公司的组织架构。老费最终发现，公司经营状况不佳的关键在于运营绩效停滞不前。尽管公司在新产品研发和生产方面表现出色，但是公司长期以来忽视了产品分销体系的改进。公司内部存在着这样一种说法：一旦公司设计并生产出好的产品，那么剩下的事情就水到渠成了。老费设立了项目调研工作组，重新审视当前的分销系统，并提出整改方案。

公司现行分销系统

项目工作组发现，爱科公司当年经营 100 种产品，共有 3 家工厂，都设在克里夫兰地区。为了促销，公司将美国大陆划分为 5 个区域，每个区域设有一个归爱科公司所属的独立配送中心。顾客向配送中心订货，配送中心则利用自己的存货尽量满足顾客所需。当产品存货快耗尽时，配送中心就向工厂订货。工厂按照配送中心的订单制订生产计划，按单生产。由于订单上的订货数量往往很大，公司采取整车运输方式（TL）把工厂生产出来的货运往配送中心。而从配送中心到顾客的货运通常采取零担运输方式（LTL）。爱科公司委托第三方货运公司来承担运输任务。从工厂到配送中心的整车运费平均为 0.09 元/件，从配送中心到顾客的零担运费平均为 0.10 元/件。从配送中心向工厂发出订单到该工厂向配送中心发货平均需要 5 天的时间。

当时公司采取的库存策略是在每个配送中心存储每种所有种类产品。对产品线的详细研究表明：按照分销量可以将产品分为三大类：高需求产品、中等需求产品和低需求产品。每类中代表性产品的市场需求量如下表所示：

表 1 爱科公司日需求量分布表

		分销区 1	分销区 2	分销区 3	分销区 4	分销区 5
Part1	均值	35.48	22.61	17.66	11.81	3.36
Part1	方差	6.98	6.48	5.26	3.48	4.49
Part3	均值	2.48	4.15	6.15	6.16	7.49
Part3	方差	3.16	6.20	6.39	6.76	3.56
Part7	均值	0.48	0.73	0.80	1.94	2.54
Part7	方差	1.98	1.42	2.39	3.76	3.98

产品 1、产品 3 和产品 7 分别为高需求产品、中等需求产品和低需求产品的代表。在爱科公司分销的 100 种产品中，有 10 种属于高需求产品，有 20 种属于中等需求产品，有 70 种属于低需求产品。每种产品的市场需求量分别与它们的代表性产品——产品 1、产品 3 和产品 7 的市场需求量相等。

项目工作组发现，工厂的生产能力可以保证任何合理的订单在 4 天之内完成生产。这样，工厂就可以在接到订单 4 天后发货，经过 1 天的运输到达订货的配送中心。配送中心全部采用定期检查策略进行订货，间隔期为 6 天。不管产品是在运输过程中还是处于库存状态，每件货物每天的库存成本是 0.15 元。所有配送中心保有的安全库存量都能确保补给周期内服务水平达到 95%。

可选的分销系统

项目工作组建议爱科公司在芝加哥地区的郊区建立一个全国配送中心（NDC），关闭现有的 5 个配送中心，并将它们的库存转移到全国配送中心。仓储能力按照每年经营的产品总量来设计。建造仓库的成本变化如下图所示。然而，爱科公司预期可从每个关闭的仓库收回 5 万元。全国性配送中心的补给周期供给水平仍将维持在 95%。

由于芝加哥与克里夫兰地区的距离很近，从工厂运往全国配送中心的运费降到 0.05 元/件。然而，由于平均运送距离的增加，从全国配送中心到顾客的运费将增加到 0.24 元/件。

经过考虑，项目工作组提出的另一种选择是，在保留区域配送中心的同时，建立一个全国配送中心。在这种情况下，某些产品可以存储在区域配送中心，而另一些产品可以存储在全国配送中心。

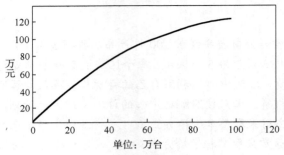

单位：万台

图 1 全国配送中心的建设成本

老费的决定

老费仔细考虑了项目工作组提出的报告。工作组成员没有提供任何支持其结论的数据分析。于是，老费决定在进行具体数据分析之后再作决定。

思考题

1. 现有分销系统的年库存及分销成本是多少？

2. 如果按照项目工作组的建议建立全国配送中心，成本可降低多少？你会建议设立一个全国配送中心吗？有哪些问题需要考虑到？

3. 给出老费应该考虑到的其他可选方案。对所提的每种方案进行评估，并向爱科公司推荐一种赢利水平最高的分销网络系统。

第 8 章　全面生产维护

8.1　TPM 目标与活动

8.1.1　TPM 目标

全面生产维护（TPM，Total Productive Maintenance）起源于 20 世纪 60 年代末的日本半导体行业。当时由于半导体行业竞争激烈，产品改进、改型加快，随着设备精密程度提高，设备的复杂程度增加了，设备故障率也大大增加了，由此造成设备停工待修时间增加，设备维修人员增加，生产的成本增加。由于设备投资大，企业偿债负担加重，同时由于设备故障率增加，引起设备运行成本增加，迫使企业管理人员寻求对策，减少设备故障，提高设备运行效率。他们将依靠专职设备维护人员保养设备为主的方式转变为专职维护人员与企业全体员工共同维护设备，以达到提高设备使用率的目的。

TPM 活动一般以 5～10 人为基本单位展开，进行提高设备运转效率、提高产品质量、培训设备维修保养人员、加强设备维修保养、个别改善等八个方面的工作；组织形式：一个部长和几个科长为一个活动单位，一个科长和几个工段长，一个工段长和几个班长，一个班长和班里的员工为一个活动单位，从上至下、环环相扣构成一条 TPM 小团体链条。在这条链中，专门设立一个 TPM 活动推进事务局，负责总协调工作。每个小团体链条在设备专职维护人员的协助下，解决设备突发故障，对设备进行一般性调整及清洁保养，减少停机。

在 TPM 活动中，每个 TPM 小团体活动的程序都是严格标准化的。除对设备进行清扫外，其他任何 TPM 活动都得经过现状调查、选题、确定对策、确立目标、任务分解与分配、实施、结果确认及再确立新目标的过程。每进行一步都要有方案、有计划，在得到事务局及主要领导的批准后，方可实施。在 TPM 事务局的推动下，经过 PDCA 循环，设备始终在良好的状态下运转。

日本富士重工在开展 TPM 活动中，将不同层次的 TPM 活动内容都设计成了标准化的表格，管理人员只要根据生产情况用不同颜色的笔把数值填写在 TPM 表格上就可以了。通过这些简明扼要的图表，清楚地把每个科、工段、班及员工参加 TPM 活动的信息表示出来，并将这些表格挂在墙报上，通过墙报能看到车间设备的故障率不断降低、生产成本不断降低、劳动生产率不断提高，能够看到每一步骤的效果有多大，距离预定目标还有多远，一目了然。

　　TPM 在日本已有二十年的历史了。通过长期的实践积累，已形成一整套标准化的管理程序。有专门研究 TPM 活动的组织，编写了不少这方面的图书，并将很多新管理方法引入到 TPM 活动中。如富士重工每年定期召开全社 TPM 表彰会，推广好的、新的 TPM 经验。

　　在以生产为中心的 TPM 活动中，车间管理也出现了新变化。车间实行直线制集权管理，不同于中国车间的直线职能制管理方式。生产计划、人员配置及调控都由一把手负责，一把手指挥生产的依据主要靠生产部下达的生产计划。在人员的调配及使用上，人事科只做总量控制，车间三分之二的工人按生产需要分别由工段长、科长调配，人员基本上是流动的。工厂对于日常惯例工作进行了标准化设计，科长、工段长、班长每天只需按标准化表格中的工作内容做工作，之后加以确认即可，日本人称之为点检工作、日日管理。在车间里，工段、班组处处模拟商店经营，核算成本，并将核算结果标在 TPM 活动板上。

　　TPM 在日本很流行，日本人称其为"面向二十一世纪的管理技术"。TPM 活动不仅局限在设备管理方面，其应用范围已经完全扩展至其他领域的管理。TPM 是企业生产五要素"人、机器、物料、方法、环境"最完美的结合。

　　TPM 的特征如下：

① 以达到设备综合效益最高为目的；
② 以设备全寿命为对象的全系统 PM（生产维修）；
③ 涉及设备的计划部门、运行部门、维修部门等所有部门；
④ 全员参与；
⑤ 操作者自主维修；
⑥ 通过小组活动来推动；
⑦ 不是短期行为，需要长期坚持。

8.1.2　TPM 活动

　　下面简单介绍一下 TPM 的九大活动。

　　（1）TPM 基石——5S 活动：5S 活动是一项基本活动，是现场一切活动的基础，是推行 TPM 活动前必需的准备工作和前提，是 TPM 其他各支柱活动的基石。

　　（2）培训支柱——"始于教育、终于教育"的教育训练：对于企业来讲，推进 TPM 或任何新生事物都没有经验，必须通过教育和摸索获得，而且 TPM 没有教育和训练作为基础，肯定推进不下去。可以这么认为，教育训练和 5S 活动是并列的基础支柱。

　　（3）生产支柱——生产部门的自主管理活动：TPM 活动的最大成功在于能发动全员参与，如果占据企业总人数约 80% 的生产部门员工能在现场进行彻底的自主管理和改善的话，必然可以提高自主积极性和创造性，减少管理层级和管理人员，特别是普通员工通过这样的活动可以参与企业管理，而且能够提高自身的实力。所以自主管理活动是 TPM 的中流砥柱。

　　（4）效率支柱——所有部门主题改善活动和项目活动：全员参与的自主管理活动主要是要消灭影响企业的微缺陷以及不合理现象，起到防微杜渐的作用，但对于个别突出的问题，就不得不采用传统的手段，开展课题活动。在 TPM 小组活动里按主题活动的方式进行，需要跨部门的可以组成项目小组进行活动。

　　（5）设备支柱——设备部门的专业维护活动：做好设备的管理是提高生产效率的根本途径，提高人员的技能和素质也是为了更好地操作和控制设备，因此设备管理是非常重要的，是企业必须面对的核心课题之一。将设备管理的职能进行细分是必要的，设备的日常管理内容移交给生产部门来推进设备的自主管理，而专门的设备维修部门则投入精力进行预防维护和计划维护，并通过诊断技术来提高对设备状态的预知力，这就是专业维护活动。

（6）事务支柱——管理间接部门的事务革新活动：TPM 是全员参与的持久的集体活动，没有管理间接部门的支持，活动是不能持续下去的。其他部门的强力支援和支持是提高生产部门 TPM 活动成果的可靠保障。

（7）技术支柱——开发技术部门的情报管理活动：没有缺点的产品和设备的设计是研究开发、技术部门的天职，能实现的唯一可能就是掌握产品设计和设备设计必要的情报，要获取必要的情报就离不开生产现场和维护及品质部门的支持，因此这种活动就是情报管理活动，设备从安装到交付正常运行前的初期流动管理活动也属于此活动的范畴。

（8）安全支柱——安全部门的安全管理活动：安全是万事之本，任何活动的前提都是首先要确保安全。安全活动定在第七大支柱，并不是安全活动第七重要，事实上安全活动从 5S 活动开始就始终贯穿其中，任何活动如果安全出现问题，一切等于零。

（9）质量支柱——质量部门的质量维护活动：传统质量活动的重点总是放在结果上，不能保证优良的质量，更不会生产出没有缺陷的产品。这种事后管理活动与那些抓住源头的事前管理的质量活动是不同的。质量维护活动放在最后一个支柱来叙述，是因为提高质量是生产的根本目的，相对来说也是最难的一项工程。

8.2　5S 活动

5S 指日文 SEIRI（整理）、SEITON（整顿）、SEISO（清扫）、SEIKETSU（清洁）、SHITSUKE（修养）这五个单词，因为五个单词前面发音都是"S"，所以统称为"5S"。开展 5S 活动为 TPM 打下坚实的基础。

整理就是区分必需品和非必需品，现场不放置非必需品。整顿就是能在 30 秒内找到要找的东西，将寻找必需品的时间减少为零。清扫就是将岗位保持在无垃圾、无灰尘、干净整洁的状态，清扫的对象：地板、天花板、墙壁、工具架、橱柜、机器、工具、测量用具等。清洁就是将整理、整顿、清扫进行到底，并且制度化；管理公开化、透明化。修养就是对于规定了的事，大家都要认真地遵守执行。

5S 活动不仅能改善生活环境，还可以提高生产效率，提升产品的品质、服务水准，将整理、整顿、清扫进行到底，并且给予制度化，等等，这些都是为了减少浪费，提高工作效率，也是其他管理活动有效开展的基础。

通过整理，可以使现场无杂物，行道通畅，增大作业空间，提高工作效率，而且会减少碰撞，保障生产安全，提高产品质量；消除混料差错；有利于减少库存，节约资金；使员工心情舒畅，工作热情高涨。

通过整顿，可以提高工作效率；将寻找时间减少为零；异常情况（如丢失、损坏）能马上发现；其他人员也能明白要求和做法，不同的人去做，结果是一样的。

通过清扫，可使取出的物品完好可用（经过整理、整顿后的必需物品处于能立即取到的状态）。

清洁可起到维持作用、改善作用。

推行修养，可形成好的习惯。

在没有推行 5S 的工厂，每个岗位都有可能出现各种各样不规范或不整洁的现象，如垃坂、油漆、铁锈等满地都是，零件、纸箱胡乱搁在地板上，人员、车辆都在狭窄的过道上穿插而行。轻则找不到自己要找的东西，浪费大量的时间；重则导致设备破损，如不对其进行有效的管理，即使是最先进的设备，也会很快地加入不良设备的行列而等待维修或报废。

员工在这样杂乱不洁而又无人管理的环境中工作，可能越干越没劲，要么得过且过，过一天算一天，要么另寻他途。对于这样的工厂，即使不断地引进很多先进的管理方法也不见得会有什么显著的效果，要想彻底改变这种状况，就必须从简单实用的 5S 开始，从基础抓起。

5S 的目标是通过消除组织的浪费现象和推行持续改善，使得公司管理维持在一个理想的水平，通过整理、整顿、清扫、清洁、修养这五个 S 综合地来推进，各有侧重，相辅相成，效果就会更佳。表 8-1 所示为 5S 推行目的与活动例表。

表 8-1　5S 推行目的与活动例表

	概　要	目　的	活　动　例
整理	发生源对策；层级管理	没有无用品、多余的物品；尽可能地减少半成品的库存数量；减少架子、箱子、盒子等	清除无用品，采取发生源对策；明确原则，果断消除无用的物品；防止污染源的发生；推进组织编排系统，确保空间并逐渐扩大
整顿	有效、整齐地保管物品；无寻找时间	做到必要时能立即取出需要的物品；决定正确的存放布局，以便充分地利用狭窄的场所；在提高工作效率的同时创造安全的工作环境	高功能地保管和布局；创造整洁的工作环境，创造高功能的（质量、效率、安全）物品存放的方法和布局；彻底进行定点存放管理，减少寻找物品的时间
清扫	清扫、点检；环境的近况	维护机修设备的精度，减少故障的发生；创造清洁的工作场所，早些发现设备的不完善；及时采取措施的体制	通过高功能的要求、清洁化，实现无垃圾、无污垢；维持设备的高效率，提高产品的质量；强化对发生源的储备对策
清洁	一目了然的管理；标准化的管理	创造一个舒适的工作环境；持续不断地整理、整顿，以保持或保障安全、卫生	强化功用设备的维护和管理；努力使异常现象明显并通过观察进行管理
修养	培养良好的习惯；创造有规律的工作环境	创造能赢得顾客信赖的关系	创造距离良好的工作场所；培养各种良好的礼节，养成遵守集体决定事项的习惯

一个企业要想改善和不断地提高企业形象，就必须推行 5S 计划。一个企业只有全面地推行 5S，才能取得显著的成效，从而提高设备管理水平，并带动其他方面的工作。

8.3　目视管理

目视管理是利用形象直观、色彩适宜的各种视觉感知信息来组织现场生产活动，达到提高劳动生产率目的的一种管理方式。它是以视觉信号为基本手段，以公开化为基本原则，尽可能地将管理者的要求和意图让大家都看得见，借以推动自主管理、自我控制。目视管理是一种以公开化和视觉显示为特征的管理方式，通过图表、板报、颜色、放置所区域划分线等目视管理工具，使工作现场中发生的问题点、异常、浪费等处于一目了然的状态，以便迅速采取对策，防止错误发生。目视管理也可称为"可视化管理"。

目视管理可在工艺管理、进度管理、作业管理、品质管理、物料管理、设备管理、工具管理、改善目标管理等方面发挥作用，以下项目是典型的应用。

（1）规章制度与工作标准的公开化

为了维护统一的组织和严格的纪律，保持大工业生产所要求的连续性、比例性和节奏性，提高劳动生产率，实现安全生产和文明生产，凡是与现场工人密切相关的规章制度、标准、定额等，都需要公布于众；与岗位工人直接相关的，应分别展示在岗位上，如岗位责任制、操作程序图、工艺卡片等，并要始终保持完整、正确和洁净。

（2）生产任务与完成情况的图表化

现场是协作劳动的场所，因此，凡是需要大家共同完成的任务都应公布于众。计划指标要定期层层分解，落实到车间、班组和个人，并列表张贴在墙上；实际完成情况也要使用进度图按期公布，大家可对各项计划指标完成中出现的问题和发展的趋势一目了然，促使大家按质、按量、按期完成任务。

（3）与布置管理相结合，实现视觉显示信息的标准化

在布置管理中，为了消除物品混放和误置，必须有完善而准确的信息显示，包括标志线、标志牌和标志色。采用清晰的、标准化的信息显示符号，将各种区域、通道，各种辅助工具（如料架、工具箱、工位器具、生活柜等）均应运用标准颜色，不得任意涂抹。

（4）生产作业控制手段的形象直观与使用方便化

为了有效地进行生产作业控制，使每个生产环节、每道工序都能严格按照期量标准进行生产，杜绝过量生产、过量储备，要采用与现场工作状况相适应的、简便实用的信息传导信号，以便在后道工序发生故障或由于其他原因停止生产，不需要前道工序供应在制品时，操作人员看到信号，能及时停止投入。"看板"就是一种能起到这种作用的信息传导手段。

目视管理采用可以发出视觉信号的仪器、电视、信号灯、标识牌、图表等，形象直观，容易认读和识别，简单方便。在有条件的岗位，充分利用视觉信号显示手段，可以迅速而准确地传递信息，无须管理人员现场指挥即可有效地组织生产。

（5）质量和成本控制，也要实行目视管理。例如，在各质量管理控制点，要有质量控制图，以便清楚地显示质量波动情况，及时发现异常，及时处理。车间要利用板报形式，将"不良品统计日报"公布于众，当天出现的废品要陈列在展示台上，由有关人员会诊分析，确定改进措施，防止再度发生。

（6）物品的码放和运送的数量标准化

物品码放和运送实行标准化，可以充分发挥目视管理的长处。各类工位器具，包括箱、盒、盘、小车等，均应按规定的标准数量盛装，这样，操作、搬运和检验人员点数时既方便又准确。

在现场管理中采用目视管理方法，可以取得迅速把握问题点、提高管理者能力、提高员工的问题意识、提高员工的成本意识、使管理明朗化的效果。目视管理综合运用管理学、生理学、心理学和社会学等多学科的研究成果，能够比较科学地改善同现场人员视觉感知有关的各种环境因素，使之既符合现代技术要求，又适应人们的生理和心理特点，这样就会产生良好的生理和心理效应，调动并保护工人的生产积极性。

5S 是创建和保持组织化、整洁和高效工作场地的过程和方法，可以教育、启发和养成良好"人性"习惯，目视管理可以在瞬间识别正常和异常状态，又能快速、正确地传递信息。5S 和目视管理是推行精益生产的基础，是企业降低管理成本、提高管理效率、改善现场的最直接、最有效的方法。

8.4　设备管理

设备管理是指以设备为研究对象，追求设备综合效率与生命周期费用的经济性，应用一系列理论、方法，通过一系列技术、经济、组织措施，对设备的物质运动和价值运动进行全

过程（从规划、设计、制造、选型、安装与调试、使用与运行、维护与修理、改造、更新直至报废）的科学管理。这是一个宏观的设备管理概念，涉及政府经济管理部门、设备设计研究单位、制造工厂、使用部门和有关的社会经济团体，包括了设备全过程的计划、组织、协调、控制、决策等工作。随着自动化程度的提高，生产对设备的依赖程度不断提高，因此，影响输出的主要要素将是设备。

8.4.1　设备的经济性

设备的经济性要把设备的选型购置、使用维修两个方面结合起来考虑，既要考虑购置费用，还要考虑使用效果。如果光考虑购置费用较低，而不注意使用阶段的各种费用，如动力费、维修费、劳务费等，最终还是不经济。不能买得便宜，而忽视可靠性、维修性、安全、环保等方面的需求，结果设备故障多、停机损失大等，最后花钱更多。所以，用生命周期费用的理念来指导设备管理十分重要。

设备的全生命周期费用指设备全寿命的总费用，即从设备的计划、设计、制造、安装、使用、维修、改造直到报废各阶段消耗费用的总和，如图 8-1 所示。

生命周期费用 = 设置费 + 维持费（使用费）

① 设置费：

A．自制设备：含研发费、设计费、制造费、试运行费。

B．外购设备：购置费、运费、安装费。

② 维持费：能耗费、人工费、维修费、其他服务费、报废费等。

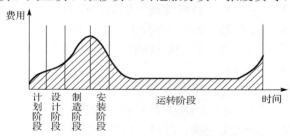

图 8-1　设备生命周期阶段与费用

8.4.2　设备管理的重要性

1．设备管理与产品质量

设备管理的宗旨之一就是为保证产品质量服务。目前，企业开展的 ISO9000 论证是建立产品质量体系的基础和依据，它是通过对企业内各过程进行管理和有效控制，实现质量体系的要求。设备是影响产品质量的重要因素，产品质量直接受设备精度、性能、可靠性和耐久性的影响。所以，必须对产品质量尤其是"质控点"设备进行全过程的有效控制，不仅对设备设计制造及选型质量、设备运行状态、设备精度、性能、可靠性、各种规章制度进行控制，还要对设备操作人员的能力、技术水平、环境条件和加工产品的全过程进行控制，只有在设备管理工作中一切影响质量的环节得到有效的控制，产品质量才能得到保证。

2．设备管理与安全运行

设备管理是企业生产安全运行的重要保证。企业生产安全运行就是保证生产过程中人身和设备的安全，而造成企业生产不安全的因素主要是"人-设备"这一系统的硬件和软件。如设备的防护装置不完整，设备结构不安全，存在缺陷；违反操作规程、超负荷使用设备，劳动组织不合理；设备维护管理不善，等等。所以，必须在设备全寿命的全过程中考虑安全问题，进行安全管理。设备设计、制造时需全面考虑各种安全装置，并确保装置的功能和质量；在进行工艺布置和设备安装时不仅要考虑安全上的合理性，更重要的要考虑生产技术上的安全性；定期对设备，尤其是对动能、动力设备进行安全检查和试验；严格遵守设备的安全操作规程，经常对操作人员进行安全教育，牢固树立"安全第一"的观点。

3．设备管理与环境保护

工业企业设备是造成公害的主要污染源，它与环境污染密切相关。设备管理的内容之一，就是解决设备对环境的污染，实现无事故、无公害。设备运转过程中，可能产生的公害有：粉尘和有害气体、噪声和振动，废渣和废液、电磁波和电离辐射。为消除污染，企业必须对有污染源的老旧设备制定更新改造计划；加强设备前期管理，确保污染设备不进厂；保持设备运行状态良好，防止出现污染泄漏事故；对于排放、存储、处理污染源的设备均应实行定人定机定责操作制度，并实行定期测试、定期检查、定期维修的管理制度，环保设备必须开动在生产设备运行之前，停机在生产设备之后。

8.4.3　设备管理的任务

设备管理主要有四项任务：

（1）保持设备完好。

- 设备运转正常，零部件、附件齐全；
- 性能良好，加工精度，动力输出符合标准；
- 原材料、能源、润滑油消耗正常。

（2）改善和提高技术装备素质。这需要更新设备，用新技术改造现有设备。

（3）充分发挥设备效能。提高生产效率和合理配置功能，合理组织生产与维修，提高设备利用率。

（4）取得良好的投资效益。设备管理的出发点和最终落脚点是以经济效益为中心，提高设备全寿命的产出/投入比，根本运作途径是推行和搞好设备综合管理。

8.4.4　设备管理发展阶段

随着市场经济的发展和科学技术水平的不断进步，设备管理的发展过程大致经历了如下四个阶段：

（1）事后维修阶段（1950 年前）。

事后维修即设备发生故障之后再进行维修。此阶段由兼修时代和专修时代两个"时代"组成。在兼修时代，由于设备比较简单，设备的操作人员也就是维修人员，但随着设备技术复杂程度的不断提高，设备修理难度逐渐增加，需要由专门的人员来负责设备维修，逐渐地从生产操作人员中分离出专门从事设备维修和管理的人员，最终，操作工负责操作，维修工负责维修，进入了专修时代。

（2）预防维修阶段（1950—1960 年）。

国际上有两大体系共存，一是以苏联为首的计划预防体制，另一个是以美国为首的预防维修体制。计划预修制旨在按计划对设备进行周期性的修理，其中包括按照不同设备和不同使用周期安排的大修、中修和小修。一般情况下，设备一出厂，其维修周期就基本确定了。这种模式的优点是可以减少非计划（故障）停机，将潜在故障消灭在萌芽阶段，缺点是维修的经济性和设备的基础保养考虑不足。由于计划固定，较少考虑设备实际使用、负荷状况，容易产生维修过剩或维修不足的问题。

预防维修制是通过周期性的检查、分析来制定维修计划的管理方法，多被西方国家的企业所使用，其优点是可以减少非计划的故障停机，可以部分减少维修的盲目性，但这种方法受检查仪器、手段和检查人员水平的限制，若检查不出故障或检查失误，会使维修计划制订不准，仍可造成维修冗余或不足。

（3）设备系统管理阶段（1960—1970 年）。

又称生产维修体制，是以预防维修为中心，兼顾生产和设备设计制造而采取的多样的、综合的设备管理方法。以美国为代表的西方国家多采用此维修体制，由事后维修、预防维修、改善维修和维修预防四部分内容组成。生产维修体制突出了维修策略的灵活性，吸收了后勤工程学的内容，提出了维修预防、提高设备可靠性设计水平及无维修设计的思想，使传统的维修管理转为重视先天设计和制造的系统管理，设备管理由此进入新的阶段。

（4）各种设备管理模式并行阶段（1970 年至今）。

综合工程学："设备综合工程学"的概念由英国维修保养技术杂志社主编丹尼斯·帕克斯在 1970 年发表的《设备综合工程学——设备工程的改革》一文中第一次提出。1974 年，英国工商部给这门学科下了如下的定义："为了追求经济的生命周期费用，而对有形资产的有关工程技术、管理、财务及其业务工作进行综合研究的学科。"综合工程学具有如下特点：把设备的最经济生命周期费用作为研究目的；把与设备有关的工程技术、财务、管理等方面结合起来进行综合性管理；研究提高设备的可靠性、维修性设计，提高设计的质量和效率；把设备的一生作为管理和研究的对象；强调设备的设计、使用和费用的信息反馈。

全面生产维护（TPM）：日本在美国生产维护的基础上吸收了美国的后勤学和英国综合工程学的思想，提出"全面生产维护"的概念，是一种全效率、全系统和全员参加的设备管理和维修制度，强调全员参与和基础保养。

设备综合管理：中国在 20 世纪 80 年代，在苏联的计划预修体制的基础上，吸收生产维修、综合工程学、后勤工程和 TPM 的内容，提出了对设备综合管理的思想。设备综合管理就是运用现代科学技术、管理理论和管理方法，对设备生命周期（从计划、设计、制造、购置、安装、使用、维护、修理、改造、更新到报废）的全过程，从技术、经济和经营管理等方面进行综合研究和管理，以提高设备综合效率和追求生命周期的经济性为目标，从而为提高企业的经济效益服务。设备综合管理的内容如下。

① 实行设备的全过程管理。即将设备的整个生命周期作为一个整体进行综合管理，保证设备在整个生命周期内的最佳效益。

② 对设备从工程技术、经济和组织管理三方面进行综合管理。设备管理，本质上是对设备运行过程的管理。设备运动有两种形态：物质形态和价值形态。物质形态表现为设备的研究、设计、制造、选购、安装调试、使用、维修、改造、更新、报废等；价值形态表现为设备的最初投资、维修费用支出、折旧、改造更新资金的筹措、积累、支出等。前者形成设备的技术管理，目的是使设备的技术状况最佳化；后者形成设备的经济管理，目的是使设备运行经济效益最大化。这二者往往是相互矛盾的，找到两者的均衡点是优秀设备管理者追求的目标。

③ 实行设备全员管理。现代企业中，设备数量众多，型号规格复杂，并分散在企业生产、科研、管理等各个领域。如果单靠专业管理的机构和人员是难以管好的。因此，要实行设备全员管理的制度，将与设备有关的人员组织起来参加设备管理，使设备管理建立在员工的群众基础之上。

8.4.5　以可靠性为中心的维修

以可靠性为中心的维修（RCM）是欧美通过对设备磨损曲线和设备故障诊断技术进行进一步的研究后发展出来的一种维修体系。RCM 强调对设备的异常工况进行早期诊断和早期治疗，以设备状态为基准安排各种方式的计划维修，以达到最高的设备可利用率和最低的维修费用。其维修体系的发展大约经历了事后维修、预防性维修和预测性维修。RCM 在美国融合了更多的维修方式和诊断方法。RCM 的指导原则为：面向设备功能或性能、关注整个系统、追求设计的改善、维修任务必须是有效的/可适用的、关注四种类型缺陷处理（事后缺陷处理、定期维修、状态监测、缺陷探测/事先维修），RCM 是一个闭环系统。

8.4.6　备品备件管理

1．备品备件管理的目标

- 设备突发故障所造成的生产停工损失减少到最低程度。
- 设备计划修理的停歇时间和修理费用降到最低限度。
- 备件库的储备资金压缩到合理供应的最低水平。
- 管理方法先进，信息准确，反馈及时，满足设备维修需要，经济效果明显。

2．备品备件管理的任务

- 备件储备。科学合理地确定备件的储备品种、储备形式和储备定额，做好备件的保管供应工作。
- 备件供应。及时有效地向维修人员提供合格的备件，重点做好关键设备备件的供应工作。
- 备件使用情况质量、经济信息收集和反馈工作。采购人员要随时了解备件市场的货源供应情况、供货质量，及时反馈给备件计划员并及时修订备件外购计划。
- 做好备件的计划、生产、采购、供应、保管等工作，保供应、压缩储备资金、提高资金周转率。影响备件管理成本的因素有：备件资金占用率和周转率，库房占用面积，管理人员数量，备件制造采购质量和价格，备件库存损失等。

3．备品备件的分类

- 按备件专业类别：将备件分为通用机械、通用电气、非标机械、冶金工具等。
- 按备件来源：将备件分为国内采购备件、进口备件、企业自制备件。
- 按备件使用特征：将备件分为常耗备件和事故备件。
  常耗备件（常备件）：指经常使用的、需经常保持一定储备量的备件，如易损件、消耗件等。
  事故备件（非常备件）：使用频率低、制作周期长、备件价值高、停工损失大的备件。
- 按备件费用渠道：将备件分为维修备件、工程备件、生产备件。
- 按备件精度及备件制造复杂程度：分为关键件、一般件。

4．备品备件管理的内容

- 备件的技术文档管理。指技术基础资料的收集与技术定额的制定工作。
- 备件的计划管理。备件的计划管理指从提出备件自制计划或外协、外购计划到备件入库这一阶段的工作。
- 备件仓储及库存管理。备件从入库到发出这一阶段的库房管理、库存控制和管理工作。
- 备件的经济管理。备件的经济核算与统计分析工作。

5．备品备件管理的经济指标

- 备件流动资金占用额。企业财务部门给设备管理部门规定的备件库存资金限额，以备件流动资金平均占用额统计考核。
- 备件资金周转期。企业财务部门给设备管理部门规定的备件资金周转速度限额，以备件资金周转天数统计考核。

减少备件资金的占用和加速周转具有很大的经济意义，是反映企业备件管理水平的重要经济指标。

8.4.7　我国现行的设备管理制度

在学习国外先进理论、体制，及继承自己过去优良传统并摸索的基础上，我国提出了现行设备管理制度，可概括为五个方面，即常说的"一二三四五"。

- 一生管理

就是要对设备的功能运动、物质运动与价值运动的全过程进行全系统、全效率、全员的"三全"管理。

- 两个目标

就是既要提高设备的综合效率或系统效率；又要降低设备的生命周期费用。

- 三个基本方针

就是坚持依靠技术进步的方针；贯彻促进生产发展的方针；执行预防为主的方针。

- 四项任务

指保持设备完好；不断改善和提高企业技术装备素质；充分发挥设备效能；取得良好的投资效益。

- 五个结合

指设计、制造与使用相结合；日常维护与计划检修相结合；修理、改造与更新相结合；专业管理与群众管理相结合；技术管理与经济管理相结合。

习题

1．企业应如何建立全面生产维护的管理体系？
2．TPM 的八大支柱分别是什么？结合实例对其中之一进行具体论述。
3．在企业现场管理中如何实施 5S？
4．结合具体企业现场，说明如何建立和保持现场良性循环系统。
5．简要说明设备管理经历的发展阶段。
6．设备管理的目标与任务是什么？

7．结合实际说明设备的全生命周期概念的重要性。

8．结合实例讨论设备管理对安全生产与环境保护的重要性。

9．什么是以可靠性为中心的维修？

10．备品备件管理的目标与任务是什么？

11．结合流程型制造业、公共设施保障企业分别说明其备品备件管理的主要内容与经济指标。

12．谈谈我国现行的设备管理制度。

案例：大洋制冷的现场管理法[①]

当人们进入大洋制冷有限公司的生产现场时，无不对整洁的厂房、整齐摆放的物料、有序的工作流程、花园式的现场发出由衷的赞叹。大洋制冷公司现场管理的奥秘在哪里呢？大洋制冷成立之初就认识到：拥有引进的先进技术、高精尖的制造和检验设备，并不等于企业的发展就有了保障。大洋制冷的管理者在对国内外优秀企业的管理经验进行分析后认为：衡量企业管理水平高低的一项重要标准是现场管理。现场管理是全面提高企业管理水平的基础保证，大洋制冷确定了"以强化现场管理为突破口，进而带动企业整体经营管理水平全面提高"的方针。大洋制冷首先把日本行之有效的"5S 管理"引入到公司的现场管理中，遵循着"整理、整顿、清洁、清扫、素养"等方面的要求，从各方面踏踏实实地做好基础工作，并对内容进行细化分解，对引进的管理知识进行"国产化"，形成大洋制冷特有的各种管理制度，并且随着企业的发展，员工素质的不断提高，不断地把引进的国内外技术标准和优秀企业的管理经验进行消化吸收，使人本管理思想、系统论、ISO9002 质量管理体系、ISO14001 环境管理体系、"5S" 管理等内容，逐渐地和企业自身的特点相融合，从而形成了具有创新特色，并且在不断发展和完善的大洋制冷的现场管理方法——7SEA 现场管理法。

7SEA 现场管理法中的字母分别是"素养（Sentiment）""整理（Sort）""整顿（Straighten）""清扫（Sweep）""清洁（Sanitary）""安全（Safety）""节约（Save）""环保（Environmental Protection）"和"活动（Activity）"的英文开头字母，也是构成 7SEA 管理法的要素。现场管理是对人、机、料、法、环、信息、制度等生产要素的综合管理，人不仅是诸要素的核心，更是实施各项管理的主体。大洋制冷把高素质的员工作为现场管理的根本，首先对"5S"的顺序进行调整，把"素养"作为 7SEA 的第一条。

7SEA 现场管理法是在"5S 管理"的基础上进一步完善发展起来的，它是以系统论为模型，把生产现场视为一个动态的系统，以人本管理思想为核心内容，又融入了 ISO9002 质量体系的管理要素，ISO14001 环境管理体系中的管理要素和持续改进概念，精益生产、清洁生产和安全生产的思想，现场的目视管理法，质量控制方法，顾客服务理念和大洋制冷创造无止境改善的企业文化，最终形成的动态管理方法。

现场管理与改善

大洋制冷的现场员工们在工作实践中进行了多次创新。制造一课异型切割班所发明的"零部件摆放一次定位法"就是一例。异型切割班组在切割工件的过程中，发现切割厚的部件经常有飞刺，影响产品质量，不得不进行再加工打磨处理，既影响质量又增加工时，于是该班

---

① 肖永勤，王东，徐新跃. 生产现场 7SEA 管理活动的实践. 中国管理传播网，编者做了删节与修改，作为案例隐藏了公司名称。

组的 QC 小组面对这一难题，经过反复调研和试验，终于发现是切割机的光电识别系统，在对白色图样、黑色背景的识别时，因图样平台易于沾灰尘导致识别误差，而影响切割质量，于是他们提出了黑白颠倒的改进方案，从而成功地解决了这一质量难题，并荣获市优秀质量管理小组光荣称号。

制造二课蒸气高温再生器班也不甘人后，从拍摄于日本某厂家的生产现场中的工具摆放的照片中受到启发，根据工具使用频率，在工作场所的旁边竖起一面工具看板，把各种工具固定在工具看板上，不仅解决了工具乱放的问题，而且有效地利用了空间，扩大了生产面积，制造部在发现了这个新改进之后，立即组织生产现场的全体员工来参观，在推广该班经验的同时，又对工具看板的放置位置、规格尺码和形状等提出进一步的要求，总结成为"工具看板立体悬挂法"，使工具看板成为外来客人参观生产现场的一道亮丽的风景线。而其他员工在学习了该班的经验后，又进行了进一步的发展，把电焊机的送丝机构小车改装成可盛放物品的抽屉形状，放置一些较小的工具和辅助物品；把四面空荡的工作台四面焊接成一个储藏空间，内置较笨重的工具和工装，形成了"工具内部储藏法"。通过这些改善工作，使现场整理整顿工作达到了一个非常有序的程度。

不断学习与改进

1997 年 8 月中旬，大洋制冷在通过 ISO14001 环境管理体系的认证后，立即组织部分骨干员工专程去参加了青岛海尔公司。在海尔工业园里，大洋制冷对海尔的"日事日毕，日清日高"的管理法有了更深刻的认识，并找到了自身的差距，但大家并不气馁，认为别人能做到的，我们经过努力也能够做到。参观回来后，肖总经理亲自主持了座谈会，大家从各个方面进行了对比，找出了差距和努力方向，并付诸实施。经过一个月的努力，到 10 月份，再次到大洋制冷参观的人无不惊讶于大洋制冷现场的巨大变化，但只有大洋制冷的员工才知道自己付出了多么大的努力，因为在学习海尔经验的同时，结合本公司的具体情况后，在某些具体环节上已经超过了赶超目标。

整理整顿，破旧立新

制造二课筒盖班是为制造三课上下筒体生产提供筒体部件的班组，在活动开始之前，不严格遵守《生产制造计划》，经常提前较长时间，把完成的筒盖送到下道工序旁放置起来，放置时间的长短和本班无关，造成积压，给下道工序增添了很多麻烦，也造成了不必要的争论。在推行"5S"活动后，筒盖班认识到存在的问题，他们积极地和上下工序协调，从后向前反向计算所需加工工时，按需生产，从而在下道工序需要时，直接把筒盖吊调装到正在组装的产品上，真正做到了准时生产，为下道工序提供了极大的方便。

制造部管理人员在发现了这一可喜的变化后，并不满足，而是积极引导员工们进一步提高工作水平，及时引入准时制生产（Just In Time）方式，即在指定的时间，把必要的零部件按指定的数量送到下道工序的指定位置，从而真正实现了按用户需要而进行生产，同时这种准时制生产管理思想又反过来促进了现场管理，起到了进一步的推动作用。

清扫和清洁

通过清扫活动，可以使现场环境更加整洁，设备工装得到及时维护保养，确保生产工作的顺利进行。针对集中清扫费时较长的问题，制造三课上下筒班的员工又提出了"即时清扫法"——在某项工作完成后，利用三分钟立即清除周围的杂物，还可避免污染的扩散，使"5S"由日常化顺利地过渡到随时化。在对设备工装进行日常维护保养工作中，员工们把 ISO9002 质量管理体系和 ISO14000 环境管理体系中的要求和生产实际结合起来，由原来分别填写的两张点检表格，经过员工的合理化议案活动的建议后，顺利地合并为一张表格，并增添了一些不在标准要求范围内但行之有效的项目，既提高了设备工装维修保养的水平，又减少了点检时间，最终确保了以良好状态的设备来进行生产活动。大洋制冷就是通过采用现场员工的日常维修保养和设备管理部门的专项管理相结合的方式，使设备的"零故障"成为可能。

预防为主，安全第一

生产现场是企业安全事故的多发区，还是安全生产的重点，安全生产是生产现场管理的重中之重。安全事故主要是由于人的不安全行为和物的不安全状态而造成的，如果能有效预防和解决这些安全隐患，就可以使安全事故的发生率降到最低。

制造三课组合班在寻找安全隐患时，发现电焊机的焊枪风带等拖在地上，人员走动时经常拌脚，有一定危险性，他们在试验过用蛇皮管固定在地面上因工作场所移动而效果不佳后，经认真分析和设备部门的协助，最终使风带和送丝机构通过空中的悬臂机构送到工作场所上空，既解决了安全问题，又解决了现场拥挤的问题。

大洋制冷认为：要想使系统保持稳定的状态，不发生安全事故，首先要使生产现场和现场管理这两个系统达到圆满的配合，通过 7SEA 的管理手段，使现场的各要素处于稳定的状态，努力消除不稳定的因素，这是安全工作的一个重要前提。仅仅依靠现场系统还无法确保安全生产工作，还需要公司齐抓共管，才能使安全生产工作真正落到实处。

清洁生产

所谓清洁生产是指将综合预防的环境政策持续用于生产过程和产品中，以减少对人类和环境的风险。大洋制冷于 1997 年在同行业率先通过 ISO14001 环境管理体系认证之后，并不以此为满足，不仅获得了环境标志产品的称号，而且进一步在生产现场推行清洁生产，创建绿色工序，从全新的角度去诠释了现场管理的内涵。

1994 年，制造一课机加工班在进行例行的地面扫除时发现，摇臂钻床等加工设备周围的地面因长期被切屑液侵蚀，虽然每天都进行清扫，但已经出现了一些不良迹象，联想到国有企业的生产车间有机加工设备周围地面又脏又黏的状况，几位员工非常焦急，决不能让类似的情况在大洋制冷的生产现场重演。他们经过多次研究后，从日本进口的数控机床的挡液板中得到启发，自行设计和加工了摇臂钻床切削液防护板，安装在设备上，有效地防止了切削液飞溅在地面上，保护了生产现场的环境。一次，原机械工业部包叙定部长在视察大洋制冷的生产现场时，一眼就看到了这个改进，连声夸赞"改得好！"并认为这个改进应该通知摇臂钻床的生产厂家，以进一步搞好环境保护。

垃圾分类存放，垃圾车存放在现场既占用车间面积，又有损企业形象。不要紧，员工们有办法，他们把垃圾车内部做成若干小格，按照文件的要求对垃圾进行分类存放，而外部则进行了一番造型。铁屑在运输过程中，残留的油滴会滴到地面上。员工们在现存的铁屑箱上钻上过滤孔，油滴自然会流到下面新增的储液箱中。水压试验用的水排放到下水道内太可惜了，员工们做了一个小水车，让水返回原来的冷却水塔中循环使用。现场的员工们就是这样采取了各种各样的方法，把体系的相关要求落到实处，并和现场的工作巧妙地结合起来。他们在公司实行清洁生产的要求下，立足于本岗位，进行创建绿色工序的活动，通过改进操作工艺，强化工序管理，最大限度地节约能源，降低消耗，减少污染物的产生量和排放量。制造一课机加工班不仅做好本工序的工作，此外，他们发现铁屑虽然经过了滤油处理，但铁屑在运输到车辆的过程中，仍然会有少量的油滴滴到现场的地面上，因此他们要求运输厂家在吊装过程中，在地面上铺设塑料布，以解决这一问题。通过公司和员工的共同努力，在生产现场的环境管理方面，成功地实现了污染的全过程控制。

依靠现场团队，持续改善

如果现场管理差，经常在某些方面出现漏洞，忙于事后补救这种救火式管理，会无暇顾及潜在的问题和隐患。大洋制冷从系统的角度来看问题，他们认为：现场中的各生产要素哪怕出现微小的异动，都可能隐藏着危机，有可能会对系统的稳定带来不良影响，需要及时给予关注和采取对策。现场管理无小事，如果不对小事加以重视和预防，小事就会发展成大事，就会给工作带来损失。必须依靠现场团队班组进行现场管理。

班组是生产现场最基本的组织单位，只有班组管理搞得好，才能为良好的现场管理打下坚实的基础。因此，除日常管理外，大洋制冷在生产现场组织了多种多样、丰富多彩的班组管理活动，如上岗会和下岗会，并把QC小组活动、零缺陷管理活动等融入其中，取得了良好的效果。

一次改善的完成并不是整个改善的结束，而是下一次改善的开始，改善活动是一个循环往复、螺旋式上升的过程，旧的问题解决了，新的问题又会出现，又需要开始新一轮的改善活动，以至无穷，永无止境。大洋制冷的现场管理活动已经反复地证明了这一点，并将被今后的管理活动所继续证明下去和不断完善下去，并指导大洋制冷的（包括现场管理的）企业经营管理不断地跃升到新的高度。

思考题

1. 现场管理7S比5S多了什么？你认为是否有必要？
2. 现场管理中如何做到环保与安全健康？
3. 查阅文献，结合本案例，清洁生产包括哪些内容？说明清洁生产常采用的技术与方法。

第9章 质量管理

学习目标

1. 理解质量术语；
2. 描述质量管理发展的 3 个阶段；
3. 描述如何应用质量管理工具；
4. 掌握工序能力及工序能力指数的计算方法；
5. 描述如何绘制简单的计量和计数特性值控制图；
6. 描述全面质量管理概念及特点，掌握运用全面质量管理的实施方法；
7. 描述 6σ 管理的原理和方法；
8. 了解各类质量奖项；
9. 了解故障模式影响分析的基本内容；
10. 了解 TRIZ 理论。

您赞同某公司的下列管理理念吗？

- 质量是昂贵的；
- 检验是质量的关键；
- 质量管理与质检专家可以保证质量；
- 产品或服务的缺陷是由员工造成的；
- 生产或服务过程可以由外部专家来进行一次最优化，形成制度就行了；
- 使用工作标准、定额、目标可以改进生产能力；
- 恐惧和奖赏是激发动机的途径；
- 员工可视作商品，需要时引进，不需要时裁员；
- 奖赏表现最好的员工，惩罚最差的，可以提升生产能力与创造力；
- 维持高收入、低成本就保证了利润的来源；
- 利润是企业最重要的指标；
- 用最低成本买入；
- 用一个供应商来牵制另一个；
- 一切以价格为准，频繁更换供应商。

现代卓越质量企业的管理理念与上述管理理念截然不同。本章我们将改变上述传统公司的理念，介绍现代企业的质量理念。质量是 5 大运营绩效目标之一，质量管理涉及整个组织，组织内各部门、组织间必须相互协作，密切关注质量管理和控制。虽然质量管理是交叉职能执行的活动，但运营系统在为顾客生产高质量产品或服务的过程中有特殊的职责。提高质量可减少因返工、废品和退货产生的成本，优质的产品或服务可以提高顾客满意度，获得更大的市场份额，因而提高质量将对公司的收入和成本产生积极的影响，并能够为公司带来巨大的竞争优势。

本章首先介绍质量管理的发展与理论体系的形成，然后介绍质量管理的内涵，质量计划、控制与改进及质量控制的现代方法与工具。重点介绍统计过程控制、全面质量管理与 6σ 管理法。

9.1　质量管理的发展与理论体系的形成

质量管理的发展大致经历了质量检验、统计质量控制、质量保证与预防、质量管理等时期。

9.1.1　质量检验与质量控制

工业革命以前，产品是由个体生产者为个体消费者制造的。如果出现质量问题，消费者可直接去找生产者问责。那时的产品真正是"按指定规格制造"，并且每一个产品都独一无二。整个过程，包括材料采购、生产、检验、销售和客户支持等都由工匠或其学徒完成。工业革命的到来极大提高了各类产品的生产效率和供应量，并大幅降低了零售价格。例如在美国，当埃里·惠特尼（Eli Whitney）同意为美国新政府生产毛瑟枪时，他摒弃了手工生产方式，而使用特制设备来生产零件，这些零件在某种程度上是完全相同的，因而可以互换。优越性便显而易见，如果武器需要更换零件，可以从备品库中直接获得，而不必按定制规格重新制作。采用设备来生产零件不再需要传统工匠的熟练技巧，因而降低了劳动成本，生产率也极大提高。这种全新的生产方法迅速传播，很快便从军事领域进入了消费品领域，如辛格（Singer）的缝纫机、麦克科米克（Mccormick）的收割机。但是，当人们欣喜若狂地享用大批量生产方式的成果时，突然发现工业化过程制造的产品，其质量远不能与手工产品相提并论。人们意识到：大批量生产方式需要能实现互换，因而同一产品的同一部分的零件必须尽可能相同。为实现这一目标，人们付出了巨大努力。在设计过程中，人们竭尽全力设计出功能良好的样品，在制造过程中设法用最小的偏差复制这一样品。同时，材料的质量被严格控制，生产过程中的每一个重要步骤都使用高精度的测量手段实施严格的检验。到了 20 世纪初，检验方法已经十分成熟，以致弗雷德里克·泰勒（Frederick W. Taylor）把它列为工厂管理者的主要职责之一。

1924 年，在 AT&T 的贝尔实验室工作的休哈特（Walter A.Shewhart）在西方电器公司主要研究产品的质量与稳定性问题，他把数理统计学应用于制造过程的控制，发明了控制图（Control Chart）。由于控制图技术的应用，美国的电话系统及其服务质量水平成为世界典范。1931 年，休哈特发表了里程碑式的著作《制造产品质量的经济控制》（Economic Control of Quality of Manufactured Product），把质量管理带进了一个新时代。休哈特认为，可以通过对制造过程的控制降低出现不合格品的概率，从而改善产品的质量状况。他运用数理统计原理建立制造过程波动的数学期望值，并对过程数据进行统计和分析，以便发现非正常波动的迹象并找出原因加以调整或改进。例如，机器的磨损呈现有规律的偏差偏移，可以通过对过程数据的监测，在机器磨损导致超出允许偏差之前对机器进行调整或更换部件，避免出现不合格品。

休哈特的同事道奇（Harold Dodge）和罗米格（Harry Romig）在同一时期则着重研究产品的抽样检验问题，他们应用数理统计学研究如何使用样本来代替全部产品，从而减少投入在检验工作中的人力、物力和时间。

戴明（E.Deming）与休哈特一样，原来都是物理学家。1928 年，正在耶鲁大学攻读博士学位的戴明到芝加哥的西方电器公司兼职工作，接触了休哈特等科学家。1939 年，戴明成为美国联邦统计局的首席数学家兼取样顾问，开始将质量管理方法应用于非制造环境，并以休哈特的研究为基础，用统计学方法研究质量与可靠性。

第二次世界大战期间，美国国防部为了解决超大量军用物资生产的质量问题，聘请休哈特等人制定了《战时管理制度》，广泛推广统计质量控制方法，以抽样检验方法为主，美国军方利用改进的抽样方法处理来自众多供应商的军需品供应问题。20 世纪 40 年代，美军方、贝尔实验室和主要院校都在培养管理工程师以便在其他工业领域推广应用统计抽样方法。几乎同时，专业质量管理组织开始在全国范围内出现，美国质量控制协会（ASQC，即后来的 ASQ）便是其中之一。"质量"这一术语开始融入统计学的含义。统计控制图和其他统计学方法被用于工序随机波动的控制中，以保持工序处于统计控制状态，有效减少了人工检查的工作量。

第二次世界大战后，为了帮助日本恢复经济，应日本科学家与工程师协会（JUSE）邀请，戴明于 1950 年赴日讲学，担任日本工业界的讲师和顾问，对日本工程师和企业经理就管理层的任务与责任发表系列演讲，在日本掀起了品管热。戴明在日本的讲学影响了日本的企业界与领导层，也因此把日本经济带入了一个高速发展的时期。质量成为日本企业的核心理念，日本成为靠产品质量崛起的成功实例。20 世纪 60 年代日本产品悄然进入外国市场，70 年代在电视、录像机、手表、音响等普通消费品方面显示出威胁，80 年代扩大到汽车、计算机外设、精细化工等领域。

20 世纪 50 年代至 60 年代，菲利浦·克劳斯比（Crosby）在美国克劳莱斯公司担任质量工程师，并在马丁·玛瑞埃塔公司担任质量经理。他在《质量革命运动的兴衰》一文中提到，50 年代主要是基于现状的科学检测、可接受的质量水平（3σ）及补救措施的质量控制，其结果是公司容忍有最少量的不符合要求的产品及服务，重点放在对不符合产品及服务的评估，以保证绝大多数产品能对顾客进行销售。美国政府文件《Mil-Q-5923》（不符合要求材料的控制）使这个做法显得合乎情理。补救措施就成为了处理不合格产品和服务的必需品及家常便饭。每个人都能卖掉他们做出的任何东西，客户也习惯于对付产品的质量问题。

可以说，统计质量控制时代提供了完备的质量控制工具包，把质量管理的技术手段发挥到几乎尽善尽美的程度。当质量管理在工具层面上日益完善的时候，人们发现，大量的质量问题仍然存在且得不到解决。戴明运用帕累托（Pareto）图分析并得出结论：80%的质量问题来源于管理问题，而真正属于技术原因的不超过 20%。

9.1.2　质量保证与预防

20 世纪 60 年代，英国在质量标准中首先提出质量保证（Quality Assurance）概念，美国则发展了《战时管理制度》，使质量保证制度化、体系化，质量保证体系由此正式产生。

菲利浦·克劳斯比在《质量革命运动的兴衰》一文中讲到：20 世纪 60 年代，质量保证（QA）得到了发展，其主要原因是美国国防部的质量保证规格文件《Mil-Q-9858》。质量保证是以文件的形式操作的，其结果是程序手册以及对检测和质量控制结果的评估。产品和服务符合要求方面虽未有改进，但企业却能够更好地了解事情在哪里出错。主要的补救措施通常是重写程序。几乎没有任何形式的培训，也没有在教育上下功夫。新雇员对环境的了解不包括任何与质量及其需要有关的内容。

克劳斯比提出，质量就是符合要求，而不是好。"好、卓越、美丽"等描述都是主观的；真正意义上的质量问题不存在，质量问题应归结到生产、设计等一系列问题上。如果能够预防，那么就不会出现质量问题，质量不是检验出来的；对于工作表现的唯一衡量指标就是质量成本，即当产品没有符合要求时所产生的额外费用，这种花费是惊人的，"在制造业占营业总额的 20%，而在服务业高达 35%"；对于工作表现的唯一标准就是"零缺陷"，"零缺陷"观点强调"第一次就把事情做好"，为了追求零缺陷，改善与预防最为重要。起初，克劳斯比的"零缺陷"理论在专业领域内被视为一种天真幼稚乃至罗曼蒂克的想法。

现在，质量保证体系被西方大多数国家确认为选择供应商的一个最低标准，并通过国际标准化组织（ISO）发布了国际标准：ISO 9000（目前为止已经发布了三版：1987 版、1994 版和 2000 版），并推荐采用第三方认证方式来解脱客户对供应商评审的极大不便，因而导致了在全球范围内出现了一个质量认证产业。

9.1.3　质量管理

20 世纪 70 年代，质量管理（QM）出现，但美国的制造业在与生产可靠产品的日本企业的竞争中很快失去了市场份额。在日本，"质量管理"术语得到延伸，质量管理成为整个组织的共同目标，所有职能、所有员工都有助于设计质量和产品质量的提高。质量不仅仅被看做一种生产运动，而是整个组织都应该努力为顾客提供高质量的产品或服务。戴明在日本企业的崛起中贡献巨大。1980 年美国 NBC 电视公司播出《日本能，我们为什么不能？》的纪录片，记录了戴明在日本经济转型中的作用，美国企业界开始注意到这位学者。戴明对丰田公司的影响巨大，这也许是之后福特聘用戴明作为品质咨询专家的原因。戴明首先在福特管理阶层宣讲他的管理理念，使福特公司开始建立品质文化。戴明每年在美国给企业界经理提供大约 20 次的"四日研讨会"课程。著名管理大师彼得·杜拉克说："戴明对日本和美国都产生了难以估量的影响。"

朱兰（Juran）发明了质量三步曲的思想，即质量计划、控制与改进。在计划过程中，公司应该识别主要的经营目标、顾客和所需产品，强调产品或服务的适用性，强调人的作用。许多质量改进都要求进行详细的计划，以保证首先解决最为重要的质量问题。朱兰建议要进行突破性改进和流程的连续改进，他认为这可以通过把系统纳入统计控制状态来完成。对全体员工进行培训和提高是必要的，可以保证连续的质量改进。

20 世纪 70 年代菲利浦·克劳斯比在美国国际电话电报公司（ITT）任副总裁兼质量总监，开展 ITT 的质量改进活动。1979 年他在佛罗里达创立了 PCA 公司和克劳斯比质量学院，培育了数千名经理人员和数十万名知识及技能工人。其撰写的《质量免费》一书成为管理层的畅销书。企业经理们意识到，他们能够为使产品和服务的承诺兑现给客户做一些事情。企业管理者、工人对质量管理及其改进技巧有了一种共同语言。抛弃了 AQL（"可接受的质量水平"）政策，并着手学习如何第一次就把事情做对，带来了思想上的大转变。

克劳斯比在《质量革命运动的兴衰》一文中提到，20 世纪 90 年代质量成为管理人员要考虑的一般内容，质量控制（QC）以一种更为程序化的形式再次出现。虽仍有一种 AQL，但今天则是要求 6σ 来取代 20 世纪 50 年代的 3σ。质量保证通过推行 ISO 系列而正式化。质量管理已成为这些计划的总题目，而忘记了其哲学部分是产生质量改革运动的根源。质量即"好的质量"，又回到了原来的位置。21 世纪，MBA 学院讲授作为一种预防哲学的质量管理，而不重视 QC 和 QA。这些人在今后几十年将影响并经营公司。他们比过去十几年的管理人员更加全球化、知识化、更加老练。他们能够区分主次。对他们来说，质量即诚信——"怎么说就怎么做"。

在质量管理时期，质量已经不再只是质量部门的事情，质量不仅仅意味着检验与控制。

质量成为重要的竞争要素。质量与管理密不可分，"管理上不同则一切皆不同"。质量具有面向顾客的动态特征。质量管理需要组织变革，需要建立质量文化，需要持续的改进。20世纪末期，现代管理问题的探讨和实践可谓百花齐放，管理思潮、管理理论与方法不断涌现，层出不穷，令人目不暇接。在这样的环境和氛围中，质量管理也不断发展，不断与其他管理思想相融合，质量管理的理论体系由三个层次构成：质量管理理念与哲学、质量管理方法和质量管理工具。其中，质量管理理念与哲学是质量变革成功的根本。

9.2 质量的现代理念与特征

9.2.1 质量定义

海尔冰箱的质量是一流的，富康皮鞋的质量不错，某酒店的服务质量一流，电信的服务质量不尽人意，公共服务事业的服务质量尚需改善，这些教材的质量一般，这些录像带的质量不错……在这里,质量指什么？什么是质量？如何度量质量？谁关心质量？质量是动态的，还是一成不变的？

讨论一下皮鞋的质量。男鞋的质量可能意味着耐穿、皮亮、舒适、潮流、透气、防水、低价格，而女鞋则会注重脚跟的设计、款式的新潮等。不同年龄、不同性格的人会有不同的选择。一本教材的质量呢？作者或读者可能认为质量意味着教材内容的清晰程度、重要性和适用性；印刷厂认为质量意味着好的纸质、合适的字体大小、无错别字、装订正确；出版社认为质量意味着读者喜欢、具有经济性；印刷厂认为质量好的书，作者可能认为质量差；作者认为质量好，读者可能认为质量差，而且不同的读者看法不尽相同。由此可见，质量的定义因人而异，谁是质量的裁判？又该如何定义质量？

D．Garvin 将现有的质量定义方法归结为 5 种导向。

① 卓越导向：质量是内在卓越性的代名词，可定义为产品或服务规范的某个绝对高水平。

② 制造导向：公司生产的产品或服务必须与其设计规范完全相符，且追求零缺陷。

③ 顾客导向：公司生产的产品或服务必须适用。产品或服务须符合设计规范，更重要的是这些规范是否能满足顾客的需求。

④ 产品导向：质量是满足顾客需求所必须的一组明确而且可以测量的特性。

⑤ 价值导向：主张用成本和价格来定义质量，向顾客提供价值。产品或服务的质量按照绝对水平来讲不是很好，但是其成本与价格较低，有的顾客也会欣然接受。

从运营系统的观点给出质量的定义：质量是对顾客期望的系统体现，满足或者超过顾客现在以及将来的需求。

顾客有时无法描述出未来对他们有用的产品或服务，但可以对产品或服务进行评价。产品或服务应达到顾客的使用目的。适用性与顾客得到的使用价值和顾客满意度有关，适用性应由顾客来评价。公司应通过一组可以测量的产品或服务特性，系统地体现在生产过程的设计与控制中，指定产品或服务的质量规范，减少生产过程的质量变异，不断引进新产品，以更好地满足顾客需求。公司应该深刻理解顾客期望，并能采用先进技术，实现对产品质量的持续改进。产品或服务的质量应保持一致性，即顾客对产品或服务的期望与顾客通过考察质量形成的实际感知的一致程度。一致性质量决定了顾客的满意程度，当顾客对产品或服务的感知超过顾客期望时，顾客就非常满意，当感知与期望基本一致时，顾客也是满意的，但当感知比期望要差许多，顾客可能就会感到不满。顾客期望与顾客感知都会受到许多因素的影响。

　　图 9-1 表示了顾客期望与顾客感知之间存在差距的原因，可能由四种差距造成。公司应该从顾客需求出发，努力缩小这些差距，最终让顾客满意。

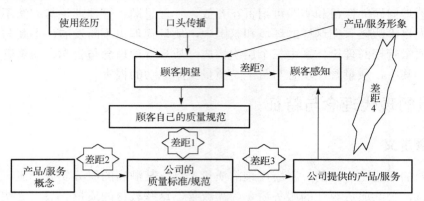

图 9-1　顾客期望与顾客感知的差距根源

　　差距 1： 公司内部质量规范与顾客所期望的质量规范不一致。例如目前我国的电信、电力、铁路等垄断行业的服务规范就存在许多"霸王条款"，与顾客的期望相差甚远，造成顾客抱怨。

　　差距 2： 产品服务的概念与内部质量规范不一致，这是由公司内部造成的。产品服务的概念可能符合顾客期望，但公司运营部门没有将这一概念贯彻下去。公司的营销部门、运作部门与产品开发部门应密切协作，共同保持内部质量规范与产品服务概念的一致性。

　　差距 3： 公司的质量规范与实际提供的产品服务质量存在差距，可能由于员工技能不足、公司采用的技术落后、管理疏忽或是质量规范本身不现实。公司运营部门应确保产品服务符合公司内部质量规范。

　　差距 4： 产品服务的实际质量与产品服务对外宣传的形象存在差距。公司需要进行恰如其分的宣传与推广，不宜过分夸大，承诺过度，也不要不注重产品服务的形象宣传。营销部门应确保对顾客的承诺在公司能力范围内。

　　要注意区分产品的设计质量与产品质量：

　　设计质量是在产品生产出来之前就确定的。确定产品设计质量通常是交叉职能产品设计小组的主要责任，该小组包括来自市场营销、工程、业务和其他部门的人员。由市场调研评估顾客需求、形成设计概念、确定设计规格后设计质量就确定了。

　　产品质量是指生产出满足规格要求的合格产品，只要产品符合规格要求，不论产品的设计规格如何，都可认为是质量合格的产品。

9.2.2　质量特性

　　质量特性是产品、过程、系统中与需求有关的固有特性。产品质量特性即质量的维度，主要有性能、寿命、可靠性、可维修性、安全性、经济性、抗腐蚀性及美观性等。

　　① 性能。产品或服务的主要特性。

　　② 耐用性。产品或服务的使用寿命。

　　③ 可靠性。可采用故障时间均值、可持续工作时间、故障出现的概率等来衡量。

　　④ 可维护性。修理的难易程度。

　　⑤ 美观性。感知特征（感觉、视觉、声音等）。

服务质量的质量特性主要有功能性、经济性、安全性、时间性、舒适性及文明性等。表 9-1 所示的是汽车的质量特性和航空旅行服务的质量特性。

表 9-1 产品或服务的质量特性举例

质量特性	汽车（产品）	航空旅行（服务）
性能	速度、加速性能、油耗率、行驶平稳性、内部设计	航班省时、平稳、舒适、安全、机上食品、旅游预订服务
安全性	刹车性能	无故障
美观性	款式、车型、装饰等	候机厅装饰和机组人员仪表及卫生情况
可靠性	平均无故障时间	遵守起降时间表
耐用性	使用寿命、越野、少维修	不断改进服务
可维护性	易于维护、易于维修	更改旅游路线容易
售后服务	定期专业保养、检修	服务调查，提供旅游信息

9.2.3 顾客研究

管理者需要知道哪种质量特性对顾客最重要，哪种质量问题引起顾客的不满，这便需要管理者对顾客进行研究。Oliver 认为，不满意的顾客不会抱怨，只会向其他商家购买。研究顾客喜好的目的在于改善产品来适应大众，而不是改变大众来适应你的产品。我们应该了解顾客的需求与期望，再进行产品与服务的设计，向顾客提供高质量的生活品质。

企业需要倾听顾客的心声，才能有效地改进产品或服务质量。顾客接受企业提供的产品或服务，感受到质量并形成自己的意见。对于接受过竞争者的产品或服务，但对竞争者还不忠诚的顾客而言，他们形成了对该项产品或服务的评价，如果企业能提供比竞争者更好的产品或服务，他们就会成为企业未来的顾客。

（1）倾听顾客的抱怨、问题与要求

"顾客的抱怨是来自上帝的恩赐"。知道抱怨已经迟了，质量已经定型，抱怨的顾客还算是勉强满意的顾客，应该赶快改善，让他们满意，甚至让他们对产品变得忠诚。同时，对顾客提出的维修要求要迅速做出处理。

（2）主动接触顾客，倾听顾客的反馈

对特定顾客拜访、调查、面谈，整理顾客的体验。要明白顾客不想要而得到的有哪些；顾客需要而未得到的有哪些。倾听顾客心声，不仅要倾听对产品满意的顾客的心声，更重要的是倾听那些对产品不满意的顾客的心声。要多接触流失的顾客，从未选择过我们的顾客，以及选择我们竞争对手的顾客，或是那些既不选择我们，也不选择我们的竞争者，而是采用其他方式的顾客。

目前顾客研究主要借助于顾客关系管理（Customer Relationship Management，CRM）系统进行信息的收集与分析。例如，当消费者在亚马逊网站购买图书时，网站会记录下读者购买或浏览记录。亚马逊网站的顾客关系系统将这些信息收集起来，根据读者的喜好推荐书目，从而更好地为消费者服务。面对迅速变化的市场和越来越个性化的顾客需求，如何获得和留住顾客将直接关系到企业的生存和发展。

最早提出 CMR 的 Gattner Group 认为，CMR 的目的是赢得新顾客，留住老顾客，并获得利润。CMR 使企业可以同顾客保持持续和广泛的沟通，以获得这些宝贵信息。CMR 系统包含先进的通信设施和应用软件，顾客可以通过 Internet、E-mail、电话、传真、呼叫中心等手段同企业联系，企业也同时获得顾客信息。经过智能化软件的分析可以识别顾客及他们的需求，及时提供周到服务。CMR 系统可以整合从不同顾客接触点获得的信息，形成统一的顾客数据库，供企业内部员工共享，以根据需要检索信息。通过 CMR 了解顾客需求，按照企业的能力向顾客提供一对一的服务；对信息的深入挖掘还可以发现顾客潜在需求，并通过营销手段激发潜在需求，从而获得市场先机。

"市场变得像时装、流行色一样不可捉摸，产品更新必须跟上这个'毫微秒'时代。"被《财富》和《经济学家》誉为"管理学大师的大师"的斯坦福大学企业管理学博士汤姆·彼得斯如是说。彼得斯主张面向市场、面向顾客，企业的所有活动都要围着市场和顾客转，而且要把顾客当成有血有肉的人，热爱顾客，满足顾客越来越特色化的特定需求，对顾客偏好的变化迅速做出反应，一切以顾客的感觉为依归。顾客需求的多样性要求企业在进行所有经营活动时，从顾客角度出发，秉承顾客至上的信念进行决策，最大程度地满足顾客需求，从而实现企业业务增长。

9.2.4　服务质量

与有形产品相比，服务质量有很多独特之处，主要是由于服务本身的特性。因此，可以从服务的特点来分析服务质量的特殊性。

① 服务的无形性使得服务质量难以像有形产品那样用精确的数量来描述和定义。服务质量的好坏取决于顾客所期待的服务与实际感受到的服务的一致性。

② 生产与消费的同时性使得服务质量不可能像制造业那样预先"把关"，也无法对质量问题"返修"，因此企业在服务过程中必须"第一次就把事情做好"。

③ 服务的可变性导致其质量的评价方法有很大不同。对于服务质量来说，只有一部分由服务提供者评定，其余的只能通过顾客的体验、感受来评价；而同一服务，不同的顾客会有不同的评价；顾客对服务质量的评价也无法通过"试用"等方式来确定，更不完全取决于一次体验，而往往在接受竞争对手的服务之后才能体验到。

④ 在很多服务过程中，顾客始终参与其中，不仅对最终服务进行评价，还对服务的"生产"过程进行评价，甚至在排队等待的过程中，还会对所观察到的服务进行评价。此外，顾客个人的偏好变化多，使服务质量的标准难以设定，也给服务质量监管人员采集质量数据、制定有效的质量控制措施带来一定困难。

服务企业运营活动的目标之一就是使顾客满意，而顾客满意的基础就是对接受服务的感知与对服务期望相比较的感受状态。因此，顾客对服务质量的评价具有一定的主观成分。在传统的营销模型中没有质量概念和质量管理模型，质量概念被引入服务领域始于 20 世纪 80 年代初，格罗鲁斯等一批北欧学者撰文对服务质量的内涵和性质等进行了开拓性的研究。与此同时，美国营销科学研究院从 20 世纪 80 年代初开始资助一项为期 10 年的对服务质量的专项研究。

Parasuraman 等学者于 1985 年通过对机械修理、零售业、银行业、电信服务、证券经纪人及信用卡公司等几类不同的服务行业的充分研究，总结提出了顾客感知服务质量定性模型。在这个模型中，从 5 个方面来考察服务质量：可靠性（在第一时间恰当的服务，并实现其承诺），响应性（服务的及时性），可信度（诚实、可信赖、时刻将顾客利益放心中），神会（尽力理解、体谅、尊重顾客需求，对顾客需求心领神会）和有形性（服务的设施）。顾客感知服务质量则包含 3 个层次：超出顾客期望，给顾客带来惊喜；满足顾客期望，产生满意的质量；低于顾客期望，就会导致不可接受的服务质量。

9.2.5 卡诺模型

受行为科学家赫兹伯格的双因素理论的启发,东京理工大学教授狩野纪昭(Noriaki Kano)和他的同事 Fumio Takahashi 于 1979 年 10 月发表了《质量的保健因素和激励因素》(Motivator and Hygiene Factor in Quality)一文,第一次将满意与不满意标准引入质量管理领域,并于 1982 年日本质量管理大会第 12 届年会上宣读了《魅力质量与必备质量》(Attractive Quality and Must-be Quality)的研究报告。KANO 模型定义了三个层次的顾客需求:基本型需求、期望型需求和兴奋型需求。这三种需求根据质量特性分类就是基本因素、绩效因素和激励因素。

- 基本型需求是顾客认为产品"必须有"的属性或功能。当其特性不充足(不满足顾客需求)时,顾客很不满意;当其特性充足(满足顾客需求)时,无所谓满意不满意,顾客充其量是满意。
- 期望型需求要求提供的产品或服务比较优秀,但并不是"必须"的产品属性或服务行为,有些期望型需求连顾客都不太清楚,但是是他们希望得到的。在市场调查中,顾客谈论的通常是期望型需求,期望型需求在产品中实现的越多,顾客就越满意;当没有满意这些需求时,顾客就不满意。
- 兴奋型需求要求提供给顾客一些完全出乎意料的产品属性或服务行为,使顾客产生惊喜。当其特性不充足,并且是无关紧要的特性时,顾客则无所谓;当产品提供了这类需求中的服务时,顾客就会对产品非常满意,从而提高顾客的忠诚度。

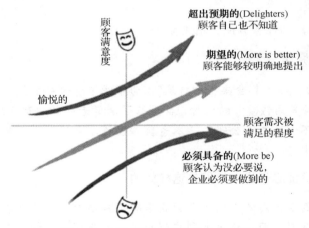

图 9-2 卡诺模型:质量特性的分类

顾客需要什么样的质量?

- 令人兴奋的质量特性:直达顾客内心的创造点,强有力的竞争因素。若没有也不会降低顾客满意度。
- 期望的质量特性(一维质量):质量程度和满意度成正相关,追求完美的设计质量。多些质量特性,顾客会更满意。
- 必备的质量特性:产品基本要求,必须的标准,若达不到,顾客就会不满意。达到了顾客也不会很满意,顾客认为是理所当然的
- 无关紧要的质量特性:有没有这些功能,顾客都不关心,但会增加成本与风险。

辨别清楚顾客需要的质量,才能产生差异化的质量,从而避免过多精力投入无差异化的

设计质量中。因此，确定选择不同的设计质量策略需要建立在对顾客的深入研究基础上，发掘顾客潜在需求，获得优越的质量特性，设计魅力质量，吸引顾客。也需要重新思考设计构架层面来拓展更大的空间，获得期望质量特性，进而设计超越顾客期望的质量；从无差异质量特性中获取突破性的方法。这需要经常性的评估反馈与调整，达到顾客的基本质量特性要求，严谨、细致地设计，绝对不能出现错误。

狩野纪昭开发了一个结构型用户问卷法来帮助确认不同功能的质量特性，以消除用户调查中的模糊性，这个方法比较直观，基本步骤如下：

- 从顾客角度认识产品/服务需要；
- 设计问卷调查表，了解顾客潜在需要；
- 实施有效的问卷调查；
- 将调查结果分类汇总，建立质量原型；
- 分析质量原型，寻找差距，提出改进措施；
- 调整与验证。

卡诺模型的应用：

- 用于评估顾客需求，细分市场或产品/服务特性的重要度；
- 用于产品或服务质量的改进，确定质量特性的重要度；
- 用于产品/服务设计的改进，确定产品/服务功能的重要度；
- 用于产品或系统的质量功能部署，找到提升质量的关键因素；
- 用于绩效评价；
- 用于员工管理，如任务分派、员工激励。

实践：商家底气从哪里来？[①]

每年"3·15"前后，媒体都会集中"打黑"，为维护消费者权益摇旗呐喊，商业行业难免遭遇"每逢 3·15，被黑多两钱重"的尴尬，甚至给了消费者一种"天下乌鸦一般黑"的错觉。其实，现实中还是有不少商家奉公守法，本着良心经商，有的甚至不断创新，营造商家与消费者互相信任的良好生态。

花之恋酒店：身份证忘带了，他们是这样做的

位于南沙百万葵园景区内的广州花之恋酒店向顾客推出"你不满意我埋单"承诺，本着"求真问实"的态度，3 月 5 日，记者来到广州花之恋酒店探寻真相。当记者在大堂准备办理入住时，排在前面的一对夫妇遇到了一点麻烦：女士忘带身份证。按规定，入住双方均须提供身份证才能入住。

此时，前台服务员提出：客人可先到房间休息，稍后将会有工作人员开车带他们去附近的派出所开证明，路程只需 2 分钟，办理证明也相当简单。就这样，这件事如此简单地解决了。

由于当天客人比较多，记者预定的樱花套房已经爆满，不禁有点小情绪，前台建议改选"最有特色的向日葵花套房"，记者决定习难一番，偏偏要选郁金香套房，最终也顺利解决。当记者问及"你不满意我埋单"的说法时，前台表示将在 3 月 15 日实施。

事后，记者联系了广州花之恋酒店的董事长谭伟兴，证实该酒店确实将在 3 月 15 日推出

---

① 甘韵仪．一对商家底气十足，不满意退款来真的，羊城晚报

"你不满意我埋单"的服务标准。据说，当时提出这个设想的时候，遭到很多员工的反对，因为可能会存在被刁难的风险，但是他选择相信客人。

谭伟兴表示："我们推出这个口号，本身是为了倒逼员工提升服务，做能感动同事、感动客人的服务。"此外，在去年，酒店曾集中培训员工学习优质的服务水平，培养员工在没有行政指令、没有奖惩制度的情况下，发自内心地做感动他人的事。

"记得有一次，客人的眼镜掉到水沟里，当时是冬天，虽然很冷，但是我们的工作人员马上就下去帮忙打捞，直到找到，类似让人感动的例子还有很多。我们经常收到客人留给我们的感谢信，有些香港客人甚至还特别寄信过来表示感谢。"

据了解，目前广州花之恋酒店是没有领星级的，"但我们将按照五星级酒店的标准和要求做服务，并且以此为标准，如果客人觉得未达到这个标准，我们就退款。广州花之恋酒店还拟在今年每个月的 15 日都主打'你不满意我埋单'。"

侨美食家：简化退换菜程序，让客人感到诚意

正当广州花之恋酒店开始探索"你不满意我埋单"新型服务方式时，在餐饮业，广州侨美食家已经坚持"不美味无条件退换"30 年了。为了简化退换菜的程序，让客人感受到诚意，一般情况下的退换菜，普通服务员便可以处理，只有特殊情况才需要找经理。

是日，记者前往侨美食家其中一家分店用餐，专门点了一份招牌菜烤乳鸽。在上菜之前，记者观察到餐牌上确实写着"30 年品质承诺：不美味无条件退换"，在大厅也挂出了同样的口号，还附有手机号码，方便顾客随时投诉。

是否"讲就天下无敌，做就有心无力"？当烤乳鸽端上餐桌后，记者决定测试一番，故意说"乳鸽太咸"，要求退掉。这时一名服务员走到跟前来，一般"剧情"发展到这里，服务员可能会跟记者理论几句，并且经理也该出场解决问题了，但是这位服务员并没有这样做，而是直接问记者："需不需要为你重新做一份？"态度很好，而且，如果不想重新做一份，可以直接退单。

为了提升服务质量，侨美食家还推出一个"新花样"。通过扫二维码，顾客不仅可以对"菜品是否美味"评价，还可以对服务、卫生等多方面评价。每上一个菜，菜碟上都会附带"你的忠实厨师"的二维码，顾客如果对菜品满意，扫二维码后，可以给厨师点赞甚至发小红包；如果觉得服务不错，也可以扫服务员衣服上的二维码，为服务员点赞或发小红包。

思考题

1. 你认为两个商家是如何理解服务质量的？
2. "你不满意我埋单"、"不美味无条件退换"是如何由虚做实的？这对公司利润有何影响？

9.3 质量工具

质量工具有"老七种"工具和"新七种"工具之分。"老七种"工具通常指的是质量控制工具，即流程图（Flow Chart）、散点图（Scatter Diagram）、鱼刺图（Fishbone Diagram）、帕累托图（Pareto Chart）、检查表（Check Sheet）、直方图（Histogram）、控制图（Control Chart）。"老七种"工具主要用来发现实际生产过程中的质量问题，以及估计这些问题产生原因的关联性。"新七种"工具通常指的是质量管理工具，即亲和图、树图、过程决策程序图、矩阵图、关联图、优先顺序矩阵图和活动网络图。与"老七种"工具适用于数量型资料分析有所区别，"新七种"工具适用于质量型资料分析，主要用于管理和策划质量改进活动。质量管理具备完整的质量工具（感兴趣的读者可查看有关质量管理书籍）。

（1）散点图（Scatter Diagram）

通过散点图来发现过程的运行趋势与规律，如图 9-3 所示。

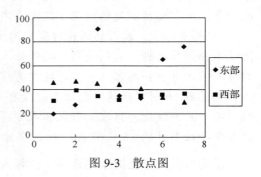

图 9-3　散点图

（2）因果图（鱼刺图）

从一个特定的过程问题开始，将问题的所有可能的原因加以分解，分成主要的几类，在每一类下确定、识别引起问题原因的细节项目。在多数情况下，人、物料、机器、方法与绩效评测五类原因是相关的（见图 9-4）。因果图适用于检查过程，寻找隐藏在过程内部的问题。图 9-5 是一个例子。

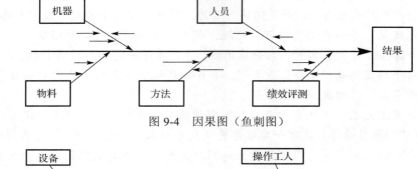

图 9-4　因果图（鱼刺图）

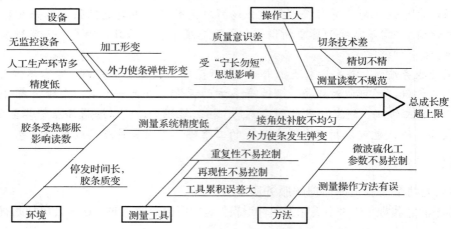

图 9-5　某产品"总成长度超上限"的故障因果图

（3）帕累托图（频率图）

通过这一技术发现过程中的主要问题，可以对问题进行重要度的分类，以确定首先要解决的问题或故障。如图 9-6 所示，对引起问题的 7 种原因进行分析，作出其频率图与频率累计图，以确定主要的原因。

（4）归因分析

采用问题树对问题的原因进行归因分析，分析树根处问题的原因，问"为什么"。列出主要原因作为下一层,再对每一个子原因进行分析,问"为什么",直到找到问题发生的原因,如图 9-7 所示。

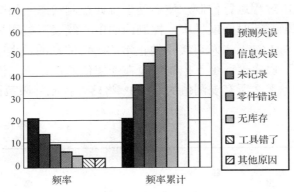

图 9-6 帕累托图(频率图)

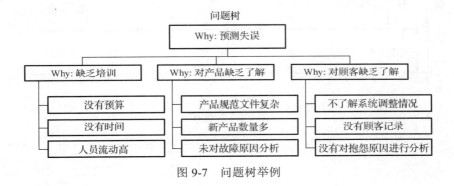

图 9-7 问题树举例

9.4 统计工序控制

9.4.1 随机波动与异常波动

工序(过程)指商业事务、制造、提供服务的环境中任何重复性的活动。可以表示为

$$Y = f(x)$$

式中,x 表示输入,即系统中上游部分发生的变化与产生的绩效;Y 表示工序的输出结果。

统计工序控制是在产品或服务的生产过程中对其进行检验,如果检查结果表明某个生产过程波动异常,生产就必须停顿下来,以便查明产生异常波动的系统因素,如来自操作者、原材料或设备等,及时纠正这些问题。

工序控制以两个假设为基础:

(1)随机波动是任何生产过程都会产生的,不论生产工艺设计得多么完美,总会存在随机波动。随机波动是指由无数随机因素引起的自然的波动。工序控制的目的就在于要寻找生产过程随机波动的范围,然后保证生产过程在这一范围内变化。

(2)生产过程并不总是处于统计控制状态,由于操作程序、操作者、设备维护不当等因素的影响,产品质量的波动会比预期大得多。这属于异常波动,是由可识别、可管理的系统或设备因素引起的波动。生产过程管理者的首要任务就是找出异常波动的原因，使生产过程处于统计控制状态。

　　采用控制图来对生产过程进行控制，使之处于统计控制状态。如图 9-8 所示，纵轴表示受控的质量特性值，横轴表示时间或样本，控制图的中心线表示被测量的质量特性值的期望值，上下控制线（UCL 与 LCL）表示可接受的正常的随机波动的最大范围，超出该范围的波动就属于异常波动了。一般来说，上下控制线设在期望值的正、负三倍的标准差处。如果质量特性值服从正态分布，那么所有观测值的 99.73%将落在控制界限范围内，如图 9-9 所示。

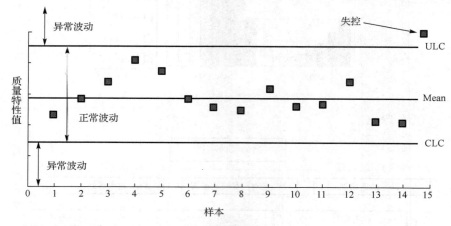

图 9-8　控制图

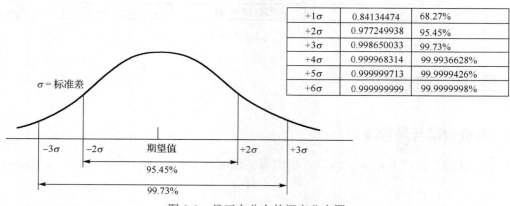

+1σ	0.84134474	68.27%
+2σ	0.977249938	95.45%
+3σ	0.998650033	99.73%
+4σ	0.999968314	99.9936628%
+5σ	0.999999713	99.9999426%
+6σ	0.999999999	99.9999998%

图 9-9　呈正态分布的概率分布图

　　生产过程进入稳定状态后，对其进行周期性抽样，将各样本的质量特性值标在控制图上。如果该点落在控制界限范围内，生产过程可以继续进行；如果落在控制界限范围之外，就必须中止生产过程，寻找产生异常波动的系统因素。当点虽然落在控制线内，但出现下列情况时也需要查明原因：

　　（1）五点连续出现在中心线一侧，如图 9-10(a)所示；

　　（2）两点连续接近控制限，如图 9-10(a)所示；

　　（3）明显的单向走势，如图 9-10(a)所示；

　　（4）取值水平突然变化，如图 9-10(b)所示；

　　（5）交替振荡，如图 9-10(c)所示。

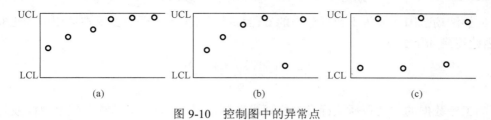

图 9-10　控制图中的异常点

通过控制图方法就可以使生产过程保持在统计控制状态。用于控制生产过程的原理也可用来控制其他管理过程。

田口（Taguchi）的波动观点

统计控制方法实际上隐含了一个假设，即所有落在控制界限之内的工序质量特征值都具有同等程度的可接受性，反之亦然。然而一个接近期望值的质量特征值显然要比接近控制线的取值（尽管它也落在界限内）更为理想。全面质量管理者也指出，将质量特征值保持在控制线之内，对工序的改善没有什么帮助，应该通过对工序的持续改善来缩小控制界限的范围。田口玄一指出单靠控制界限无法充分反映与期望值偏差的全部结果，为此他提出了质量损失函数，将质量缺陷产生的所有成本均计算在内。这些成本包括废品成本、维修成本、检验成本、服务成本等，都纳入社会损失总成本。质量损失函数公式为

$$L = D^2 \cdot C$$

式中，L 为社会损失总成本；D 为实际值与期望值的偏差；C 为常数。

图 9-11 表示了传统观点与田口观点在质量波动成本方面存在的差异。传统的工序控制方法认为控制界限内所有的质量特征值具有同等程度的可接受性，波动成本都为零。田口则认为，即使在控制界限内，波动成本也是不同的，只有在期望目标值时才为零，与期望目标值的偏差越大，成本也越大，且随着与期望目标值偏差的增大，成本以平方倍率递增，因此应该积极想办法减少工序波动，缩小波动的可接受范围。这是田口提出的目标导向质量观点。

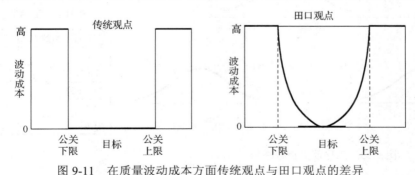

图 9-11　在质量波动成本方面传统观点与田口观点的差异

9.4.2　工序能力（Process Capability）

工序能力（Process Capability）是一个用来衡量生产工序波动的可接受性的指标。生产过程中需要提高工序满足或超过规格要求的能力。因此，定义工序能力指数（Process Capability Index）C_P 为工序规格要求范围（允许的公差范围）与所测工序数据的波动范围的比值。在实际应用中工序规格要求范围等于该工序的公差上限（UTL）与公差下限（LTL）的差，所测

工序数据的波动范围一般等于数据分布的 6 倍标准差（绝大部分数据落在期望值的 $\pm 3\sigma$ 范围内），因此得到如下公式：

$$C_P = \left(\frac{\text{UTL} - \text{LTL}}{6\sigma} \right)$$

所测工序数据的波动在质量标准规格要求范围内时 $C_P \geq 1$，工序波动超出规格限时 $C_P < 1$（见图 9-12）。C_P 指标假设工序波动的期望值正好落在规格限范围的中点，称为工序波动无偏。

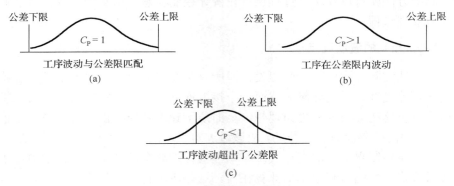

图 9-12 工序能力指数举例

工序波动的期望值偏于公差限范围中点，即有偏时，工序能力指数 C_{PK} 可表示为：

$$C_{PK} = \min \left(\frac{\overline{X} - \text{LTL}}{3\sigma}, \ \frac{\text{UTL} - \overline{X}}{3\sigma} \right)$$

在两个单测指数中最小的那个才能描述该工序的实际能力，如图 9-13 所示。

根据工序能力指数的大小可对工序能力作出判断，如表 9-2 所示。

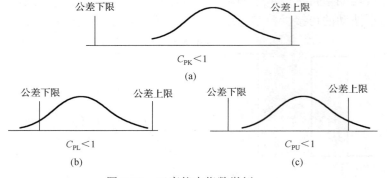

图 9-13 工序能力指数举例

表 9-2 工序能力的判断

工序能力指数 C_P	工序能力判断
≤ 0.67	严重不足
$(0.67, \ 1]$	不足
$(1, \ 1.33]$	正常
$(1.33, \ 1.67]$	充足
> 1.67	过剩

9.4.3 统计工序控制图

统计工序控制图的原理是：正态性假定，即生产过程处于统计控制状态；3σ 准则；小概率原理，即小概率事件一般不会发生；反证法思想，即一旦小概率事件发生，则认为过程失检。

统计工序控制图按用途分类，可分为分析用和控制用；按质量特性分类，可分为计数值控制图 p-图，c-图和计量值控制图，如 $\overline{x} - R$ 图。

1. *p*-图

计数值指标有两种状态：合格与不合格。选用不合格品率作为统计量，统计量服从二项分布，其期望与标准差的估计值为

$$\overline{p} = \frac{\text{不合格品数目总计}}{\text{观察值数目总计}}$$

$$\sigma_p = \sqrt{\frac{\overline{p}(1 - \overline{p})}{n}}$$

使用不合格品率 p 作为统计量的控制图，称为 p 图。p 图的上下控制限为

$$\text{UCL} = \overline{p} + z\sigma_p$$

$$\text{UCL} = \overline{p} - z\sigma_p$$

LCL 不能为负值，当计算结果出现负值时，LCL 取零。

不合格品也称缺陷，是一个描述工序产出的可量化的质量特征，指产品或者服务不在顾客可以接受的范围之内，即不符合规格。

【例】假设以两小时为间隔，从数据记录中依次取出 15 个含有 100 个记录的样本。检查结果如表 9-3 所示，画出控制图。

【解】由题意知

$$\overline{p} = \frac{55}{1500} \approx 0.036$$

$$\delta_p = \sqrt{\frac{\overline{p}(1 - \overline{p})}{n}} = \sqrt{\frac{0.0036(1 - 0.036)}{100}} \approx 0.0188$$

计算控制上、下限，有

$$\text{UCL} = \overline{p} + z\delta_p$$

$$\text{LCL} = \overline{p} - z\delta_p$$

从而得

$$\text{UCL} = 0.0924$$

$$\text{LCL} = -0.0204 \quad （取 0）$$

表 9-3　样本的数据误差百分比（不合格率）

样 本 号	n	不合格数	不合格率 p
1	100	4	0.04
2	100	2	0.02
3	100	5	0.05
4	100	3	0.03
5	100	6	0.06
6	100	4	0.04
7	100	3	0.03
8	100	7	0.07
9	100	1	0.01
10	100	2	0.02
11	100	3	0.03
12	100	2	0.02
13	100	2	0.02
14	100	8	0.08
15	100	3	0.03

作出控制图（见图 9-14），15 个样本点基本处于控制状态之中。

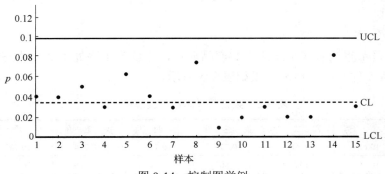

图 9-14　控制图举例

有时候，计算不合格品数（c）比计算不合格品率更方便，以不合格品数为统计量的控制图称为 c-图，它与 p-图非常相似，但是要求样本容量必须恒定不变，其控制限公式为

$$控制限 = \bar{c} \pm 3\sqrt{c}$$

其中，中心线

$$\bar{c} = \frac{1}{m} \sum_{i=1}^{m} c_i \quad （m为样本数）$$

2. $\bar{x} - R$ 图

在控制计量值型的质量指标时，最常使用的控制图是均值—极差控制图（$\bar{x} - R$ 图）。这是由均值图与极差图两个图组成的。均值控制图可以显示工序输出平均值的变化，通过对均值的监控可以发现工序是否发生了偏离；极差是样本内最大值与最小值之间的差值，极差的计算比标准差更简便，极差图显示了各个样本的极差，通过对极差的监控可以及时发现工序波动范围的异常变化。

选取 m 个样本为 n 的样本，总体均值 $\bar{\bar{x}}$ 等于所有样本均值的平均数，极差平均值 $\bar{R}$ 等于所有样本的极差的平均数。两种控制图的控制上下限如下：

$\bar{x}$ 图的控制限为

$$UCL = \bar{\bar{x}} + A_2 \bar{R}$$
$$LCL = \bar{\bar{x}} - A_2 \bar{R}$$

R 图的控制限为

$$UCL = D_4 \bar{R}$$
$$LCL = D_3 \bar{R}$$

式中，A_2、D_3、D_4 是随样本容量大小变化的因子，如表 9-4 所示。

建立这类控制图的步骤如下：

① 收集数据；

② 电子表格计算 $\bar{\bar{x}}$、$\bar{R}$；

③ 根据样本大小查表，利用控制限计算公式计算；

④ 画 $\bar{x}$ 图；

⑤ 画 R 图。

表 9-4 均值—极差控制限中使用的因子

n	A_2	D_3	D_4
2	1.88	0	3.27
3	1.02	0	2.57
4	0.73	0	2.28
5	0.58	0	2.11
6	0.48	0	2.00
7	0.42	0.08	1.92
8	0.37	0.14	1.86
9	0.34	0.18	1.82
10	0.31	0.22	1.78
11	0.29	0.26	1.74

【例】某公司希望控制其生产线上的产品质量，当认为工序处于受控状态时，抽取了 15 个样本，每次取 5 件产品，检测结果如表 9-5 所示。

表 9-5 某公司样本数据及表格计算

样 本	第 一 件	第 二 件	第 三 件	第 四 件	第 五 件	平 均 值	极 差
1	10.68	10.689	10.776	10.798	10.714	10.732	0.116
2	10.79	10.86	10.601	10.746	10.779	10.755	0.259
3	10.78	10.667	10.838	10.785	10.723	10.759	0.171

续表

样 本	第 一 件	第 二 件	第 三 件	第 四 件	第 五 件	平 均 值	极 差
4	10.59	10.727	10.812	10.775	10.73	10.727	0.221
5	10.69	10.708	10.79	10.758	10.671	10.724	0.119
6	10.75	10.714	10.738	10.719	10.606	10.705	0.143
7	10.79	10.713	10.689	10.877	10.603	10.735	0.274
8	10.74	10.779	10.11	10.737	10.75	10.624	0.669
9	10.77	10.773	10.641	10.644	10.725	10.710	0.132
10	10.72	10.671	10.708	10.85	10.712	10.732	0.179
11	10.79	10.821	10.764	10.658	10.708	10.748	0.163
12	10.62	10.802	10.818	10.872	10.727	10.768	0.250
13	10.66	10.822	10.893	10.544	10.75	10.733	0.349
14	10.81	10.749	10.859	10.801	10.701	10.783	0.158
15	10.66	10.681	10.644	10.747	10.728	10.692	0.103
					总平均值	10.728	0.220400

【解】利用电子表格计算每一样本的均值与极差，进而计算总体均值与极差平均值，见表 9-5。

样本大小为 5，查表 9-4，得 $A_2=0.58$，$D_3=0$，$D_4=2.11$。计算控制限，画出控制图，如图 9-15，9-16 所示。

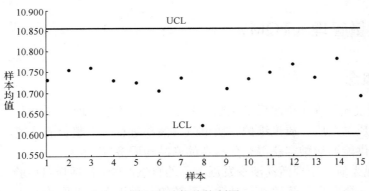

图 9-15　均值控制图

$$\text{UCL} = \overline{\overline{x}} + A_2\overline{R} = 10.728 - 0.58 \times 0.2204 \approx \mathbf{10.856}$$

$$\text{LCL} = \overline{\overline{x}} - A_2\overline{R} = 10.728 - 0.58 \times 0.2204 \approx \mathbf{10.601}$$

$$\text{UCL} = D_4\overline{R} = 2.11 \times 0.2204 = \mathbf{0.46\ 504}$$

$$\text{LCL} = D_3\overline{R} = 0 \times 0.2204 = \mathbf{0}$$

从图 9-15 可以看出，所有样本的均值没有超出控制界限；从图 9-16 可以看出，第 8 个样本的极差超出控制限。应该中止生产过程找出原因。

统计工序控制用于生产过程，而对于生产系统而言，生产过程的输入与输出部分，需要进行抽样检验，如图 9-17 所示。抽样检验（Acceptance Sampling）是在某一工序前或后用于一批物品的检验，根据抽取的样本来决定接收或拒收整批产品或服务。进行抽样检验需要制订抽样方案。抽样方案规定批量大小（Lot Size）、样本大小（Sample Size）、样本数目（Number of Samples）及接收或拒绝准则（Acceptance or Rejection Criteria）。有关统计抽样的知识请参考有关书籍。

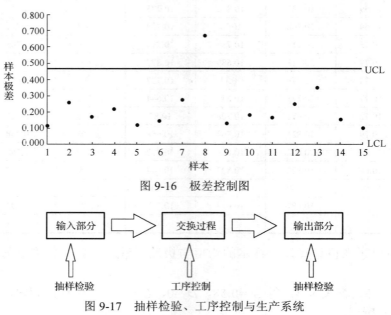

图 9-16　极差控制图

图 9-17　抽样检验、工序控制与生产系统

9.5　全面质量管理（TQM）

9.5.1　TQM 概念

1957 年，费根鲍姆在《全面质量控制》中提出全面质量管理（TMQ）："一种可以对公司内部不同群体的质量发展、质量维护、质量改善活动进行有效整合的系统，其目的是使公司以最低的成本提供能够让顾客获得充分满意的产品与服务。"

TQM 可以视为质量管理活动演变发展过程的自然产物，包括质量检验、质量控制（QC）、质量保证（QA）。全面质量管理理念是运营系统的一种思考和工作的方式。管理整个组织，在对顾客重要的产品与服务的所有方面取得优异绩效。强调运营系统全面参与、质量战略、团队协作、员工授权、供应商与顾客参与等理念的运用。

实施 TQM 的运营系统重视如下问题：
- 满足顾客的需求和期望；
- 公司每个部分、所有部门全面参与；
- 全员参与；
- 监控所有与质量相关的成本；
- 将事情"一次做好"，采用设计式而非检验式的质量管理方法；
- 建立可以为质量和改善活动提供支持的体系和程序；
- 实行持续改善。

TQM 要求运营系统从顾客角度看问题，认识到顾客对于公司成功及生存的极端重要的核心地位，顾客被视为公司的重要组成部分，而不是外部个体。同时，TQM 要求公司每个部分、所有部门全面参与。公司内部微观运营之间是顾客与供应商的关系，公司的微观运营部分在满足自己内部顾客的同时，也就是在为满足外部顾客做贡献。微观运营构建"无缺陷"服务，错误尽早纠正。清晰界定各微观运营部分与其内部顾客的需求。鼓励微观运营部分相互之间签订服务水平协议（SLA）。SLA 是对服务内容以及双方关系所作出的正式界定，涉及反应时间、服务范围、服务供应的可靠性等。

TQM 要求全员参与。每位员工都能够对质量产生影响，保持良好的质量是每位员工应当承担的责任。员工要保证不犯错误，积极改善自己的工作方式，并帮助其他人改善工作方式。

TQM 要求监控所有与质量相关的成本，具体有以下 4 种：

① 预防成本（Prevention Costs）。预先防范活动（如处理隐患、完善产品设计、培训员工、统计工序控制等）所发生的成本。

② 鉴定成本（Appraisal Costs）。鉴定活动（如制订统计抽样检验方案、检验、调查质量问题、质量评估等）所发生的成本。

③ 内部故障成本（Internal Failure Costs）。运营系统内部得到处理的缺陷所产生的成本，如废品、废料成本，返工成本，处理故障造成的缺陷等。

④ 外部故障成本（External Failure Costs）。影响到运营系统之外的顾客所产生的成本，如信誉损失成本、处理顾客抱怨成本、保修成本等。

故障成本或低质量的成本是指生产工序产生的产品/服务不符合规格或者与顾客期望不符时，所花费的人力、材料和制造费用的总额，包括检查、返工、重复工作、报废的残料、更换产品和退款、顾客的抱怨、顾客的流失及声誉的丧失。由于低质量而花费的成本通常与人有一定的关系。质量有问题，在其中工作的人可能在许多方面受到影响：士气低落、矛盾、劳动生产率降低、缺勤人数增加、与压力有关的健康问题、人们感到精疲力竭、人员的流动程度较高。这样带来的后果又会增加低质量的成本。

传统的质量成本模型中，当用于鉴定和预防的费用增加时，故障成本就会相应减少，而且存在一个最优的质量活动水平，可以使总成本实现最小化。这种观点意味着缺陷与故障是可以接受的、不可避免的，假设成本是已知的、可以测量的，大大低估了故障成本，并且认为预防成本必然很高。最优质量活动水平是对缺陷与故障的妥协，不能很好地激励员工不断寻找改善质量的新途径。

TQM 质量成本模型则对上述观点进行了质疑：故障与缺陷是不能接受的，是可以避免的；质量成本难以从生产过程中众多的成本项目中分离出来，会计体系不是为了计算质量成本而设计的，质量成本难以计算；故障成本会很高，不仅包括返工成本、报废成本、信誉损失成本、保修成本，而且也包括故障对正常运作干扰所产生的费用等；通过全员参与，每一位员工都将事情一次性做好，从源头防止缺陷的发生，会发生一些预防成本，但不会增长得那么快。TQM 质量成本模型认为没有最优的质量活动水平，即使存在，也在坐标轴右边很远的地方，公司必须在质量活动中投入更大的精力，而成本无须增加多少。TQM 质量成本模型力争通过预防缺陷和故障的发生来减少一切已知和未知的故障成本；通过质量管理活动控制预防成本与鉴定成本，TQM 重视预防，从源头阻止缺陷，而不是鉴定，这将降低故障成本。

TQM 要求将事情"一次做好"。质量成本观念变化，促成了检验式（鉴定导向）质量管理向设计式（一次做好）质量管理的转变。

詹姆斯·柯林斯曾获斯坦福大学商学院杰出教学奖，先后任职于麦肯锡公司和惠普公司。与杰里·波勒斯合著《基业长青》，他的主要管理思想是"造钟，而不是造时"。柯林斯指出，

"伟大的公司的创办人通常都是制造时钟的人，而不是报时的人。他们主要致力于建立一个时钟，而不只是找对时机，用一种高瞻远瞩的产品打入市场；他们并非致力于高瞻远瞩领袖的人格特质，而是致力于构建高瞻远瞩公司的组织特质，他们最大的创造物是公司本身及其代表的一切。"

"造钟"就是建立一种机制，使得公司能靠组织的力量在市场中生存与发展，而不必依靠某个人、产品或机会等偶然的东西。全面质量管理也需要这样一种机制，也需要质量文化。

所有伟大的公司都是"务实的理想主义者"，《基业长青》中写道："利润是生存的必要条件，而且是达成更重要目的的手段，但对很多高瞻远瞩的公司而言，利润不是目的，利润就像人体需要的氧气、食物、水和血液一样，这些东西不是生命的目的。但是，没有它们，就没有生命。"利润之上的追求在伟大的公司里，更是被"教派般的文化"灌输。对于企业来说，"利润之上的追求"应更加明确、具体，例如对质量的追求。企业应意识到企业文化、质量文化的重要作用。"教派般的文化"指的是伟大公司必须有很强的共同价值观，这是企业成为伟大公司的最大挑战。

在组织全面质量管理中，必须有追求品质的共同价值观，这也是利润之上的追求。质量管理中的机制就是质量体系与程序的建立。

9.5.2 TQM 质量体系和程序

质量管理体系是为实施质量管理而配置的组织结构、职责分工、程序、方法和资源。Dale教授指出：质量体系应该界定和覆盖一个公司运营过程的所有方面，从发现顾客需求到需求分析、设计、计划、采购、制造，一直到包装、存储、交付和服务，以及这些职能部门内部所有与质量有关的活动，它解决组织、责任、程序和方法的问题。简单地说，一个质量体系就是一个完善的质量管理系统。

ISO 9000 系列是公司建立质量管理体系的国际标准。国际标准化组织（ISO）认可的标准系列于 1987 年被采纳，1994 年进行了修订。截至 2000 年，143 个国家超过 25 万家公司采用，成为国际贸易认证书。许多国家都有与其等价的质量体系标准，如澳大利亚 AS 390，比利时 NBC X50，英国 BS 5750，马来西亚 MS 985，德国 DIN ISO 9000 等。

设计质量不包括在 ISO 9000 中，ISO 9000 是一种条目式的质量方法，保证质量和产品合格是其首要目标。ISO 9000 标准向公司提供了保证质量的准则，不论公司大小，也不论产品复杂或简单。ISO 9000 标准还适用于服务业和软件开发。

ISO 9000 标准详细说明了公司应有的质量保证体系，包括程序、政策和培训。一般要有一本质量手册，作为质量文件的一部分。ISO 9000 要求的文件很广泛，包括公司业务流程图、作业指导、检查和测试方法、工作描述、组织机构图等。要求对员工按这些程序进行培训，并在实践中切实履行，以保证遵循质量标准。

ISO 9000 认证有 3 种形式：第一方，公司按照 ISO 9000 标准自我评审；第二方，客户评审其供应商；第三方，由具备国家标准或国际标准资格的认证机构评估。

必须通过第三方评审的公司才能获得认证，达到 ISO 9000 标准而进入认证公司档案记录。ISO 9000 登记过程是首先请求预评估，然后才能最终审计。最终审计通常由信任的注册员或第三方审计组从评审公司质量手册开始，确认公司是否有良好的质量体系文档，是否完成了培训，应用中的实际系统是否符合正式的系统描述。如果注册员对审计组的推荐感到满意，则予以登记，提供登记文件。产品本身并不需要认证，只是要对生产产品的过程进行认证。ISO 9000 认证必须定期复审和更新注册。

ISO 9000 体系应用领域如图 9-18 所示，ISO 9000 和 ISO 9004 是行为指南，ISO 9001、ISO 9002、ISO 9003 是标准。

ISO 14000 是控制企业活动与排放物对环境的影响的一系列标准，包括三大标准领域：管理系统（保护环境职责与业务计划集成）；运营（自然资源与能源的消耗）；环境系统（废气、污水等废物排出的评估与处理）。

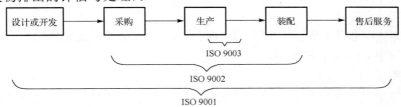

图 9-18　ISO 9000 体系应用领域

9.5.3　TQM 实施

对于有些公司而言，TQM 实施的确带来了明显的利润增长，而对于另外一些公司却是收效甚微甚至无效。问题出在 TQM 的实施过程，一些 TQM 计划的发展轨迹往往是 TQM 成功推出后，效果逐渐减弱，缺乏有效的计划与控制是其原因之一，最重要的是实施持续改进的计划，用 TQM 改变公司的价值观和管理理念。

有些管理者过分关心短期的财务结果，而忽视系统的改进。有些管理者将 TQM 作为一项速战速决的时尚计划来执行。当质量得不到提高时，有些管理者总爱责备员工，而不去思考隐含的问题。有些管理者错误地认为，质量改进的成功一定要以成本为代价。有些管理者妨碍团队工作，不是给团队包办政策，就是使个人的行为凌驾于团队之上，他们并没有关心、奖赏做出成绩的团队。有些管理者认识不到混乱的业务流程对产品质量的危害，他们不从顾客的角度去重组流程。所有这些都会导致 TQM 实施达不到应有的效果。

质量计划、控制与改进的过程要求顾客与营销部门、研发设计部门及运作部门相互协作。图 9-19 表示了质量循环内这些部门的协作关系。营销部门确定顾客期望，并对顾客期望做出解释。设计部门在其他部门的协作下定义设计的概念、准备设计说明书，定义质量特性，建立设计规范，满足顾客期望。设计部门鼓励顾客参与设计。设计规范与标准制定以后，设计质量就确定了。运营部门要按照预定的设计规范与质量标准来生产产品或提供服务。运营部门要进行质量的计划与控制，保持对员工的适当培训、对设备的维护、对生产过程的监督与控制，实现对产品质量的持续改进。顾客的反馈信息是产品持续改进的根本标准，质量循环保证对质量各方面的计划、控制与持续改进。

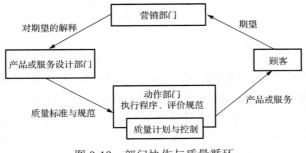

图 9-19　部门协作与质量循环

在质量循环中，实施质量计划与控制需要按以下步骤进行：

（1）确定产品与服务的质量特性。

（2）选择各个质量特性的度量指标。存在计数值与计量值两种指标。计数值指标有两种状态：正确或错误，正常或故障等。计量值指标可在连续、可变范围内取值。

（3）设定各个质量特性的质量标准，即特定的质量水平，是划分质量合格与不合格的依据。

（4）根据这些标准对质量进行控制，如在哪里进行检验？全检还是抽检？检验如何进行？

（5）发现问题并纠正质量缺陷。

（6）进行质量的持续改进。

约翰·科特是世界领导与变革领域的权威，哈佛商学院终身教授。科特认为，领导和管理是两个截然不同的概念，管理者的工作是计划与预算、组织及配置人员、控制并解决问题，其目的是建立秩序；领导者的工作是确定方向、整合相关者、激励和鼓舞员工，其目的是产生变革。在质量体系中需要的是管理，实施则更需要领导。

企业文化对长期经营绩效有巨大的正相关性，文化变革是耗时且极端复杂的八步骤流程：A．建立更强的紧迫感；B．成立指导联盟；C．形成远景和战略；D．传播变革远景；E．授权员工行动；F．创造近期成果；G．巩固成果并推行更多的变革；H．深植变革于文化中。以上八个步骤必须依顺序执行，否则成功机会微小。

TQM 实施的成功因素主要有：质量战略、最高管理层支持、指导小组、以团队为基础的改善、成绩得到认可、培训是质量改善的心脏、基于流程、面向顾客。TQM 为我们向下一个质量管理层次的转变打下了坚实的基础，即 6σ 管理法。

9.5.4 卓越绩效

日趋激烈的全球竞争使人们对质量加倍关注，许多商业和非商业组织就如何改进质量而寻求管理咨询的帮助。这些组织以前主要是制造业企业，近年来很多服务业企业，如教育机构和医疗卫生机构等也都参与到这种推行质量理念的大潮中来。这种需求催生了全球各种各样的质量奖项。从日本到美国、从美国到欧洲，再到我国和印度，质量奖项成为企业卓越运营的基准标杆，在企业追求卓越的过程中起了重要作用。

在世界范围内比较著名的质量奖项有：日本戴明奖、美国鲍里奇国家质量奖（MBNQA）、EFQM 优胜奖、英国质量奖（UKQA）、新加坡质量奖（SQA）、加拿大杰出奖（CAE）等。另外，还有很多授予个人的奖项，如费根堡姆奖章、石川奖章等。在这些质量奖项中最有影响力和代表性的就是世界三大质量奖：日本戴明奖、美国鲍里奇国家质量奖（MBNQA）、EFQM 优胜奖。

1．戴明奖

1951 年，日本科学家与工程师协会（JUSE）设立戴明奖（Deming Prize），每年用来奖励在质量控制和提高生产率方面做出最大贡献的公司和个人。该奖以质量控制技术先驱戴明博士的姓氏命名，分为 3 个类别：戴明个人资金、戴明应用奖金和工厂质量控制奖。戴明奖与后来的鲍里奇奖的最大区别是它们的目的不尽相同，戴明奖是"授奖于那些确认为成功应用了以统计质量控制为基础的全员质量控制并可能在以后继续保持应用的公司"，所以戴明奖的评选注重统计技术的应用。戴明奖主要评价 10 个项目：战略与目标、组织及其运营、教育及培训、信息的收集与传播、分析、标准化、控制、质量保证、实施效果和未来计划。申报单位必须重新提交一份公司质量活动的详细报告。

2. 美国鲍里奇国家质量奖（MBNQA）

20 世纪 80 年代，美国在产品质量和过程质量方面的领导地位受到了国外竞争对手的严格挑战，劳动生产率的增长也落后于日本等竞争对手。许多有远见的美国工商界人士和一些政府领导认识到美国企业必须重新强调质量，当时担任里根政府商务部长的马尔科姆·鲍里奇（Malcolm Baldrige）为提高美国产品的质量和质量管理水平做出了很大的努力。为了表彰他的杰出贡献，1987 年美国国会决定设立质量奖时将该奖命名为马尔科姆·鲍里奇国家质量奖（Malcolm Baldrige National Quality Award），1987 年该奖项正式生效。图 9-20 是马尔科姆·鲍里奇质量奖标准框架图。

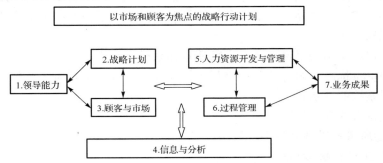

图 9-20　马尔科姆·鲍里奇质量奖标准框架图

鲍里奇国家质量奖标准框架按 7 个部分来记分：领导能力（110 分）、战略计划（80 分）、顾客与市场（80 分）、信息与分析（80 分）、人力资源开发与管理（100 分）、过程管理（100 分）、业务成果（450 分），共计 1000 分。

第一类，领导能力。它的分数基于以下几方面的情况：高层管理者对质量管理的认同情况，所有管理者的积极参与，以及整个企业中的质量意识。它还包括社会责任和团体的参与。

第二类，战略质量计划。它是质量工作的凝聚力所在。成功的申请者都制订了高水平的、具体的目标和质量计划，并得到了贯彻和实施。通常这些质量管理的战略计划在公司的战略计划指导下进行。

第三类，以顾客和市场为中心。获奖的公司都从各种各样的来源搜集顾客数据，包括与顾客交流、市场调研调查和一对一的接触访问。所获得的信息应该能够指导公司运营，使顾客满意。鲍里奇奖获得者都努力让顾客满意、高兴，不仅仅是最低限度地满足顾客的需求，他们常常超越顾客的期望并预测顾客的未来需求。

第四类，信息和分析。这一类包括基于实际数据进行决策分析。公司的数据库应该方便员工使用，要有关于供应商、内部流程和顾客的综合信息。信息系统必须进行集成，用于公司的决策支持。

第五类，人力资源开发和管理。这是一个范围很广泛的领域。人力资源管理包括雇员参与、连续教育、培训、团队合作，以及由工作进行决策。以往的鲍里奇奖获得者都强烈主张把人力资源作为一切质量改进行动的基础。

第六类，过程管理。它包括许多 ISO 9000 认证及申请方面的方法。这些方法包括流程定义、文件、统计工序控制和质量改进工具。

第七类，经营效果。这一类包括顾客满意（125 分）、财务和市场效果（125 分）、公司特别效果（125 分）和供应商与人力资源效果（75 分）。标准质量要衡量缺陷产品百分比，顾客回报、及时配送，以及利润率、投资回报和市场份额。成功的公司都有随时进行质量改进的能力，而不是等到一年以后再改进。

这七个方面代表了质量管理的框架。获得鲍里奇奖并不是说公司都要按一个标准的方法，每个公司都可以自由选择适合自己的具体技术和方法，只要符合总体目标和在上述标准之内即可。鲍里奇奖不要求某一教条的方法，允许根据公司的实际情况灵活定义"卓越质量管理"的范畴。从标准框架来看，鲍里奇奖的标准已经超出了单独质量保证的范畴，考虑公司管理的综合系统。实际上，质量不可能从管理中分离出来，为了生产真正满足现在和将来客户需求的产品或服务，质量管理工作要不断改进和创新。

鲍里奇奖适合的企业类别：制造公司及其子公司；生产或销售制造的产品或制造过程，生产农业、矿业、建筑业产品、提供服务的服务业公司或其子公司；小型商业企业；卫生保健组织和教育机构。

许多公司现在都使用鲍里奇标准对内部质量体系进行评价。他们培养了自己的内审员和质量经理，按鲍里奇标准对内部各部门进行审核和评价，目的不是为了获奖而是为了判断公司不同部门管理系统的优劣状况。

鲍里奇奖获得者的基本特征：

● 系统阐述质量远景规划与实现策略；

● 高级主管主动积极参与；

● 仔细认真地规划和组织质量计划项目，确保其有效启动；

● 精神高涨、强有力地控制整个过程。

鲍里奇奖评奖活动对美国经济发展的促进作用相当大。1999 年 11 月 23 日，美国总统克林顿在 1999 年度鲍里奇奖颁奖大会上指出："马尔科姆·鲍里奇国家质量奖在使美国恢复经济活力及在提高美国国家竞争力和生活质量等方面起到了主导作用。"鲍里奇奖的评选促使企业提高管理绩效，其成就有目共睹。

自从美国国家质量奖创立以来，每年向社会上扩散评奖标准数十万份。特别是近几年，由于互联网的应用，扩散速度更快。1998 年鲍里奇奖基金会曾对全国 2500 家税收超过 1 亿元的企业进行调查，其中 79% 的企业认为美国国家质量奖及其评奖标准在很大程度上促进了美国企业质量的提高，67% 的企业认为它在很大程度上刺激了美国企业竞争力的提高。

3. EFQM 优胜奖

1998 年 14 个欧洲著名品牌创建了欧洲质量管理基金会（European Foundation for Quality Management，EFQM），它的使命是通过加强"质量是全国竞争优势来源"的观念，推动质量改进运动以提高欧洲公司在世界市场上的地位。1999 年 EFQM 将 1992 年设立的欧洲质量奖（EQA）更名为 EFQM 优胜奖，它不仅是对欧洲质量卓越企业的奖励，也是对一个组织全面质量工作的系统回顾和评价。它的标准把全面质量管理的概念扩展到了组织基础管理的许多方面，具有更广阔的视角。EFQM 优胜奖标准框架如图 9-21 所示。

EFQM 奖的基本思想是质量改善的效果，即员工满意度、顾客满意度、社会效果及关键绩效成果通过五方面的促动因素实现。这些促动因素包括：领导和目标的连续性、政策与战略、公司对员工的培训、伙伴关系与资源、公司对生产过程的组织模式。员工满意度包括员工的积极性、满足感、绩效及公司为员工提供的服务；顾客满意度包括顾客对公司的忠诚度，以及顾客对公司形象、产品与服务、售中及售后服务的印象；社会效果主要是指公司所表现出来的社会责任感，它包括对所在社区各项事业的参与程度及其外部对公司的评价；关键绩效效果主要指公司预定绩效目标的实现情况，绩效目标既有财务性的，也有非财务性的，如现金流量、利润、预算执行情况、成功率及知识产权的价值等。

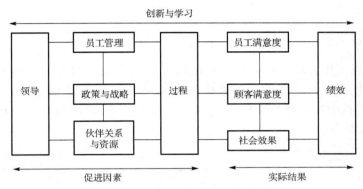

图 9-21　EFQM 优胜奖标准框架

公司可以根据业务评价模型对公司各项活动及其效果进行全面、系统的定期检查，帮助公司了解自己在运营改善方面取得的成绩及各项目标的实现程度，在应用具体的模型时可根据自身环境建立合理的权重分配方法。

4．全国质量管理奖

我国也有自己的质量管理奖，它的使命是激励和引导企业追求卓越绩效，远非单纯的质量管理那么简单。它的评奖标准充分借鉴了以上三大国际质量奖的先进理念，并充分考虑了我国企业的文化特征，对我国企业的质量战略具有很大的指导作用。全国质量奖的核心价值观被其组织者中国质量协会（CAQ）归纳为 11 条，是组织提高质量竞争力的经验总结，具体如下：

- 领导者作用；
- 以顾客为导向；
- 培育学习型组织和个人；
- 建立组织内部与外部的合作伙伴关系；
- 灵活性和快速反应；
- 关注未来，追求持续稳定发展；
- 管理创新；
- 基于事实的管理；
- 社会责任与公民义务；
- 重在结果和创造价值；
- 系统的观点。

9.6　6σ管理法

1985 年，摩托罗拉公司面临电子产业中日本竞争者的威胁，需要大幅度提高质量水平，公司使用了 6σ管理法，设定的质量目标是 3.4 DPMO（百万件中的次品数）。后来德州仪器公司、IBM、美国联合信号和通用电气公司成功地应用了 6σ 管理法，福特、杜邦公司、道化学公司、微软和美国万国宝通银行也采用了 6σ 管理法。其意义远不只是降低了成本。采用 6σ 管理法的公司获得了显著的财务成果，并且开发出了一套能够改善企业业绩，促进企业务实发展，经受过严格检验的计划方案。韦尔奇，通用电气开始实行 6σ 管理法时的 CEO，说道："这是通用电气所采用的最重要的创举。"他还指出，6σ 管理法是"我们未来进行领导管理的遗传代码的一部分。"

9.6.1　6σ 概念

6σ 管理法要求工序波动（Process Variability）在公差上下限——±6σ（标准差）之内，又假设工序受干扰，允许工序期望值偏移目标 1.5σ，如图 9-22 所示，此时合格品率达到 99.999 66%，百万件中次品数为 3.4，工序能力指数 $C_{PK}=1.5$，相当于工序无偏时 ±4.5σ 的质量水平，如表 9-6 所示。

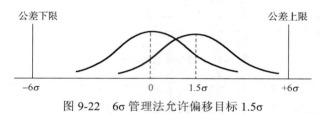

图 9-22　6σ 管理法允许偏移目标 1.5σ

表 9-6　对应 zσ 的值

设计公差限	z	$P(x \leqslant \mu + z\sigma)$	合格品率	DPMO（百万件中次品数）
工序无偏时				
±1σ	1	0.841 344 746	68.27%	317 310.5079
±2σ	2	0.977 249 868	95.45%	45 500.2639
±3σ	3	0.998 650 102	99.73%	2699.796 063
±4σ	4	0.999 968 329	99.993 665 8%	63.342 483 67
±5σ	5	0.999 999 713	99.999 942 7%	0.573 303 308
±6σ	6	0.999 999 999	99.999 999 8%	0.001 973 175
工序期望值偏移 1.5σ				
±2σ	0.5	0.691 462 461	69.146 25%	308 537.54
±3σ	1.5	0.933 192 799	93.319 28%	66 807.20
±4σ	2.5	0.993 790 335	99.379 03%	6209.67
±5σ	3.5	0.999 767 371	99.976 74%	232.63
±6σ	4.5	0.999 996 602	99.999 66%	3.40

6σ 通过缺陷程度来度量生产工序（流程），100 万个产品只允许有 3.4 个机会出现次品。这一目标远远超出了正常的质量水平，是相当严格的目标（但不像零缺陷），需要进取的质量改进计划。6σ 是一种管理哲学，强调基于对整个生产流程的理解、度量、分析和改善，通过实际操作与控制来消除工序中的缺陷，提高运营水平。6σ 是 TQM 方法的一个延伸。核心观点就是测量出生产流程中的缺陷，并找到系统的方法消除这些缺陷，从而接近"零缺陷"的质量水平。

Kevin Linderman 等人给出了一个 6σ 的定义：基于顾客需求而不是企业或部门的内部考虑来设立目标，进行战略流程改善的有组织的系统的方法，是利用统计方法进行新产品/服务的设计开发，大幅度减少顾客定义的缺陷率的科学方法。

9.6.2　6σ方法论

6σ 方法论分为 DMAIC 和 DFSS 两种。DMAIC 常用于对企业现有流程的改善；而 DFSS 主要用于企业新产品和服务流程的设计，以及旧流程的再造等工作。在 DMAIC（定义→度量→分析→改进和控制）和 DFSS（6σ 设计）中的每个阶段，6σ 都有一整套系统科学和经过企业成功实践的工具和方法。6σ 正是通过这些科学、有效的量化工具和方法来分析企业业务流程中存在的关键因素，并通过对最关键因素的改进从而实现突破，获得产品质量与客户满意度提高的效果。6σ 通过有效循环改进的方式，逐一将业务流程中的关键因素进行改善，从而不断地提高企业的产品质量和服务质量。

1．6σ 用于过程改进

在过程改进中模仿 PDCA 循环，6σ 用于过程改进时采用 DMAIC 改进模型：定义→度量→分析→改进→控制。

① 定义。确认机会，定义项目目标和向顾客交付的产品（内部和外部的）。

② 度量。收集数据，测量目前生产过程能力。从顾客出发，考虑对于过程产出影响重大的因素，确定其关键质量特性（Critical To Quality，CTQ），设定当前过程的缺陷率，绘制流程图，做出当前的控制图，了解当前运行状况。

③ 分析。解释数据，分析、确定造成缺陷的根本原因。确认对于工序改进起关键作用的几个因素。

④ 改进。针对确定的原因及改进因素，开发详细的流程改进解决方案，并付诸实施，以消除流程中的缺陷。

⑤ 控制。制定控制计划，监控改进绩效，确保改进得以持续，执行工序控制系统。

2．6σ 用于设计

6σ 设计是在产品（服务或过程）需要开发与设计时，或者产品（服务或过程）已经存在，但不能达到顾客所要求的水平或 6σ 水平需要重新设计时，以分析工具为基础，以事实数据为驱动，使缺陷率达到 6σ 质量水平的方法。

6σ 设计关注高水平的创新或优化设计，6σ 设计过程是用 6σ 驱动、以顾客为导向的设计过程，这一方法开始时就需要预测设计质量，需要上下配合，需要自顶向下，功能自底向上，并结合跨功能设计方法，在早期设计阶段就注重质量，监控过程变异，保证顾客需求得到满足。6σ 设计可采用 DMADV 方法论。

① 定义。定义项目目标与顾客（内部或外部）、可交付的产品。定义阶段通过建立目标、规则和组织结构来确定整个设计项目的基调。工作由管理者和项目设计团队共同承担。项目的选择要与整体业务战略相一致且对战略所发挥的作用最理想。

② 度量。度量过程，确定当前绩效。度量阶段要识别关键顾客，并且确定顾客的关键需求和可度量的关键质量特性，这在成功设计产品、服务和过程中是必不可少的。有人使用"创新问题解决"的 1-TRIZ 方法帮助设计团队对设计中的问题进行准确、完整地描述，也有人开发了一种设计记分卡用于跟踪设计过程，预测所有元素整合以后最终产品的缺陷率。

③ 分析。分析过程方案，满足顾客需求。在分析阶段，要从多个可选设计方案中选出一个；根据设计要求对细化的设计进行改进、优化；设计团队可开发一些可选设计，选择"最适合"的设计。

④ 设计。设计（详细设计）过程，满足顾客需求。设计阶段在分析阶段所产生细化设计的基础上建立，产生一个最优化的功能设计，负荷生产和服务的双重要求。通过实验、风险分析等，产生符合具体运营能力的最终设计。最后，利用仿真、建模和排障测试证明设计的正确性。

⑤ 核实。校验设计性能与满足顾客的能力。在 DMADV 过程中，校验阶段的目的是，在要求的质量、可靠性和成本限制条件下保证新设计可以在这个领域实施并获得支持。从后向前全面审视产品，提出产品中存在的所有潜在问题。通过测试，揭示出产品潜在生命期或服务能力中存在的问题。

9.6.3　6σ实施

摩托罗拉采用 6σ 管理法的前 10 年内，节约了不低于 150 亿美元；通用电气采用 6σ 管理法，仅 1999 年就为公司的经营成果增加了不低于 20 亿美元的收益。6σ 实施有其独特之处，但还是应借鉴 TQM 的实施经验。

成功实施这类项目必须注意以下几点：

① 6σ 项目应具有明确目标。使用明确的具有挑战性的目标会导致更大数量级的改进。明确的目标更容易使小组成员努力和坚持不懈，使小组活动方向明确。获得质量认证的组织更容易实现目标。

② 6σ 培训有利于目标的实现。基于参与程度不同，进行相应的培训，可提高绩效。

③ 结构化方法 DMAIC 改进了复杂任务的执行效果。

④ 集中于整合员工和企业再造，改进生产过程，员工是重要资本，可利用团队形式促进共同工作和流程再造。

⑤ 变革企业组织结构与文化，转变价值观念，改变做事方式。

⑥ 高层负责，涉及整个企业。

⑦ 追求卓越。

1．6σ 改进项目中的角色

6σ 改进项目中的角色包括以下几类：

① 倡导者（Project Champions）。从战略上为改进团队确定重要项目并提供资源。通常不必接受详细的培训，认识、了解 6σ 即可。

② 黑带（Black Belts）。负责执行改进项目，全职工作，通常需要接受 4 周的培训。

③ 主黑带（Master Black Belts）。充当指导者或内部顾问，需要接受更多的培训。

④ 绿带（Green Belts）。兼职改进专家，充当支持角色，接受的培训较少。

之所以采用柔道上的术语是因为黑带的唯一功能就是关注于严格解决问题的办法，练习特定的技能，利用一套既定的工具击败敌人。当然，这里的敌人指的是生产残次品的生产流程。

2．6σ 管理法的再认识

① 6σ 不是新的、另外的质量计划，质量计划的价值就在于能够创造质量观和企业文化。

② 6σ 确认了那些直接影响企业经营成果、可以识别的长期存在的问题。

③ 6σ 不是理论，是发现关系重大的几个关键工序因素的实践活动。

④ 6σ 不是培训项目，是企业战略，它能促进企业各个层次上企业文化的变化。

⑤ 6σ 不仅适用于制造业，同样适用于服务业。

⑥ 6σ 以满足顾客的需求为出发点。

⑦ 6σ 不是 TQM 的再包装。

⑧ 6σ 成效显著，它将人、生产流程和绩效积极联系在一起，以一种非常严格的、人们可以适应的方式实现企业所追求的目标。

9.7 故障模式影响分析

9.7.1 故障模式影响分析的概念和发展

故障模式影响分析（Failure Mode and Effects Analysis，FMEA）是分析系统中每一产品所有可能产生的故障模式及其对系统造成的所有可能影响，并按每一个故障模式的严重程度、检测难易程度以及发生频度予以分类的一种归纳分析方法。故障模式影响及危害性分析（Failure Mode，Effects and Criticality Analysis，FMECA）是故障模式影响分析（FMEA）和危害性分析（Criticality Analysis，CA）的组合分析方法。本书中，除特别指定外，将 FMEA 和 FMECA 统称为"FMEA"。FMEA 是使用系统分析方法对产品的设计、开发、生产等过程进行有效分析，找出过程中潜在的质量问题（或称为故障模式），分析评价这些潜在的质量问题发生的可能性及其带来的影响和严重程度，及时采取有效的预防措施，以避免或减少这些质量问题发生。FMEA 强调"事前预防"，而非"事后纠正"，这样就可以避免在质量问题发生后消耗大量的人力、物力，使得在提高产品质量的同时降低了生产及开发成本，最大限度地避免或减少损失，提高效率，与 ISO 9000 族标准所体现的"预防为主"的基本思想是一致的。

FMEA 技术的应用发展相当迅速。20 世纪 50 年代初，美国首次将 FMEA 应用于战斗机操作系统的设计分析中；60 年代中期，FMEA 技术正式用于美国航天工业；1976 年，美国国防部发布了 FMEA 军用标准，但仅限于设计方面；70 年代末，FMEA 技术开始进入汽车及医疗设备工业；80 年代初，进入微电子工业；80 年代中期，汽车工业开始应用 FMEA 分析其制造过程；1988 年，美国联邦航空局发布咨询通报要求所有航空系统的设计及分析都必须使用 FMEA；1991 年，ISO 9000 推荐使用 FMEA 提高产品和过程的设计，并成为 QS-9000 五大核心工具之一。至今，FMEA 已在工程实践中形成了一套科学而完整的分析方法，并成为传统工业及高可见度行业品质持续改进的必备方法。

9.7.2 FMEA 的类型

任何产品（包括硬件、软件、服务）在其实现过程中都可能存在故障问题。因此，FMEA 技术不仅可用于硬件产品制造业，同时也可以用于软件业及服务业。质量是设计出来的，也是制造出来的，所以在产品实现的各个过程，如设计过程、采购过程、制造过程、使用及服务过程中，都可以运用 FMEA 技术进行分析和控制。FMEA 可分为多种类型：

- 系统 FMEA，专注于整个系统研究；
- 设计 FMEA，专注于系统组成部分和子系统的研究；
- 过程 FMEA，专注于生产和装配过程的研究；
- 服务 FMEA，专注于服务功能的研究；

● 软件 FMEA，专注于软件功能的研究。

其中设计 FMEA 和过程 FMEA 最为常用，而且发展也最为成熟。FMEA 在产品设计阶段和过程设计阶段，对构成产品的元件、零件、系统，对构成过程的各个程序进行逐一分析，从而预先发现潜在故障模式并采取必要的有效措施加以改进，以提高产品质量可靠性。设计 FMEA 的内容主要包括产品的材料、外型尺寸、可靠性、功能性、加工经济性、可检验性和可维护性等方面。过程 FMEA 的内容主要包括加工方法的经济性、合理性、安全性、工序能力指数、质量保证能力、工序自检能力和设备维修等方面。设计 FMEA 应在一个设计概念形成之时或之前开始，在产品加工图样完成之前结束，并在产品开发的各个设计阶段更改时及时进行修改。过程 FMEA 则应在生产工装准备之前开始，在正式批量投产前完成，并要充分考虑从单个零件到总成的所有制造工序。作为一种管理工具，FMEA 的整个活动过程和所有文件记录都必须处于文件控制之下，并最终以 FMEA 报告的形式反映出来，FMEA 报告可用表所示。

通过 FMEA 我们可以了解一个产品的设计理念和制造工艺关键控制项的来源。例如，这个产品为什么在这里会增加一个看似无用的孔，FMEA 会告诉你实质上这是个非常重要的过程定位孔；为什么装配顺序是 1—2—3—4 而不是 3—2—1—4，虽然后者从理论上来说更为合理，但企业在该产品的长期装配实践中发现，前者装配的效果更好。还有很多类似的技术秘密。所以说，FMEA 是一种技术沉淀，它清晰地记载了产品不断改进的历程，是一个企业几代人努力的结晶，是秘中之秘。目前，国内的一些著名企业已经意识到 FMEA 对企业长远发展的重要性，也开始逐步尝试做 FMEA 分析。几大汽车制造企业如上海通用、上海大众、神龙汽车、长安福特等都有了部分自己的设计 FMEA 和过程 FMEA，这些 FMEA 分析在规避风险方面起到了很重要的作用。

严重度（Severity）、发生率（Occurance）、难测度（Detection ）和风险优先级数值（Risk Priority Number，RPN）是 FMEA 技术中几个最为重要的参数。

严重度是指某种潜在故障模式发生时，对产品质量及顾客产生影响的严重程度的评价指标，可分为 10 级，对应 1～10 分，1 分表示不严重，10 分则表示非常严重。

发生率是指某项潜在故障模式发生的频率。发生的概率越高，表示其发生率越大。共分为 10 级，对应 1～10 分，1 分表示不可能发生，10 分则表示发生的可能性非常大。

难测度是指当某潜在故障发生时，根据现有的控制手段及检测方法，能将其准确检出的概率的评价指标，取值范围在 1～10 之间。表示可检测目前控制措施的能力，分为 10 级，对应 1～10 分，1 分表示可能检测到故障模式，10 分则表示根本不可能检测到故障。检测内容包括两个方面：检测产生故障模式的原因及检测产生影响的故障模式。

风险优先级数值（RPN）是严重度（S）、发生率（O）和难检度（D）的乘积，即 RPN=$S \cdot O \cdot D$，取值在 1～1000 之间。风险优先级数值是某项潜在失效模式发生的风险性及其危害的综合性评价指标，RPN 值高的项目应作为预防控制的重点。

FMEA 是一组系列化的活动，包括找出产品/过程中潜在的故障模式，评估各故障模式可能造成的影响及其严重程度，分析故障发生的原因及其发生的可能性，评估故障发生时的难检度，根据风险优先级数值综合分析，确定应重点预防/控制的项目；制定预防/改进措施，明确措施实施的相关职责；跟踪/验证。图 9-23 表示了运用 FMEA 分析的一般流程图。应设计专用表格来记录 FMEA 分析的情况，表 9-7 是一种常用 FMEA 的分析记录表格。

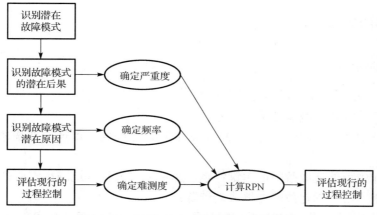

图 9-23　运用 FMEA 分析的一般流程图

表 9-7　系统或设计 FMEA 分析记录表

____系统

____子系统　　　　　　　　　　　　　　　　　　　　　　　　　　　　　FMEA 编号：_____

____零组件：_____　　　　设计责任：_____　　页码：_____

车型车度/车辆类型：_____　　关键日期：_____　　编制者：_____

核心小组：_____　FMEA 日期：_____

项目/功能	潜在失效模式	潜在失效模式	严重度(S)	分类	潜在失效原因/机理	发生率(O)	现行预防设计控制	现行探测设计控制	深测度(D)	风险顺序数 RPN	建议措施	责任和目标完成日	措施执行结果				
													采取的措施	严重度	发生率	探测度	RPN
1	2	3	4	5	6	7	8	9	10	11	12	13	14	15			

在 FMEA 分析中，应注意以下几个问题：

（1）在确定某产品/过程可能发生的失效模式时，应召集相关人员，召开会议，采用脑力激荡术，鼓励大家尽可能将潜在的故障一一找出。也应参考以往类似产品/过程的记录及经验。

（2）要根据顾客可能发现或经历的情况来描述失效的影响效应，要记住顾客可能是内部的顾客，也可能是外部的最终顾客，同时必须考虑相关法律法规的要求。

（3）各组织可根据自身产品/过程的特点，制定合适的 S、O、D 等参数的评定标准，本书中给出的评定标准仅供参考。

（4）制定预防/改进措施的目标是尽最大可能降低 RPN 值，也就是说减小发生率、严重度或难检度中的任何一个或全部。

（5）一般应将 RPN 值高的故障模式作为控制重点，但在实践中，不管 RPN 大小如何，当某种故障模式严重度很高时（如 9 或 10），就应特别注意，预防其发生。

9.7.3　FMEA 的使用

1．FMEA 的功能

FMEA 帮助工程师确定产品潜在的故障模式，具有以下功能：

① 提高生产的要求以减少故障的可能性；

② 评估顾客或其他影响设计过程的人员需求的可行性，保证这些需求不会增加故障的风险；

③ 确定设计中可能造成故障的关键特点，尽可能最大程度地减少它所带来的影响；

④ 提出改进方法，确定故障能够成功消除；

⑤ 跟踪、管理设计中的潜在风险，实时监控风险有助于公司的技术积累，更好地为将来的产品服务；

⑥ 保证任何可能发生的故障不会伤害或严重影响使用产品的顾客。

2．FMEA 的优点

FMEA 用来协助工程师改善设计的质量和可靠性，正确地运用 FMEA 会给工程师带来许多好处，具体如下：

① 改善过程的可靠性和质量；

② 增加顾客的满意度；

③ 早期发现能够减少潜在故障模式；

④ 区分产品或过程缺点的优先程度；

⑤ 掌握工艺的特点和知识；

⑥ 重点问题重点防御；

⑦ 证明风险存在和采取行动减少风险；

⑧ 提供持续不断的监控测试和改进；

⑨ 减少产品生产结束时产生的变动；

⑩ 促进团队合作和各个不同功能部门的建议交流。

3．运用 FMEA 时需注意的问题

FMEA 是一个实时变化的文档，贯穿产品生产的所有环节并且随着产品生产过程实时更新。产品过程变化会引入新的潜在故障模式，所以当下列情况发生时重新评估和更新 FMEA 记录文档是十分重要的：

① 生产周期开始时，一种新产品和生产工艺重新引进；

② 生产产品的流水线或过程的操作条件改变时；

③ 产品或生产流程出现改变时，产品和它的生产过程密切相连。当产品设计改变时，生产流程必然受到影响，反之亦然；

④ 实施新的规章制度；

⑤ 顾客反馈解释产品质量或生产过程出现问题。

9.8 TRIZ 理论

9.8.1 TRIZ 的起源

TRIZ 来源于"发明问题解决理论"四个俄文单词，将其转换为拉丁字母即为（Theoria Resheneyva Isobretatelskehuh Zadach，TRIZ），其对应的英文同义词为 Theory of Inventive Solving。1946 年，苏联海军专利调查员 Genrich S.Altshuller 通过对 200 多个专利研究发现，技术系统的进化过程并不是随机的，而是遵循客观规律，而这种客观规律在不同领域中反复出现：

（1）在进行创新研究时发生的矛盾和困难，其解决方案经常是反复出现的；

（2）解决创新问题的方法数量并不庞大，通常的研究所和企业技术人员完全可以掌握，便于推广；

（3）解决某一个领域技术问题的方法，经常来自其他知识领域。

根据这三个基础发现，Althshuller 坚信能够帮助发明者找到技术创新的一般规律及其解决方法，并由此创立了"发明问题解决理论"——TRIZ。经过 50 多年的发展，TRIZ 已经形成了一套较为完整的理论体系和工具箱。20 世纪 90 年代初，TRIZ 开始传入欧美国家。引起了世界各国质量学家的浓厚兴趣。自 1993 年以来，美国数以百计的公司（如通用汽车、克莱斯勒及摩托罗拉等）已经开始研究和应用 TRIZ 方法，其中最成功的是福特汽车公司，由 TRIZ 创新的产品每年为其带来超过 10 亿美金的销售利润。

TRIZ 理论涉及多种多样的工具，主要分为两类：分解问题的工具和解决问题的工具。其中，分解问题是将复杂问题转化为相似的一般问题的过程，而解决问题是解决一般问题。分解问题的工具主要有：功能分析，原因根源分析，矛盾、资源分析，机能转移，理想的最终结果等。解决问题的工具主要有：矛盾矩阵、40 创新原理、分离原理、知识与效应库和标准解法系统。

9.8.2 TRIZ 解决问题的方法

所有运行某个功能的事物均可称为技术系统。任何技术系统包括一个或多个子系统，每个子系统执行自身功能，它又可分为更小的子系统。TRIZ 中，最简单的技术系统由两个元素以及两个元素间传递的能量组成。例如，技术系统"汽车"由"引擎"、"换向装置"和"刹车"等子系统组成，而"刹车"又由"踏板"、"液压油"等子系统组成。所有的子系统均在更高层系统中相互连接，任何子系统的改变将会影响到更高层系统，当解决技术问题时，常常要考虑与其子系统和更高层系统之间的相互作用。

利用 TRIZ 理论解决问题的方法如下：

（1）将一个待解决的实际问题转换成问题模型；

（2）针对不同的问题模型，选择对应的 TRIZ 工具，得出解决方案模型；

（3）最后将解决方案模型代入具体问题中，得到实际解决问题的方法。

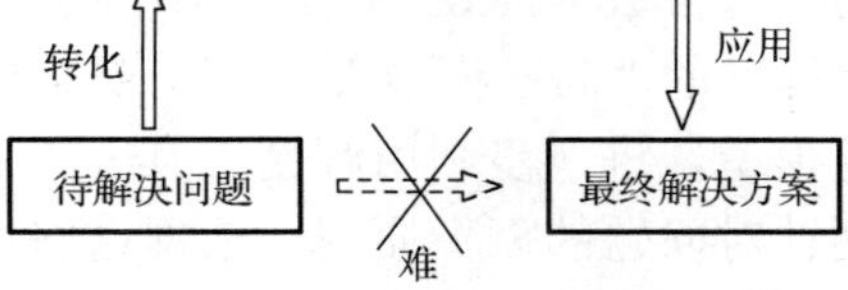

TRIZ 的一般解题模式与流程如图 9-24 所示。

图 9-24 TRIZ 的一般解题模式与流程

当一个技术系统出现问题时，问题的表现形式有很多种，所以解决问题的手段也不可能是唯一的，应根据问题的不同特性寻找对应的解决方案。TRIZ 的问题模型共有四种形式：技术矛盾、物理矛盾、物质-场问题、知识使能问题。相对应地，TRIZ 的工具也有四种：矛盾矩阵、分离原理、知识与效应库和标准解法系统，如表 9-8 所示。对于无法直接使用上述工具进行解决的复杂问题，还可以使用发明问题解决算法（ARIZ）进行解决。

表 9-8　技术系统问题的表现形式与解决问题的工具

问题根源	问题模型	解决问题的工具
技术系统中两个参数互相制约	技术矛盾	矛盾矩阵
一个参数无法满足技术系统内相互排斥的需求	物理矛盾	分离原理
实现技术系统功能的某结构要素出现问题	物场模型	标准解系统
寻找实现技术系统功能的方法与科学原理	知识使能	知识库与效应库

1. 技术矛盾及解决方法

当技术系统某个特性或参数得到改善时，常常会引起另外的特性或参数劣化，该矛盾称为"技术矛盾"。解决技术矛盾问题的传统方法是在多个要求间寻求"折中"，即 "优化设计"，但用这种方法每个参数都不能达到最佳值。而 TRIZ 则是努力寻求突破性方法消除冲突，即"无折中设计"，让矛盾双方——两个通用工程参数——都达到最优。

Altshuller 从他所研究的 4 万个专利解决方法中发现，利用 39 个通用工程参数就足以描述工程中出现的绝大部分技术内容。所以技术矛盾都可以描述为 39 个参数中任意 2 个参数间的冲突。他把 39 个参数分别作为改善参数（系统需要改善的参数）和劣化参数（系统在改善某参数的同时，导致恶化了的另一个参数），并作为一张表的行和列，由此组成了一个 39×39 矛盾矩阵，如表 9-9 所示。同时，Altshuller 找到了 40 个人类发明创造所遵循的规律，称之为 40 创新原理（也称"发明原理"），它是 TRIZ 中用于解决问题（矛盾）的基本原理。如表 9-10 所示。

表 9-9　矛盾矩阵表举例

改善参数 ＼ 劣化参数		1	2	…	33	…	38	39
		移动件的重量	固定件的重量		使用的方便性		自动化程度	生产率
1	移动件的重量							
…								
10	力量				1,28,3,25			
…								
39	生产率							

当解决技术矛盾时，首先将一个用通俗语言描述的待解决的具体问题转化为利用 39 个通用工程参数（TRIZ 术语）描述的技术矛盾——所谓标准的"问题模型"；然后，针对这种类型的问题模型，进一步利用解题工具——矛盾矩阵，找到针对问题的创新原理。依据这些创新原理，即可受到启发，再经过演绎和具体化，最终找到解决具体的实际问题的一些可行方案。解决技术矛盾的一般解题模式如图 9-25 所示。

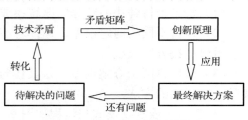

图 9-25　技术矛盾的解题模式

表 9-10 40 创新原理一览表

1 分割原理	11 事先防范原理	21 减少有害作用的时间原理	31 多孔材料原理
2 抽取原理	12 等势原理	22 变害为利原理	32 颜色改变原理
3 局部质量原理	13 反向作用原理	23 反馈原理	33 匀质性原理
4 增加不对称性原理	14 曲面化原理	24 借助中介物原理	34 抛弃或再生原理
5 组合原理	15 动态特性原理	25 自服务原理	35 物理或化学参数改变原理
6 多用性原理	16 未达到或过度的作用原理	26 复制原理	36 相变原理
7 嵌套原理	17 空间维数变化原理	27 廉价替代品原理	37 热膨胀原理
8 重量补偿原理	18 机械振动原理	28 机械系统替代原理	38 强氧化剂原理
9 预先反作用原理	19 周期性作用原理	29 气压和液压结构原理	39 惰性环境原理
10 预先作用原理	20 有效作用的连续性原理	30 柔性壳体或薄膜原理	40 复合材料原理

2．物理矛盾及解决方法

当同一个技术系统中对同一个元素具有相互排斥的需求时，就出现了物理矛盾。在矛盾矩阵中，相同序号的行和列的参数所构成的矛盾即物理矛盾。物理矛盾是工业工程系统中经常遇到又不容易找到解决方案的矛盾。例如，汽车为了加速性能好，需要大排量；为了耗油量少，需要小排量。由于矛盾系统中只有一个参数且这个参数有互相排斥的需求，所以解决物理矛盾的核心思想是实现矛盾双方的分离，即分离原理。分离原理主要有四种方式：空间分离、时间分离、条件分离和整体与部分分离。

分离原理操作的方法，就是把矛盾双方在不同的空间内、不同的时间段、不同条件下进行分离。例如飞机起飞、降落时需要轮胎进行滑翔，但在天空飞行的过程中，轮胎会产生很大阻力，不利于飞机的飞行，这里要轮胎和不要轮胎就是一对物理矛盾。由于在不同的时间段，对轮胎的需求是不同的，因此时间是关键因素，最终得到的解决方案是：在时间上进行分离，起飞时轮胎正常使用，起飞后轮胎收至飞机内减少阻力，待飞机需要降落时再将轮胎降到合适位置使用。

3．物质-场分析与标准解

物质-场模型是指实现技术系统功能的某结构要素（两个物质和一个场）出现了问题。针对要解决的实际问题，我们可以先构建出问题的初始物质-场模型。然后，针对不同的问题，在标准解系统中找到针对该问题的物质-场的标准解法。最后根据这些标准解法的建议，得到具体的问题解决方案。

4．知识使能问题

知识使能，也称作"实现功能"或"How To"问题，指寻找实现技术系统功能的方法与科学原理。通常，我们可以用"SVO"（主语+谓语+宾语）的模式来描述一个技术的功能，例如"火焰加热水"——这里，火焰是 S，加热是 V，水是 O。当我们以"VO"（加热水）来定义一个系统要实现的功能时，我们必须寻找所有可能的"S"——技术资源，即所有可能加热水的知识（科学原理、效应、技术手段等），以便让"VO"（加热水）这个功能实现。由于查询知识是个耗时费力的事情，因此通常不采用人工查询的方式，而是采用在计算机辅助技术支持下的知识库和效应库的方式来解决。这也是要大力研究和开发计算机辅助创新（CAI）技术的原因之一。

9.8.3　TRIZ 的设计步骤

1．问题定义

TRIZ 中常见的问题通常有以下几种类型：技术矛盾和物理矛盾；要实现某功能，但不知道具体方法；有用但效率不高的影响；有害的作用或效果；必须以另外不同的方式实现某功能；系统过于复杂。

TRIZ 设计的第一步就是了解问题属于上述哪一种，对系统问题、理想状态、系统环境等进行识别，常用的方法是 ISQ（系统环境调查表）的 5W1H。

Who：谁有问题？识别与问题相关的在系统制造、包装、运输、安装等过程中的人；

What：问题是什么？相关资源是什么？该问题主要致力于指明问题类型以及与问题相关的资源，已选择相应的解决方法；

When：问题什么时间、什么环境出现？确认是运行前还是运行中、运行之后发生，以及可用的时间资源；

Where：问题发生之处？确认技术系统冲突和矛盾产生的区域；

Why：问题产生的原因？分析技术系统的功能，建立物质–场模型；

How：问题如何发生？找出问题的发生根源。

2．工具和方法的选择

选择具体的方法和工具需要根据问题分析得出的具体问题来决定。例如，问题是技术矛盾，可应用矛盾表和 40 个创新原理决定解决方法，并可从效果库中找出相应的解决例子直接应用。

3．解决方法评估

从知识库中找出的解决方法可能有多种，需要对其进行评价，评价标准是理想状态和理想最终结果的定义。另外，一个问题解决可能会导致新的问题产生，新问题需要同样的步骤进行解决。因此 TRIZ 设计是个重复循环的过程。

综上所述，TRIZ 理论就是帮助我们在创新的路上有迹可循，当面对复杂且不典型的问题时，直接盲目寻找解决方案往往耗时费力又要经历多次失败的尝试，但是利用 TRIZ 方法，寻找与待解决问题类似的一般问题，先解决一般问题，之后再代入原问题，这样的方法能够帮助我们寻找到根本解决方案。

习题

1．企业经理如何定义质量？应该重点关注哪些问题？以具体的产品/服务为例进行说明。
2．如何理解质量的一致性。
3．如何理解零缺陷思想？如何应用？
4．设计一个评价企业运营的指标体系。
5．质量成本是如何产生的？举例说明。
6．用电子表格做出画控制图的模板（教材中讲过的几种）。
7．下列情况应采用何种统计管理工具：

（1）找出质量问题的关键原因。

（2）寻找导致产品发生故障的各种可能原因，并分析。

（3）寻找引起质量波动的系统原因。

（4）确定生产/服务过程是否处于统计控制状态。

8．以实例说明 FMEA 的应用。

9．航空公司等服务企业如何实施 6σ 管理法？

案例：Alabama 航空公司提高航班的准时到达率

Alabama 航空公司（Alabama Airlines）的总部和唯一的一个航空中枢设于伯明翰市。该公司从 2001 年 12 月开始为顾客提供双程航班服务，并推出短途和点对点的航空服务。

Alabama 航空公司是由两名前飞行员戴维·道格拉斯（David Douglas，以前效力于中途航空公司，该公司现在已停航）和迈克尔·汉纳（Michael Hanna，以前效力于大陆航空公司）创建并管理的。2001 年"9·11"恐怖袭击后，达美航空公司（Delta Airlines）精简了它的部分航线，它所使用的 12 架喷气式飞机和机场通道被 Alabama 航空公司购得，Alabama 航空公司使用这些飞机和机场通道组建了一支新的飞机编队。

Alabama 航空公司第一位的竞争优势是准时到达，公司将"准时"定义为每一航班都须在飞行时刻表规定到达时间的 20 分钟内到达。

迈克尔·汉纳决定亲自对 Alabama 航空公司的航班飞行情况进行监控。在过去 30 星期的每一星期，汉纳都抽取 100 次航班到达作为样本，对准时到达情况进行检查。下表是不符合 Alabama 航空公司的准时定义的航班次数：

样本（星期）	航班延误次数	样本（星期）	航班延误次数
1	2	16	2
2	4	17	3
3	10	18	7
4	4	19	3
5	1	20	2
6	1	21	3
7	13	22	7
8	9	23	4
9	11	24	3
10	0	25	2
11	3	26	2
12	4	27	0
13	2	28	1
14	2	29	3
15	8	30	4

思考题

1．画出控制航班延误的控制图（按置信度 95%，$z_{@95\%}=1.96$）。

2．假设航空行业延误航班的控制上限和下限分别是 0.1000 和 0.0400。在控制图上标出控制上限和下限。

3. 在控制图上标出每一个样本的延误率，并进行分析。当延误率超出控制限时，公司应该采取什么措施？

4. 帮助迈克尔·汉纳提出改善公司服务质量的报告。

实践：技术华为？还是质量华为？[①]

导语：华为一年一度的质量工作汇报会已经结束，会上华为总裁任正非对过去华为的工作进行了总结，并提出建立大质量管理体系这一持续的发展规划，华为自创立伊始便秉承"质量为最重要的基础"这一核心发展观念，也正是这一观念让华为在业界打下扎实的根基，加之其自主研发的创新精神，一举成为行业的领军企业，稳固了其不可撼动的龙头地位。

二十年前我去阿联酋，当飞机降落时，西亚非洲司司长告诉我，下去就是中东的香港。当时我不相信，下去一看，然后就写了一篇文章《资源是会枯竭的，唯有文化才能生生不息》。迪拜是没有一滴油的沙漠，现在比阿联酋还出名，这就是文化造就沙漠上的井喷。华为公司也要加强质量文化的建设。目前公司在质量问题上的认识，仍然聚焦在产品、技术、工程质量等领域，而我认为质量应该是一个更广泛的概念。我们沿着现在的这条路，要走向新领域的研究，建立起大质量管理体系。

华为大质量管理体系

首先，大质量管理体系需要介入到公司的思想建设、哲学建设、管理理论建设等方面，形成华为的质量文化。你们讲了很多"术"，我想讲讲"道"。你们看，法国波尔多产区只有名质红酒，从种子、土壤、种植……形成了一整套完整的文化，这就是产品文化，没有这种文化就不可能有好产品。瑞士的钟表为什么能做到世界第一？法国大革命时要杀掉那些有钱人和能干的人，这些人都跑去了瑞士，所以瑞士的钟表主要是在法语区，其中很多精密机件是德语区的。我再讲一个例子。德国斯图加特工程院院长带我去参观一个德国工学院，大学一年级入学的学生，他们都在车间里面对着图纸做零件，把这些零件装到汽车上去跑，跑完回来再评价多少分。经过这一轮，再开始学习几何、理论力学、结构力学等学科，所以德国制造的汽车永远是无敌天下。每个人都愿意兢兢业业地做一些小事，这就是德国、日本的质量科学，没有这种文化就不可能有德国、日本这样的精密制造。我们为什么不能有这种文化？我们要借鉴日本和德国的先进文化，最终形成华为的质量文化。如果公司从上到下没有建立这种大质量体系，你们所提出的严格要求则是不可靠的城墙，最终都会被推翻。

其次，我们要建立起大质量体系架构，在中国、德国、日本建立大质量体系的能力中心。日本的材料科学非常发达，你们不要轻视京瓷，氮化镓就是陶瓷，那是无线电最主要的材料。我们要用日本的材料做全世界最好的产品；德国人很严谨，工艺、管理非常优秀；中国人善于胡思乱想，构架思维问题。我们把三者结合起来，就能支持华为全局性的质量。而且我们用工具、手段来代替人，购买世界上最好的工具，做出别人不可替代的产品，做到无敌，最后就能世界领先。

质量文化、质量哲学问题，其实德国、日本都是开放的，我们什么都能看到，为什么还是生产不出德国、日本那么好的产品呢？我们要敢于在这方面加快发展。即使我们的表格被

---

① 摘自微信：Z科技，任正非：华为最重要的基础是质量，2015/11/05

别人拿去了，他们也不一定能读得懂，不要在非战略地方浪费力量。我在达沃斯讲话，说我自己"不懂技术，也不懂管理，也不懂财务"，有人就说我装萌。但是后面我说"提了桶浆糊，把十五万人粘在一起，力出一孔、利出一孔，才有今天华为这么强大"，他不看后面这句话，看不懂，因为他不懂儒家哲学，也不懂妥协、灰度这种文化。我不像西方公司 CEO 什么都要懂，因为任务就简单明了的那么几句话，然后就是目标，具体做事是业务部门的事情。其实我们的目的很简单，形成一种文化，共同奋斗构建公司，再加上质量管理。我们现在口号很厉害，大家很兴奋，要把这种热情转到积极的文化当中去。

质量是华为最重要的基础

华为最重要的基础是质量，我们要从以产品、工程为中心的质量管理，扩展到涵盖公司各个方面的大质量管理体系。

第一，质量不能仅仅涵盖产品、工程，你们现在是基础性理解，这点我已经同意了，你们就先把这一阶段推出去。质量目标我不反对，质量方针"华为承诺向客户提供高质量的产品、服务和解决方案"这句话太有局限性，把我们约束起来了。我们的操作可以有局限性，但是口号不能有局限性。比如，IT 汇报提纲第一句话就应是"要想富，先修路"，这就是 IT 部门的纲领，要超前各个部门的需求往前走。你们写好几篇文章，贴到网上去给大家"洗澡"，然后我们再来讨论第二阶段——涵盖华为公司整体的大质量体系。华为的所有方面都要以效率为中心，都要以质量为中心，一个要多产粮食，一个要产好粮食。我愿意跟你们切开来讨论，先讨论思想体系，形成务虚，执行体系再讨论。达成共识后，目标就清晰了。

第二，华为不能只有一个首席质量官，应该涵盖很多领域。比如国家层面、BG 层面、产品线层面……等各级组织都应该有首席质量官，把相应的权利授给他，尽量把责任制落实到基层。这点你们的想法和我是一致的，我认为很好。

第三，在质量问题上，要永远记得七个反对，而且要坚决反对。我们要继续贯彻七个反对，反对完美主义，反对烦琐哲学，反对盲目创新，反对没有全局效益提升的局部优化，反对没有全局观的干部主导变革，反对没有业务实践经验的员工参加变革，反对没有充分论证的流程进入实用。我们讲的是端到端的质量管理，要反对局部优化影响了全局优化。现在每个部门都在讲自己的优化，但如果妨碍了全局优化就不是优化。

外部吸收，内部共享

高级干部与外部理论家沟通的德国、日本质量文化，参加沟通的人都去写篇文章，贴到心声社区上去，对全员开放，来推动华为公司的文化进步。高级干部要善于写心得，不用通篇大论，就讲自己的理解。我们在很多方面有共识，只是表达方式不一样，争取把表达方式标准化，然后传播出去，要让大家都在这里吸取能量，让年轻人可以成长。今天的士兵里有"明日之星"，"明日之星"就是明天的将军。英雄不问出处，只要能做好，我们就用你。现在有些高级干部基本不读文件，公司文件凝聚了多少领导心血的结晶，每句语言都是经典的。如果只凭自己的经验工作，迟早会被历史淘汰掉。

当然，我们的新生一代能成长，也不能让时代抛弃老一代。要让他们去参加训战结合，接受新的方法赋能。训战结合就是新老混合班，地区部总裁、代表处代表和小青年一个班。地区部总裁、代表进入循环赋能后，不是要把他一定变成专家，只要他明白我们这次变革的意义，会讲"要得，按刘司令的办"，用领导的推动力能支持专家去变革就行。

无生命管理才能生生不息

华为公司最宝贵的是无生命的管理体系，以规则、制度的确定性来应对不确定性，争夺大数据流量时代的胜利。五千年来，世界文明古国巴比伦垮了，罗马垮了，但中国没垮。因为五千年的儒家文化，使中国拧成了一个面团。华为公司最宝贵的是无生命的管理体系，因为人的生命都是有限的。我们花了二十多年时间，终于半明白了西方管理。只要公司不垮，就能无敌天下，如果公司垮了，这个文化就报废了，管理体系也没用了。我们要维持管理体系有活力地持续运行，保持有动能，所以我们要保持盈利，逼大家不能搞低质量、低价格的经营。当然，也不能强调大幅度的激进改进，提出些莫名其妙的口号来。现在全世界没有哪家公司像华为一样，凝聚了十五万人团结起来冲锋。未来的大数据流量越来越恐怖，我们代表人类争夺大数据流量未来制高点，一定能在全世界取得胜利。但是我们要高度关注刚刚提到的几个问题，因为支撑着华为的命运承载。华为已经走过了农民时代，正走在正规军的路上，我们要学会发射"火箭"、"大炮"，提高我们对战略的认识、对战术的理解、对具体操作技术的能力，这是时代赋予我们的使命。公司没有 IT 支持的时候，我们就是健忘型组织，因为依靠人来固化一个东西，可能上个厕所就忘了。我们现在有了流程 IT 支持，那肯定是一步步改进。我们公司一部分以规则、制度的确定性来应对任何不确定性，逐渐走上正路。其实我们现在已经走在正路上了，只是还需要走得更好一些。

思考题

1. 任正非的讲话体现了哪些质量大师的质量理论？
2. 你如何理解华为的大质量体系的可持续性？
3. "七个反对"表明了华为怎样的质量态度？
4. 非健忘型组织如何助力企业大质量体系？

附录：质量理念调查问卷

问卷说明：

1. 文中列出了企业管理特征（A~J），1~10 共 10 个等级。
2. 在你认为最适合自己的那一项画〇。
3. 记住，答案没有正误之说。

A. 从员工的角度看，我认为：

1	2	3	4	5	6	7	8	9	10

强调奖惩的激励方式　　　　　　　　　　　强调工作带来满意度的激励方式

B. 从员工的角度看，我认为：

1	2	3	4	5	6	7	8	9	10

根据日产量或季度产量这些　　　　　　　　　　　根据市场份额扩大
短期衡量利润的指标来管理　　　　　　　　　　　　　　长期指标来管理

C. 在给企业做决定时，我认为：

1	2	3	4	5	6	7	8	9	10

注重过程所带来的结果，量化目标　　　　　　　注重能够带来提升和创新的过程

D. 我认为：

1	2	3	4	5	6	7	8	9	10

在传统等级结构的　　　　　　　　　　　　强调顾客和供应商之间
组织框架下进行管理　　　　　　　　　　　　的关系，并依此来管理

E. 对企业成功概念的认识，我认为：

1	2	3	4	5	6	7	8	9	10

最重要的是加强自　　　　　　　　　　　　最重要的是加强系统各
己在竞争中的地位　　　　　　　　　　　　组成部分之间的合作

F. 从员工的角度看，我认为：

1	2	3	4	5	6	7	8	9	10

通过正式的评估系统来管理　　　　　　　通过非正式的反馈或引导来管理

G. 我认为：

1	2	3	4	5	6	7	8	9	10

根据实际的数字，例如　　　　　　基于运营概念，现实的数据及考虑那些
投资回报率来做决定　　　　　　　看不见的数字带来的影响来做决定

H. 我认为：

1	2	3	4	5	6	7	8	9	10

管理层不应该对企业的所有部　　　　　　　　　　管理层应该为组织
门负责，最重要的顾客是上司　　　　　　　　　　的所有部门负责

I. 我认为：

1	2	3	4	5	6	7	8	9	10

管理层的工作就是计划、　　　　　　管理层的工作是根据对过程、人员以及
组织、执行、评估　　　　　　　　　他们之间相互关系的理解来进行预测

J. 我认为：

1	2	3	4	5	6	7	8	9	10

经理们不一定是领导者　　　　　　　　　　　　经理们应该是领导者

第 10 章　精益思维与准时化

10.1　精益思维

1990 年美国麻省理工学院总结了以丰田汽车为代表的日本制造企业的经验，发表《改造世界的机器》（*The Machine that changed the World*），提出了精益生产（Lean Production）模式。1996 年该报告的两位作者又出版了一本新著《精益思维》，进一步发展了精益生产的思想。提出要从精益生产过渡到精益企业，从精益企业上升到精益思维。

精益生产方式基于产品生产流程，密切关注供应链，一方面降低企业协作中的交易成本，另一方面保证稳定需求与及时供应，以整个供应链系统为优化目标。精益生产方式将生产中的一切库存视为"浪费"，认为库存掩盖了生产系统中的缺陷。一方面强调供应要保证生产，另一方面强调不断降低库存以消灭库存产生的"浪费"。精益生产在专业分工时强调相互协作及业务流程的精简，消灭业务中的一切"浪费"。精益生产强调团队协作，强调员工的多技能，让员工自身保证产品质量的绝对可靠是可行的，且不牺牲生产的连续性。精益生产强调个人对生产过程的干预，尽力发挥人的能动性，同时强调协调，对员工个人的评价也是基于长期的表现。

精益思维集成了准时化生产、全面质量管理、团队工作法、并行工程等思想。

精细化运营是指组织和管理产品开发、作业、供应商和客户关系的业务系统，与过去的大量生产系统相比，精细化运营消耗较少的人力、空间、资金和时间，制造最少缺陷的产品，以准确地满足客户的需要。

沃麦克和琼斯提出精益思想的五个原则：

（1）定义价值：顾客到底需要什么？

（2）识别价值流；

（3）创造持续的价值流；

（4）顾客拉动价值；

（5）追求完美：质量理念。

如图 10-1 所示。

从大规模生产转向精益生产，精益生产的未来在于扩展的企业，即在供应链上建立精细化、敏捷化的供应链，实现大规模客户化定制，图 10-2 表示了精益企业的框架。精益企业屋中的全面质量管理、全面生产维护、设施布局等已经在前面介绍过。下面将详细介绍 JIT 生产。

学习目标

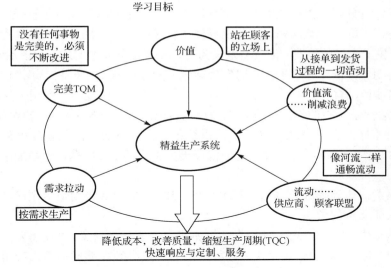

图 10-1　精益思想的目标与五大原则

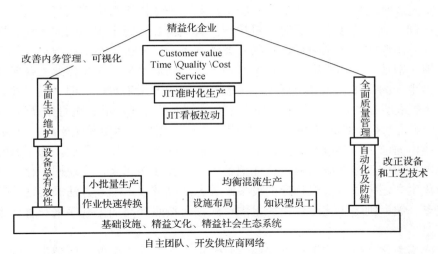

图 10-2　精益企业的框架（精益之屋）

10.2　准时化生产（JIT）

准时化生产 JIT（Just-In-Time）是日本企业提出的一种生产管理哲理及一系列相关技术。其基本想法是首先把简单的事情做好，然后再逐渐把它们做得更好，并在此过程中逐渐消除浪费。JIT 思想的真正源头在于 20 世纪 50 年代和 60 年代日本造船业低库存的好处：船舶公司要求钢铁供应商在自己需要时发货（钢铁制造商能力过剩）。JIT 是一种以需求即时满足、完美的质量和零浪费率为目标的生产管理方法，它力求在适当的时间、适当的场合提供适当的部件，来消除生产过程中的所有资源浪费。JIT 设计用于以最小库存量获得高产量（改善整体生产率）、消除浪费的一系列集成的活动，它要求生产资源准时到达。JIT 理念融合于整个生产系统。

JIT 生产模式与传统生产模式有差异，JIT 模式可大大减少库存，降低成本，提高产品质量。

传统的生产模式，过分强调生产能力的利用率，采用高水平的库存掩盖了管理中的许多问题。一切工作有序进行，好像没有问题，实际上导致了较长的生产周期与较高的库存水平，大量的问题被掩盖，产生了大量的浪费。浪费被定义为对产品或服务并不增加价值的活动。JIT 生产模式通过缩短提前期，降低库存水平，及时发现问题，建立团队工作机制，迅速解决问题。及早发现供方的缺陷项目，有利于下游工作。及早发现上游员工工作过失，有利于下游工作。

JIT 模式在运营系统中的作用机理可以使用高度依赖理论（N. Oliver 与 Wilkinson，1988）解释。低库存时工序间存在依赖关系；运营系统各部分可形成内部顾客与内部供应商的依赖关系；JIT 模式需要向一线人员授权，更加依赖于员工行动；JIT 模式也增加了对供应商的依赖等。

为了减少浪费，达到降低成本这一基本目标，JIT 生产方式采用适量生产、弹性配置作业人数以及预防保证质量的做法。

（1）适时适量生产。即"Just Time"一词本来所要表达的含义，"在需要的时候，按需要的量生产所需的产品"。对于企业来说，各种产品的产量必须能够灵活地适应市场需要量的变化。否则，由于生产过剩会引起人员、设备、库存费用等一系列的浪费。而避免这些浪费的手段。就是实施适时适量生产，只在"顾客"需要的时候生产"顾客"需要的产品。

（2）生产同步化。为了实现适时适量生产，首先需要致力于生产的同步化。即工序间不设置仓库，前一工序的加工结束后，使其立即转到下一工序去，装配线与机械加工几乎平行进行。在铸造、锻造、冲压等必须成批生产的工序，则通过尽量缩短作业更换时间来尽量缩小生产批量。生产的同步化通过"后工序领取"这样的方法来实现。即"后工序只在需要的时间到前工序领取所需的加工品；前工序中按照被领取的数量和品种进行生产"。这样，制造工序的最后一道即总装配线成为生产的出发点，生产计划只下达给总装配线，以装配为起点，在需要的时候，向前工序领取必要的加工品，而前工序提供该加工品后，为了补充生产被领走的量，必向更前道工序领取物料，这样把各个工序都连接起来，实现同步化拉动式生产。这样的同步化生产还需通过采取相应的设备配置方法以及人员配置方法来实现。即不能采取通常的按照车、铣、刨等工艺专业化的组织形式，而按照产品加工顺序来布置设备，采用成组技术。

（3）生产均衡化。生产均衡化是实现适时适量生产的前提条件。所谓生产的均衡化，是指总装配线在向前工序领取零部件时应均衡地使用各种零部件，生产各种产品。为此在制定生产计划时就必须加以考虑，然后将其体现于产品生产顺序计划之中。在制造阶段，均衡化通过专用设备通用化和制定标准作业来实现。所谓专用设备通用化，是指通过在专用设备上增加一些工具的方法使之能够加工多种不同的产品。标准作业是指将作业节拍内一个作业人员所应担当的一系列作业内容标准化。

（4）柔性配置作业人数。在劳动力成本越来越高的今天，降低劳动力成本是降低成本的一个重要方面。为达到这一目的，根据生产量的变动，灵活增减各生产线的作业人数，尽量用较少的人力完成较多的生产任务。关键在于能否将生产量减少了的生产线上的作业人员数减下来。这种"少人化"技术一反历来生产系统中的"定员制"，是一种全新人员配置方法。实现这种少人化的具体方法是实施独特的设施布置管理。这也意味着标准作业中的作业内容、范围、作业组合以及作业顺序等的一系列变更。因此为了适应这种变更，作业人员必须是具有多种技能的"多面手"。这在人力资源问题中再做讨论。

（5）靠预防机制保证质量。将质量管理贯穿于每一工序之中来提高质量，并降低成本。

建立生产组织中的两种机制：第一，使设备或生产线能够自动检测不良产品，一旦发现异常或不良产品可以自动停止设备运行的机制。为此可在设备上开发、安装各种自动停止装置和加工状态检测装置；第二，生产第一线的设备操作工人发现产品或设备的问题时，有权自行停止生产的管理机制。依靠这样的机制，不良产品一出现马上就会被发现，防止了不良产品的重复出现或累积出现，从而避免了由此可能造成的大量浪费。而且，由于一旦发生异常，生产线或设备就立即停止运行。比较容易找到发生异常的原因，从而能够有针对性地采取措施，防止类似异常情况的再发生，杜绝类似不良产品的再产生。这里值得一提的是，通常的质量管理方法是在最后一道工序对产品进行检验，尽量不让生产线或加工中途停止。但在 JIT 生产方式中却认为这恰恰是使不良产品大量或重复出现的"元凶"。因为发现问题后不立即停止生产的话，问题得不到暴露，以后难免还会出现类似的问题，同时还会出现"缺陷"的叠加现象，增加最后检验的难度。而一旦发现问题就会使其停止，并立即对其进行分析、改善，这样，生产中存在的问题就会越来越少，企业的生产素质就会逐渐增强。

JIT 哲理

JIT 哲理主要有三点：（1）消除浪费，简化生产；（2）员工参与；（3）持续改进。

浪费是指没有为产品或服务增加价值的活动。丰田公司率先提出了七种类型的浪费：

- 过量生产（Overproduction）中的浪费
- 等待时间（Waiting Time）的浪费
- 运输（Transportation）的浪费
- 库存（Inventory）的浪费
- 工艺过程（Processing）中的浪费
- 运动（Motion）中的浪费
- 产品缺陷（Product Defects）造成的浪费

通过减少上述七种类型的浪费，可简化生产。

（1）JIT 需求拉动，依靠拉式系统，缩短提前期。按需生产，即时生产，减少批量，缩短准备时间，减少等待时间，避免浪费。JIT 的目标是生产零部件的批量为 1，尽可能减少生产准备时间来实现。在 JIT 中，应规划好用料需求，最终装配计划按固定的时间段（如月）安排。在当月中总进度计划平均分配到每一天，且安排小批量，频繁交货。这样就对所有下游工作中心供应商提供稳定的需求。

（2）合理设置工厂网络、配送中心，以减少运输浪费，如图 10-3 所示。

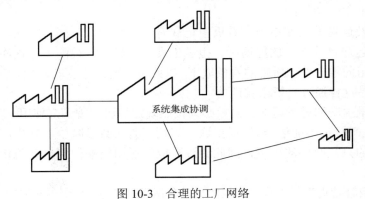

图 10-3　合理的工厂网络

（3）利用成组技术，减少运动，改善流程，以避免浪费。在工厂布置中，部门的过分专业化引起物料的不必要移动，如某系列产品的加工要经过锯床－车床－磨床－热处理－车床－冷压工序，流动路线长，通过利用成组技术，重新划分了工作单元，就可改善流程，大大提高工作效率，减少浪费。

（4）全面生产维护，强调预先维护，消除由于计划外故障引起的工序波动，减少工艺过程中的浪费。

（5）重视质量管理，避免产品缺陷产生的浪费。JIT 系统需要完美的或接近完美的质量，因为 JIT 系统没有替换缺陷产品的库存。质量问题的出现会导致生产过程的中断，因此质量问题会引起全厂范围的关注，团队成员会集中迅速加以解决。

（6）平衡工作中心能力，对生产流程重新布局，合理布置，以减少储存空间与工厂空间。

（7）准时供应，与供应商建立紧密的关系，要求供应商频繁地（如可能多达每天四次）把物料送到生产线上。供应商要像工厂里的工作中心一样，供应商被视作工厂的延伸。为了有效地把供应商和 JIT 程序结合起来，通常需要改变运送程序和尽可能接近供应商，还要求供应商交付最佳质量的物料。

（8）全员参与，建立尊重人性的 JIT 系统作业制度。制定作业标准制度，增加系统柔性，制定管理人员与员工间平等的管理政策，建立有利于员工发展、改善员工生活质量、激发创造性的自治的团队运作模式。平衡员工的薪资水平；使工作丰富化，将设备的维护和准备工作纳入操作员的职责范围；实行工作轮换，培养员工的多技能，适应生产迅速变换和较小批量的生产方式，激发员工的主人翁精神与合作精神。

10.3　看板控制

JIT 模式中使用了一个简单的部件拉动系统，称为看板（Kanban）系统，把部件从一个工作中心拉到下一个工作中心。零件放在一些小容器里，并且只提供指定数量的容器。当所有的容器被装满时，将关闭机器不再生产另外的零件，直到下一个工作中心提供容器时才恢复生产。看板是实施拉式计划与控制过程中使用的方法之一。

看板（Kanban）日语中指卡片、面板，用来发出通知或继续生产的指令，看板被称为控制运营系统中不同工序间物料传送过程的"隐身信使"。最简单的看板是卡片。通过卡片，顾客工序向供应商工序下达补充物料的指令。看板也可采用其他形式，如容器（空容器相当于一个指令）、看板方格（工作地点有标记的方格，空是指令）、硬塑料牌等。

看板具有如下主要功能：

（1）生产以及运送的工作指令。看板中记载着生产数量、时间、方法、顺序以及运送数量、运送时间、运送目的地、放置场所、搬运工具等信息，从装配工序逐次向前工序追溯，在装配线将所使用的零部件上所带的看板取下，以此再去前工序领取。"后工序领取"以及"适时适量生产"就是这样通过看板来实现的。

（2）防止过量生产和过量运送。看板必须按照既定的运用规则来使用。其中一条规则是："没有看板不能生产，也不能运送。"根据这一规则，看板数量减少，则生产量也相应减少。由于看板所表示的只是必要的数量，因此通过看板的运用能够做到自动防止过量生产以及适量运送。

（3）进行"目视管理"的工具。看板的另一条运用规则是："看板必须在实物上存放"，"前工序按照看板取下的顺序进行生产"。根据这一规则,作业现场的管理人员对生产的优先顺序能够一目了然,易于管理。并且只要一看看板,就可知道后工序的作业进展情况、库存情况等。

(4)改善的工具。在 JIT 生产方式中,通过不断减少看板数量来减少在制品的中间储存。在一般情况下,如果在制品库存较高,即使设备出现故障、不良品数目增加,也不会影响到后道工序的生产,所以容易把这些问题掩盖起来。而且即使人员过剩,也不易察觉。根据看板的运用规则之一"不能把不良品送往后工序",后工序所需得不到满足,就会造成全线停工,由此可立即使问题暴露,从而必须立即采取改善措施来解决问题。这样通过改善活动不仅使问题得到了解决。也使生产线的"体质"不断增强,带来了生产率的提高。JIT 生产方式的目标是要最终实现无储存生产系统,而看板提供了一个朝着这个方向迈进的工具。

10.3.1 看板类型

看板的基本原理是看板接收方拿到看板后必须立即开始搬运、生产或供应标准容器规定的零件。看板是移动、生产或供应作业开始进行的唯一依据。根据用途,可以将看板分为多种类型。

- 搬运/传送看板:搬运看板的作用是向前一工序发出信号,通知其将物料从库存中提出,运送到某一指定地点,这种看板一般都注明了物料名称、数量、交货地点等,如图 10-4 所示。
- 生产看板:运作系统向加工工序发布生产指令,这种看板一般注明物料名称、数量、加工工序名称、加工所需物料、加工完后运往地点等,如图 10-4 所示。
- 订货看板:用于外部供应商,通知供应商补充物料至生产工序。

看板的使用有两种不同的模式:单卡看板系统与双卡看板系统。单卡看板系统相对简单,使用也最广泛,只使用搬运看板,需要外部供应商补充物料时也使用订货看板。双卡看板系统同时使用搬运看板与生产看板。

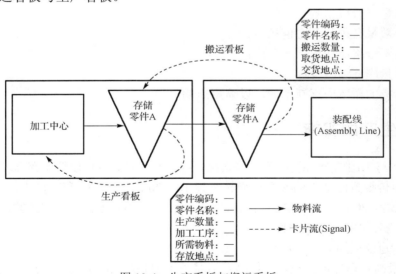

图 10-4 生产看板与搬运看板

10.3.2 看板数量的确定

看板系统是一个有形的可视化的控制系统,包含卡片与容器。建立看板系统需确定所需看板(或容器)的数量。工作中心所需容器数量与容器大小、物料的需求率、补货提前期及安全库存有关,可表示为

$$k = \frac{提前期间的期望需求量 + 安全库存量}{容器大小}$$

$$= \frac{dL(1+S)}{C}$$

式中，k 为看板数目；

　　d 为某时段内所需产品的平均数量（即需求率）；

　　L 为补充订货的提前期（与需求率中的时间单位相同）；

　　S 为以提前期内需求量的百分比表示的安全库存。

容器表示最小生产批量大小。容器数量决定着系统中在制品库存数。需要生产的数量应充满一容器的提前期的精确估计是确定看板数量的关键。

【例】开关装配批量 4 套，以容器方式向下游运营仪表板装配传送；装配一容器需 2 小时。仪表板区每小时需 5 套开关。安全库存设为所需库存的 10%。

【解】所需的容器数量为

$$k = \frac{dL(1+S)}{C} = \frac{5(2)(1.1)}{4} = 2.75 \approx 3$$

10.3.3　看板原则

一般地，看板应遵循如下原则：

- 每一个容器内有一个看板卡片，应标明物料编码、名称、数量、使用者及生产者存放位置等；
- 物料始终由顾客工序拉动，收到看板卡后行动；
- 生产数量与看板卡数量一致；
- 容器内数量必须与额定值相符；
- 不能将不合格品送至下一工序；
- 看板数量应逐渐减少；
- 传送看板的频率应逐渐增加，以缩短周期。

10.4　JIT 生产的实施

JIT 在日本与美国的公司取得了一些效果。在汽车工业，JIT 使得库存周转率提高到每年 50～100 次，而传统方法之下的库存年周转率为 10～20 次。在摩托车生产中，JIT 使库存周转率提高到每年大约 20 次，传统的公司只有每年 3～5 次。JIT 还提高了产品的质量，减少了成本，提高了这些公司的市场灵活性。

实施 JIT，建议采用如下方法：

（1）获得最高管理层的授权。确保高层清楚采用 JIT 方法时公司需要进行的变革，并且高层应在推动 JIT 方法时起领导作用。通常还要为交叉功能小组制订实施计划。

（2）获得员工的合作。为了开展 JIT 生产，需要加强车间领导，保证稳定的雇员，做好培训工作，并鼓励工人积极参与。

（3）从最终装配线开始，平衡生产，使得每天的生产几乎都相同。减少启动时间，直到各种工件能混合在一起处理。使用标准的物料容器，且易到达装配线。

（4）从最终装配线开始，从后往前，减少各工作中心的生产准备时间和生产批量，使其和最终装配线的批量规模相匹配。将库存从仓库里搬出来，放到车间现场。

（5）用最终装配线的生产率去平衡各工作中心的生产率。这要求修正生产能力的不足，在所有工作中心提供充分的生产能力。如果某一工作中心落后于进度，就需要用富余的生产能力来补充。

（6）把 JIT 扩展到供应商。首先，平衡供应商的配送进度安排，然后要求他们频繁地配送，消除长期和安全库存。帮助供应商做出质量保证以符合产品规格要求，与供应商谈判签订长期合同。

JIT 是面向重复性工业生产的最佳方法。JIT 对产业界的影响是深远的，可把它看作生产管理的伟大创新，可以同福特公司的移动装配线和泰勒（Taylor）系统相提并论。

10.5　JIT II 电子采购

JIT 采购是从准时生产发展而来的，要进行准时化生产必须有准时的供应，因此准时化采购是准时化生产管理模式的必然要求。

明基逐鹿供应链专家团顾问董荣新先生认为：采购过程中存在很大的浪费，如果我们仔细审视整个采购过程，可以发现绝大多数流程存在浪费。建立货源和定价不是浪费，因为它们产生了必须的资源。供应商生产也不是浪费，因为他实现了产品的价值增值。但是其他的流程，如创建采购订单、传送采购订单、供应商确认采购订单、运输、装卸、买方质检、废品、入库、返工、移动、存储、盘点、重新包装、发票、逆向物流等，都是浪费。拥有库存，不管是安全库存、安全时间（提早发货），还是最小批量，并不实现增值。若供应商没有生产能力限制，建立多货源也是浪费，因为它违背了 JIT 思想的最少资源原则。多货源基于买卖双方的竞争关系，供应商得一分利，买方就少一分利。单货源关注的是买卖双方的对的关系，双方通过建立长期的合作关系同时获利。可见，单一货源拥有如下优势：有能力关注重要的质量因素；运输成本减少；供应商得到的需求是稳定的、可预测的，供应商可以更好地计划产能，减少采购周期；有更多的机会实现持续改善。

通过买卖双方的持续改善，可以减少、消除浪费。正式的采购订单传送可以用电子看板/采购订单来替代，供应商确认、对帐、发票、出货控制等可以通过 SRM（供应商关系管理）系统完成。SRM 系统可以为双方建立一个协同电子平台，双方在电子平台上进行协同，无纸化作业，从而使双方都可受益。改善运输环节也是重要的一环，即在小批量、多频次的交货状况下，如何维持甚至降低运输成本？比较有效的方法是建立一个固定的、有规律的运输线路，可以依靠第三方物流来负责运输，一次运输多个供应商的货物。运输过来的货物可以不经企业内部质检后入材料仓储，而直接进入生产线的使用点，这样还可以节省额外的存储和移动。当然，这个前提就是保证货源的质量。用事后质检来控制质量肯定会被过程控制和预防控制所取代，因为后者是在第一时间防止产品出现缺陷，而缺陷发现越早，纠正缺陷付出的成本就越小。这个相对漫长的改善过程往往会有两个阶段，先是供应商通过持续改进将废品、重工、返回等浪费消除，然后是买方对卖方建立起信心，消除质检、安全库存、安全时间、控制系统、额外货源等其他的浪费。

过程控制和事先控制要求买方不只关注供应商的直通率、产品的质量认证，还要重点关注有无保证持续产出合格产品的系统和机制。比如，是否通过 ISO 认证，是否建立了完备的质量过程控制系统，是否有持续改进的计划模式等。

供应商合作的意愿决定了双方能否形成长期的战略合作伙伴关系。供应商需要提供其自身的成本结构清单、完善的质量协议和客户服务。与客户建立长期的合作期限。只有双方密切合作，才能发挥整合的供应链优势。可以帮助供应商提高其生产制造能力（产能、设备、工艺、员工）、研发能力等。

JIT 采购可扩展至供应链范围的运作。JIT 不同于传统的库存驱动，而是订单驱动，即客户订单驱动生产厂家进行 JIT 生产，JIT 生产又直接驱动 JIT 采购。对企业来说，成品、在制品（WIP）、原材料都处于零库存状态。对于供应商，也可以通过 JIT 运作来减少自身的库存。这样，沿供应链逆流而上，一直到最上游，实现整个供应链的瘦身运动。JIT 运作效果取决于群聚效应，比较典型的像丰田、大宇这样的日韩汽车企业，以及珠三角、长三角的 IT 行业。

JIT 的流程一般是根据订单来制定 DPS（日生产排程），再根据 DPS 形成原材料的运输计划（Shipping Schedule），供应商根据排程开具 ASN，货物直接运送到生产线。当有订单变更或有急单需生产时，DPS 需要变更，从而引起运输计划的变动。对于有些行业，JIT 采购同时也由预测驱动，在预测变动频繁的环境下，DPS 也随着频繁变动。而 JIT 一般都是以天送货，多者一天可以有十几次送货，因此如何管理、协调 DPS 的需求波动与供应商的多频次供货是企业面临的问题。目前业界最有效的方法之一是客户与供应商建立一个电子协同采购平台，该平台将日生产排程、运输计划与供应商确认、ASN 等流程都集成在一起，通过这个平台，客户可以与供应商快速协同，共同应对需求的变化。世界第三大的 TFT-LCD 生产厂家——友达光电，通过明基逐鹿的 Guru SRM 协同采购平台完成了与多家供应商的供应链整合，JIT 运作效果明显，原材料接近零库存，计划周期由 4 天减少到 1 日内。实现电子协同采购平台的好处还在于消除前面提到过的传送采购订单、对账等无价值的浪费。

JIT 采购有如下特点：合理选择供应商，并与之建立战略合作伙伴关系，要求供应商进入制造商的生产过程；小批量采购；实现零库存或少库存；交货准时；信息共享；重视教育与培训；严格的质量控制，产品国际认证。

企业借助于实施 JIT 采购，可以

（1）大幅度减少原材料等物资的库存。生产企业库存的降低有利于减少流动资金的占用，加速流动资金的周转，降低库存成本。

（2）提高采购物品的质量。

（3）降低原材料等物资的采购价格。例如美国施乐（Xerox）公司通过实施 JIT 采购策略使公司采购物资的价格下降了 40%～50%。

（4）节约采购过程所需的资源（包括人力、资金、设备等），提高企业的劳动生产率，增强企业的适应能力。

10.6 服务业 JIT 运用

准时化生产（JIT，Just-In-Time）是一组活动的集合，其目的是实现原材料、在制品及产成品保持最小库存的情况下进行大批量生产。尽管制造业和服务业有很多差异，但从运营本质来看却是大体相同的，都是将投入要素转换为最终的有形产品或无形服务的产出，从而实现增值的过程。目前 JIT 技术已经成功地应用于服务行业。跟制造业一样，每种技术及相应的工作步骤的适应性都取决于行业市场特点、产品设备的技术水平、工艺技能和企业文化。在这方面服务行业也不例外。服务行业需要与顾客相互沟通联系来提供服务。JIT 哲理对服务运营环境也适用，服务行业 JIT 的应用可体现在如下方面。

（1）建立问题协调小组。霍尼维尔（Honeywell）公司正在促使其质量圈从生产部门向服务部门扩展。其他组织如达拉斯第一银行（First Bank/Dallas）、标准肉联公司（Standard Meat）及米勒酿酒公司（Miller Brewing Company）也正用同样的方法来提高各自的服务质量。英国航空公司（British Airways）把质量圈作为其实施新服务战略基础的一部分。

（2）提高质量。提高生产过程能力，可降低成本，提高产品质量。生产过程质量是源头质量——它在第一时间保证了产品和服务的一致性和统一性。麦当劳由于将质量融入服务传送工艺而著称于世。该公司正确实现了服务传送系统的"工业化"，从而使世界上任何地方的麦当劳员工（即使是临时工人或兼职工人）都能提供同样的饮食服务。

（3）清晰的流程。在 JIT 哲理下，清晰的物流可以显著提高工作绩效。例如，联邦快递公司将原来始点—终点的空运方式改为始点—汇总分发站的方式，在汇总分发站里将不同的邮件转移到飞往相应目的地的飞机上，这种方式导致了空运方式的革命。还有一家制造企业，其订单处理部门一改以往按照职能划分部门的方式，变为以顾客为中心的工作小组。由此，将订单处理的提前期由 8 天降为 2 天。超级仆人公司（Supermaids）派出的房屋清理人员不是一个，而是一组，每人负责一项特定的工作，他们并行地进行清扫，从而能迅速完成清理房屋的工作。流程的改变可以改变服务行业的绩效。

（4）保持部门和流程的可视化，改进工作环境。在生产产品和提供服务的过程中，所有作业及涉及这项作业的全部工作人员都是可视的，而且顾客也可看到服务的整个过程，并保持良好的工作环境，工作区除必需的物品之外别无他物，但同时必需备有工作所需的所有物品，并且每件物品都干干净净，保持在随时可以使用的状态。

（5）均衡工作负荷。服务行业中生产与需求具有同步性。很多服务企业已经建立了独特的方法来均衡需求，以避免让顾客久等。网通公司在夜间时段提供的电话话费更低；麦当劳在早上提供更便宜的汉堡；邮局对于要求第二天寄送的邮件收费较高。

（6）取消不必要的活动。不能带来价值增值的步骤就可以取消，能带来价值增值的活动也需要改进，以提高工作的连续性，减少活动周期时间。一家医院发现，在手术开始时如果有尚未准备好的仪器，那么会花费很长的等待时间。因此，该医院为每类手术所需设备与仪器建立一个清单，由医疗设备专业配送公司负责安排与配送，以减少手术的等待时间。速度润滑油公司取消了服务过程中的某些步骤，但也增加了一些虽然不能改善润滑工艺，但能让顾客对所作的工作感到更有保证的步骤。

（7）实际布局的重置。工作区域的布局在实施 JIT 期间通常都要重新布置。一般来讲，制造商通常采用的方法是建立小型加工单元以实现小批量生产，保持与需求同步。这些单元可看作企业内部的"微型工厂"（厂中厂）。但大多数服务企业在该领域都远远落后于制造企业。然而，在服务领域也确实存在这种例子。某些医院根据问题类型组成相应的工作小组，最常见的是专门处理外伤的小组，还有一些治疗慢性疾病的工作小组。每个小组都相当于医院内部的"微型治疗部门"。

（8）信息流和工作流的平衡性。服务业一般提供的是无形的服务，因此更应该保持顾客需求和服务能力间的平衡。引入需求拉动计划，根据服务行业的生产和消费特点建立需求拉动（顾客驱动）计划，对于一家服务企业的运营是十分必要的。许多服务企业将其经营业务分为"后台业务"和"前台（与顾客接触）业务"两部分，这种方法又需要协调各部门的服务计划。温迪（Wendy）餐厅的布置能够让厨师看到进入停车场的汽车。这样，他们就可以为每辆车在烤炉上放上已确定数目的汉堡肉饼。该拉动系统的设计甚至能在顾客下订单之前就将新鲜的汉堡肉饼放在烤炉上。

（9）建立供应商网络。在 JIT 环境下，供应商网络指的是供应商和企业为了长期互利而建立的协作关系。有的服务企业不重视原料的供应网络，因为在这类企业中，服务成本中最主要的部分通常是劳动力成本。有家服务企业就认识到，企业临时员工以及正式员工都需要建立协调的工作关系，该企业正在酝酿发动一场运动，与一家提供临时工人的服务机构以及一所贸易学校之间建立 JIT 型的伙伴关系，使他们成为提供受过正规训练的装配工人的可靠来源。当然有的服务企业也重视原料的供应网络，如麦当劳，它就是世界上最大的食品采购商之一。

（10）尊重员工，人性化管理。JIT 理念中对待员工也更科学，更理智，更富有人情味。它不仅仅把员工当成生产主导要素，而是认为员工具有巨大潜力和创造力，企业应该创造机会，提供环境使他们的才干得以发挥和增长。只有留住人才，才使企业具有长久发展的竞争力。服务业尤其如此，大部分员工的工作任务是面对顾客提供差别化服务，企业如何对待员工，员工就将怎样对待顾客。在服务业最常用的一句话是要微笑服务，但管理者们是否想过，如果员工每天面对的是管理者的指责和训斥，顾客会得到微笑吗？因此在服务业尊重员工，依靠一线员工更为重要。

JITD 配送体系

传统的物流供应体制存在诸多弊端，不适应敏捷化供应链管理高效运作的要求。建立基于 JIT 的物流配送制（JITD），整合优化物流资源，降低物流总成本，最终形成以信息网络平台为依托，以物料配送为主体，以现代仓储为配套，以多种运输方式为手段的"四位一体"无缝运作模式。

（1）以租赁、合资、自建和内部仓库改建等形式建立辐射能力强，拥有较先进齐全的物流设备、设施以及先进管理手段的物流配送服务中心，使其成为物流配送的信息中枢和物流中枢，有助于需求信息快速准确地传递。

（2）以租赁、托管、改建、自建、联合等形式建立覆盖面广，配送方式灵活，物流设施、设备适宜，管理水平较高的中转仓库。

（3）以自建、长期租赁、临时雇用等筹建能够满足配送体系运作要求的运输力量，建立配送中心同各中转仓库以及配送体系同顾客之间的低成本运输通道。

（4）形成覆盖全区域以配送中心为主导，以中转仓库为基础结构，梯级结构、呈放射状态的多级配送、仓储等服务物流服务体系。

（5）越库（Cross Docking）配送系统，仓库充当库存的协调点而不是库存的储存点，物料从供应商到达仓库，然后转移到服务于顾客的车辆上，进而尽可能快地运送给顾客。物料在仓库中停留的时间很短，通常不超过 12 个小时。越库配送将极大提升物流管理水平，提升供应链的整体运作效率与竞争力。

JITD 是一种新的配送体系，企业可以向客户提供额外的服务。JITD 计划将提高企业对业务的可视度，并使销售商更加依赖企业，这将改善企业与销售商之间的关系。更重要的是，关于销售商仓库的需求信息能够给企业提供客观的数据，使企业改善计划，提高预测水平。

JITD 需要进行信息系统投资，与传统的配送模式有很大差异，它需要进行人员的培训和合作模式的探索，同时也存在较大的实施风险。

习题

1．说明精益企业的基本框架。
2．什么是精益思维？
3．JIT 与传统运营模式有何不同？
4．JIT 哲理的主要内容是什么？
5．JIT 使用的主要技术是什么？
6．JIT 如何用于计划与控制活动？
7．JIT 作业的原则是什么？
8．阐述精益生产。
9．JIT 实施方法是什么？
10．你认为哪些企业需要 JIT？为什么需要？为什么不需要？需要的话，如何实施？
11．举例说明成功实施 JIT 的案例。

实践：海尔的精益与准时化①

　　2001 年 3 月 31 日，坐落在海尔开发区工业园的海尔国际物流中心正式启用。该物流中心高 22 米，拥有 18056 个标准托盘位，拥有原材料和产成品两个自动化物流系统。它采用了世界上最先进的激光导引技术开发的激光导引无人运输车系统、巷道堆垛机、机器人、穿梭车等，全部实现了现代物流的自动化和智能化。

　　海尔特色物流管理的"一流三网"充分体现了现代物流的特征："一流"是以订单信息流为中心；"三网"分别是全球供应链资源网络、全球用户资源网络和计算机信息网络。"三网"同步运动，为订单信息流的增值提供支持。海尔集团首席执行官张瑞敏说，物流帮助海尔实现了三个零的目标和能够在市场竞争中取胜的核心竞争力。这里提到的"三个零"就是零库存、零距离、零营运资本。

　　零库存即三个 JIT（Just In Time）——JIT 采购、JIT 配送和 JIT 分拨物流。海尔的仓库已经是一个配送中心了。由于物流技术和计算机信息管理的支持，海尔物流通过 3 个 JIT 实现同步流程。目前通过海尔的 BBP 采购平台，所有的供应商均在网上接受订单，并通过网上查询计划与库存，及时补货，实现 JIT 采购；货物入库后，物流部门可根据次日的生产计划利用 ERP 信息系统进行配料，同时根据看板管理 4 小时送料到工位，实现 JIT 配送；生产部门按照 B2B、B2C 订单的需求完成订单以后，满足用户个性化需求的定制产品通过海尔全球配送网络送达用户手中。目前海尔在中心城市实现 8 小时配送到位，区域内 24 小时配送到位，全国平均 4.5 天到位。

　　零距离指根据用户的需求，拿到用户的订单，再以最快的速度满足用户的需求。现在海尔的生产过程和生产线，都是为订单来生产的。海尔在全国有 42 个配送中心。这些配送中心可以把产品及时地配送到用户手里去。零距离对企业来讲，不仅仅意味着产品不需要积压，赶快送到用户手中，它还赋予海尔不断获取新市场、创造新市场的能力。

　　零营运资本指零流动资金占用。简单地说，在给供应商付款之前，海尔就可以先把用户的应付货款收回来。其原因在于海尔根据用户的订单来制造，可以做到现款现货。

　　至于获得核心竞争力，张瑞敏介绍说："对海尔来讲，物流可以使我们寻求和获得核心竞

---

① 选自肖洁的"海尔集团一流三网现代物流体系"。

争力。一只手抓住了用户的需求，另一只手抓住了可以满足用户需求的全球的供应链，把这两种能力结合在一起，就是企业的核心竞争力。"

实践：日产汽车的生产方式

1985 年，汽车行业正面临着转型。日本国内市场日趋成熟化，且日元高居不下，日本出口型企业已进入不能期望像以前那样抬抬右肩就可以成长的时代。而且，在低成长的时代企业竞争更加白热化，在构筑与其他公司竞争的优越性基础的前提下，强化质量和成本的竞争力以及加快改革的速度则显得更为重要。用户的要求及水平年年都在提高，不会停留在某一个水平上。日产公司也正在通过不断的努力谋求管理体制的改善，同其他公司一样拼命集结各方面的智慧和能量，力图在质量、成本、交货期等综合能力方面超过世界同行业的其他公司，向更高水平挑战。

在日产生产方式中，规定了以下四个产品制造的模式。

1. 全数保证下一道工序所必需的质量

所谓全数质量保证，说的是采用合适的方法确保所有产品以确定的保证项目保持在已确定的质量标准范围内。这也可以说要树立"下一道工序就是用户"的观念，质量意识贯彻于整个工序，不制造不合格品，不向下一道工序输送不合格品，还应维持管理这些状态。而且，应提高操作者每个人的工作技能，各自负责实施已经标准化的工作任务，100%地保证每个人的工作情况能在所制造的产品中反映出来。另外根据设备的条件，当不能控制质量时，应坚决实行计划性不预防、保养措施，以便形成不生产不良品的条件，保证产品 100%在产品规定的标准值内进行生产。

在设定标准操作方法的过程中，如果有很难贯彻质量意识的工序操作，则应将这些情况积极地反馈给技术部门，从根源上进行纠正。生产要求必须实行标准化操作，并在源头排除不合格的因素。

2. 只在必要的时候生产下一道工序所需产品

这就意味着应遵守已设定的标准（操作、库存、生产步数）有条不紊地按照生产计划进行生产。而且，决不能留有生产过剩的余地。也就是说，应在库存量最少甚至为 0 的状态下运作。库存不仅需要充足的货架和保管空间，而且需要暂时性地往仓库搬运，而掌握库存数量的耗费更是发生浪费工时及浪费成本的主要原因。另外，由于库存品中还存在质量不良及操作迟缓和设备故障等隐患，还要负担无用的重新制作的人员费用等，其结果就会发生很大的成本开支。

库存品实际上将所有的浪费隐藏了起来。由于这种过去的浪费很难作为现有的浪费被发现，所以有必要在库存最少量的前提下进行生产。因此制订能够顺利应对生产数量和种类变化的生产工艺（人与设备的集约化），积极地推进工序时间的缩短、技能的提高和扩大是非常重要的。

3. 用最少的资源（人、物、设备）制造产品

所谓用最少的资源进行制造是指：实现用最少的人员进行制造；用最少的材料进行制造；所用的设备、工具成本也处于最少的状态。实行现场管理中的"杜绝浪费"，坚持"盈利作业"的观念，推动此项活动。

首先，如果浪费已经表面化了，应从自己力所能及的方面进行彻底的改善。而且，现场不能解决的浪费问题应向技术部门反映。提高改善的速度，并且与提高自身的素质联系在一起，是解决浪费表面化的重要方法。特别是开发新车、新部件、新设备的时候，是可以从根源上排除存在于现行模式中的浪费的最好机会，将现场所存在的问题和技术诀窍落实到 MP 信息（Maintenance Prevention。在日常的生产维护活动中为了确保所获得设备的可信度及维护性、操作性、节能性、安全性等性能，以及为了将技术诀窍引入新设备和在工艺设计中反映出来的汇总信息）的结构中去，再反馈给技术部门，在面向生产的产品设计和工艺设计阶段彻底排除浪费的工作是很重要的。而且，要会同技术部门一起制定改善方案，直至改善方案完善，并使此方案在工作中得以实施。

4. 重视人才

对于企业来说最重要的财产是人才。说到重视人才，一是应追求一种谁都可以安心、不浪费地操作的工作环境，二是营造一种培养人、让人的能力最大限度发挥的工作环境。营造可以安全、安心工作的操作环境这项工作会直接影响到员工工作的热情和积极性。由此看来，改善危险的操作、困难的操作以及重要工序的操作，营造声音、振动、温度、照明等方面均良好的操作环境，追求一种即使是高龄者及女性也能不费力完成的操作规程以及合适的配置很有必要。

在人才培养的过程中，要注重每一个人，要让每个人的能力发挥在其工作上，并延伸这种能力，在所有的领域中培养专业人才。因此，培养计划应以每个人为单位目标，针对这些目标持续性地实施管理技术教育及提高技能的训练，给他们以机会，并针对其结果给予适当的评价。当每个人都感到有奔头时，就会全体面向一个目标发出挑战并营造出具有活力的团队。

在工作岗位上，经常会有支援、调动、实习生、新招人员等新人加盟，这对完成生产任务是有必要的。一旦发生这类情况，尽快将这些新人培养成为能胜任工作的人就成为一件很重要的事情了。因此，首先有必要制定为了教育他们能胜任其工作的训练计划以及按照短、中期的培训目的，有计划地合理地对其进行教育和训练。在训练中最重要的是：对每个人都要有爱心。应保持一种"我想把他训练成这样的技术人才"的观点，时刻想着怎样做才能让他们更快明白并达到培训目的。而且，当通过努力达到目标时，要发自内心地对他们表示慰问并对其成绩做出适当的评价，以引发他们继续努力提高的兴趣。并营造一种积极的自我启发的职场氛围。

每个人无论其多么优秀，如果不形成团队就不能达到期望的目的。形成一个团队，与个人能力所发挥的结果有着必然的联系。团队督导者应该：

- 向全体员工描述在自己的工作岗位上打算怎样做的梦想。
- 怎样训练自己成为团队的核心领导。
- 展示团队的目标，给予每个人工作任务并让其能充分发展个性。
- 制定作为团队的岗位规定及规则，并要求全员遵守。
- 与全体员工对话以谋求思想上的交流。

在建造团队时，要先明确团队的前进方向，全体成员要朝着这个目标齐心协力，营造良好的工作环境。经过这个过程全体成员会获得达到目标的喜悦，团队内部也将更加团结。

思考题

日产汽车的 JIT 思想主要聚焦在哪里？你认为它离现代精益企业框架有多远？

第 11 章　供应链管理（SCM）

学习目标

1. 理解供应链管理的基本思想；
2. 掌握供应链的采购模式与供应商管理方法；
3. 掌握卖方管理库存的相关知识；
4. 掌握供应链协调、预测的方法；
5. 理解供应链的绩效评价与供应链改善的相关内容；
6. 理解敏捷企业的相关概念。

实践：上海联华以强大供应链对垒国际巨头

在对外开放最前沿的上海，近年来不乏一些国际零售业巨头在激烈的市场竞争中败走麦城。但是令人称奇的是，出自本土的上海联华却在去年取得了年销售额达 180 多亿元、销售额高居国内零售业第一的佳绩。

锻造企业核心竞争力

要成功实施联华战略，最重要的一条是用最先进的管理技术来锻造企业的核心竞争力。这个技术主要指包括采购技术、物流技术和信息技术在内的管理技术。

1999 年，联华采购的商品已有两万多种，采购、财务部门与 3000 多家供应商有着业务和资金往来。传统的经营方式已经与现实需求越来越不适应。联华为此启用了 EDI 自动订货系统，至今，联华的订货系统已与上百家大型供应商联网。

目前，上海联华通过供应商平台采购的商品数量为 20 000~40 000 种，涉及的供应商有 3000 多家。其中，像上海家化、达能饼干、雀巢公司等在内的 1000 多家供应商已通过供应商平台自动供货。通过联华所构建的供应商服务平台，外部供应商可以清晰地看到自己商品的销售、库存情况，以便进行下一步的及时供货。

与外部供应链不同，联华的内部供应链系统致力于解决企业总部与分支机构、下属门店、分公司、代理商之间的业务管理问题。现在联华在几乎所有连锁店间建立起统一的信息系统，总部可以通过网络对所有门店进行业务监控和管理。

供应链管理使得上海联华的总运营成本下降了 10%。上海联华苦心构建的这条供应链不仅是一条连接供应商和用户的信息链、物流链和资产链，更是一条增值链——它使联华订货——生产周期缩短成为原来的 25%~30%。

以往，上海市大大小小的超市几乎都是同一个"面孔"——百货为主，生鲜为次。而上海联华就是在这单一的面孔背后发现了自己的商机。在对本地市场需求进行详细分析后，他们准确地选择了"生鲜"作为自己的经营个性。为了进一步强化生鲜这一个性，联华苦心编织了一张覆盖全国的采购网，在山东、四川等地建立生鲜食品供应基地，专门引进其他同类超市没有的个性化商品，并建立了覆盖全国网络的采购点。由于实行规模采购，上海联华生鲜商品的销售量一路猛增至总销售量的 40%。

供应链带来的竞争优势

拥有快速物流配送的能力和超低的物流成本，是一家现代连锁商业企业取得自己竞争优势的关键一环。在这方面，联华曾对外界发布过一个引以为豪的数字——联华物流的配送费率，一直控制在 2% 以内，这甚至低于沃尔玛 4.5% 的水平。

举个例子就很容易看清其奥妙所在。在上海联华投资 6000 多万元兴建的生鲜食品加工配送中心，每天由各门店的电脑终端将当日的生鲜食品要货指令发送给配送中心的电脑系统加以处理，之后产生两条指令清单，一条指令会直接提示采购部门按具体的需求安排采购，另一条指令会即时发送给各加工车间中控制加工流水线的电脑控制系统，按照当日的需求进行食品加工。更为巧妙的是，这个系统还会根据门店的要货时间和前往各门店的送货路线远近自动安排生产次序。

要"鲜"则必须要"快"。上海联华曾为此作过研究：自己要完成 30 家门店配送 6000 箱商品的任务，从门店发出要货指令到配货中心仅需 40 分钟；而如果通过传统的操作流程，这项配货作业至少需要 4 个小时。配送速度提高了，商品周转速度加快了，单位时间内货物配送总量的增加，使得配送的费率自然而然地降了下来。先进物流技术的力量，在商品配送中得到了真实的体现。

不只是成品生产流程，上海联华的大型智能配送中心实现了从门店发出要货指令，到配货完成发车，作业前后只需几十分钟的高速运转。在其他超市尚在使用传统配送系统的时候，联华已经有了通过国家有关部门鉴定的先进物流控制系统，这使得上海联华能够实现以两个总面积仅为 5.7 万平方米的配送中心满足 1000 家门店配送需求、配送费率一直在 2% 以下的"奇迹"。联华的供应链建设，其实从 1999 年 6 月便开始起步。起初建立的仅仅是仓储系统，但当开始跨地域布置门店的时候，采购系统也需要同时扩大到更大规模，于是相应产生的数据量急剧加大。为了适应需要，先着手建立了自己的智能配送系统。这样做的初衷，主要是为了使仓库系统有一个很大幅度的提升，但从客观上反而提升了核心竞争技术。时至今日，上海联华的供应链建设无疑已成为国内零售业信息化建设的标杆。上海联华的目标是再用三年时间，将联华发展成为一个真正的全国性超市公司，届时网点将发展到 6000 多家，年销售额近 800 亿元。

20 世纪 90 年代以来，供应链管理成为业界及学术界关注的热点，原因是供应链周期过长，通过压缩供应链周期，会带来库存的减少、生产柔性的提高与成本的降低。企业运营的进一步改善必须考虑企业与供应商、顾客的关系。供应链已经成为运营的系统方法，为跨组织、跨部门的流程管理提供了基础。供应链管理的范围覆盖了商品从供应商、制造商和分销链直到最终顾客流动的全部过程，这种观念提出了一个物料流与信息流管理的整体方法。供应链通过加强最终市场的竞争，即以最短的时间、较低的成本，实现利润最大化。供应链是一个高效的协调整体，通过减少总的渠道库存、消除瓶颈效应、压缩时间、消除质量问题，来实现目标。供应链思想以信息共享、联合计划、提高效率为基础，允许协作、鼓励协作，合作伙伴和相互信任是供应链关系的重要因素。

主要从以下几个方面讨论供应链管理：供应链管理基本思想、供应链管理中的各项基本过程/活动、供应链内部关系类型、供应链动态行为、供应链改善以及供应链软件包。

11.1　供应链管理概念

给出以下概念帮助理解一些术语。

供应链：描述组织（供应商、制造商、分销商与顾客）如何连接在一起的一个术语，指物料和服务在多个运营连接中的流动路线。

史蒂文斯（Stevens）："通过增值过程和分销渠道控制从供应商的供应商到用户的用户的流就是供应链，它开始于供应的源点，结束于消费的终点。"

伊文斯（Evens）："供应链管理是通过前馈的信息流和反馈的物流及信息流，将供应商、制造商、分销商、零售商，直到最终用户连接成一个整体的模式。"

哈理森（Harrison）："供应链是执行采购原材料、转换为中间产品和成品，并且将成品销售到用户的功能网链。"

供应链管理（Supply-Chain Management）：采用跨越公司边界的整体化管理模式，管理从原材料供应商，通过制造工厂、仓库到最终顾客的整个物流、信息流及服务流。

Fred A. Kuglin《以顾客为中心的供应链管理》："制造商与它的供应商、分销商及用户——即整个"外延企业"中的所有环节——协同合作，为顾客所希望并愿意为之付出的市场，提供一个共同的产品和服务。这样一个多企业的组织，作为一个外延的企业，最大限度地利用共享资源（人员、流程、技术和性能评测）来取得协作运营，其结果是高质量、低成本、迅速投放市场并获得顾客满意的产品和服务。"

美国生产和库存控制协会（APICS）第九版："供应链管理是计划、组织和控制从最初原材料到最终产品及其消费的整个业务流程，这些流程链接了从供应商到顾客的所有企业。供应链包含了由企业内部和外部为顾客制造产品和提供服务的各职能部门所形成的价值链。"

供应链管理的方法可以归纳为如下原则：

（1）整个供应链是一个单独的继承的实体。

- 供应链是一个整体，需要战略决策；
- 通过信息共享、协同计划解决各环节物流问题；
- 集成物流与信息流，发展供应链伙伴长期双赢关系；
- 最终顾客的满意是供应链上所有公司的最终目标；
- 减少各个环节低效率的过程，因为低效率过程会引发供应链的高成本。

（2）核心制造企业的成本、质量及运输需求等是供应链上所有公司努力的目标。

- 减少核心企业的制造周期；
- 避免高成本的紧急应付措施（如临时空运）。

（3）库存是解决各方之间供需关系的最后一种手段。

（4）供应链存在于物料流与信息流分散的活动中，利用信息通信技术实现系统间的紧密集成。

1．供应链管理的目标

供应链管理的目标是有效满足最终顾客，高效率地管理供应链，提高供应链过程的透明度，有效控制物流与信息流，获得群体竞争优势。具体如下：

- 物流的快速移动，消除不必要库存；
- 瓶颈的改善；

● 物流的整体协调，平顺畅通。

2．供应链网络

在当前动态多变的全球化业务环境中，供应链成为重要的竞争利器。利用供应链可有效地缩短上市时间、向客户交付定制的个性化产品，企业需要联手提高响应速度，向市场推出具有创新性质的产品，并将业务活动外包，以集中于自己的核心业务，供应链涉及的业务合作伙伴也日益增多。企业需要跨越组织界限开展业务，并对虚拟的业务伙伴网络进行管理。供应链网络可通过供应链同步来为合作伙伴提供需求、供应和运营活动方面的正确信息，以便他们能够携手对出现的变化作出响应，并且更迅速地适应新形势。

创建一个高效、高响应能力的供应链网络（见图 11-1）需要考虑需求与成本结构，选择供应商，选择生产地址，设计、优化分销与运输网络，并对供应链进行评估与控制，从而找出并强化薄弱环节。

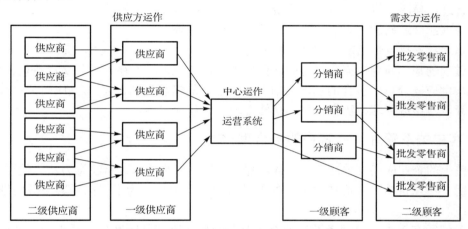

图 11-1 供应链管理网络不同层面的部分术语

11.1.1 供应链管理中的过程/活动

供应链理事会（Supply-Chain Council，SCC）在 1997 年提出了一个供应链参考模型（Supply Chain Operation Reference，SCOR）。SCC 将 SCOR 看作描述和运用过程的工业标准。在 SCOR 中，计划、采购、制造、交货作为四个基本过程的过程类型，是企业建立供应链的起点。然后对每个过程类型分别定义了可能会包含的核心过程目录，作为供应链的可能组成部分。通常每个类型都包含下列内容。

1．计划

需求/供应计划：评估供应链资源，汇总和安排满足需求的次序、库存计划，评价分销需求，确定生产、物料和关键能力。

计划过程的基本问题：自制/外购决策、供应链构建、长期能力和资源计划、企业计划、产品输入/输出、产品组管理等。

2．采购

外购件/原材料的获取：接收、检验、存储。

采购过程的基本问题：供应商认证、外购件的质量、内部运输、供应商合同管理、货款支付等。

3．制造

生产作业：要求与接收物料、制造和测试产品、包装、储存与发货管理。

制造过程的基本问题：工程变化、设施与设备、生产状态、车间作业计划、短期的生产能力。

4．交付

需求管理：组织预测、计划促销、销售计划、销售数据的收集与分析、产品定价、顾客满意度测量、有效顾客响应。

订单管理：订单输入与维护、产品配置、建立和维护顾客数据库、维护产品价格数据、管理应收应付款、收据与发票管理等。

仓储管理：接收和维护产成品、收货与包装、产品运输、标签管理等。

运输管理：交通问题、车辆调度、产品入库与出库等。

安装管理：安排安装活动、调试、检验等。

交货过程的基本问题：流通渠道的商业规则、订货规则、库存管理、交货数量管理等。

可见，供应链管理中包含的基本活动有：供应链战略与规划、客户/供应商关系管理、采购与供应管理、物流管理、物料管理、仓储管理、库存管理等。

11.1.2　客户关系管理——客户服务合理化

供应链上的企业应高度关注客户服务，建立良好的客户关系。将注意力从"使顾客高兴"转到更平衡、更以价值为中心的"战略性的顾客管理"策略。为了提高顾客服务的绩效，管理者必须：

（1）理解顾客需求。管理者通过调查研究获知什么服务是顾客最为看重的，他们为此愿意支付多少货币，这是绝对必要的。这一研究将表明所有的顾客寻求的是不一样的商品。管理者由此获得所需要的信息，从而进行成本—效益分析，根据顾客向公司提供利润的多少可以对顾客进行细分。客户服务策略就是要满足特定的个性化的需求。

（2）了解客户服务水平。由于某些不可控因素的作用，管理者必须一直寻求顾客的反馈，以确保服务水平不足的问题可以迅速确认和解决。

（3）培训员工。员工必须理解公司的客户服务战略，顾客经常与大量一线员工进行接触，员工要知道自己在客户服务策略中的角色。对于许多顾客来说，公司的客户服务是由公司的运营层人员所体现的。员工理解在提供顾客服务中扮演的关键角色，获得完成任务所必需的培训，这是至关重要的。

管理者必须考虑与顾客服务有关的成本/收益之间的均衡关系，要知道提供不同层次的顾客服务的相应成本。但是，将服务的改善直接等同于销售收益的改变是极其困难的。顾客服务所带来的收益增长在非盈利机构中尤其难以衡量。为了跟踪这些成本，可以采用基于活动的成本控制法（ABC，Activity Based Cost）。以活动为基准的成本计算法（ABC法）将正常的成本之外的成本直接分摊在产品或服务上。传统分摊方法存在无法精确反映资源消费的问题，通过以活动为基础的成本计算法，资源被分摊到活动中，活动被分摊到成本对象。以活动为基准的成本计算法能够帮助物流经理解释进行某一活动和该活动所要求的组织资源之间的关系。

11.1.3　分销管理

对于中心运营系统而言，在供应链的需求方公司需要将产品与服务从运营系统传递给顾客，这是一个产品分销的过程。国外一些 ERP 软件的分销模块就包括采购、库存、销售与配送。

- 多级库存系统。在供应链中的库存系统往往是多级系统，物料在流经运营系统并最终到达顾客的过程中，可以被存储在许多不同的地点。
- 批发中心。可以简化分销路线且有利于信息沟通。分销中心可实现对顾客的就近供应，而且当有多个制造工厂时，设立分销中心，顾客就不必与每一个制造工厂联系，只须面对一个当地的分销中心，有利于提高客户服务水平，也有利于收集顾客反馈信息。
- 分销管理与互联网。互联网促进了直销，DELL 计算机就是直销成功的例子。互联网方便了供应链内信息的获取与共享，供应链的每一个成员都可以了解货物在供应链中的位置、下一个目的地、运输能力状况等，为整个供应链的协调与降低成本创造了机会，如运输车辆返程加载的协调。

11.1.4　物料管理

物料在多级系统中流动（见图 11-2），且在供应链中物料种类繁多，按照产品计划，对产品制造中的所有物料进行统一的管理，具有重要的意义。物料管理应考虑预测结果和库存水平，也对物料的循环利用进行管理。

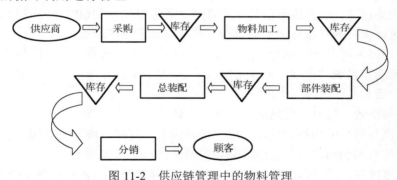

图 11-2　供应链管理中的物料管理

11.1.5　物流管理（Logistics）

物流最先起源于军事，以创建和支持军事战斗力量和兵器为目标，管理控制人员计划与便利资源的过程。

layman 对物流的描述是 7Right（Coyle，et al.，1992）：物流必须保证使恰当的客户获得正确的产品，并按照指定的数量、恰当的条件、正确的地点、正确的时间、恰当的成本。

物流管理理事会（Council of Logistics Management）（1992）提出：物流是以满足顾客需求为目的，计划、执行与控制原材料、在制品记录、产成品及从产地到消费地相关信息的高效、低成本流动与存储的过程。

2001 年美国物流管理理事会对物流的定义又进行了完善，物流的定义中使用了供应链的概念：

物流是在供应链运作中，以满足顾客需求为目的，对货物、服务和相关信息在产地和销费地之间实现高效率和低成本的正向和反向的流动和储存所进行的计划、执行和控制的过程。

物流活动包括客户服务、物流网络设计（Logistics Network Design）、物流信息（Logistics information）、交通与运输（Transportation）、存货（Inventory）、仓储、物品搬运及处理（Warehousing，Material Handling，&Processing）、采购与供应管理、逆向物流等。

Moller（1995）将物流分为三大类：

● 面向供应商；
● 面向产品；
● 面向分销/顾客。

物流概念包括国际业务物流、市场物流、企业物流、物资配送。

20 世纪 90 年代，中小型企业考虑了全球化、合作伙伴、环境等问题，时间成为物流中最重要的因素之一。Christopher（1994）提出：

从内部看，物流重点在于通过企业内部物料流和相关方面的协调获得效率。物流与生产率、提前期、成本等概念相关。

从外部看，考虑从整个链的始端到末端的物料流，重点在于外部和分布的效率。

● 渠道观：价值链上的相互作用，强调核心公司和供应商、运输承包商和客户之间的关系。
● 市场观：以竞争为前提，强调可持续竞争优势的因果关系、客户服务等对物流的影响。

物流整合（Logistics Integration）泛指商品流通渠道成员所进行的整合物流活动，形成一体化物流（Integrated Logistics）的过程。换言之，物流整合指物品流通过程中，有效整合商品移动、储存等物流活动，以及流通信息（含订单、货运单据、发票等），并提升流通效率，降低流通成本，进而提高客户服务水平的过程，实现物流总成本最低。

Slats 等人 1995 年给出一体化物流的定义，一体化物流是所有与物料流与信息流直接相关或间接相关的活动和系统的集成。一体化物流管理（ILM）注重于运营层，主要定位于面向产品，也关注供应商和分销商/客户的联系。

● 强调整体绩效，物料与信息流是多维集成体；
● 将物料流与信息流的控制集成在供应链结构中，消除古典物流结构中的多重组织层次协调、库存与物料流、信息流控制中的浪费；
● 特别需要过程、部门、功能、组织、规定和系统的集成，关系管理和伙伴关系是根本。面向业务、功能集成、关注顾客、关注新技术与信息系统的利用；
● 有助于虚拟企业的集成。虚拟企业是一个临时的企业联盟，为了共同的商业机遇，多个企业组织联合起来共享技术、资源，这种合作以计算机网络、信息技术工具和协议为基础。

11.2　采购与供应管理

采购是经济主体为满足自身的某种需要，通过支付一定代价的方式向供应商换取商品或劳务的经济行为，目的是以最少的支出获得最大收获。就企业功能而言的内涵：采购是指企业以各种不同的途径，包括购买、租赁、借贷、交换等方式取得物品或服务的使用权或所有权的过程。ISM（原美国采购管理协会）公布了对采购的定义：组织为了追求和实现它的战略目标而识别、采办、定位、获取与管理它所需求或潜在需求的所有资源。这个定义显然突破了传统采购的定义，采购的角色有了变化。采购的一般过程是提出采购需求、选定供应商、谈判价格、确定交货及相关条件、签订合同并按要求收货、付款结算等。在日常经济生活中，经常发生各种不同类型的采购：根据采购主体不同，有个人采购、家庭采购、团体采购、企业采购和政府采购；根据采购客体不同，有农产品采购、工业品采购、工程采购和服务采购；根据采购频率和数量的多少，有集中采购和日常采购；从交易方式看，有现款采购、租赁采购、交换采购等。

采购从供应商那里购买原材料、零部件和产成品存货，并安排运往制造工厂或装配工厂、仓库、零售店的内向运输。采购活动促进和改善运营系统与供应商间的互动。采购的主要目标是以最低的物流总成本提供及时的购买活动，从而支持制造的顺利进行或转售部门的活动。

采购管理是企业为了实现生产或销售计划，在确保适当品质的条件下，从适当的供应厂商，于适当的时期，以适当的价格，购入必需数量的物品或劳务所采取的一切管理活动。采购是企业全部商务活动的起点，这一环节对企业整体商务活动效率的提高至关重要。在一定意义上它是企业的成本之源、质量之源和效率之源，将来也必将成为企业的创新之源。就管理功能而言的内涵：采购管理是研究在采购物资或服务的过程中，统筹兼顾事前规划、事中执行和事后控制，以达到维持正常的产销活动、降低成本的目的的各种管理活动。

采购规划包括设定目标、组织与制度的建立、划分职责与权限、设计作业流程等内容。采购执行包括为达到采购目标而采取的各种行动方案，包括供应商的评选、采购合同的签订、交货验收管理等内容。采购控制是指为达到企业要求而对采购行为进行评价、调控等，包括采购行为规范、拟订采购绩效评估的指标、供应商考核与调整，以及内部、外部关系的协调等内容。

传统的采购仍然是以价格作为主要业绩指标的一项评判职能。价格对组织的盈利确实重要，但是如果以此作为追求目标就有可能偏离组织的战略目标。长期以来人们对采购沿用的一个经典解释是"在合适的时候，以合适的质量、合适的数量、合适的价格、从合适的供应商获得正确的产品和服务等"。这个解释显然存在很大缺陷。在新环境下采购的观念必须上升到战略的角度，与企业的战略管理相结合，用供应链管理的思想重新审视采购。

采购关系到企业产品的质量和成本，并且采购资金在总成本中占很大比重，使得采购在企业经营活动中占有重要地位。据统计，在制造业中，多数企业的采购资金占最终产品销售额的 40%～60%，这意味着采购成本的降低将对企业利润的增加产生重要的影响，采购自然成为企业降低成本、增加利润的重要环节。

11.2.1　战略采购

在 20 世纪 70 年代经济快速增长之后，美国的领先企业开始寻找提高股东价值的方法。在改进销售和客户服务之后，人们的注意力转移到如何通过资产合理化、日常经营和机构重组来实现内部成本的降低。20 世纪 80 年代开始采用战略采购，通过战略采购使成本大大降低、收益巨额增长，那些迫切想提高自己竞争实力的企业很快就将战略采购作为新的关注点以及创造股东价值增长的新源泉。战略采购首先在美国得到应用，然后被迅速传至欧洲和世界的其他地方。跨国企业开始在海外实行战略采购，后来他们通过全球采购将各种采购活动整合起来。

战略采购是以最低总成本建立业务供给渠道的过程，不是以最低采购价格获得当前所需原料的简单交易。战略采购充分平衡企业内部和外部的优势，以降低整体供应链成本为宗旨，涵盖整个采购流程，实现从原料描述直至付款的全程管理。

战略采购的重要原则：

（1）总体拥有成本考虑——战略采购的基本出发点。

成本最优往往被许多企业误解为价格最低，这是错误的。采购的决策影响着后续的原料运输、调配、维护、调换，乃至长期产品的更新换代，因此必须有总体成本考虑的远见，必须对整个采购流程中所涉及的关键成本环节和其他相关的长期潜在成本进行评估，在进行总体成本评估时不妨尝试先用以下这个简化的方法考虑：总体拥有成本=价格+使用成本+管理成本。

（2）建立坚实谈判基础——事实和数据信息。

谈判不是一味压价，而是基于对市场和自身的充分了解和长远预期的协商。总体成本分析、供应商评估、市场评估等为谈判提供了有力的事实和数据信息，帮助企业认识自身的议价优势，从而掌握整个谈判的进程和主动权。

（3）战略合作关系——互赢。

互赢理念在战略采购中也是不可或缺的因素。许多先进的国际企业都建立了供应商评估、激励机制，与供应商建立长期的战略伙伴关系，确立互赢的合作基础。

（4）权力制衡。

通过扩大供应商选择范围引入更多的竞争、寻找上游供应商等来降低采购成本是非常有效的战略采购方法。它不仅可以帮助企业寻找到最优的资源，还能保证资源的最大化利用，提升企业采购管理的水准。企业和供应商都有议价优势，如果对供应商所处行业、供应商业务战略、运作、竞争优势、能力等有充分的认识，就可以帮助企业发现机会，改善目前的权力制衡地位。

11.2.2 集中采购

集中采购是指企业在核心管理层建立专门的采购机构，统一组织企业所需物品的采购业务。通过采购量的集中来提高议价能力，降低单位采购成本，这是一种基本的战略采购方式。目前虽有企业建立集中采购部门进行集中采购规划和管理，以期减少采购物品的差异性，提高采购服务的标准化，减少后期管理的工作量，但很多企业在发展初期因采购量和种类较少而进行集中采购，随着企业的集团化发展，在采购上就出现分公司各自为政的现象，很大程度上影响了采购优势的发挥。因此，坚持集中采购方式是企业经营的根本原则之一。

集中采购可以采取集中招标采购、询价采购、谈判采购等方式。在集中采购过程中，"三公"原则是前提，具体实施是关键。"三公"原则即公开性、公平性、公正性。如公开招标，就是根据不同的采购内容和采购要求，将标的、质量要求、竞标事项等制成规范的标书，将标书在报刊、电视、Internet 等媒体上公布于众，并接受公众的监督。公平性指凡是经过注册的合法经营者，不分国营、集体和个体，也不论外商独资或合资，更不分本地或外地，一视同仁，使供应商凭借实力、在相同的条件下公平竞争。公正性是指采购过程的每一个环节都按照既定的标准或管理办法规范操作，从而保证整个采购过程公正有效。

与分散采购相比，集中采购的益处主要体现在以下几个方面：

（1）有利于获得采购规模效益，降低采购成本和物流成本。

（2）有利于稳定企业和供应商之间的关系，得到供应商在技术开发、货款结算方式、售后服务等方面的支持与合作；

（3）集中采购责任重大，采购公开招标、集体决策的方式，可以有效地防止腐败。

（4）有利于采购决策中专业化分工和专业技能的发挥，同时也有利于提高工作效率。

（5）集中采购有利于所购物料的标准化。

企业开展集中采购，应该

（1）根据企业所处的环境及市场竞争状况，制定本企业集中采购战略；

（2）根据本企业销售状况、市场开发情况、生产能力确定采购计划；

（3）根据大宗物资采购需求状况做出集中采购决策，决策时要考虑企业自身的资金状况和供应商的供应能力、质量保证能力；

（4）当决策做出后，由采购管理部门实施信息收集与分析、市场调查及询价，并根据库存情况进行战术安排；

（5）由采购部门根据货源供给状况、自身采购规模和采购进度，利用合适的采购方式实施采购，并办理检查送货手续，及时保证生产需要；

许多跨国公司如日立、东芝、松下、本田、佳能等，以集中采购来提高采购的效率。虽然各行业采购的集中程度有所区别，但大型跨国公司往往在特定的区域范围内设立一个专门的中心来完成采购功能，把分散的采购功能集中起来，并与配送的集中调度相配合。利用采购活动的集中化来实现战略采购。

11.2.3　采购外包管理

由于现代企业经营所需要的物品越来越多，采购途径和体系也越来越复杂，使得企业的采购管理成本很高，影响了关键部件的采购管理绩效，正是在这种状况下，越来越多的企业开始将某些采购活动外包给主要合同商、承包商或者第三方公司，这样与组织自己进行采购相比，利用承包商和第三方公司往往可以提供更多的经济利益和购买经验，从而使企业从目前与采购相关的繁重的日常事务管理及高成本中解脱出来。

从一般意义上讲，只有非战略性物品或非核心业务才有可能外包，这些物品和业务的外包不会给企业带来较大的负面影响，相反，战略物品和业务活动无论多么复杂、成本多高，都需要企业自己严格控制和运作。

现在随着第三方物流服务的发展，很多企业将采购、仓储、运输、配送等业务的一部分或全部外包给第三方物流服务商。

供应链管理要求做到准时化采购，即 JIT Ⅱ，制造企业需要与供应商建立紧密的合作关系，按照制造企业的需求数量和时间，及时按需供应，尽量做到既不要过量又不要提前，准确及时地满足需要，最大限度地降低采购物资的库存水平。JIT Ⅱ 在特殊情况下适用于具有大批量和相互依赖较强的顾客—供应商关系。

11.2.4　供应商管理与开发

采购与供应可以采取单一渠道供货或多渠道供货。单一渠道供货的突出优点是可以激发供应商的忠诚度和工作的积极性，与供应商建立持久的紧密的关系，致命的弱点是一旦供应出现问题，运营系统会受到严重干扰，且易受制于人；多渠道供货的优点是可以通过竞争性招标来压低供货价格，可以从多渠道获得知识与技能，但难以激发供应商的忠诚。

不管采用何种供货渠道，都需要对供应商进行积极的管理与控制，以获得互补的竞争优势。一方面，与供应商谈判过程中应保留控制的手段与防范的措施；另一方面，应与供应商发展伙伴关系，避免传统买卖关系下过分杀价、以上欺下的行为。供应链企业应注意发展战略供应商，以获得企业所需的战略能力，特别考虑以下供应商：

- 对企业发展有战略影响的供应商；
- 在其行业中具有垄断地位的供应商；
- 所供物料供不应求的供应商；
- 与企业多项业务有联系的供应商；
- 与企业具有三年以上合同关系的供应商。

随着当今企业经营全球化的发展以及跨国业务不断增长，越来越多的企业在全球开发和利用供应商帮助自己进行业务扩张，在日益激烈的市场中已经出现了发展世界级供应商的现象，而且这一趋势随着互联网的普及而日渐明显。

供应商管理的策略是指为满足公司发展战略与生产经营需要，在与供应商合伙关系的定位，供应商的集中与分散、总量与结构，对供应商的选择取向，供应商资源的开发管理、激励与约束，以及相关的管理要求和措施等方面的安排或规划。

根据企业战略确立与各类供应商的合作关系定位。采购类别是从采购活动的特点出发对所需采购物资/服务所做的一个分类，它是指采用同样的做法向同一组供应商采购的物资/服务的集合。同属于一个采购类别通常意味着有相似的使用目的和相似的供应来源。类别是我们确定与供应商的合作关系、分析供应市场及其对公司业务影响的基本单元。

在确定供应商关系定位时，需要从类别出发，系统地分析影响关系定位的两大类因素：一类是公司对该类别的需求的特点，即该类别对公司业务的影响；另一类是该类别的供应特点，即该类别的供应市场复杂程度。对这两类因素分别按高低两种因素水平考虑，就可以明了该类别供应商的重要性，并可以因此确定相互的合作关系的性质及相应的管理策略。

按照各类别的供应商所处的位置，可以将其分为四类：战略型、瓶颈型、利用型和次要型，各类型的特点简述如下。

战略型：对业务影响较大，且供应市场复杂程度高，其价值占总采购额比例较大（通常为 60%～70%），供应商数量与规格数量较少（25%左右）。对这种类型的供应商，由于公司业务对其依赖性较强，需要在管理上倾注较多的精力，适合于结成战略伙伴关系。

利用型：对业务影响较大，但供应市场复杂程度较低。其价值次于战略型（约 20%），而规格、供应商数量较多（70%）。对这类供应商，应利用供应商对公司的依赖性，在管理上予以较多的控制，适合于保持骨干供应商，同时又引入其他供应商的竞争来增强采购地位。

瓶颈型：对业务影响较小，但供应市场复杂程度高，其价值较小（约占总额的不到 10%），技术要求复杂。因总需求量较少且技术复杂，对供应商吸引力小，常常为制约供应商管理的瓶颈。对这类供应商需要公司对采购类别实施标准化以降低对供应商的依赖，或者寻找替代产品以改变不利地位，或改进产品结构、功能以减少对供应市场的依赖。

次要型：对业务影响较小，且供应市场复杂程度低。价值总量低（约 10%），标准化程度高，货源充分。对这个类别可以简化管理以提高效率，减少供应商数目以增强其吸引力。

11.2.5　电子采购

在企业供应链中，采购具有战略地位与角色。近年来随着信息化与全球化的不断发展，出现了电子采购与全球采购。

电子商务采购是伴随着信息技术的发展而产生、演化的，电子商务采购能成为当今采购管理的重要趋势，在于通过互联网、企业内部网以及其他外部网络技术，使众多的交易企业实时地进行信息沟通、访问电子目录，从而以最低的采购成本获取经济利益最大的产品。通过电子采购，以电子化方式整合企业和供应商，使服务品质得到改善，大量成本得以削减，同时也确保了交易的及时性与正确性。电子商务采购的应用还包括订单跟踪、资金转账、产品计划和进度安排、收据确认等，从而最终加速企业运作、缩短采购周期，同时把大量的人力资源从烦琐的事务性工作中解放出来，全面降低企业采购管理的成本。

11.3　供应链策略

供应链是一个动态的系统，必须根据顾客的不同需求选择不同的供应链管理策略，根据供应链所服务的市场的不同情况采用不同的组织方法。表 11-1 表示市场中两种不同类型的产品需要的运营系统不同。对于不同的运营系统应该有不同的策略。

表 11-1　不同类型的产品需要不同的运营系统

产品类型		需要何种运作
功能型产品	● 可以预测 ● 变化很少 ● 品种少 ● 价格稳定 ● 提前期短 ● 利润低	● 保证产品沿供应链迅速移动/高效率 ● 降低成本 ● 保持最小库存 ● 提高生产能力利用率 ● 低成本供应商
创新型产品	● 难以预测 ● 变化很多 ● 品种多 ● 价格先高后低 ● 提前期长 ● 利润高	● 提供较高的服务水平/及时供应 ● 快速反应 ● 合理配置库存 ● 加工时间短 ● 柔性供应商

供应链策略与不同类型的产品相匹配。对于功能型产品应采用效率型（Efficient）供应链策略，而对于创新型产品则需要采用响应型（Responsive）供应链策略（见图 11-3）。效率型供应链策略要求保持较低的库存，尤其在供应链的下游，提高产品流动速度，减少库存积压的流动资金。供应链中的库存主要保持在制造系统中，以提高生产能力的利用率，降低制造成本。供应链中的信息流动必须快速高效，以保证生产计划与销售计划的及时调整。响应型供应链策略则强调为最终顾客提供较高的服务水平，保证及时供应，提高迅速反应能力。下游库存保证最终顾客随时都可以获得产品供应。快速反应能力要靠供应链的信息化支持，需要自动化的订单处理系统、仓库自动监控系统与信息的智能处理等的支持。

	功能型产品	创新型产品
效率型 供应链策略	匹配	不匹配
响应型 供应链策略	不匹配	匹配

图 11-3　与产品类型匹配的供应链策略

企业运作的核心是经营过程。人们在实践中开始发现通过对企业的经营过程进行合理控制，可以更有效、更充分地利用资源，过程不再被简单地视为固定组织机构的从属物，而是贯穿各个组织机构的主线。企业已将注意力从部门转移到经营过程。企业建立供应链同样关注过程的集成。

响应型供应链的建立过程较复杂，这类供应链应具有可重构的动态特性，建立这类供应链需要过程文档，以实现过程的知识管理。响应型供应链过程建模是供应链各企业信息系统异构集成的基础工作，过程建模又可以优化与改善供应链的重要过程。

从过程的角度看，这种供应链动态建模是由业务过程驱动的，它面向业务过程，建立在优化业务活动的基础上，具有适应业务改变而相应改变业务模型的能力。这种动态的企业建模包含一个不断改进的业务模型，能完整地重新生成和连接基本业务模型。过程建模最重要的应用就是对企业业务流程过程进行改进。由于逐渐加剧的全球化竞争，使得供应链上跨企业的过程活动经常发生变化，因此需要建立起一套能够适应这种竞争机制，并能随之改变的企业工作流过程机制。通过建立工作流过程模型，使得动态联盟下的各个成员组织能够随时调整其经营过程，以应对市场不断变化的商机。

11.3.1 供应链的动态交互作用

W. Forrester 在著作 Industrial Dynamics （MIT Press，1991）中指出："供应链中各个公司之间存在一定的动力机制，可能会导致决策失误、准确性下降和不确定性，而且这种影响将会沿着供应链向上游移动，并在运动过程中不断增大。"这就是我们所说的"牛鞭效应"。

Bullwhip Effect（也叫"加速放大原理"），是供应链过程中的一种信息扭曲现象，这种现象直接导致供应链效率的降低：库存投资增加，顾客服务质量差，利润减少，能力误导，生产与运输计划的失效等。由于信息流逆供应链而上（从顾客到供应商），逐级扭曲，导致需求信息的波动越来越大（方差放大）。这种信息扭曲如果和企业制造过程中的不确定因素叠加在一起，将导致巨大的经济损失。

导致这一情况的主要原因，并非单纯由错误、误解引起，而是一个非常理性的理由：供应链内每一环节都想以最明智的方式来管理各自的产量与库存水平。

下面通过一个案例说明供应链中的动态交互作用，在这一案例中，顾客需求的小幅变动在供应链各环节引起产量水平波动。该供应链由四个环节组成，原始设备制造商与三个级别的供应商。原始设备制造商的市场需求第一期前保持 100 水平，从第二期始降为 95；供应链各环节使用相同原则：

- 期初库存相当于前期需求量；
- 生产足够数量，保证本期需求的充分供应，保证所要求的期末库存量。

第 2 期开始时，原始设备制造商的起初库存为 100（相当于前期需求），顾客需求为 95（已知条件）。第 3 期期初库存为 95（相当于前期需求），即为第 2 期的期末库存。第 2 期的产量与期初库存 100 应满足当期需求 95+期末库存 95，因此第 2 期的产量为 95+95–100=90。同理，一级供应商的产量=当期需求 90（原始设备制造商的当期产量）+期末库存 90–期初库存 100=80。依次计算可以得到表 11-2 的计算结果。

表 11-2 供应链中顾客需求的小变动引起各环节产量大波动

| 时 期 | 三级供应商 | | 二级供应商 | | 一级供应商 | | 原始设备制造商 | | 顾 客 |
	产 量	期初库存	产 量	期初库存	产 量	期初库存	产 量	期初库存	需 求
1	100	100	100	100	100	100	100	100	100
2	20	100	60	100	80	100	90	100	95
3	180	60	120	80	100	90	95	95	95
4	60	120	90	100	95	95	95	95	95
5	100	90	95	95	95	95	95	95	95
6	95	95	95	95	95	95	95	95	95

将顾客需求、原始设备制造商的产量、一级供应商产量、二级供应商产量、三级供应商产量作图如下（见图 11-4），可以看到从下游至上游订单数量逐级放大。

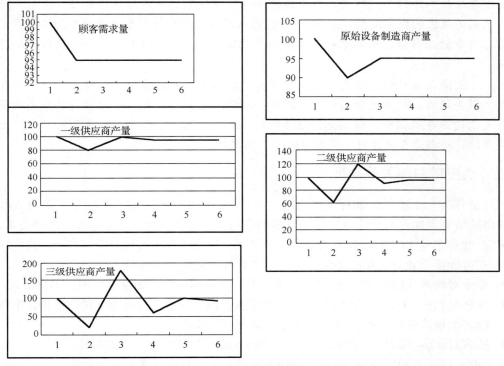

图 11-4　供应链中订单数量变化沿上游逐级放大

上例中没有考虑从需求发生到需求传递到其供应商之间的时间间隔，在实际过程中，这一间隔会使上游运营波动更加剧烈。另外，供应链各运营环节可能会批量下达订单，也会使上游供应商的产量发生波动。

结论：

（1）供应链是一个高度交互的动态系统，每一环节的决策都会影响其他环节；

（2）供应链中存在需求变化的加速放大效应，即使具有所有环节的完全信息，由于补货提前期的存在，这一效应也会存在；

（3）缩短总的补货提前期，向所有环节反馈需求信息，加强供应链各环节间的协同，是改善供应链的有效方式。

案例：上海大众开始关注供应链上的库存

上海大众降价的"飓风行动"被业界认为是因市场表现不佳而采取的行为，对此，上海大众销售执行经理兼上汽大众销售总经理叶永明予以明确反对。叶表示，"飓风行动"只是上海大众营销变革的内容之一，是上海大众服务消费者的一个开始。他说，之所以这个时候降价，就是因为上海大众在调查后得知，目前的产品距私车市场的需求有一定的距离，消费者对此有一定的期望，针对消费者的需求做出的调整，今后上海大众所有的市场行为都将围绕消费者进行。

据了解，国内汽车企业一直以来都以将产品卖给经销商的批发销量来计算业绩，即"压库销售"。这种销售模式直接导致一些厂家为业绩而将库存转移给经销商的行为产生，而经销商又迫于资金压力不得不以降价抛售来消化库存，以致于造成产品价格混乱、消费者持币待购等一系列不健康的现象发生。2004 年，国内乘用车的终端及厂家库存一度高达近百万辆，是正常库存量的三四倍，车市也一度因此陷入混乱期。其中上海大众向经销商转移库存四至五万辆。

据此，上海大众开始关注直销，改变过去只追求压库式总量销售的模式，同时提升经销商的综合服务能力。建立健康的经销商队伍，增强其赢利的能力，将经销商的业务流程整合到上海大众的业务流程中，以期更好地为车主服务。上海大众不会再压库销售，目前上海大众经销商的库存都是在其当月销量的 0.9～1.0 倍之间。

11.3.2　供应链内部关系类型

供应链作为一个整体，其行为由成员之间形成的关系组成，建立供应链关系模式框架对于理解供应链管理的过程是非常重要的。根据参与者是企业或顾客，存在以下四种关系。

- 企业对企业（B2B）：最为常见的一种关系，除供应链的最后一个环节外，其他环节都有可能是企业对企业的关系。这一电子商务常采用 EDI 形式。
- 企业对顾客（B2C）：包括传统的零售商、在线零售商，如亚马逊网上书店等。
- 顾客对企业（C2B）：指顾客将自己的需求在网上发布，标明可支付的价格，企业根据顾客的报价做出反应，决定是否提供这一产品或服务。
- 顾客对顾客（C2C）：指某些公司提供的在线交易市场和拍卖服务等。

电子商务模式是利用 ICT 提高企业绩效、增加收入及降低成本的新型业务方式。它基于 Internet 技术，提供实时信息，降低通信费用。电子商务模型一般可分为 B2B、B2C 以及 B2B/B2C 结合的形式。B2B 用于电子供应链（e-Supply Chain）、协同商务、电子采购以及客户关系管理中，B2C 用于电子商店、虚拟社区等，B2B/B2C 结合的形式包括第三方物流及电子市场（e-Marketplaces）等。

这里主要讨论 B2B 关系。

在制造商（顾客）和供应商的关系中，存在两种典型的关系模式：一种是传统的市场化竞争关系。竞争关系模式是价格驱动，这种关系的采购策略表现为买方同时向多个供应商购货，通过供应商之间的竞争获得优惠的价格，同时也保证供应的连续性；买方通过在供应商之间分配采购数量对供应商加以控制；顾客与供应商之间的关系是一种短期合同关系。传统的市场化关系是短期买卖关系，表 11-3 列出了其好处与弊端。

表 11-3　短期买卖关系的好处与弊端

好　　处	弊　　端
● 保持供应商竞争 ● 便于供应商的专业化、规模化 ● 运作灵活 ● 选择余地大 ● 有助于公司专注核心业务	● 供应不确定 ● 可靠性降低 ● 选择最佳供应商花费时间与精力 ● 过度依赖外购的战略风险，失去市场竞争所需要的内部能力

另一种是合作性关系，它强调在合作的供应商和生产商之间共同分享信息，通过合作、协商来协调相互的行为。通过建立相互信任的关系提高效率。比如制造商对供应商给予协助，

帮助供应商降低成本、改进质量、加快产品开发进度。供应链关系近年来出现了一些新的发展趋势，如虚拟运营、战略伙伴关系、垂直整合等。

11.3.3　虚拟运营与虚拟企业

虚拟运营是指依靠供应商网络来提供所需要的产品或服务，虚拟运营的网络是根据市场机遇而组织的，如为某一项目而组织，项目结束后即解散。虚拟运营需要组建虚拟企业或虚拟公司，要求具有较强的供应网络的管理能力。如为某个专业软件的开发而形成的组织、为拍某一部电影而成立的公司、某一项目工程的开发等。

虚拟运营的最大优势是具有较高柔性、较快的反应速度，且设备投资风险低。虚拟运营由于缺乏一个坚实的资源基础，有被"架空"的危险。

11.3.4　垂直整合

垂直整合是一个在供应链中考虑生产能力配置的战略性问题。它要考虑公司在供应链中占据多大的比例，拥有多少供应资源。在战略能力层次，考虑兼并/收购还是剥离/外包供应资源的决策，在日常运营层次，考虑自己制造还是购买的决策。垂直整合的决策应考虑成本、公司的核心能力及对供应链的控制能力等。

11.3.5　伙伴式供应关系

获得垂直整合带来的联系紧密、高效协作的特点，又能获得市场化关系带来的对供应商的激励的特点。为实现共同的目标，与各个自治公司签订长期协作协议，规定使用资源和管理体系的方式与程度。

伙伴关系要求供应商与顾客共同协作，甚至共同分享资源与技能，以实现整体利益最大（大于各自单独行动所获得的利益）。伙伴关系的核心在于关系的紧密性。关系的紧密程度取决于如下要素：共享成功、长期承诺、人员直接联系、共同学习、伙伴关系数量少、协调行动、信息透明、相互信任、共同解决问题、共同分担风险。

企业充分利用伙伴关系，在坚持自己核心能力的同时，可为顾客提供更大范围的产品或服务，实现优势互补，提供敏捷的运营能力，完成复杂的大项目，为顾客提供更全面的服务。

企业可以在不同的时期、不同的业务领域与不同的伙伴企业建立适合企业战略发展的不同层次的伙伴关系。

11.3.6　精益供应

精益供应（Lean Supply）是由 Lamming 教授提出的顾客–供应商关系模型，他认为在一般的伙伴关系中，供应商的地位仍然较低，而在精益供应关系中，双方的地位是平等的。

在竞争方面，精益供应关系依赖战略联盟与战略协作，在选择供应商方法上，精益供应关系让合格供应商及早参与，共同进行成本/价值分析，采用单一或两个供货渠道，尽力改善供应关系，不得已才重新选择供货渠道。在精益供应关系中，顾客与供应商间的信息交换完全透明，双方共同决定成本与产量，采用 EDI 及时沟通技术与业务信息；采用 JIT II 生产能力同步化、柔性化；双方共同努力，降低订货成本。在质量态度方面，双方共同确定质量目标，无须对供应商货物进行检验，流程持续改善。

下面几个案例分别描述了几家公司是如何建立伙伴关系来获得竞争优势的。

（1）获得战略性生产原材料。Whitlin 公司——《财富》杂志排名前 500 名的日用品制造尚，认识到从采购工作上获得竞争优势的需要比以前更加迫切了。他们和一家钢材供应商建立了战略伙伴关系，并为此对该供应商的制造技术进行了投资，使其在日用品钢材的研究上有了一个新的飞跃。经过了大约 7 年的探索和合作，这种战略伙伴关系给 Whitlin 公司带来了极大的收获，大大提高了企业的竞争优势，使企业巩固了自己在行业中的地位。

（2）先进技术开发合作伙伴。一家资产达 50 亿元的全球电子公司为了对一项产品先进技术开发而与一个供应商建立正式的战略伙伴关系，并让战略伙伴参与了早期的技术开发，使得供应商能够针对具体的行业需求给予满足。通过合作双方缩短了一年的新产品开发时间，项目的成功使该公司最终进入了一个新的业务领域，并给公司带来了几十亿元的销售收入。

（3）供应商早期参与流程设计的技术联盟。一家重要的化学公司，以前是由 15 个左右的供应商提供不同的控制系统技术，在设备之间转换操作并保持每个系统是比较困难的，每个系统还需要针对该系统技术进行广泛深入的培训，由于每个系统是根据客户需要设计的，导致了较高的投资成本和较长的开发周期。后来该公司精心选择了一些供应商建立了战略伙伴关系，让供应商参与早期的设计，这些供应商负责设计所有更新和新建的控制系统。这样的战略伙伴关系使得该公司更新和建立新设备所需的时间（包括工程时间）降低了大约一半，大大增加了该公司在行业中的竞争力。

11.4　卖方管理库存 VMI

20 世纪 80 年代末，一些美国公司开始实施 VMI（Vendor Management Inventory）计划。使用VMI，制造企业管理着参与进来的零售商处的产品库存水平。例如，某供应链上的核心企业的 VMI 过程包括如下五个步骤：

（1）收集数据——核心企业集中来自配送中心提取的数据以及零售商店销售点的数据，还有零售促销计划的补充数据等，都是 VMI 系统的主要输入信息。

（2）预测销售量。

（3）预测订单——这是与零售商减少库存目标一致的工作。

（4）订单生成——核心企业控制采购订单的生成，这是由配送中心库存补充机制来驱动的。

（5）订单履行——按订单配送。

"这家核心企业目前拥有五六十家客户参与到 VMI 计划中来。现在为客户管理着大约 150 到 175 个仓储点。同时，管理着约 40%的消费量。"

"我们是顶层的卖主。服务水平以及存货周转速度是用来衡量 VMI 是否有效的主要指标。我们将提供比我们的客户自己来做更好的服务。"

核心企业的一个主要目标就是"使直接从生产设施中运输出来的产品数量最大化"。他们的客户也因此得到好处，配送中心的库存利用率高，采用 VMI 获得了双赢。

1. 卖方管理库存的基本内容

卖方管理库存是指供应商等上游企业基于其下游客户的生产经营和库存信息对下游客户的库存进行管理和控制的基本思想。

传统上，库存是由库存拥有者管理的。因为无法确切知道客户需求与供应的匹配状态，所以需要库存，库存设置与管理是由不同的组织完成的，这种库存管理模式并不总是最优的。

例如，一个供应商用库存来应付不可预测的或某一客户不确定的需求；客户也可以设立库存来应付不稳定的内部需求或供应链的不确定性。虽然供应链中每一个组织独立地寻求措施以保护其在供应链的利益不受意外干扰是可以理解的，但并不可取，因为这样做的结果影响了供应链的优化运行，导致重复建立库存，因而无法达到供应链全局的最低成本，整个供应链系统的库存会随着供应链长度的增加而发生需求扭曲。VMI 库存管理系统以系统的、集成的管理思想进行库存管理，使供应链系统能够获得同步化的运行。

2．实施 VMI 策略须遵循的原则

（1）合作性原则。在实施 VMI 策略时，相互信任与信息透明是很重要的，供应商和零售商或客户之间都要有较好的合作精神，才能够建立战略合作伙伴关系。

（2）总成本最小原则。VMI 不是关于成本如何分配或由谁来支付的问题，而是关于减少成本的问题。通过 VMI 策略的实施，要使双方的成本都获得减少，实现总成本最小化。

（3）目标一致性原则。实施 VMI 策略的双方都明白各自的责任，观念上达成一致目标。在此基础上签订框架协议，对 VMI 的具体实施做出决定，诸如库存放在哪里，什么时候支付，是否要管理费，要花费多少等问题都要在框架协议中体现。

（4）持续改进原则。持续改进原则，使供需双方能共享利益和消除浪费。

3．VMI 实施步骤

（1）建立客户情报信息系统。要有效地管理销售库存，供应商必须能够获得客户的有关信息。通过建立客户的信息库，供应商能够掌握需求变化的有关情况，把由批发商/分销商进行的需求预测和分析功能集成到供应商的系统中来。

（2）建立销售网络管理系统。供应商要很好地管理库存，必须建立起完善的销售网络管理系统，保证自己的产品需求信息和物流信息的畅通。

（3）建立供应商与分销商/批发商的合作框架协议。供应商与销售商/批发商一起通过协商，确定处理订单的业务流程以及控制库存的有关参数（如再订货点、最低库存水平等）、库存信息的传递方式（如 EDI 和 Internet）等。

（4）组织机构的变革。VMI 策略改变了供应商的组织模式。过去一般由会计经理处理与客户有关的事情。引入 VMI 策略后，在订货部门产生了一个新的职能，负责客户库存的控制、库存补给和服务水平。

在 VMI 策略下决定仓库的地点设置需要考虑综合成本。因为在供应商、分销商/零售商联合的情况下，不需考虑各自的成本分担，而只需考虑总成本。所以，决定仓库地点，就是对仓库离分销商、零售商的距离远近、运输成本及其可能的延误导致的成本的综合运算。能带来最大效益或最低成本的设置方式就是最佳的。

11.5　协同计划、预测及补货系统 CPFR

志愿性跨行业商务标准协会（VICS，Voluntary inter-Industry Commerce Standards association）下属的 CPFR 委员会（参见 http://www.cpfr.org），开发了一系列商业流程以使供应链参与者间的协作更加便利。CPFR 提供了一个框架，这个框架通过协同管理的方法和共享的信息使得零售商、生产者和供应商之间的协作关系成为可能。一般的 CPFR（Collaborative

Planning，Forecasting，and Replenishment）方法模型包括 9 个步骤，分计划部分、预测部分与补充部分。VICS 总结了 CPFR 的功能如下：

计划部分	1. 达成各方协调一致的合同
	2. 创建联合商务计划
	3. 进行销售预测
	4. 确认销售预测的例外
	5. 合作处理例外事件
预测部分	6. 进行订单预测
	7. 确定订单预测的例外
	8. 合作处理例外事件
补货部分	9. 订单生成

　　CPFR 系统是如何工作的呢？它是在贸易伙伴之间协商一致后，在合理的分类管理原则基础上，形成一个特定市场的计划作为起始。成功的关键是合作双方都认同这个方法及计划。这个计划从根本上描述了在哪一期间，哪个市场，什么产品将被销售以及如何交易和进行促销。这个计划通过每个公司既有的系统而变得更具操作性，但是它也可以被符合 VICS 认可的通信标准的任一部门访问。这些部门可以在已制定的参数之内调整这个计划。既定参数之外的改变需要得到其他部门的同意，这可能需要协商才能达到。计划阶段是预测阶段的关键信息输入源。CPFR 的计划部分是逐渐累积起来的，预测部分的平衡（为了非 CPFR 参与者）要通过预测的一些方法来达成。

　　通过 CPFR，预测能够提前完成，并且可以自动转换生成运输计划。CPFR 系统还能提供一些具有战略意义的信息，如推销的时间安排和供应的约束，这些能够从整个供应链上减少库存的天数。

　　CPFR 实施的合理扩展将是观念的扩展，即沿着供应链上溯到供应商，并把整个供应链有机结合起来。

　　CPFR 模型希望供应链上的企业致力于促进供应链协作，提高供应链效率，削弱牛鞭效应，实现双赢。

　　那么 VMI 和 CPFR 有什么联系呢？任何参与 CPFR 计划的客户，如果还没有参与到 VMI 计划中去，都被强烈建议参与 VMI 计划。某供应链上的核心企业接受了 CPFR，认为 "CPFR 生成的预测数据更加准确。当预测的准确性提高后，随之而来的效益将变得更好。更准确的预测需求意味着需要更好的周转效率和更优质的服务。它意味着更便利的输出。CPFR 将提供更好的 VMI 信息输入。"

11.6　供应链的改善

　　供应链计划与控制的主要任务之一是改善供应链的整体绩效。了解了供应链的动态交互作用，就应该采取积极的措施，加强对供应链各个环节运营系统的协同。

　　Melnyk 与 Wassweiler（1992）强调的应用观点说明了供应链内部如何实施集成，包括了建立和维护供应链集成的一些正式和非正式的工具、架构和方法。图 11-5 描绘了供应链成员之间确定的正式协同点。正式协同过程是协作双方为了强化集成而进行的互惠活动，这种集成超越了纯粹的业务交易的目的。协同过程的特性与获得的集成水平明显相关。

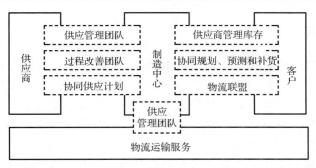

图 11-5 供应链成员之间确定的正式协同点

存在于供应链环节的正式协同过程往往由核心企业（作为制造中心）发起，或者由核心企业与伙伴企业（供应商或客户企业）共同发起。在制造中心/客户企业界面上的基本协同点包括

● 供应商管理库存（VMI）项目
● 协同规划、预测和补货（CPFR）的发起
● 制造中心的物流联盟项目

很多制造中心与客户企业都使用了 VMI 项目，客户企业同其大多数战略供应商一起实施 VMI 计划。客户企业与制造中心企业都将 CPFR 计划看作消除供应链中的不确定性的主要工具。制造中心的物流联盟计划对于改善客户服务至关重要。物流联盟企业对于改善供应链功能，提高供应链效率，开发和维护供应链集成方面发挥了重大的作用。

制造中心企业与供应商企业协同界面上的基本协同点包括

● 供应管理团队
● 过程改善团队
● 协同供应计划

制造中心在采购方面发生了根本性的转变，缩减供应商数目，生产计划员将直接同供应商联系，订购生产所需原材料，与部件制造商协同制造。通过供应管理团队建立企业供应管理体系，通过过程改善团队帮助供应商改善过程能力，在不损害制造中心与供应商企业的同时，去掉每个环节上不必要的成本。

制造中心与物流运输服务的合作有利于双方开发更加有效的物流服务项目，确定缩减成本、提高供应链效率的机会。

通常有五个潜在指标来评价供应链企业间的集成。

● 虚拟近邻：企业所在地的系统能力和技术能力帮助整个供应链上信息和知识实现最大化的共享。系统支持无缝、及时的信息流，支持异构兼容。成员间沟通渠道畅通、及时，好像近邻一般。
● 信息共享：实现信息的互补式共享。系统允许信息在供应链内无缝、双向、及时流动。
● 组织亲近：组织间的信任是结构化的，且基于供应链成员间显现友好的氛围。
● 文化亲近：企业成员之间业务往来所显现的标准规范，供应链成员集体遵守这些标准规范。
● 协同合作：成员都会对协作成员的需求与约束主动做出前瞻性反应。存在明显的共同协作、优化供应链的意愿。

以上每个因素的高水平都反映出整个供应链的高度集成。

11.6.1　供应链协同

（1）共享信息，将下游需求信息提供给上游运营系统，使各个运营系统了解真实需求。创建在线供应链社区，使合作伙伴能在设计、采购、需求管理和其他供应链活动方面进行协作。

（2）集成供应链上下游流程，对供应链内所有运营系统的计划调度、物料流动、库存水平及销售策略进行协调，使其统一步调。采用可基于互联网的业务流程，采用协同化计划、预测和补货（CPFR）以及供应商管理库存（VMI），让上游供应商参与到下游顾客的库存管理中。通过共享供应链各环节中的实时需求和供应信息，制订出客户需求预测报告，通过在供应链中共享的预测信息和实时需求实现自动补货。

（3）协同化设计，理顺整个供应链中的产品设计流程，以缩短产品投放市场的时间，迅速响应市场变化。

（4）协同化执行，实时确保交货日期，通过运用订单管理、运输调度方案和车辆日程表等功能，按时完成客户订单。支持全部物流流程，包括分拣、包装、运输和国际贸易业务。

（5）协同化采购，全面了解企业整体的物料支出状况，使合作伙伴合作进行统一集中的集体采购，减少采购成本。

提高运营效率

（1）供应链中的每个运营系统都努力降低自身的复杂性、交易成本及产品通过时间。

（2）简化产品在整个供应链中的流动过程，压缩整体时间，提高供应链的整体利润。监控供应链流程中从报价到交货及接收的所有阶段，及时发布问题预警信息；利用先进的技术实时获取来自运输工具、GPS 系统和其他设备方面的数据。

11.6.2　供应链绩效管理

建立供应链绩效测评的关键绩效指标，例如库存率、订单执行周期和生产能力利用情况等，可以在时间、成本、质量、柔性、及时配送等方面进行综合评价。在运营系统改善部分将详细介绍运营系统的绩效评测。

11.6.3　供应链管理软件包

随着 Internet 和电子商务的兴起，如今的供应链已经发展成为一个由产品制造商、原材料供应商、商品零售商等在内的多方商家构成、基于 Web 技术的大规模协同供应网络，供应链的运作模式已经向电子商务驱动的供应链模式转化，并与 ERP、CRM 系统无缝连接，这已成为企业集成的重要部分，成为实现网络化制造的中枢。

供应链管理 SCM（Supply Chain Management）包括供应链执行（Supply-Chain Execution）与供应链规划（Supply Chain Planning）系统。供应链执行系统以实现供应链内各个环节的具体事务性操作为主，如完成订单处理、货运安排、仓储装运管理等。供应链规划（Supply Chain Planning）系统主要着眼于供应链的优化与分析，为具体操作提供实施参考，如进行需求预测、制定库存补给计划及生产调度规划等。ERP 供应商 Oracle、SAP、Edwards、PeopleSoft 等都提供了供应链管理解决方案，另外还有 i2、Adexa、iLog、Manugistics、Manhattan Associates 及 Yantra 供应链管理产品。

Oracle 的供应链管理模块包括集成的计划和执行能力，它主要包括 Oracle 订单管理、Oracle

高级计划排程、Oracle Internet 采购、Oracle 敏捷制造、Oracle Exchange 等。Oracle 供应链管理软件提供了一整套可提供全面支持的、集成的、具有高可伸缩性和可靠性的解决方案。

i2 供应链管理产品可以帮助公司客户从容面对复杂局面，进行最佳预测与决断，以最好的成本效益实现对客户需求的快速反应。i2 的供应链解决方案 i2 TradeMatrix Plan 可以帮助用户最大限度地提高生产能力、改善客户服务质量，更有效地利用生产资源、减少额外劳动、削减附加费用，减少库存原料与产品及借助高效的规划与调度解决好瓶颈问题，减少资金与库存占用。i2 TradeMatrix Plan 由战略规划、需求规划、供应规划及调度四个业务处理流程构成。

SAP 在集成业务软件 R/3 的基础上，推出了供应链的优化、计划及执行的解决方案 SAP SCOPE（Supply Chain Optimizer、Planner and Execution）。它由计划优化器 SAP APO（Advanced Planner and Optimizer）和后勤执行系统 SAP LES（Logistics Execution System）等部分构成。APO 能够通过实时集成与优选功能帮助企业改进战略计划、预测能力和产品生产装运处理等，可使用户根据不断变化的经济环境、供应状况及客户需求迅速调整供应链。APO 中包含一个供应链主控室，用于供应链的建模、导航和控制。LES 则提供了对仓储及运输管理的支持，它可以帮助企业顺畅生产、采购、库存、分销、运输、销售和服务全过程，提供了全面、开放、集成的先进管理功能，易于部署及应用。SAP 的 SCM 能够借助 Internet，及时为公司用户及其合作伙伴、客户提供库存水平、订单、预测、生产规划及其他关键性信息，使用户能够提前觉察潜在问题，及时集成新的合作伙伴或供应商，以免出现延误，从而可使客户随时取得需要的产品与服务。SCM 可以满足从需求规划到仓储管理等多个部门的需求，供应链内从供应商到客户在内的每一群体，都能够实时获取各自所需的信息，使整个供应链维持一体化协调运作，消除了供应链中的脆弱环节。

为了帮助企业创建协同化的供应链网络，进行有效的供应链管理，最近 SAP 又提供了一个业界领先、功能强大、全面集成的 mySAP 供应链管理解决方案。mySAP 供应链管理解决方案基于开放式体系结构而设计，可与非 SAP 系统轻松集成，包括外部数据源，可与其他多种 SAP 解决方案集成，包括 mySAP 客户关系管理和 mySAP 产品生命周期管理（包括从开发和工程设计到变化管理和维护管理在内的整个产品生命周期）。在本部分较详细地介绍 mySAP 供应链管理解决方案[①]。

11.6.4　自适应的网络生态系统

mySAP 供应链管理解决方案，可协助构建一个基于互联网供应链网络，并将其转化为真正的协同电子商务社区，帮助协同企业了解整个业务生态系统：多个客户与供应商形成的一个集成化的网络系统，企业可以全面审视该生态系统中的各个分类系统，以探测来自最终客户的需求信号，并对其做出响应。同时开展动态协作，在动态的业务环境中，管理突发情况以及适应变化的能力，识别异常情况，并迅速而准确地确定明智的响应措施。企业伙伴携手制订计划、实施监控、评测。

mySAP 供应链管理解决方案提供了三个主要功能：安全交易集市、企业门户和移动供应链管理。

（1）安全交易集市

mySAP 供应链管理解决方案使用户能够创建并操作一个安全交易集市，让供应商、合作

伙伴与客户集合在一个安全可靠的网络化环境中，以此确保信息共享。mySAP 供应链管理解决方案中的安全交易集市功能基于 MarketSet 平台，该平台由 B2B 与电子商业市场解决方案领域中的两个领导者 SAP Markets 与 Commerce One 共同设计。运用此功能，用户可以实现：

① 交易集市关系管理。管理与客户、合作伙伴和供应商的所有关系，可以全天候追踪订单状态，查看标准与特殊的定价方案，检查存货水平，追踪发运状态，查询退货状态，查看订单记录等。

② 协同供需管理。即时共享供需预测信息，制订出统一的客户需求预测结果；有效地协调生产与物流，消除信息传递的延误；依据共享的预测数据与实时需求信号自动补充库存；对整个协作过程进行监控，使业务流程的运作更为顺畅。

③ 协同采购。内部业务单位实行集中采购，争取供应商提供的优惠价格和条件。mySAP 供应链管理与 mySAP 供应商关系管理可以处理间接与直接物料的采购，并支持谈判、拍卖与交易集市购买方式。

④ 协同执行。利用 mySAP 供应链管理解决方案中的产品配置功能在线配置产品，并检查产品的可用性。可用性检查考虑了供应链不同级别的存货与生产能力。协同运输管理功能可有助于实现与第三方物流商进行物流流程的协调。

⑤ 供应链事件管理。可以通过监控虚拟网络中需要管理的多个合作伙伴的事件与流程创建适应性供应链网络，并通过广播告警形式提前向业务伙伴通知意外事件。通过利用模拟与假设能力，确定对意外事件的响应措施，并采用先进的业务规模建模方式实现这些响应措施的自动化运行。通过与执行系统和绩效管理功能集成，可以对绩效进行追踪，并利用追踪信息逐步改进与修改网络。

⑥ 设计协作。用 mySAP 供应链管理与 mySAP 产品生命周期，优化设计合作伙伴、供应商以及内外部制造运作的产品设计流程，加强组件化、标准化，提高重用性。

（2）企业门户

mySAP 供应链管理解决方案的企业门户功能提供了基于 Web 的工具，可将第三方系统集成到供应链网络中，并使企业员工能与全球范围内的业务伙伴、客户进行协同工作。

SAP 企业门户基于 SAP Portals 的技术，使用户能够以个性化方式访问所需的信息。采用了基于角色的技术，可以根据供应链网络中不同的职责向用户提供信息。企业门户功能还可实现跨组织界限的协作。企业内外部用户都可利用协作工具与应用参与跨企业业务流程，从而极大地简化供应网络中信息和流程的全面集成。

（3）移动供应链管理

整个供应链网络中的人员可以采用远程移动设备对活动进行计划、执行与监控。员工可以在现场或车间输入数据，可以实现多种数据获取活动的自动化操作，从而减少错误，并提高效率。例如无线设备可用于传输数据，包括收货确认、发运的销售订单、发运通知以及交货点接收确认。将多种设备轻松地连接在一起，创建一个从条形码到无线设备再到企业系统的无缝信息流。在生产过程中，可向车间的经理与工人提供支持。移动设备有助于了解正在储存或移动货物的最新可靠信息。通过同步在线监控所有库存移动交易，进行实时存货控制。

1. 供应链协同计划

借助 mySAP 供应链管理解决方案，可以管理动态的、适应性供应链网络核心的复杂信息流，并用其执行协同供应链计划。

mySAP 供应链管理解决方案的协同计划理念能够实现内部与外部供应链活动的同步，并实时执行计划和订单驱动式的供应链活动，全面了解需求、库存和生产能力信息，并优化计划与运作日程安排，使其与更全面的业务目标保持一致。

mySAP 供应链管理解决方案具有以下特点：

- 一种集成化的整体理念，包含多个计划级别、计划模型与生产方式；
- 一种端到端的解决方案，采用基于特征的预测、计划、排产和可配置产品的计划；
- 针对特定行业的先进优化方法，包括针对离散元件厂商的多级供需匹配功能、针对加工厂商的活动优化，以及针对汽车行业特性的优化；
- 即插即用功能可以轻松集成用户定制的优化工具和方法。

协同需求与供应计划有助于实现供需平衡。mySAP 供应链管理解决方案从定期计划转向事件驱动的计划方式，并提供了多种计划工具。需求计划工具考虑了项目的历史需求数据与相关因素、营销活动和销售目标。创建所有合作伙伴共用的总体供应计划时考虑了采购、生产、经销与运输要求和限制因素。为平衡与优化经销网络，使用销售与运作计划工具制订战略计划，以实现所有关键业务流程的同步。模拟各种供应链场景，以确定最佳的设计。供需计划功能能够获得必需的预见能力，以实现与业务伙伴真正的协作。供应链中的每个成员无须等待信息传送，而可直接了解下游的存货情况与需求——直至最终客户。

mySAP 供应链管理解决方案的优化与部署可全面支持 VMI 流程，支持 CPFR 模型，使制造商、零售商和经销商能对销售和订购量进行协作预测，联合制订计划与决策。生产计划与排程支持离散型和流程型制造环境。计划与排程将资源、物料以及相关性约束考虑在内，采用基于约束的方法与优化技术相结合的方法。

2．供应链执行

利用 mySAP 供应链管理解决方案，在一个集成式的综合系统环境下，全面管理庞大供应链中的协同生产、采购和履约活动。

（1）协同采购

mySAP 供应链管理解决方案的协同采购功能在与 mySAP 供应商关系管理（mySAP SRM）无缝集成的环境下运行，优化从物料订货到发运、开票的整个采购流程。

- 提供基于标准的采购处理；
- 自动补货；
- 多供应商支持能力；
- 先进的供应商筛选工具；
- 集中式合同管理；
- 在线竞标，向全球新供应商和现有供应商招标，可以采取公开招标和限定招标两种形式；
- 分析并改进供应链执行活动。

（2）协同生产

支持各种生产方式：面向订单工程的工具可开发实施成套工程项目或制造工程项目；面向订单配置的工具可根据客户订单按各种物料清单配置产品；面向订单制造的工具可执行拉式生产，精简生产过程；面向库存制造的工具支持预测功能与定产战略。

在设计、计划和执行过程中生成持续信息流，当数据更改时，各个环节可以立即获得更新信息，为协同生产建立了坚实的基础。解决方案的订单变更管理功能可以从设计到生产，全面跟踪客户订单和物料单的变化。变更跟踪和订单进度安排相结合，可迅速以成本有效的方式对生产安排进行调整。执行与计划之间形成的信息反馈渠道，可以使后续计划考虑生产过程中新出现的制约因素。

优化整个供应链的生产，充分考虑物料和生产能力现有条件的基础上优化生产进度，并掌握从供应链其他计划过程所采集来的信息，如需求计划、供应网络计划等。

支持生产计划的落实，可将订单信息集成到各种关键生产流程中，如成本核算、人力资源、物料管理、仓库管理、设备维护和质量管理系统等。支持分散运行系统。可以很方便地链接各种工艺控制系统，实现自动化流程，并且可以链接设备数据采集系统，用以检索制造过程的有关信息。支持设备操作工作的日常需求，为人工处理的生产流程提供基于浏览器的工艺说明，以及生产过程中所有步骤的执行文档。

（3）协同履约

全球订单确认：利用产品——配置工具，可以大量定制产品，通过供应链的多条链路核实供货能力，全球可行性确认功能可通过优化生产、仓储和运输流程，落实各地成品、部件和设备的签单、订单执行能力。根据实际库存量、计划和分配，确认订单数量。当供货网络受到生产资源和运输能力等因素的限制时，系统可通过灵活的全球资源配置和产品调拨为销售战略提供支持。

产品配送：对销售渠道、产品流具有管理能力，能够根据市场需求，以最获利的方式，智能地配置供货，确定成品和部件供给量。

供求二次调配：供求匹配关系可以进行二次调整，以便按照优先的原则满足客户的需求。这样可以对短期供给变化和需求的意外增长作出及时响应，避免发生断货现象。

协同运输管理与计划：设计物流网络，选择战略合作伙伴，建立准时、低成本的发货配送体系。根据成本选择承运人，可与第三方物流业务集成。采用联合招标方式管理货物运输。自动化运输流程和运费核算可以保证网络中的物流效率。

仓库管理：流畅地执行收发货过程和物流单证的处理，有助于优化仓库管理和物料周转。与移动设备集成可保证获得最新的仓库动态信息。

3．供应链协调

对供应链的管理必须做到与供应商、合作伙伴和客户协作，对全部供应链活动进行协调，持续跟踪并评测活动状况，对供应链活动的绩效数据进行汇总与分析，进而改善供应链运营，根据不断发展的业务作出调整，确保供应链在不断变化的环境中保持适应能力与竞争能力，努力克服瓶颈与延迟问题，避免事态失去控制。

对整个供应链网络中的流程、存货、资产和合作伙伴进行管理——包括从简单地跟踪货物发运到全面的监控。

对供应链绩效进行评测与管理，定义、监控、评估并报告关键评测指标，例如存货天数、交货表现、订单周期时间或生产率，可以对这些信息进行分析，用于优化业务流程，并提高效率。

为了实现高效的供应链协调，mySAP 供应链管理解决方案提供了开展两项关键活动所需的工具与功能，即供应链事件管理与供应链性能管理。

（1）供应链事件管理

定义与管理多种预期事件——业务流程的重要日期，例如货物发放。预先定义的事件准备就绪，即运行在监控供应链活动的执行时，确定并标记出问题，例如计划的交货日期已过期，并下达通知。

适应性协作——采用从历史事件数据总结出的经验，根据不断变化的情况作出调整。例如，如果承运商一贯不可靠，事件管理信息可确保计划与执行系统将来把该承运商排除在外。

（2）供应链绩效管理

定义、选择并监控关键绩效参数，全面了解整个供应链的绩效，达到调整并优化供应链业务流程的目的。

确立可计量的供应链指标，评测供应链绩效，确定问题，以及对这些问题给予有效的解决。

支持供应链操作参考（SCOR）模型，包含了可修改的 300 多个预先配置的供应链关键绩效指标（KPIs），例如交货情况、预测准确性和投资回报。

支持在线分析处理与多维查看方式，从不同的明细级别以及不同的角度查看数据，从而对各种可能的行动迅速而准确地进行评估。

11.7　敏捷企业

11.7.1　智能敏捷化体系框架

自从美国《21 世纪制造业发展战略》报告（Iacocca Institute，Lehigh Univ.，1991）中对未来企业提出敏捷化要求以来，敏捷制造与敏捷化企业获得了众多学者与机构的研究。美国的"下一代制造"项目提出了扩展企业的理念。Amos J W 认为企业的敏捷性是指企业能够通过复杂的通信基础设施迅速地组装其技术、雇员和管理，以对于不断变化和不可预测的市场环境中的顾客需求做出从容的、有效的和协调的响应的灵性。敏捷性是企业动态灵活地快速响应市场变化的能力。有人认为敏捷性就是要求企业能对环境的变化（顾客需求的变化、技术更新的变化以及竞争的变化）应付自如，并在变化中赢得竞争。敏捷企业组织是能够针对不断变化的市场机遇，迅速实现企业内部或若干企业联合的各种资源有效集成而开发的具有某种动态经济组织形式特征的企业组织。Rick Dove（1999）提出敏捷性是有效地管理与应用知识的能力，他认为知识管理与响应能力是敏捷性的使能器。Chin-Yin Huang（2000）认为网络敏捷企业系统可通过使用 IT，加速企业设计、决策、协同、后勤等方面的活动，提高生产率，提高生产、服务活动的质量，企业能够根据客户的不同需求智能地改变其运营方式，自动寻找合作伙伴，提供智能自主的决策过程，实现通信网络中的分布协同运营。并将企业的敏捷性分为两部分：业务与组织的敏捷性及运营与后勤的敏捷性。前者主要强调分布组织中任务与资源的并行关系，后者则强调个体组织在与其他企业协同中处理自身事务、解决冲突的能力。

近年来，敏捷化企业向智能化发展。Jack Ring 等（2002）将智能应用于企业，认为企业智能是指敏捷性、动态稳定性与智能寻找目标的行为，智能企业应能从深度与广度理解变化的环境并自动智能适应，智能企业的行为能够较好地与顾客、供应商、股东的需求相匹配，且优于竞争者。Rick Dove 提出了智能企业的框架，他提出智能企业的系统目标是识别市场机会、利用市场机会、识别竞争者威胁、减少威胁的影响。知识管理、响应能力、主动反应、抢先一步、动态集成性是智能企业的关键概念。智能企业的关键子系统包括变革能力、可适应结构、知识文档、协同学习、可决策行动、能力与人才。

　　智能企业在业务过程上具有精益企业的特征，在运行模式上具有虚拟企业、敏捷企业的特征，智能企业本身是自适应企业，也是学习型组织，同时智能企业又具备环境的智能适应性、决策的智能性等。智能企业强调智能的敏捷性，智能企业将智能的敏捷性视作一种核心能力，这一核心能力使智能企业能够智能理解市场与顾客，先于竞争者捕捉市场机会，有效地智能运用市场、竞争者威胁、伙伴以及制造、业务过程、业务实践、业务方案、技术、资源等方面的知识，智能寻找伙伴，建立多级虚拟企业，扩展企业边界，构建利益共同体，扩大市场，实施网络化制造与协同商务。智能企业以 ICT 作为使能器，通过智能适应环境变化，智能确定企业目标，实现敏捷化，以扩展企业的模式运营，以适应全球竞争环境的需要。

　　H Sharifi 等人（2001）通过多家公司的案例研究了敏捷制造的概念模型框架，从组织、人、技术、信息系统、创新方面提供敏捷性。融入智能企业的概念，以企业框架技术为指导得到网络环境下的企业智能敏捷性体系框架，如图 11-6 所示。

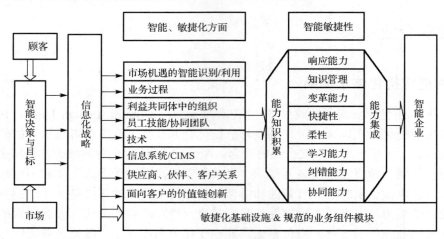

图 11-6　企业智能敏捷性体系框架

　　（1）智能决策与企业目标

　　智能决策与企业目标的驱动力来自新经济时代制造企业面临的全球动态环境、行业竞争压力、竞争者威胁、市场的变化与不确定性、产品的复杂性、客户的个性化需求与严格的交货期以及技术、社会方面的因素。这就需要企业有效运用知识，智能理解众多因素，以超前的意识，"先发制人"，做出先于竞争者的决策。

　　（2）敏捷化战略

　　为了实现企业的目标，智能企业必须制定超前的敏捷化战略。敏捷化战略可支持现有公司战略，更重要的要支持将来公司战略，智能企业的敏捷化战略能够驱动公司业务战略，为企业带来新的利润增长点，新的业务以及对客户服务、客户满意度的根本改善，全面提高业务绩效，使企业能积累知识与敏捷能力，以快速响应市场变化。

　　（3）敏捷化基础

　　智能企业是基于先进的 ICT 的，必须以敏捷化的基础设施与相对稳定的规范业务组件作为基础。在敏捷化战略下，利用新的技术、先进的管理方法，构建敏捷化基础，提高企业在多方面的智能敏捷性。敏捷化基础设施主要指信息基础设施与网络。稳定的业务组件主要指智能企业具有业务控制能力的业务运营组件。

（4）智能敏捷性及集成

智能敏捷性是智能企业的一种核心能力，可以采用能力集表示，包括响应能力（R）、知识管理能力（K）、变革能力（Ch）、快捷性（Q）、柔性（F）、学习能力（L）、纠错能力（E）、协同能力（Co）、其他能力（O）等。

响应能力（R）指一个实体从业务活动中收集信息，发现及预测变化的能力。知识管理能力（K）指对企业各个方面知识的存储、积累、访问、共享、加工、组织、运用的能力。变革能力（Ch）指智能企业实施变革管理的熟练程度。快捷性（Q）指活动的加速，过程执行时间的缩短，如快速的产品开发、快速及时的交货、较短的制造周期等。柔性（可变性）（F）指产品配置的柔性、产品批量的柔性、制造单元设备的柔性、组织的柔性、人员的柔性等。学习能力（L）在这里主要指协同学习能力，通过学习、模仿伙伴企业的核心能力改善自身核心能力，向竞争对手学习，以便使自身具有抢先反应的能力。纠错能力（E）指系统/实体自己检测错误并纠正的能力。协同能力（Co）指分布的组织/组织单元在计算机支持的协同工作环境下共同工作的能力，如并行工作、协调、冲突解决、信息互换等。

智能企业还具有其他的核心能力（O），如独特的战略概念能力、核心技术能力、产品/服务的质量、成本效益、较高的产品产出率、创新的提高、知识化且有竞争力及授权的员工、运营的高效与精益性、内部/外部的集成等。

市场机遇的识别与利用、业务过程、利益共同体中的组织、员工技能/协同团队、技术、信息系统/CIMS、供应商与伙伴关系、客户关系、价值链创新是智能敏捷化的重要方面。只有在这九个方面逐渐地积累知识、获得敏捷性，并加以集成，才能成为具有竞争力的智能企业。

（5）智能企业

智能企业须在九个方面具备智能敏捷性。市场机遇的智能识别与利用是智能企业业务抢先一步的关键。业务过程是智能企业管理控制的重点，企业需要管理异地分布集成的制造业务过程。网络化制造要求智能企业必须对传统的制造组织进行扩展，将供应商、合作伙伴、顾客包括进来，形成面向顾客的敏捷价值链。利益共同体中的组织包括了以智能企业为核心的多级虚拟企业成员，因而是动态的，它可以基于潜在的合作网络，可以重新确定与竞争者的合作方式，可以兼并互补的企业，可以扩大潜在的供应基础。在人员方面，重视员工技能的发挥，与利益共同体中的组织成员共同形成协同团队管理的结构。

智能企业需要在敏捷化战略下进行适度的技术投资，改善信息基础设施。建立支持智能企业运营的信息系统与现代集成制造系统。

建立伙伴关系联盟网络，与拥有不同核心能力的合作者保持协同工作关系，发展企业战略关联能力，以便为敏捷企业提供灵活性，迅速地获得新的市场与新的技术，共同承担风险，共同承担费用。这种关联关系应在成员间实现开放式沟通，并保持动态性、灵活性，正确处理协作与竞争间的关系。

鼓励面向顾客的价值链创新与优化。鼓励价值链各个环节中业务过程的不断改善及面向最终顾客的创新文化的形成。

11.7.2　敏捷化途径与模式

敏捷化制造企业可采用如下不同的途径。

（1）基于价值链分解批量建立虚拟企业（VE），形成 VE 驱动的价值链：建立连接企业上下游的价值链网络，参与价值链上的增值过程，如采购、制造、工程设计、销售等，通过构建虚拟企业（如用于制造的虚拟企业、用于新产品开发的虚拟企业、用于营销的虚拟企业等）实现这些重要的过程，通过虚拟企业的动态性，优化企业价值链，全面加强顾客满意度，提高公司竞争力与获利能力。潜在的供应商网络、战略伙伴协作网络、营销网络等成为发展这类敏捷企业的基础。我国众多的制造企业集团已开始采用这一模式，这一模式有利于实现面向最终顾客的分布化管理。如图 11-7 所示。

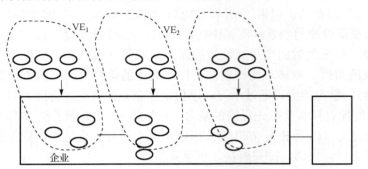

说明：
　　基于价值链环节上的供应网络、协作网络、营销网络及其他网络，在企业价值链环节上分别建立VE₁，VE₂ VE₃等虚拟企业，以优化价值链，提高其绩效

图 11-7　基于价值链分解建立多级 VE

实际上，VE 驱动的价值链模式是对价值链的分解，通过这种分解将组织从层次结构向网状结构、自主团队、"蜂群"组织转化，从纵向结构向横向结构转化，并将横向模式扩展到企业外部。网络使价值链上的实体间的关系更像蜂窝结构，信息可在横向上共享。横向模式导致了权利分散化，推动了企业决策权的下放，必将带来更大的灵活性和快速响应能力。

横向企业链构成价值链，为最终客户的需求服务，每一个实体的过程将其下一个环节视为客户，通过使实体过程适应新的业务，价值链的各实体间形成客户与供应商的关系来抵制内部的垄断行为，消除傲慢的态度、劣质的服务和僵化的结构体制。

（2）基于虚拟产业群配置虚拟企业（VE）：参与所在的虚拟产业群网络，当市场机遇出现时，配置虚拟企业，满足客户需求。如图 11-8 所示。

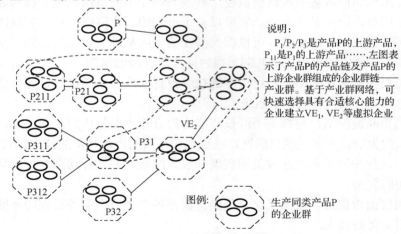

说明：
　　P₁/P₂/P₃是产品P的上游产品，P₁₁是P₁的上游产品……，左图表示了产品P的产品链及产品P的上游企业群组成的企业群链——产业群。基于产业群网络，可快速选择具有合适核心能力的企业建立VE₁，VE₂等虚拟企业

图例：　　生产同类产品P的企业群

图 11-8　基于虚拟产业群建立多级 VE

经济全球化导致了竞争基础的改变，竞争已不再是公司及其供应链之间的竞争，而是区域产业群——群体间的竞争。产业群是基于一般产品链的相关业务和组织构成的区域性产业网络，其强弱直接影响着跨国公司的投资与资源战略。虚拟产业群（VIC）可在 ICT 支持下，集

聚全球范围内具互补能力的企业而创建，ICT 的支持克服了产业群地域相近性的限制，可集成全球相关业务与组织的核心能力。虚拟产业群的建立，便于快速提供虚拟企业形成所必须的合适的核心能力，有助于虚拟企业快速、成功地建立。虚拟产业群可成为有效配置虚拟企业的基础网络。

虚拟产业群网络同样规定章程、组成规则与管制，包括入网标准、共享成本、风险、收益的程序等，虚拟产业群网络促进成员间相互信任环境的形成，促进异构企业文化的同化，加速成员公司的产品进入市场的进程，提高群体竞争力。

基于虚拟产业群建立虚拟企业的优势在于市场机会出现时能够迅速找到所需的可信赖的核心能力。虚拟产业群的建立需要政府发挥重要的作用，政府的产业结构政策应利于优化配置产业结构，发展具竞争力的合理的区域产业群；建设 ICT 公共基础设施——虚拟产业群的"信息高速公路"，以便使区域产业群实现全球范围的产业联合、核心能力集聚的全球营销，以吸引产业内跨国公司的投资，参与国际竞争与合作。这一新型模式应在我国企业信息化过程中予以高度重视，在政府的信息化规划框架与政策中加以体现。

（3）通过项目驱动批量建立虚拟企业（VE）：对于大规模的制造工程项目，复杂性与竞争性不断增加，项目期间需要很多公司的共同协作，对于电力工程、重型设施（如核电站、地铁、隧道）等大型项目建造中一次性产品的设计与制造，按项目或产品组建项目虚拟企业（VE），完成新设施或部分工程的建造，或新设施中一次性产品的协同制造。以项目驱动虚拟企业形成敏捷企业经营模式，是这类项目制造企业高质量如期完成面向订单工程任务的有利保障。潜在的协作网络、战略协作伙伴关系、高效的共享的虚拟企业公用业务组件是项目企业成为这类敏捷企业的基础。这一模式在我国近年出现的以项目拉动的装备制造企业中已成雏形，如图 11-9 所示。

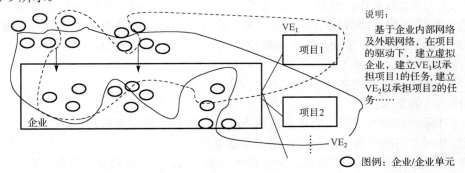

图 11-9   基于项目驱动建立多级 VE

11.7.3   智能企业特征

获得智能敏捷能力集成的智能企业具有如下特征：

（1）网络化经营。

企业经营和制造过程网络化、采购网络化、合作伙伴网络化、客户服务网络化。

（2）产品和过程模型化。

综合运用集成化产品过程开发方法、集成化产品团队和集成化的计算机环境，快速实现产品开发过程。

（3）面向顾客，全球化与本地化相结合。

　　产品必须与顾客紧密联系，制造必须接近顾客，充分理解当地顾客的需求。满足顾客不断变化的需求，为顾客提供产品和服务的集成，以解决顾客在产品生命周期内对功能、费用和时间的全面需求。企业需要在全球范围内进行最佳的资源配置，建立战略联盟，扩展组织。制定网络化制造策略，预测和响应不断变化的全球市场，并且按照当地需要进行动作。

　　（4）知识驱动的企业。

　　智能企业具备在组织内部和组织间熟练利用知识、交流知识的能力。IT 提供了对知识和信息模型化的机会，这将改变员工的工作方式。企业把公司内外的团队化作为一种核心竞争能力。通过团队化的柔性来组织、获得、集中知识与能力来开发、生产、支持其产品与服务。

　　（5）自适应的组织。

　　智能企业具备对不可预知变化的反应和适时调整的能力，这包括与其他组织建立联盟的能力。需要减少由上而下的管理与控制，提高员工的自由度，加强员工对工作的责任感。企业需要面向市场，对市场灵敏，将与顾客建立持续的联系摆到重要的位置。

　　（6）业务协同化。

　　在网络化制造环境下，协同商务能确保智能企业决策的准确性和价值链整体运营的高效率。

　　（7）企业集成化。

　　智能企业内部与外部的人、过程、系统和技术的集成，保证产品生命周期不同阶段的信息流动，辅助决策者智能做出正确的决策。保证智能企业的动态、协调运营。

11.7.4　虚拟企业概念模型

　　国内外学者对虚拟企业进行了大量的研究。虚拟企业（VE）又称虚拟组织、动态联盟、网络企业、扩展企业，利用先进的信息通信技术（如 Internet/Intranet），实现不同组织间跨时空、跨组织边界的动态协作。虚拟企业是多个独立的公司为把握市场快速变化的机遇，贡献其核心能力，快速组成的临时性组织，它不同于合资企业、战略联盟，但它具有战略联盟的动机。虚拟企业的显著特征是分布性、敏捷性、动态性、时效性、集成性、异构性。

- 柔性动态网络，伙伴关系的配置经常改变；
- 地理分布性，成员间文化与结构的异构性；
- 异构系统的集成；
- 面向目标的临时性组织，随市场机遇而建立，目标实现即解散；
- 独立组织之间的平等互利协作，追求双赢结果；
- VE 建立是为了快速响应市场，充分利用外部资源，从而赢得竞争优势，因而 VE 的建立也是快速的，成员间相互信任，无须长期持久的合同谈判；
- VE 成员为了充分开发核心能力而贡献其资源，是主动合作的；
- VE 成员共享成本、风险与收益；
- VE 的所有过程需要协作协商机制；
- VE 的生命周期与其产品/项目生命周期密切相关。

　　图 11-10 表示了一种生产可折叠自行车的虚拟企业，虚拟企业的核心企业 M_2 是虚拟企业的协调者，负责核心的业务过程 BP_2，并负责管理、协调整个分布式业务过程（DBP）：四个动态的、临时的业务过程的组合（表示为 $DBP=BP_1+BP_2+BP_3+BP_4$）联合生产最终产品。M_1 到 M_4 代表四个虚拟企业成员，是虚拟企业网络的参与者，每个成员都独自负责一个业务过程。这一虚拟企业可表示为 $M_1+M_2+M_3+M_4$（四个虚拟企业成员）。

　　虚拟企业建立在网络基础之上，可实现快速有效的配置。网络中介可根据不同的市场机遇，依不同的项目，选择具备所需核心能力的部分成员作为伙伴，形成若干个不同的虚拟企业（VE），虚拟企业概念模型如图 11-11 所示。在这一模型中，中介发挥着重要的作用，它是动态网络的协调者，负责协同管理。Hatch 提出网络中介是协调者与促进者，可帮助公司形成战略伙伴关系，组织网络活动，识别新的业务机会，其任务是传播网络概念，促进协作，组织公司集团，将产品设计者、营销专家、培训提供者以及成功竞争需要的其他服务项目与制造商联结起来。中介以中立的立场，解决成员间冲突；感知虚拟网络的内部与外部环境，对如何适应变化向各成员提出建议；跟踪成员的资源和核心能力及执行情况；负责网络内部的学习过程。

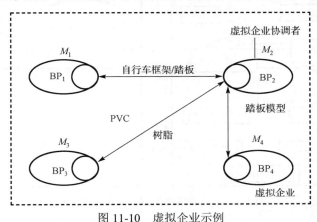

图 11-10　虚拟企业示例

这一概念模型中包括了两个平面：网络和虚拟企业。网络是相关组织战略网络层次上的稳定的组织框架结构，是独立的成员组织的功能实体的集合，它相当于构成虚拟企业的潜在成员池，我们可把它看作促使虚拟企业快速形成的平台。网络是各个公司核心能力的聚集，网络的管理有两个核心过程：网络管理和核心能力管理。网络管理中规定了章程，规定了组成规则与管制，包括入网标准，共享成本、风险、收益的程序等，促进成员间的相互信任，加速成员公司的产品进入市场的进程，提高群体竞争力。成员公司的资源、能力可进行动态的组合，有助于虚拟企业的形成。网络核心能力管理包括对核心能力信息的有效管理及核心能力聚集的有效营销。

虚拟企业产生的网络可以是一个虚拟产业群网络。虚拟产业群是相关组织战略网络层次上的稳定的组织框架结构，是区域产业群的网络集聚，是与某产业相关的独立的成员组织的功能实体的集合。这样产生的虚拟企业就是基于虚拟产业群的虚拟企业，如图 11-11 所示。

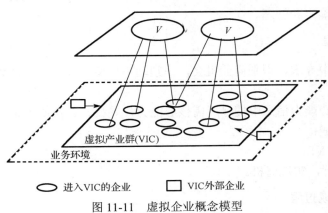

图 11-11　虚拟企业概念模型

11.7.5　虚拟企业的动态配置过程

图 11-12 表示了基于网络的虚拟企业动态配置过程。

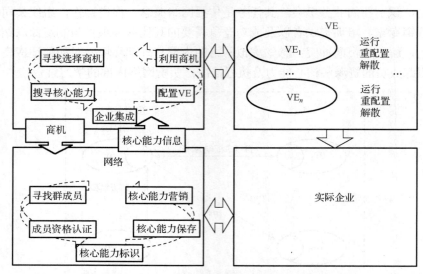

图 11-12　基于网络的虚拟企业配置过程

1．网络形成过程

- 全球范围内寻找网络成员企业；
- 成员企业的资格认证；
- 成员企业的管理；
- 成员企业核心能力的标识；
- 成员企业核心能力的管理；
- 成员企业核心能力的集聚与营销推广。

如果网络嵌入了 VE 中介的功能，那么网络也就成为一个虚拟组织（VO），这一虚拟组织具有的独有业务过程是：

- 网络联盟管理；
- 网络战略的确定和管理。

2．VE 中介过程

- 在全球市场中寻求、识别商业机会，识别动态环境；分析、评估环境与机会，确定目标与战略；
- 在网络的核心能力信息中搜寻所需核心能力，寻找、选择伙伴企业；
- 进行企业集成；
- 配置/再配置 VE；
- 监控 VE 运行，实现商机。

3．虚拟企业形成过程

虚拟企业的建立要借助于网络中介，中介可根据商业机会，动态地从网络中寻找合适的核心能力并集成，可形成多个并发的虚拟企业。ESPRIT 的 MOTION 项目将核心能力描述为用技术连接所需任务的能力，是核心流程、核心产品、核心技术的组合。配置一个虚拟企业的关键过程如下。

（1）识别与战略概念化。在全球市场中寻求、识别商业机会，识别企业环境；分析、评估环境与机会，确定企业目标与战略计划。

（2）确定需求。确定企业战略与计划实施的需求描述，包括所需的核心能力链及功能、服务/制造需求、管理/控制需求。

（3）寻找、选择伙伴。根据需求信息，以及网络的核心能力信息，寻找合适的伙伴，选择并优化。选择的策略是面向事件、面向资源或面向功能。

（4）设计与配置。将适合的核心能力，按核心能力链进行重组、"装配"，集成各伙伴，建立一个有竞争力的团队，进行结构的设计，包括物理结构、信息结构、组织结构、法律制度，以利于虚拟企业的成功运行与解体。虚拟企业的配置是一个循环的过程。当所选伙伴不能满足定义的所有需求时，需重新配置；在虚拟企业生命周期过程中，当企业运行相关的条件改变时，也要重新配置。

（5）虚拟企业的运行与管理。虚拟企业是网络中介配置的"产品"。虚拟企业的核心能力是各伙伴企业的核心能力的集成。各伙伴企业来自网络。虚拟企业的核心过程与一般企业的核心过程没有什么不同，但要考虑到虚拟企业的分布性、异构性等关键特征。虚拟企业的管理一般由核心公司/领导公司（Core Firm/Leading Company）或协调委员会（Steering Committee）进行。核心公司/领导公司往往是虚拟企业中最大的起主导作用的公司，在虚拟企业中充当中介角色，负责整个网络活动的运作，满足客户需求。如 DELL、CISCO 公司（http://www.cisco.com）在其虚拟企业中就充当这一角色。如果虚拟企业中伙伴关系的特征是多重领导关系，就要建立协调委员会，来对虚拟企业进行管理协调。横向组成的虚拟企业，大多要成立协调委员会，如德国的 Bearing Partners，多个批发商为共享库存资源而建立的虚拟企业。

（6）虚拟企业的解散。虚拟企业的目标实现后就可解散，需考虑公平分配成本、效益，满足各个伙伴的需求；各个伙伴的核心能力信息再回到网络中，以备新的虚拟企业的形成。

习题

1．什么是供应链管理？与你所理解的概念有何不同？

2．供应链管理中有哪些基本活动？

3．所有的运营系统都有一定的库存：物料、信息、顾客，试举例说明。

4．运营系统需要库存来缓解供需矛盾：应付随机波动、计划内波动，应付运输中的延误，克服自身能力限制，分别举例说明。

5．如何确定持有库存数量？

6．如何确定补充库存的最佳时间？

7．如何对库存进行控制？

8．供应链内部关系有哪些类型？你认为哪种关系最重要？如何建立这种关系？

9．应该采用哪种供应链策略？解释供应链中的"牛鞭效应"，在供应链管理中如何消除或削弱这种效应？

10．说明供应链管理软件包的主要功能。

案例：约翰迪尔公司的战略供应商开发

5月30日，约翰迪尔公司和精准设备公司的供应商开发小组的内部会议在下午1点休会了，约翰迪尔公司的项目经理本杰明只好收拾起所有的资料。精准设备公司为约翰迪尔公司提供关键设备，是一家相当具有竞争优势的供应商。本杰明在考虑，强迫这家公司降低价格并改进原有的生产工艺是否可行。

公司背景

约翰迪尔公司是世界一流的农业设备提供商，在全球160多个国家有办公室、生产车间和供应商。为了保持世界领先位置，约翰迪尔公司将它的全球供应链作为一项长期竞争优势。约翰迪尔公司认为建立积极的供应商合作伙伴关系是维护供应链的重要内容。公司和关键供应商结成了伙伴关系，致力于削减供应商交货周期（即从订单确定到这批订单的货物到达客户手中的这段时间），降低生产成本，改进成品的运送效率。约翰迪尔公司与供应商的紧密合作，可以减少设计和再设计中生产设备和运营中的浪费，提供供应商软件并辅导其使用，培训供应商员工和提供现场的项目辅导。供应商开发小组成员的一项主要职责就是提高供应商的运营水平。

供应商开发小组（SDG）主要包括工艺流程设计工程师，但是在精准设备有限公司一方的项目小组成员中也包括其他领域的专家。约翰迪尔公司的每个产品组都有一个供应商开发小组，全公司共有100人参与到SDG当中。

精准设备公司位于衣阿华州，有150多名雇员，有30多年为约翰迪尔公司提供拖拉机主要部件的历史。精准设备公司是一家垂直整合公司，灵活性比较差。随着约翰迪尔公司从精准设备公司采购越来越多的设备，精准设备公司对约翰迪尔公司的依赖程度也越来越高。例如，去年约翰迪尔公司从该公司采购的设备占其营业额的95%，精准设备公司的发展在很大程度上依靠约翰迪尔公司的发展。与此类似，约翰迪尔公司发现自己对精准设备公司的依赖性也变得越来越强。例如，约翰迪尔公司只从几家拖拉机部件厂家采购，精准设备公司还对这种零部件有设计的权利。在签署协议时候，詹姆斯作为精准设备公司负责市场和销售的副总裁，比尔作为精准设备的质量总监，他们是代表精准设备公司在SDG项目组中的核心人员。他们有权接受或者拒绝、实施或不实施SDG提交的有关变革内容。

两年前的合作协议

在两年前的3月份，约翰迪尔公司和精准设备公司签署了协议，详细描述了双方的责任和义务、项目实施过程以及带来效益后双方的分配，如下所示。

精准设备公司和约翰迪尔公司的协议

1. 一般描述

精准设备公司是约翰迪尔公司的一家主要供应商。根据年销售数据的统计，精准设备公司已经成为约翰迪尔公司的前五大供应商。

2. 现状和目标

在未来一年时间里，约翰迪尔公司限制精准设备公司在物料价格上进行调整。精准设备公司难以抵消增加附加值带来的成本增加，因此其利润率有所下降。约翰迪尔公司制定了两年内价格降低 5%的目标，这就要求精准设备公司降低供货成本来保证这一目标的实现。

3. 使命和愿景

建立一个更加紧密的、互惠互利的商业伙伴关系。

4. 项目概况

项目范围限定于精准设备公司卖给约翰迪尔公司的商业拖拉机部件，同时也包括其他类似的商业拖拉机部件。项目要求理顺约翰迪尔公司的订单处理流程，减少商业拖拉机零部件的交货期，从 8~9 个月到 20~40 天。

项目发起人：

- 塞尔，约翰迪尔公司的采购代表，负责外部产品的采购。
- 詹姆斯，精准设备公司的副总裁，负责市场和销售。

项目所有者：

- 爱德华，约翰迪尔公司的供应商管理部门经理。

项目经理：

- 本杰明，约翰迪尔公司的供应商开发工程师。
- 比尔，精准设备公司的质量总监。

5. 项目实施

交货周期是这个项目的焦点，同时其他所有减少成本的机会都要进行发掘。产品规格变化导致的物料和流程成本的降低也是项目的一部分。

约翰迪尔公司在项目实施过程中免费提供服务。

6. 效益分配

1）实施这个项目的资金成本从项目本身的效益中支付。有关部门扣减项目实施的成本节约，直至总金额与项目经费相抵为止。

2）当节约带来效益（扣减完项目费用以后），那么效益将一分为二，一半用来提高精准设备公司的利润率，另一半用于支持约翰迪尔公司的降价计划。

3）现在的商用拖拉机零部件的价格是计算成本降低的基础，计算的标准以双方在项目实施前后商定的协议为准。

4）当生产改进和成本节约确认以后才实施价格削减计划。

5）项目实施所带来的物料成本的降低会在以后显现出效益来。

7. 变通的管理计划

1）精准设备公司会从生产部门指派一名项目经理来负责整个项目。他和约翰迪尔公司的项目经理可以在必要时调用公司的其他资源。

2）经过分析，一份项目计划需要制定并提交精准设备公司管理层批准。

3）项目计划经批准后方可实施。

8. 沟通计划

每周要与精准设备公司管理层开项目进展会议。精准设备公司的项目经理主持会议，约翰迪尔公司的项目经理也要参加，会议记录要公布。

每月要有一份进展报告传递给协议约定的有关人员。

精准设备公司和约翰迪尔公司的联合会议由项目的发起人决定何时召开，审议项目的进展情况，会议可以采取电话会议方式。

9. 保密条款

项目及其结果是精准设备公司的财产，任何第三方提出项目信息的需求，要提交给项目的所有人。

约翰迪尔公司的发起人签字：　　　　　　精准设备公司的发起人签字：
日期：　　　　　　　　　　　　　　　　日期：
项目所有者签字：
日期：

出现的问题

合作双方都认为这种合作关系非常重要。精准设备公司大部分的销售额都依赖于约翰迪尔公司。约翰迪尔公司希望与精准设备公司保持合作伙伴关系，因为自己生产拖拉机零部件的话，成本会更高；如果找另外一家能供应目前所有精准设备公司所供部件的供应商，则需要费很多的人力并且有很大风险。

精准设备公司以往的交货周期是 250 天，这给约翰迪尔公司及其客户带来了运送和价格方面的问题。为了将交货周期从 250 天降到 20~40 天并将成本降低 10%，SDG 建立了一个专门的项目小组。精准设备公司的项目小组在前年签订协作协议时就成立了，由四位核心人员组成：本杰明是开发工程师和项目经理；塞尔负责采购；乔舒亚负责战略外包；爱德华是 SDG 的经理，去年 5 月份时由罗伯特接替。这个小组的目标就是重新设计精准设备公司的生产流程，实现运送和成本目标。

这个小组工作了 23 个月，经过几百个日日夜夜的努力，他们在今年 2 月 24 日提交了一份报告给詹姆斯和比尔。报告表明预期的运送时间和成本目标是可以达到的。报告中的基本架构其实早就成形了，只是计划阶段拖了很长时间，因为精准设备公司不太愿意在生产流程中进行大的变革，打算在这段时间积累更多的数据，看一看生产流程变革会给精准设备公司带来什么好处。

精准设备公司的有关人员研究了这份报告，詹姆斯和比尔在今年 4 月 28 日联系了约翰迪尔公司，他们不愿意投资 500 万元更新约翰迪尔公司推荐的设备和工具。根据评估，重新调整生产过程带来的成本节省最多不超过 1%。另外，根据约翰迪尔公司的财务系统显示的数据，精准设备公司的产品质量优于 IBM 的产品质量，并且生产流程也堪称世界一流。这些更坚定了他们不改变生产工艺流程的信心。

截至今年 5 月，约翰迪尔公司面临的最大障碍就是精准设备公司不愿意改变其生产流程。约翰迪尔公司面临着客户的压力，要求拖拉机零部件的运送更快和更可靠。约翰迪尔公司还希望提高零部件的利润率。这种现状很严峻并且对约翰迪尔公司来说至关重要，工作小组需要制定一种战略促成精准设备公司进行设备工艺改进。约翰迪尔公司的管理层希望从对精准设备公司的深层次投入中获取回报。

会议方案

本杰明召开这次会议的目的就是找到解决精准设备公司障碍的最好方法。在会上他收到项目小组提交的流程再造方案。经过认真的讨论，项目小组决定从约翰迪尔公司的立场出发，促使精准设备公司降低 5% 的成本，也就是约翰迪尔公司可以接受的项目实施收效至少过半的程度。项目小组相信精准设备公司需要稳定的长期合同，而且他们意识到，如果精准设备公司不变革流程，约翰迪尔公司没有兴趣与精准设备公司建立长期的合作关系。项目小组认为这个过程会促使精准设备公司对生产流程做出适当的调整。如果精准设备公司降低了价格但拒绝改变生产流程的话，约翰迪尔公司会表示不再将精准设备公司作为长期合作伙伴，约翰迪尔公司将不得不在合同期结束的时候更换供应商，尽管寻找新的替代供应商将花费大量的时间和精力。

本杰明和乔舒亚就这个协议进行了讨论。塞尔不愿意惹恼他的供应商，不太认可提交的方案，但他同意与方案保持一致。罗伯特没有表示出敌意并同意保持沉默。最后项目小组通过了这项提议。本杰明仍然怀疑这个方案是否会有效地促使精准设备公司改进其生产流程。

讨论题：

（1）你认为约翰迪尔公司采取的战略合适吗？这会带来什么后果？你能说服与你持相反意见的学员吗？还是你被对方说服了？

（2）你认为约翰迪尔的供应商战略需要作哪些改进？项目组成员还可能向精准设备公司提交哪些方案？

案例："中国式过马路"的企业版

翔展公司的老板是做技术出身的，当年凭借着三项发明专利，创建了如今具有二百多人的规模，年产值超亿元的中型企业，主要领域涵盖了环保处理工程及外周设备。翔展公司从创世初期就秉承"客户至上，技术创新"的经营理念，为自己开创了一片崭新的天地，由此建立了稳固的客户群。翔展公司供应的设备和服务赢得了很多回头客，在客户中取得了非常好的口碑。老板常常洋洋得意地给员工讲自己的故事："世界大公司都做不了的活儿，我就能干；世界大公司都解决不了的问题，我能解决。"据说翔展公司的老板在业界有着"活神仙"的美誉。公司发展壮大了，老板自己亲手做的案子也就少了，但这个"革命传统"作为企业价值观牢固植入员工的服务意识之中。

公司接的项目基本上都是定制产品，客户有特殊要求，其他大公司不愿意为一两个特定产品的需求而修改自己做好的设计，客户只能转向翔展公司，业界也都知道翔展公司擅长于定制化产品，对客户的需求理解得很深刻，而且交货速度并不比大公司慢。而翔展公司的内部机制也适应于定制化产品的生产：技术人员接到需求，立刻出图纸，生产同时跟上，这称之为边设计边加工。当然前提大家都心中有数，基本功能的核心部件并没有太大变化，所以最终产品不会有太大出入。但就是这不太大的出入，给原材料的采购也带来了不小的问题，基本上所有的采购及外协加工，都是单件小批量，还都是加急件，而且有时候在加工过程中，设计变化了或改了图纸，就会立刻让供应商重做。直到产品出厂，才能得到一张最终的、只有这个产品唯一的零件清单 BOM，就是这张 BOM，一般来说也不可能用到下一个产品，因为下一个产品的客户又有新的需求出来，还得改变。

这类边设计、边生产、边采购的情形，他们称为"中国式过马路"企业版：或许应该等到红灯再过，或许车辆看到行人应该停下来等候行人，但这些正确的方法和流程会使你永远也过不了马路。中国式过马路就是见缝插针，有机会就过，虽然有风险，但速度快，走在别人的前面，别人还在等待，我们已经摘到桃子了。在这里，我们不去讨论"中国式过马路"对还是不对，而是要考虑如何做好采购工作。

这种方式的采购自然价格不菲，老板对此非常不满，一再要求采购必须再下功夫，让供应商降价，因为"我们的客户虽然提出了特殊的需求，但不会接受特殊的价格"。

因为设计和生产同步进行，采购根本没有提前量，有些供应商要预测，采购讥笑道："连产品什么样都不知道，如何给你预测。"在整个生产过程中，最大的瓶颈就是供应商不能及时供货，生产调度会上，采购又是被大家指责的对象。

老板曾请过管理咨询专家到公司诊断分析，进行管理提升，专家的建议是，建立规范的研发、生产、采购流程，进行标准化作业，将产品定型后，再进行批量生产，特别是产品开发定型和生产环节完全分离。最终方案被老板否定，这些专家连咨询费都没有拿到就被赶出公司，咨询公司的专家临走时戏称翔展公司的现状是"中国式过马路"：速度是快，但没有规矩，不讲流程，怎么方便怎么来。老板说如果照这几个专家的方子做，我们和大公司又有什么区别，我们的特色丢了，如何生存？我们的发展就是依靠于满足客户的个性化需求，并快速响应，产品交付快，才能得到市场的认可，如果像大公司一样，复杂的流程根本无法适应现代市场的变化，现在强调中国式管理，这么多年过来的道路证明，我们是成功的，市场是接受的。"辽宁号"航空母舰不到两个月就起降舰载机了，这就是中国的速度，美国比得了吗？我们要做的是总结工作中的经验，使之系统化，而采购则应该根据现在的工作流程做出相应的供应商管理流程。

讨论题：

1. 根据案例中的情形及管理者的要求，提出相应的方案。
2. "中国式过马路"可行吗？采购应当如何配合？

第 12 章　项 目 运 营

学习目标
1. 了解项目和项目管理的相关概念；
2. 掌握网络图的绘制方法；
3. 掌握关键路线法和计划评审技术；
4. 了解项目管理模块的相关内容。

项目运营在企业中越来越占有重要的位置。项目工作的增长主要归因于组织需要在大范围内进行变革。通常这样的变革由多技能的项目小组计划和实施。很多员工被要求扮演双重的角色，既要完成本部门的正常工作，又要参加项目活动。

12.1　项目（Project）

项目是为完成某一预定明确目标而进行的具有明确的开始、结束时限，以及明确的资源的一系列相关作业。

项目的具体形式有：电视节目制作、预防"非典"宣传活动、海底隧道的修建、飞机设计、为期两周的项目管理课程培训、信息系统的安装、油轮泄漏事故后的清理等。

项目组成要素包括目标、复杂性、独特性、不确定性、临时性及生命周期。项目应区别于其他运营系统，还要注意区别 Project 与 Program，Program 通过多个 Project 实现。如我国863 主题计划下有多个项目。

项目可以按人数分为个人项目、群体项目、单一组织项目、多组织项目、单个国家的项目、多国项目，项目按不确定性的高低可以分为高度不确定性项目、低度不确定性项目，项目按照复杂性分为简单项目与复杂项目。如图 12-1 所示。

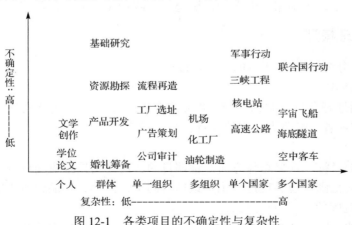

图 12-1　各类项目的不确定性与复杂性

12.2　项目管理

通过项目经理和项目组织的努力，运用系统理论与方法对项目及其资源进行计划、组织、协调、控制，旨在实现项目的特定目标的管理方法体系。

项目管理是一种管理活动，即一种有意识地按照项目的特点和规律，对项目进行组织管理的活动。

项目管理是一种管理科学，即以项目管理活动为研究对象的一门学科，它是探索项目活动科学组织管理的理论与方法。

成功的项目管理所具备的条件：

- 明确的目标；
- 称职的项目经理；
- 最高管理层支持；
- 称职的项目团队成员；
- 充分的资源保障；
- 丰富的沟通渠道；
- 控制机制；
- 反馈能力；
- 客户反应性；
- 问题解决机制；
- 人员稳定性。

成功的项目经理应具备的素质：

- 一定的背景与经验；
- 相当的领导才能与决策艺术；
- 对项目的技术领域有深入了解；
- 具备强大的人际沟通能力；
- 具有出色的管理能力；
- 同时胜任斗士、鼓动家、倡导者、协调者、政治家等多重角色。

12.2.1　项目管理模型

项目管理可以分为图 12-2 所示的六个阶段。

（1）了解项目环境

项目环境包括地理条件、政治环境、经济环境、当地法律、民族文化、资源、分包商、供应商、顾客、使用者、竞争者、其他项目、公司战略。

（2）项目定义

- 定义项目的目标，提供总体方向，预期目的、最终结果或成功标准。
- 定义项目的范围，边界设定，识别该项目的工作内容、产品或输出的过程。项目说明书是项目范围的正式表达形式。
- 确定项目的策略，从整体上确定公司实现项目目标并满足相关绩效要求的主要途径。
- 界定项目各个阶段，设定阶段标志（里程碑）。

项目管理有三大约束性目标，它们是质量、成本、时间，在规定的期限内，以较低的成本完成高质量的项目任务，如图 12-3 所示，这些目标需要由管理人员加以控制。而项目的成果性目标，则是必须要实现的，主要由技术人员来完成。例如软件项目的成果性目标是某软件产品，包括程序、文档、培训与应用；其约束性目标是保证质量、低成本、规定期限。

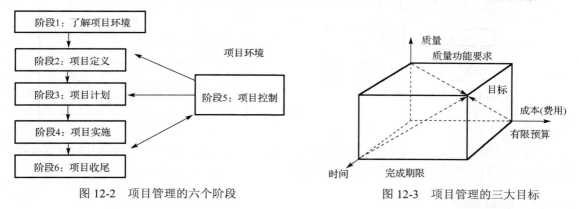

图 12-2　项目管理的六个阶段　　　　　图 12-3　项目管理的三大目标

12.2.2　项目计划

根据项目目标的规定，对项目实施工作进行的各项活动做出周密安排。项目计划围绕项目目标的完成系统地确定项目的任务、安排任务进度、编制完成任务所需的资源预算等，从而保证项目能够在尽可能短的合理的工期内，用成本和尽可能高的质量完成。

项目计划有项目基准计划、实施计划、人员组织计划、资源供应计划、财务计划、进度计划等。项目基准计划是项目在最初启动时订出的计划，即初始拟定的计划。项目基准特指项目的规范、应用标准、进度指标、成本指标，以及人员和其他资源使用指标等。工作计划（实施计划），是为保证项目顺利开展、围绕项目目标的最终实现而制定的实施方案。人员组织计划主要表明工作分解结构图中的各项工作任务应该由谁来承担以及各项工作间的关系如何。资源供应计划指项目所需资源的采购与供应计划。进度计划指在规定的期限内计划项目各个阶段的进度安排。

项目计划过程如图 12-4 所示。本部分，作业、任务、活动三个词是相同的，可互换使用。

确定作业活动——画出工作分解图。

工作分解结构图（WBS，Work Breakdown Structure）是将项目按照其内在结构或实施过程的顺序进行逐层分解而形成的结构示意图。可以将项目分解为可管理的工作包。每个工作包可建立自己的时间、成本和质量目标。工作分解图建立了项目清晰明确的框架，如图 12-5 所示。工作分解结构图是实施项目、完成最终项目所必须的全部活动的层次清单，是进度计划、人员分配、项目预算、项目实施的基础。

估计时间与资源，将工作分解结构图中的作业逐一分析，确定其所需的资源与时间。如表 12-1 所示，我们可以确定作业的工作量、工作时间。工作量用人年、人月、人周、人日或人时表示。

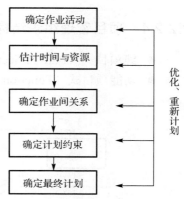

图 12-4　项目计划的过程

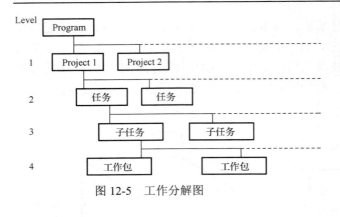

图 12-5　工作分解图

表 12-1　完成项目任务的时间与资源

任　务 （作业、活动）	工　作　量 （人周）	工作时间 （周）
任务 1.1	1	1
任务 1.2	1	1
……	0	2
任务 1.1.1	1	1
任务 1.1.2	1	1
……	0	3
任务 1.1.1.1	0	4
任务 1.1.1.2	1	1
……	1	1

确定作业间的关系，作业间具有依赖关系，说明作业有先后顺序；作业间具有独立关系，说明作业可并行。作业间的关系可以用网络图来表示（网络计划中会讲到）。

12.2.3　项目控制

主要是对项目进行监控，检查其进度，并比较监测结果与预定计划，对项目绩效加以评估，干预项目，使项目向正确方向变化。甘特图是常用的项目进度控制图（见图 12-6 上下如何区分某应用软件系统开发的一个实际例子）。甘特图以条状图的形式表示项目作业的安排进度，它对一些小项目或复杂度不够高的项目十分有用。

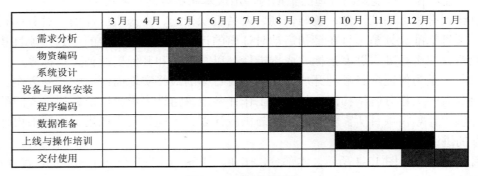

图 12-6　项目甘特图

12.2.4　项目管理组织结构

● 纯项目式（Pure Project）：项目经理拥有项目的全部权利，项目只有一个老板。
● 功能项目式（Functional Project）：其组织结构如图 12-7 所示。

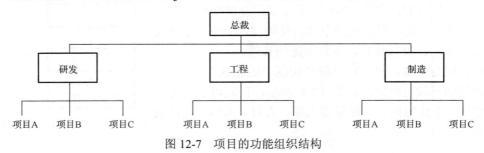

图 12-7　项目的功能组织结构

● 矩阵项目式（Matrix Project）：其组织结构如图 12-8 所示。

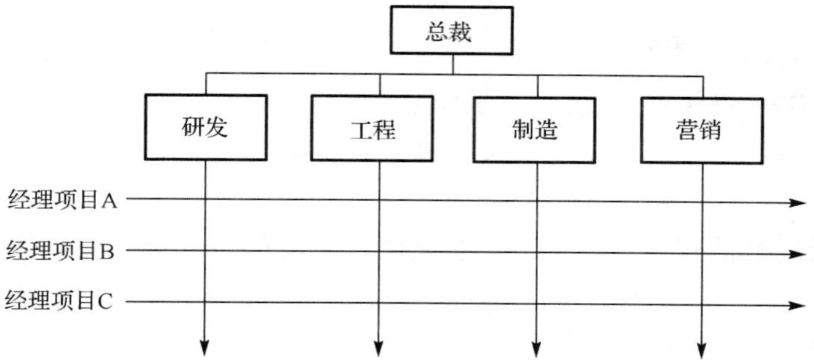

图 12-8 项目的矩阵组织结构

12.3 统筹法

统筹法，又称网络计划法。它是以网络图反映、表达计划安排，据以选择最优工作方案，组织协调和控制生产（项目）的进度（时间）和费用（成本），使其达到预定目标，获得更佳经济效益的一种优化决策方法。统筹法最适用于大规模工程项目，工程愈大，非但人们的经验难以胜任，就是用以往的甘特图管理方法也愈加困难。在项目繁多复杂的情况下，网络计划可以大显身手。

1957 年，美国化学公司 Du Pont 的 M.R.Walker 与 Rand 通用电子计算机公司的 J.E.Kelly 为了协调公司内部不同业务部门的工作，共同研究出关键路线方法（CPM，Critical Path Method），首次把这一方法用于一家化工厂的筹建，结果筹建工程提前两个月完成，随后又把这一方法用于工厂的维修，结果使停工时间缩短了 47 个小时，当年就取得节约资金达百万元的可观效益。

1958 年，美国海军武器规划局特别规划室研制含约 3000 项工作任务的北极星导弹潜艇计划，参与的厂商达 11 000 多家。为了有条不紊地实施如此复杂的工作，特别规划室领导人 W.Fazar 积极支持与推广由专门小组创建的计划评审技术（PERT，Program Evaluation Review Technology）。结果研制计划提前两个月完成，取得了极大的成功。CPM 在民用企业与 PERT 在军事工业中的显著成效，自然引起了普遍的重视，在很短的时间内，CPM 与 PERT 就被应用于工业、农业、国防与科研等复杂的计划管理工作中，随后又推广到世界各国。在应用推广 CPM 与 PERT 的过程中，又派生出多种各具特点、各有侧重的类似方法。CPM 与 PERT 两种方法实质上大同小异，因此，人们把 CPM 与 PERT 及其他类似方法统称为网络计划技术或网络计划方法。

1962 年，我国科学家钱学森首先将网络计划技术引进国内。1963 年，在研究国防科研系统 SI 电子计算机的过程中，采用了网络计划技术，使研制任务提前完成。随后，经过我国数学家华罗庚对网络计划技术的大力推广，终于使这一科学的管理技术在中国生根发芽，开花结果，鉴于这类方法共同具有"统筹兼顾、合理安排"的特点，我们又把它们称为统筹法，网络图也称统筹图。

网络计划是通过图表来显示作业之间的相互关系并将项目模型化的方法。其先决条件是项目必须具备已定义的相互依赖的若干任务，任务的完成标志着项目的结束。

12.3.1 网络图的绘制

现在有如下两种网络图。

（1）箭线式网络（双代号）：箭线表示作业。

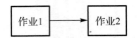

每个作业（活动）的首尾处分别有一个圆圈，圆圈代表一个事件。作业用圆圈间的弧表示。

事件是指一项作业开始或结束的时刻。不耗费时间与资源，具有明显可识别的特征。

（2）节点式网络（单代号）：节点表示作业。

作业（活动）用方框表示，箭线表示作业之间的关系。

箭线式网络绘制原则：

- 只有当导向某一事件的所有作业都已经完成时，该事件才会发生；
- 任何作业都必须在其首端事件发生之后开始；
- 两个不同的作业不能具有相同的尾端和首端事件。

虚拟作业：不耗费时间，虚线表示，如图12-9所示。虚拟作业标明了作业间的逻辑关系。

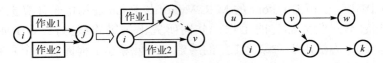

(a) 两个独立作业拥有相同的首端与尾端事件　　(b) 两个独立作业链共享某一作业

图 12-9　虚拟作业举例

网络图的绘制中如果两作业存在交叉现象，可将作业拆开，然后再交叉进行，如图12-10所示。

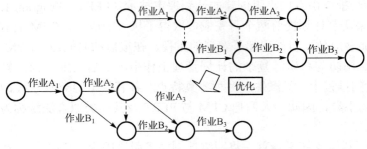

图 12-10　交叉作业画法的优化

12.3.2 关键路线法

从开始到结束的作业（活动）序列构成网络路线，每条路线对应一个总时间（该路线上所有作业/活动的时间总和）。将总时间最长的路线称为该网络的关键路线。

确定关键路线的步骤：

（1）作业确认；

（2）作业排序，构建网络；

（3）决定关键路线。

计算事件最早发生时间/最迟发生时间：

> 正向计算：以事件 j 为尾端事件的作业 (i, j)，
>
> 事件 j 最早发生的时间：
>
> $$E_j = \underset{\forall i}{\text{MAX}}\{E_i + t_{ij}\}$$
>
> $(j = 2, 3, \cdots, n)$
>
> $$L_n \equiv E_n$$

反向计算：以事件 i 为首端事件的作业 (i, j)，

事件 i 最迟发生的时间：

$$L_i = \underset{\forall j}{\text{MIN}}\{L_j - t_{ij}\}$$

$(i = n-1, n-2, \cdots, 1)$

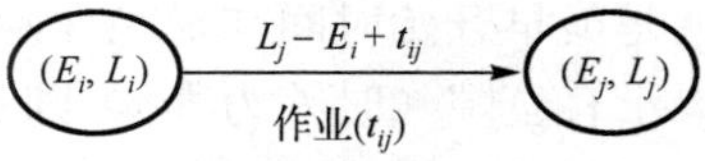

图 12-11 箭线图中作业 (i, j)、节点时间信息的标准标注

计算作业松弛时间：

> 作业 (i, j) 松弛时间（时差）
>
> = 尾端事件发生的最迟时间 − （首端事件最早时间 + 作业时间）
>
> $= L_j - (E_i + t_{ij})$

作业时差为 0 的网络路线为关键路线。

【例】考虑下列咨询项目，表 12-2 表示了咨询项目的作业、紧前作业与作业时间。试决定关键路线及其持续时间、所有作业松弛时间（Slack Times）。

表 12-2 咨询项目的作业、紧前作业与作业时间

活　动	标　识	紧前作业	时间（周）
调查顾客需求	A	None	2
提出建议报告	B	A	1
获得批准	C	B	1
开发远景与目标	D	C	2
培训员工	E	C	5
质量改进示范	F	D, E	5
提出评估报告	G	F	1

【解】（1）使用**箭线网络图**，如图 12-12 所示。

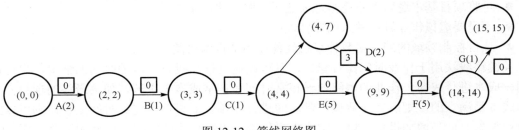

图 12-12 箭线网络图

第 1 步：标注作业及作业时间，如 A（2）；

第2步：正向计算每一个事件的最早时间，标注在节点中括号中的第一个元素位置，起始事件最早时间为0；

第3步：最后一个事件的最早时间与最迟时间相等，本例中（15，15）；

第4步：反向计算，求每一事件的最迟时间；

第5步：按照作业松弛时间公式，计算每一作业的松弛时间，标注在作业箭线上；

第6步：判定关键路线。

（2）使用**节点网络图**：

基本原理与图12-12的计算相同，可以用同样方法来计算节点的时间参数。在此省略。

我们在此计算作业的时间参数：最早开始/结束时间、最晚开始/结束时间。作业的松弛时间就是最早开始时间与最晚开始时间间的空隙，或者最早结束时间与最晚结束时间间的空隙，如果没有空隙（时差为零），则是关键作业，关键作业形成的路径为关键路线。

下面我们介绍基于节点网络图，采用作业时间参数计算的步骤：

① 在图12-13中，节点表示作业，节点中字母与数字表示了作业及作业时间，如A（2）；

② 作业的最早开始时间（ES）与最早完成时间（EF）通过正向计算得到，标注在节点的上方；

③ 作业的最晚开始时间（LS）与最晚结束时间（LF）通过反向计算得到，标注在节点的下方；

④ 计算每一作业的松弛时间：LS−ES 或 LF−EF；

⑤ 判定关键路线。

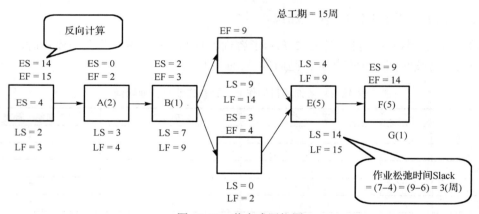

图 12-13　节点式网络图

最后得到与箭线网络图同样的结果。

节点式作业法有如下优点：

● 可将项目基本逻辑关系完整地表达于一张网络图上；

● 不需要虚拟作业维持关系的完整性；

● 项目控制领域的绝大多数计算机软件使用节点网络图。

关键路线法用于作业时间比较稳定，且可以通过增加投资来压缩时间的情况，它可以对时间—成本进行权衡。作业的网络通过正常时间和正常成本来求解，如果最终的项目完成时间和成本是满意的，则所有作业按正常时间进行安排。如果项目完成时间太长，则可以给某些作业加急，适当增加投资，以一定成本为代价，来缩短作业时间，进而缩短总工期。CPM可用于诸如建筑项目、设备安装、公路工程、工厂启动或关闭等项目。

12.3.3　时间-成本模型（Time-Cost Model）

在扩展的关键路线法中，需要为整个项目建立最小成本计划，控制项目执行期间的成本。其基本假设是作业完成时间与项目成本之间存在关系。CPM 需要考虑作业的直接费用、间接费用、作业完成时间、资源可用性会对项目施加约束等因素，以决定时间-成本均衡的最优点。CPM 通过缩减关键路线上各项作业的时间来缩减项目工期，而缩减作业时间会增加成本，如加班、增加资源（如人工）、分包等。CPM 就应压缩关键路线上成本增加率最小的作业。

12.4　计划评审技术

计划评审技术要求每种作业有三个估计时间：乐观的估计时间、最可能的估计时间和悲观的估计时间。适用于作业时间不确定的情况。使用平均时间可以将 PERT 网络转换成以时间为常量的网络。单个作业时间是随机的，所以项目完成的总工期也是随机的，可以求得项目在给定日期内完成的概率。PERT 可以用于研发项目等各种复杂项目。

项目管理中的成本与时间并不是固定不变的，可使用概率理论进行估算。

每项作业的时间需要从三方面进行估算：

- 乐观时间 t_o；
- 最可能时间 t_1；
- 悲观时间 t_p。

【例】已知表 12-3 中的数据。画出网络图，求总工期与关键路线。

时间估计值服从 β 分布，

则该分布的均值与方差分别为

$$t_e = \frac{t_o + 4t_1 + t_p}{6}$$

$$V = \frac{(t_p - t_o)^2}{36}$$

表 12-3　作业的紧前作业及三种时间

作　　业	紧前作业	乐观时间	最可能时间	悲观时间
A	无	3	6	15
B	无	2	4	14
C	A	6	12	30
D	A	2	5	8
E	C	5	11	17
F	D	3	6	15
G	B	3	9	27
H	E,F	1	4	7
I	G,H	4	19	28

计算期望时间：利用公式计算三种时间的均值，如表 12-4 所示。

绘出网络图，如图 12-14 所示。计算作业的时间参数，求得总工期为 54 天，得到关键路线 ACEHI。

请读者自己试一试：分别用两种网络图计算总工期、所有作业的松弛时间，找出关键路线。

表 12-4　作业的期望时间

作　业	紧前作业	乐观时间	最可能时间	悲观时间	期望时间
A	无	3	6	15	7.00
B	无	2	4	14	5.33
C	A	6	12	30	14.00
D	A	2	5	8	5.00
E	C	5	11	17	11.00
F	D	3	6	15	7.00
G	B	3	9	27	11.00
H	E,F	1	4	7	4.00
I	G,H	4	19	28	18.00

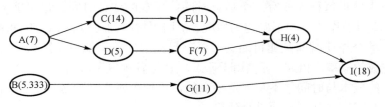

图 12-14　节点式网络图

概率问题

一般情况下，假设总作业时间服从正态分布，如图 12-15 所示。问：整个项目完工时间少于 53 天的概率是多少？

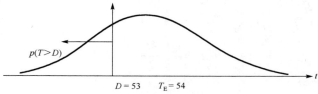

图 12-15　正态分布图示

关键路线上作业时间的方差计算，

$$\sigma^2 = \left(\frac{悲观时间 - 乐观时间}{6}\right)^2$$

计算结果如表 5-5 所示。

表 12-5　关键路线上作业的方差

作　业	乐观时间	最可能时间	悲观时间	方　差
A	3	6	15	4
B	2	4	14	
C	6	12	30	16
D	2	5	8	
E	5	11	17	4
F	3	6	15	
G	3	9	27	
H	1	4	7	1
I	4	19	28	16

则关键路线上的方差总和为

$$\sum \sigma^2 = 41$$

$$Z = \frac{D - T_E}{\sqrt{\sum \sigma_{cp}^2}} = \frac{53 - 54}{\sqrt{41}} = -0.156$$

$$P(T < D) = 0.5 - 0.0636 = 43.6\% \text{（查正态分布表）}$$

所以，项目工期少于 53 天的概率是 43.6%。那么，同样，我们可以计算一下项目工期超过 56 天的概率，如图 12-16 所示。

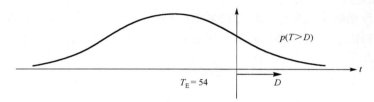

图 12-16　正态分布图示

$$Z = \frac{D - T_E}{\sqrt{\sum \sigma_{cp}^2}} = \frac{56 - 54}{\sqrt{41}} = 0.312$$

$$p(T > D) = 0.5 - 0.1217 = \underline{\textbf{37.8 \%}} \text{（查表）}$$

12.5　项目管理模块（PS）

在项目管理系统解决方案中，实施 PS 的业务目标：实施动态、立体的项目管理解决方案。实现对工程项目意向、审批、立项、定义、计划、排程、资源分配、过程监控、预算、成本计划与控制等全方位管理。利用工作分级结构元素实现多层次结构的逐级明细管理。在项目结束后，对项目进行全面的结果及收益分析。即时查询项目相关数据，及时了解项目进度，提高效率，降低风险。

在 PS 模块中应实现以下主要功能：

- 项目定义
- 项目计划
- 成本计划
- 项目组织结构定义
- 项目工作分级结构元素（WBS）
- 项目标准结构
- 标准里程碑管理
- 项目作业定义、排程及管理
- 项目跟踪
- 期末结算
- 项目结果分析
- 成本的跟踪与控制
- 预算管理与控制

技术方案应实现 SAP PS 项目管理模块与其他系统的集成。在 SAP 系统中项目管理系统与财务及控制系统、物料管理系统、销售系统实现实时、无缝的集成，以达到以下要求：

利用项目管理子模块的工作分解结构要素（WBS，Work Breakdown Structure Elements）表示一个项目的层次组织。根据项目管理的需求来确定 WBS 的层次，项目的层次结构体现项目的逐级明细管理。不同层次的 WBS 可以以合同链接，可以细化为人工、物料、费用等。根据项目管理需求，WBS 可以反映预算及计划值，反映实际支出，通过与财务模块的集成，工程管理将可以实现从项目概念、计划立项和批准、实施、成本管理与控制、预算更新、项目结束、工程结转的全程系统化管理。

利用项目管理系统实现贯穿物料管理系统、销售与分销管理系统的工程管理。实现从工程合同签订、物料需求计划、物料采购、库存管理到工程计划、排程、资源分配、进度监控等全方位的集成。

习题

1. 项目组成要素有哪些？有哪些项目类型？
2. 成功的项目管理具备哪些要素？
3. 项目计划的过程如何？
4. 说明常用的网络计划技术的使用方法。
5. 下列关于网络计划的说法是否正确？
   A. 用网络图表达任务构成、工作顺序并加注工作时间参数的进度计划。
   B. 网络计划不能结合计算机进行施工计划管理。
   C. 网络计划很难反映工作间的相互关系。
   D. 网络计划很难反映关键工作。
   E. 网络图必须正确表达各工作间的逻辑关系。
   F. 网络图中可以出现循环回路。
   G. 网络图中一个节点只有一条箭线引出。
   H. 网络图中严禁出现没有箭头节点或没有箭尾节点的箭线。
   I. 单目标网络计划只有一个起点节点和一个终点节点。
   J. 网络图中任何一个节点都表示前一工作的结束和后一工作的开始。
   K. 在网络图中只能有一个始点和一个终点。
   L. 工作的总时差越大，表明该工作在整个网络中的机动时间就越大。
   M. 总时差为零的各项工作所组成的线路就是网络图中的关键路线。
6. 根据下表资料，完成：（1）绘制网络计划图；（2）确定关键路线；（3）计算最短工期。

活动代号	紧前活动	活动时间（天）
A	—	15
B	A	15
C	A	14
D	B\C	10
E	B	6
F	D	6
G	D	1
H	E\G	30
I	F\H	8

参 考 文 献

[1] Collier, D. A., and Evans, J. R. Operations Management, Boston: Cengage Learning, Inc. 2008.

[2] Nigel Slack,Stuart Chambers and Robert Johnston. Operations Management(3rd Edition).Pearson Education Limited. 2001. 李志宏，译. 昆明：云南大学出版社. 2002.

[3] Roger G Schroeder. Operations Management: Contempemporary Concepts and Cases. McGraw-Hill Company Inc. 2000. 张耀平，等译. 北京：清华大学出版社. 2003.

[4] John M. Nicholas. Competitive Manufacturing Management: Continuous Improvement, Lean Production, and Customer-focused Quality. 北京：机械工业出版社，McGraw-Hill Company. 1998.

[5] William J.Stevenson, Production Operations Management(6th Edition). 张群，等译. 北京：机械工业出版社. 2000.

[6] Richard B.Chase, Nicholas J.Aquilano, F.Robert Jacobs. Production and Operations Management: Manufacturing and Services(8th Edition). 北京：机械工业出版社. 1999.

[7] 张群. 生产与运作管理（第 3 版）. 北京：机械工业出版社, 2013.

[8] Jay Heizer, Barry Render. 运作管理原理（第 6 版）. 培生教育出版集团，2006.（英文影印版）：北京：北京大学出版社，2006.

[9] 陈荣秋，马士华. 生产运作管理. 机械工业出版社. 2014.

[10] Wisner, J.D., G. Keong Leong and Keah-Choon Tan (2005) Principles of Supply Chain Management: A Balanced Approach, Mason, Ohio: South-Western (Thomson Corp.).